Michaela Weidner

Die magischen Hände

Ein spiritueller Roman

edition-empirica

edition-empirica Verlagsgesellschaft mbH, Köln

Bibliografische Information *Deutsche Nationalbibliothek*
Die deutsche Nationalbibliothek verzeichnet diese Publikation in der Deutschen Nationalbibliografie; detaillierte bibliografische Daten sind im Internet über http://www.dnb.de abrufbar.

edition-empirica Verlagsgesellschaft mbH
Cäsarstraße 6-10
50968 Köln
Deutschland
www.edition-empirica.de

Umschlagbild: Michaela Weidner
Druck: DDZ Digital-Druck-Zentrum GmbH, Berlin
Printed in Germany

1. Auflage 2012
ISBN: 978-3-938813-31-7

Dieses Werk widme ich dem Geschenk der heilenden Hände!

Der Auftrag

Es war mitten in der Nacht, als Marie erwachte. Erschrocken riss sie ihre Augen auf und starrte in die Finsternis. Alles war still und doch hallten noch die Worte in ihren Ohren, die sie gerade im Traum vernommen hatte:

„Ich habe euch drei auserwählt, der Welt die Liebe zurückzubringen! Im gegenwärtigen Leben sind eure Namen Marie, Christian und Peter. Ihr kennt euch in diesem Leben bisher nur aus euren Träumen. Eure Seelen sind aber bereits seit tausenden von Jahren in Liebe miteinander verbunden.

Lange habe ich die Menschen gewähren lassen. Sie haben von mir das Geschenk bekommen, frei über ihr Leben zu entscheiden, um Erfahrungen zu sammeln und zu lernen. Der größte Teil der Menschen ist aber noch beherrscht von Lieblosigkeit, Missgunst, Neid, Raffgier und Egoismus. Dadurch werden die Menschen krank und unzufrieden. Das Wichtigste im Leben, die wichtigste Erkenntnis, nämlich die Liebe, haben sie vergessen. Die Liebe ist zwar da, aber sie wird übersehen, nicht wahrgenommen. Je weniger die Liebe beachtet wird, umso schwächer und kleiner wird sie. Aber die Liebe ist, wenn sie beachtet wird, groß und stark! Jedes Lebewesen sehnt sich nach Liebe. Sie ist das wichtigste Gut!

Ihr drei seid von mir auserwählt, den Menschen das Geschenk der Liebe wieder nahe zu bringen. Sie sollen sich wieder erinnern!

Für euere Aufgabe bekommt ihr ein ganz besonderes Geschenk mit auf den Weg. Dieses Geschenk habt ihr in euren Händen und in euren Herzen. Aus euren Händen und euren Herzen wird Liebe fließen! Es wird für euch nicht einfach sein, diese Liebe in die Herzen der Menschen zurückzubringen, aber ich werde euch auf diesem schwierigen Weg immer begleiten. Ich bin bei euch, auch wenn ihr mich nicht immer erkennen könnt."

Was hatte dieser Traum zu bedeuten? Marie konnte sich an jedes dieser Worte genau erinnern und doch wusste sie, dass sie geträumt hatte. Was ihr vorher nie so richtig bewusst gewesen war, wurde ihr jetzt schlagartig klar. Es war richtig, in ihren Träumen verbrachte sie viel Zeit mit Christian und Peter. Aber das waren doch nur Träume! Tagsüber hatte sie sich darüber nie große Gedanken gemacht. Meist konnte sie sich auch überhaupt nicht an ihre Träume erinnern.

Dieser Traum war aber so real, er fühlte sich so echt an. So, als hätte sie ihn tatsächlich erlebt.

Marie schloss die Augen und versuchte, sich die Bilder zurückzurufen. Da war ein sehr helles, strahlendes Licht... und diese Stimme, eine tiefe, ernste und doch sehr liebevolle, sanfte Stimme.

Marie versuchte wieder einzuschlafen. Vielleicht konnte sie den Traum weiterträumen und mehr erfahren... Nein, sie war hellwach und viel zu aufgeregt, um zu schlafen. Sie dachte: ‚Keine Ahnung, was das zu bedeuten hat. Wahrscheinlich einfach nur ein verrückter Traum, den ich schon bald wieder vergessen habe.'

Verwundert nahm sie plötzlich wahr, dass ihre Handflächen ganz heiß waren, ja fast glühten. Sie spürte, wie ihre Hände zu kribbeln anfingen. Was war das? So ein Gefühl hatte sie noch nie in ihren Händen gehabt! Ohne darüber nachzudenken legte Marie ihre Hände auf ihr Herz. „Das fühlt sich ja unglaublich an!", rief sie begeistert, „Da fließt etwas aus meinen Händen. Was ist das bloß? Es ist warm, kribbelt und tut unheimlich gut!" Es dauerte nicht lange und Marie wurde ganz ruhig. Dann hörte sie wieder diese Stimme: „Für eure Aufgabe bekommt jeder von euch ein ganz besonderes Geschenk mit auf den Weg. Dieses Geschenk habt ihr in euren Händen und in euren Herzen. Aus euren Händen und euren Herzen wird Liebe fließen!"

Marie wurde schlagartig bewusst, dass das, was sie da in ihren Händen fühlte, das Geschenk war, von dem die Stimme im Licht gesprochen hatte. Konnte es möglich sein? Hatten sie und ihre Freunde tatsächlich den Auftrag Liebe in die Welt zu bringen?

Je länger Marie ihre Hände auf ihrem Herzen liegen hatte, desto entspannter und müder wurde sie. So schlief sie schließlich wieder ein...

„Was war das?", Peter starrte noch ganz entgeistert auf die Stelle, wo das Licht und die Stimme gerade verschwunden waren. „War das ein Engel? Vielleicht war es Gott!", stammelte Christian. Die beiden Jungen schauten zu Marie. Sie wusste meistens eine Antwort auf ihre Fragen. Marie stand ganz ruhig da. Ihre Hände lagen auf ihrem Herzen. Ein Lächeln lag auf ihrem Gesicht. „Marie, hey Marie, was ist los?", rief Peter. Da sie nicht reagierte, ging Christian auf sie zu und rüttelte an ihren Schultern.

Marie öffnete ihre Augen. „Ja, was ist los? Warum schüttelst du mich denn? Lass mich los! Es war doch gerade so schön." Christian und Peter blickten sie verständnislos an. Diese beiden Buben kannte sie tatsächlich schon sehr lange. Das war ihr jetzt schlagartig klar. Christian war ein eher kleiner, etwas pummeliger Junge mit kurzen blonden Haaren. Peter dagegen war einen Kopf größer als Marie und Christian. Seine dunklen Haare hatte er meist unter einer Schildkappe versteckt. Die Buben waren beide zwölf Jahre alt. „Hast du das eben nicht gesehen und gehört?", fragte Peter. Marie antwortete langsam: „Ja, ich habe jedes Wort gehört und ich fühle es! Fühlt ihr es auch in euren Händen?" „Was sollen wir fühlen? Spinnst du?", rief Christian. „Nein, ich spinne nicht! Es fließt etwas in meinen Händen. Das fühlt sich wunderbar an! Das muss das Geschenk sein, von dem die Stimme im Licht gesprochen hat. Ihr habt dieses Geschenk auch bekommen!" Marie war begeistert. Dieses Geschenk fühlte sich für sie sehr wertvoll an.

Die beiden Jungen waren ratlos. Irgendetwas musste mit Marie passiert sein. Die Lichterscheinung hatte sie bestimmt verhext. Aber dann, war es plötzlich auch bei ihnen da, dieses Fließen in den Handflächen. Zuerst nur ganz wenig, dann immer intensiver. Erschrocken sahen sie auf ihre Hände. „Oh Gott, was ist das? Das wird ja ganz heiß! Werden wir jetzt von innen verbrannt?" Christian schrie diese Worte. „Legt euch die Hände auf euer Herz! Das tut sooo gut!", riet Marie, „Ich weiß ja auch nicht, was das ist, aber es ist auf alle Fälle etwas ganz Tolles!" Peter und Christian waren zwar skeptisch, taten aber dann doch, was Marie ihnen geraten hatte. „Ich glaube es nicht! Das fühlt sich ja wirklich super an!", meinte Peter nach einer Weile. „Ja, stimmt", bestätigte auch Christian, „aber wir sollen doch damit etwas machen. Wir sind auserwählt, hat die Stimme gesagt." Marie schaute die beiden ernst an: „Wir sollen die Liebe zurück zu den Menschen bringen!" „Und wie sollen wir das machen?", fragten Peter und Christian wie aus einem Munde. „Wir sollten vielleicht erst einmal abwarten. Bestimmt wird uns der richtige Weg gezeigt", schlug Marie vor. „Meine Mama ruft mich. Ich muss gehen. Wir sehen uns!"...

Tag 1

„Marie, du Schlafmütze, wach endlich auf! Das Frühstück ist fertig", rief Maries Mutter. „Ach nein, warum denn schon? Ich habe gerade so etwas Unglaubliches geträumt", jammerte Marie. „Du hast erst in zwei Tagen Schulferien, mein Schatz. Also hopp, mach, dass du aus den Federn kommst", bekam sie zur Antwort.

Marie war gerade elf Jahre alt geworden. Sie lebte mit ihrer Mutter Tanja und ihrem fünfjährigen Bruder Jens in einem großen Wohnblock. Maries Vater Thomas war vor einem Jahr ausgezogen. Die Eltern hatten sich nicht mehr verstanden und ständig gestritten. Irgendwann hatte Thomas dann eine andere Frau kennengelernt. „Mit ihr muss ich nicht immer streiten. Sie versteht mich!", erklärte er den Kindern, bevor er ging. Jedes zweite Wochenende verbrachten sie mit ihrem Vater.

Marie und ihr Bruder Jens mochten die neue Freundin ihres Vaters nicht und die neue Freundin mochte die beiden Kinder nicht. Immer wieder versuchte

Thomas zwischen den Kindern und seiner Freundin Martina zu vermitteln, aber es war sehr schwierig. Aus diesem Grund unternahmen sie meistens etwas ohne die Freundin, wenn sie sich an den Wochenenden trafen.

In den Schulferien sollten Marie und Jens drei Wochen bei ihrem Vater verbringen. Marie liebte ihren Vater sehr, aber sie wollte ihn viel lieber ohne diese Martina. Am allerliebsten wäre es ihr, wenn er wieder bei ihnen einziehen würde und sie wieder eine richtige Familie wären. Es sollte so sein wie früher. Da hatten sich ihre Eltern noch sehr geliebt!

Maries Mutter Tanja war erst erleichtert gewesen als der Vater auszog. Die ewige Streiterei um jede Kleinigkeit war so anstrengend. Sie schrien sich an und wussten hinterher meist nicht mehr aus welchem Grund. Dabei war da einmal so viel Liebe zwischen ihnen gewesen! Sie hatten früher immer geglaubt, dass diese Liebe niemals enden würde. Wo war sie geblieben? Warum mussten täglicher Ärger, Sorgen und Misstrauen diese Liebe kaputtmachen? Tanjas Erleichterung war einer tiefen Traurigkeit gewichen. Marie hörte sie nachts oft weinen.

Beim Frühstück hing Marie ihren Gedanken nach. Sie war noch mit ihrem Traum beschäftigt. „Ich habe heute noch einen Arzttermin. Marie, kannst du bitte Jens nach der Schule vom Kindergarten abholen? Ich weiß nicht, wie lange ich brauche. Du kannst euch ja vielleicht eine Pizza in den Ofen schieben“, sagte Tanja gerade. Marie hatte nur mit halbem Ohr zugehört, fragte dann aber doch: „Was hast du denn Mama? Warum musst du zum Arzt?“ „Du weißt doch, ich bin in letzter Zeit immer so müde. Ich fühle mich einfach nicht wohl. Da will ich einmal nachschauen lassen“, antwortete sie. Marie war plötzlich hellwach. Ja, stimmt, ihre Mutter sah heute ganz blass aus. Ihr fiel ein, dass sie in den letzten Tagen, wenn sie nachmittags von der Schule kam, meist so erschöpft war, dass sie nur mit Mühe das Essen kochen konnte. Marie wurde auch bewusst, dass ihre Mutter schon lange nicht mehr richtig gelacht hatte.

Irgendwie hatte der Traum Marie verändert. Auf dem Schulweg fiel ihr plötzlich auf, wie die Menschen miteinander umgingen.

Sie stieg in den Bus, der sie in die Schule bringen sollte. Die Kinder drängelten, schubsten und kreischten. Der Busfahrer schaute genervt und schrie, sie sollten sich gefälligst benehmen, sonst könnten sie zur Schule laufen. Nur die kleinen Kinder sahen ihn noch ängstlich an. Da der Busfahrer ja immer so herumschrie, wurde er von den meisten nicht ernst genommen. Zum ersten Mal schaute Marie dem Busfahrer richtig ins Gesicht. „Guten Morgen Herr Müller“, grüßte sie ihn spontan. Einen kleinen Augenblick sah sie Erstaunen in seinem Blick. Herr Müller war so überrascht über ihren freundlichen Gruß, dass er ihn nicht erwidern konnte. Dann war Marie auch schon nach hinten weitergegangen.

An diesem Tag achtete Marie sehr auf ihre Mitmenschen. Sie schaute den Menschen, mit denen sie zu tun hatte, in die Augen. ‚Sehr seltsam, warum ist mir das nicht früher aufgefallen?', überlegte sie. Marie bemerkte auf einmal, dass sie sehen, hören und auch fühlen konnte, wie es den Menschen ging. Den meisten ging es nicht gut! Die Lehrer waren unzufrieden mit sich und ihrem Leben. Diese Unzufriedenheit und Mutlosigkeit strahlten sie mit jedem Satz im Unterricht aus. Die Schüler bekamen es zu spüren. Es war für sie aber ganz normal, weil sie auch von zuhause nur Interesselosigkeit, Ärger und Sorgen kannten. Sie hatten in ihren jungen Jahren noch nichts anderes kennen gelernt. Und doch spürte Marie, dass bei allen ganz tief im Verborgenen eine große Sehnsucht war. Die große Sehnsucht nach Liebe.

Als Tanja vom Arzt nach Hause kam, war sie sehr schweigsam. „Was hat der Arzt gesagt? Was fehlt dir?", wollte Marie sofort wissen. Tanja wollte am liebsten überhaupt nichts sagen. Sie war viel zu aufgewühlt. Der Arzt hatte einen schlimmen Verdacht geäußert, aber er musste noch ein paar Untersuchungen machen, bevor er sicher sein konnte. „Er hat mir Tabletten gegeben. Die soll ich erst einmal nehmen. Ich soll mich ein bisschen schonen, dann geht es mir bestimmt bald besser", antwortete sie schließlich. Marie bemerkte, dass da noch mehr war. Sie sah den hoffnungslosen und traurigen Blick ihrer Mutter, obwohl diese versuchte zu lächeln. „Mama, ich habe dich lieb!", sagte Marie und umarmte Tanja ganz fest. „Ja Schatz, ich habe dich und Jens auch ganz arg lieb", flüsterte sie und bekam Tränen in die Augen. Maries Hände fingen plötzlich wieder an zu kribbeln. Den ganzen Tag über hatte Marie nicht mehr an das Geschenk gedacht. Tanja spürte es auch. „Deine Hände sind ja ganz heiß! Was ist das denn? Hast du Fieber?", fragte sie erschrocken. „Nein, nein", lachte Marie, „mir fehlt nichts." Sollte sie ihrer Mutter von dem Traum erzählen? Wie würde sie reagieren? Würde sie darüber lachen? Spontan entschied sie, sich ihrer Mutter anzuvertrauen. „Ich glaube, es ist ein Geschenk von Gott. Er hat es mir und meinen Freunden Peter und Christian im Traum geschenkt." Marie berichtete daraufhin von ihrem Traum und von ihren erstaunlichen aber auch traurigen Entdeckungen, die sie heute bei den Menschen gemacht hatte. Maries Hände lagen dabei weiter auf Tanjas Rücken. Die Hitze, die aus den Händen floss, wurde mit einem Mal schwächer und verschwand. Marie legte automatisch ihre Hände an eine andere Stelle und die Hitze war wieder da.

Tanja hörte sich staunend Maries Geschichte an. Vieles konnte sie nachvollziehen, aber vieles auch nicht. Sie spürte aber intensiv die Energie, die aus Maries Händen kam. Je länger die Hände auf ihr lagen, desto wohler fühlte sie sich. Sie wurde ruhiger und vergaß dann fast, was der Doktor ihr gesagt hatte. „Über deinen Traum muss ich erst noch nachdenken. Aber eins ist sicher, deine Hände tun mir sehr gut!", meinte Tanja langsam, „Ich fühle mich schon viel besser. Was hältst du davon, wenn wir mit Jens noch ein bisschen auf den Spielplatz gehen?" „Oh ja, das haben wir schon lange nicht mehr gemacht", freute sich Marie.

Abends konnte es Marie dann kaum erwarten Christian und Peter von ihren Erlebnissen zu berichten...

Der dunkle Wald

Staunend hörten sich Christian und Peter Maries Geschichte an. Sie saßen gemütlich auf der großen Wiese. Dort trafen sie sich immer, um miteinander zu spielen. „Ja, so ähnlich habe ich es auch erlebt", erklärte Christian, „Ich habe auch zum ersten Mal bewusst auf die Menschen geachtet. Bei den meisten habe ich Ärger, Unzufriedenheit, Sorgen, Langeweile und Traurigkeit gespürt. Liebevolles Umgehen miteinander bemerkte ich kaum." Peter stimmte zu: „Genau so war es auch bei mir. Die Stimme im Licht hat recht! Von Liebe spürte ich auch nicht viel. Mit mehr Liebe im Leben wären die Menschen bestimmt glücklicher."

Die Erfahrungen des vergangenen Tages hatten ihnen gezeigt, dass es tatsächlich an der Zeit war, etwas zu unternehmen. So beschlossen Marie, Peter und Christian ihren Auftrag anzunehmen.

„Und wie sollen wir das jetzt anfangen? Wo sollen wir nun hingehen, um die Liebe zu finden, damit wir sie den Menschen bringen können?", fragte Peter. Kaum hatte er diese Frage gestellt, rief Marie: „Schaut mal, dort! Seht ihr den Vogel? Er sitzt da schon eine ganze Weile und schaut zu uns herüber." Die Buben sahen zu der Stelle, auf die Marie zeigte. Tatsächlich, da saß ein kleiner Spatz mitten im Gras. Ganz ruhig blickte er sie an. Nun öffnete er den Schnabel und fing an zu zwitschern. „Er will uns etwas sagen. Könnt ihr es verstehen?", fragte Christian. „Ich glaube, er will uns den Weg zeigen", rief Peter und in dem Moment blähte sich der Spatz auf und flatterte mit den Flügeln. „Er will fliegen. Wir müssen ihm folgen!", erkannte Marie. Der Spatz erhob sich in die Luft und flog in Richtung des Waldes, der hinter der großen Wiese begann. In diesem Wald waren die drei noch nie gewesen. Bisher hatten sie ihn überhaupt nicht beachtet. Die Kinder erhoben sich und liefen los. „Er fliegt ganz schön schnell. Könnt ihr ihn noch sehen?", fragte Peter. „Nein, er ist weg", rief Marie enttäuscht. Sie blieben stehen und sahen angestrengt in die Richtung, in die der Vogel verschwunden war. „Da, er kommt noch einmal zurück!", freute sich Christian. Der kleine Spatz flog nun immer ein Stück voraus und kam dann wieder zu ihnen zurück. Es sah so aus, als wollte er sichergehen, dass die Kinder ihm auch wirklich folgten.

Je näher sie dem Wald kamen, desto mehr Tiere sahen sie aus dem Wald stürmen. Rehe, Kaninchen, Füchse, Wildschweine und viele andere Tiere rannten an ihnen vorbei, ohne sie zu beachten. Sie rannten, als würden sie um ihr Leben rennen, als wären sie auf der Flucht.

„Mir ist nicht so wohl dabei, in diesen Wald zu gehen. Dort muss etwas ganz Furchtbares sein, wenn alle Tiere davonrennen", meinte Christian ängstlich. „Ja, ich habe auch ein seltsames Gefühl", bestätigte Marie, „Aber wir dürfen nicht schon am Anfang unseres Weges kneifen. Also los! Wir werden bestimmt richtig geleitet! Das Licht wird uns auf unserem Weg begleiten, das hat es uns versprochen!" Wie zur Bestätigung ihrer Worte, sahen sie plötzlich ein paar Meter vor sich eine etwa fußballgroße strahlende Lichtkugel. „Seht ihr, wir sind auf dem richtigen Weg! Kommt weiter!", rief Marie begeistert, aber dennoch etwas unsicher.

So folgten die Kinder dem kleinen Vogel und der Lichtkugel, die immer wieder für ein paar Sekunden erschien und dann wieder verschwand.

Der Wald war sehr dunkel und die Bäume so hoch, dass die Spitzen kaum zu sehen waren. Christian, der etwas ängstlich war, wurde immer langsamer. „Christian, was hast du denn? Wir müssen weiter!", mahnte Marie. „Ich habe Angst! Hier ist es so still, als wäre der ganze Wald tot, als wäre außer uns kein einziges Lebewesen hier. Alle sind geflüchtet!", antwortete er ganz leise. Ja, jetzt fiel es auch den anderen auf. Der Wald war sehr still. Aber es war keine angenehme Stille. Die Stille hatte etwas Unheimliches, etwas Bedrohliches. Da erschien wieder die Lichtkugel und die Kinder vernahmen eine Stimme: „Euch wird nichts geschehen! Denkt an mein Geschenk in euren Händen. Sobald ihr nicht mehr weiterwisst, legt eure Hände auf euer Herz. Automatisch werdet ihr geleitet. Ihr werdet wissen, was zu tun ist. Ich bin immer bei euch!" Die Hände der Kinder wurden ganz heiß und sie legten sie auf ihre Herzen. Ein paar Minuten später waren die drei ganz ruhig und zuversichtlich. Christian legte eine Hand auf seinen Oberbauch und seine Angst war plötzlich verschwunden.

Da der Wald so dunkel war, konnten sie sich nur an der Lichtkugel orientieren, die ihnen den Weg leuchtete. Der kleine Vogel war schon seit einiger Zeit verschwunden. Lange folgten sie schweigend dem Licht. Sobald einem von ihnen mulmig wurde, legte er seine Hände automatisch auf seinen Körper und das Unwohlsein verschwand ganz schnell.

Irgendwann, sie hatten das Gefühl, schon seit Stunden gelaufen zu sein, wurde es etwas heller. Die Bäume lichteten sich. „Da, ich sehe etwas! Sind das Häuser?", fragte Marie in die Stille. „Ja, aber die sind so riesengroß! So große Häuser habe ich noch nie gesehen!", antwortete Peter. Christian staunte: „Vielleicht sind wir geschrumpft, ohne es zu merken!" Langsam gingen sie weiter. Je näher sie kamen, desto größer und mächtiger wurden die Bauwerke.

Sie kamen auf einer Anhöhe aus dem Wald heraus. Erst jetzt bemerkten sie, dass die Stadt vor ihnen im Tal lag. Die Gebäude waren aber so hoch, dass sie die Kinder weit überragten. Die Dächer der Häuser lagen in dichtem Nebel. Kein Sonnenstrahl verirrte sich durch den Dunst.

Das Licht sprach nun wieder zu ihnen: „In dieser Stadt werdet ihr den Grund für die fehlende Liebe auf der Erde finden. Im Moment ist es an diesem Ort aber genug! Ihr müsst nun aufwachen. In eurer Welt werdet ihr auf viele Menschen treffen, die eure Hilfe benötigen."

Tag 2

Marie schlug die Augen auf. Heute war ihr letzter Schultag vor den Ferien. Ein Blick auf die Uhr sagte ihr, dass sich jeden Moment die Türe öffnen und ihre Mutter hereinschauen würde, um sie zu wecken. Sie hörte Tanjas Schritte und schon ging die Türe auf. „Guten Morgen Schatz, du musst aufstehen!", hörte Marie ihre Mutter sagen. „Guten Morgen Mama, ich bin schon wach. Ich komme gleich zum Frühstück", antwortete sie. Beim Waschen im Bad dachte sie über ihren Traum nach. Seltsam war das schon, aber irgendwie auch spannend. Der dunkle Wald und diese riesige Stadt hatten ihr zwar ein wenig Angst gemacht, aber trotzdem war da so ein Gefühl beschützt zu sein. Sofort spürte sie wieder das inzwischen bekannte Kribbeln in ihren Händen und eine angenehme Wärme stieg in ihr Herz. Sie sah in den Spiegel. Ihre langen dunkelbraunen Haare standen noch ungekämmt und wirr zu allen Seiten. Sie lächelte ihr Spiegelbild an und sah sich tief in ihre braunen Augen. „Ja, wir werden es schaffen! Ganz bestimmt!", sagte sie zu sich selbst und hatte für einen Augenblick den Eindruck, ihr Spiegelbild zwinkerte ihr zu.

Dann rüttelte es an der Tür. „Marie, mach bitte schnell auf! Ich muss ganz dringend aufs Klo", jammerte Jens. Entgegen ihrer sonstigen Gewohnheit hatte sie sich im Bad eingeschlossen. Sie wollte noch ein paar Minuten für sich alleine sein. Schnell öffnete sie Jens die Tür. Er sah sie vorwurfsvoll an, zog sich schnell die Hose herunter und setzte sich auf die Toilette. „Uff, gerade noch mal gut gegangen! Fast hätte ich in meinen Schlafanzug gepinkelt", sagte er dann, als er fertig war. Marie lächelte Jens an. Sie liebte ihren Bruder sehr.

Für Jens war es sehr schwer zu verstehen, warum sein geliebter Papa nicht mehr bei ihnen war. Oft sagte er zu Marie: „Bestimmt hat Papa uns nicht mehr lieb, weil ich mein Zimmer nie aufgeräumt oder weil ich oft ohne seine Erlaubnis den Fernseher angemacht habe." „Nein Jens, es hat ganz bestimmt nichts mit dir oder mit mir zu tun. Papa liebt uns genauso wie früher! Er wohnt nur nicht mehr bei uns“, versuchte Marie zu trösten, aber so einfach war Jens nicht zu überzeugen.

„Komm, wasch dich und zieh dich an, dann können wir mit Mama frühstücken“, sagte sie nun. „Gestern war es toll auf dem Spielplatz. Da waren wir schon so lange nicht mehr. Können wir heute wieder hin?“, fragte Jens, als er den Schlafanzug auszog, um sich einen Pullover und eine Jeans anzuziehen. „Mal sehen, erst einmal musst du in den Kindergarten und ich in die Schule. Ab morgen haben wir Ferien. Dann können wir bestimmt öfter auf den Spielplatz gehen“, antwortete Marie. Plötzlich dachte sie wieder an ihre Mutter. Hoffentlich ging es ihr heute besser. Marie wollte nicht, dass Jens bemerkte, dass sie sich um ihre Mutter Sorgen machte, also fragte sie erstmal nicht nach. Aber sie beobachtete Tanja während des Frühstücks genau. Tanja schien es nicht zu bemerken. Sie war auffallend still an diesem Morgen. „Mama, bitte lass uns heute Mittag wieder zum Spielplatz gehen. Die Rutsche war total klasse!“, plapperte Jens darauf los. Tanja reagierte nicht. Sie war mit ihren eigenen Gedanken beschäftigt. „Mama, bitte! Hast du mich nicht gehört?“ Jens wurde ungeduldig. Erst als Marie sagte: „Lass Mama jetzt ein bisschen in Ruhe! Du siehst doch, dass sie noch müde ist“, reagierte Tanja: „Entschuldigt bitte! Was hast du gesagt Jens? Du hast recht Marie, ich bin noch nicht ganz wach.“ Jens gab sich mit dieser Antwort zufrieden und stellte seine Frage noch einmal. „Mal sehn, vielleicht“, antwortete Tanja dann langsam.

Nun war es höchste Zeit loszugehen. Der Bus wartete schließlich nicht. „Komm Jens, wir müssen jetzt gehen!“, sagte Marie deshalb zu ihrem Bruder. Die Zeit war schon sehr knapp, als Marie und Jens ihre Mutter zum Abschied umarmten und ihr einen Kuss auf die Wange drückten. „Ich hab dich lieb“, flüsterte Marie ihrer Mutter zu. Tanja lächelte dankbar. Marie sah ganz kurz eine Träne in ihren Augen blitzen.

Marie lieferte Jens bei seinem Freund Tobias ab. Tobias Mutter brachte die beiden heute zum Kindergarten. Dann rannte sie schnell, um ihren Bus noch zu erreichen. Schon von weitem sah sie den Bus stehen. Sie rannte so schnell sie konnte. Der Motor lief bereits, alle waren eingestiegen, die Türen gingen zu und Herr Müller fuhr los. „Bitte, bitte, ich muss noch mit!“, rief Marie außer Atem.

Herr Müller fuhr immer sehr pünktlich los. Da kam es schon öfter vor, dass ein Schüler es nicht mehr rechtzeitig geschafft hatte, den Bus zu erreichen. Für Herrn Müller war das kein Problem. Er sagte immer: „Wer nicht rechtzeitig da ist, hat Pech gehabt! Nur so lernt ihr, was es heißt pünktlich zu sein!“ Deshalb machte sich Marie keinerlei Hoffnung mit diesem Bus noch in die Schule zu kommen. Sie würde wohl eine Stunde warten müssen, bis der nächste Bus käme. Dann passierte aber etwas, womit sie nicht gerechnet hatte. Der Bus hielt plötzlich noch einmal an. Marie traute ihren Augen nicht. Sie lief noch das letzte Stück zum Bus. Die Tür ging auf und Herr Müller brummte: „Du bist verdammt spät dran! Hast Glück gehabt, dass ich dich noch gesehen habe!" „Guten Morgen Herr Müller, vielen Dank, dass Sie mich noch mitnehmen!", erwiderte Marie freundlich und stieg ganz außer Puste ein. Hinten aus dem Bus kam lautes Protestgeschrei. Was war denn mit diesem Busfahrer los? So etwas hatte es ja noch nie gegeben. Eine Stimme neben ihr giftete Marie an: „Bist wohl etwas Besonderes, weil er extra wegen dir noch einmal gehalten hat. Bilde dir bloß nichts darauf ein!" Marie drehte sich zu der Stimme um und fing Daniels bösen Blick auf. Daniel war in ihrer Klasse. Er hatte sie noch nie leiden können und bedachte sie oft mit solchen oder ähnlichen Kommentaren. Marie hatte nie herausfinden können, warum er sie nicht mochte. Normalerweise war sie um entsprechende Antworten nicht verlegen, aber heute zuckte sie nur mit den Schultern. Sie brachte sogar ein kleines Lächeln zustande. Das brachte Daniel noch mehr in Rage: „Du doofe Kuh, du machst dich wohl über mich lustig?" Marie hatte keine Lust, sich mit ihm zu streiten und ging wortlos an ihm vorbei. Dabei legte sie ihm wie aus Versehen kurz eine Hand auf den Arm. Sofort fühlte sie, dass aus ihrer Handfläche etwas zu Daniel floss. Dieser kurze Moment hatte gereicht, um Daniel innehalten zu lassen. Er konnte es sich nicht erklären, aber da war etwas. Dieses Etwas brachte ihn so aus dem Konzept, dass er kein Wort mehr herausbrachte. Den Rest des Tages ließ er Marie in Ruhe. Ab und zu fing sie aber einen ganz merkwürdigen Blick von ihm auf.

Die Schule war schnell vorbei. Marie war an diesem Tag nicht bei der Sache. Ihr schossen so viele Gedanken im Kopf herum. Einmal waren es die Erlebnisse mit Christian und Peter und die schwierige Aufgabe, die vor ihnen stand. Zum anderen drehten sich ihre Gedanken um ihre Mutter. Selbstverständlich überlegte sie auch, was Herrn Müller wohl dazu bewogen hatte, noch einmal anzuhalten und sie mitzunehmen. Letztendlich war auch die Reaktion von Daniel sehr interessant, als sie ihm ihre Hand auf den Arm gelegt hatte. Herrn Müllers Reaktion konnte sie sich nur so erklären, dass er sich noch daran erinnerte, wie sie ihn am Vortag freundlich gegrüßt hatte. Die wenigsten Schüler beachteten Herr Müller. Es gab kaum jemanden, der ihn begrüßte, wenn er in den Bus stieg. Herr Müller hatte sich schon lange damit abgefunden. Jetzt hatte er sich sicher über diese Ausnahme gefreut. Die Reaktion von Daniel war eindeutig auf das Geschenk in ihren Händen zurückzuführen. Sie war sehr gespannt, was da noch so alles auf sie zukommen sollte.

„Hallo Mama, hallo Jens", rief Marie, als sie wieder zuhause ankam. Jens lief ihr entgegen und war ganz außer sich: „Mama liegt auf dem Sofa. Sie ist noch immer müde. Dabei ist es doch mitten am Tag. Sie will mir nicht sagen, was sie hat. Vorhin, als ich kam, hat sie sogar geweint. Ich habe es genau gesehen. Sie sagt, sie hat nur etwas ins Auge bekommen, aber das glaube ich nicht. Sie weint bestimmt wieder, weil Papa weg ist." Erschrocken ging Marie ins Wohnzimmer. Jens rannte ihr hinterher. Tanja öffnete die Augen, als sie ihre Kinder hereinkommen sah und versuchte zu lächeln. „Da bist du ja. Könntest du zum Essen bitte schnell eine Dosensuppe machen?", fragte sie Marie, „Ich habe es leider nicht geschafft." „Okay, mache ich! Geht es dir noch nicht besser? Helfen die Tabletten denn nicht?", fragte Marie besorgt. „Doch ich fühle mich schon wohler. Ich hatte nur keine Lust zu kochen", log Tanja. Marie fühlte, dass sie nicht die Wahrheit sagte, wollte sie aber nicht vor Jens darauf ansprechen.

Nachdem die drei gegessen hatten, legte sich Tanja wieder hin. Die Kinder räumten anschließend die Küche auf. Dort mussten sie außer dem Geschirr vom Mittagessen auch noch das Frühstücksgeschirr spülen und in die Schränke räumen. Es war ganz selten, dass Tanja es nicht schaffte, morgens die Küche sauber zu machen.

„Tobi geht heute Mittag mit seiner Mama zum Spielplatz. Kann ich da mitgehen?", wollte Jens von Tanja wissen. „Ja klar mein Schatz, geh nur. Ich komme vielleicht morgen wieder mit", antwortete Tanja, ohne wirklich daran zu glauben.

Als Jens weg war, setzte sich Marie neben ihre Mutter aufs Sofa. „Mama, du hast doch gestern gesagt, dass dir meine Hände gut getan haben. Kann ich sie dir bitte wieder auflegen? Ich sehe genau, wie schlecht es dir geht. Vielleicht können meine Hände dir ein bisschen helfen." „Ja, das wäre schön. Es ging mir wirklich gestern schon viel besser. Nachdem ich die Energie aus deinen Händen bekommen hatte, fühlte ich mich ein paar Stunden lang sogar richtig wohl. Ich bin neugierig, ob das heute auch so ist." Dankbar sah Tanja ihre Tochter an. Marie legte ihre Hände spontan auf Tanjas Herz. Fast sofort wurden die Handflächen sehr heiß und begannen leicht zu kribbeln. Sie hatte beinahe das Gefühl, ihre Hände glühten. Tanja fing an, tief ein- und auszuatmen. Die Augen hielt sie geschlossen. Nach einer Weile wurde der Atem ruhiger. ‚Wahrscheinlich ist sie wieder eingeschlafen', dachte Marie und ließ ihre Hände noch ein bisschen dort liegen, bis die Hitze nachgelassen hatte. Dann nahm sie die Hände weg und legte sie an eine andere Stelle. Fast sofort war das Kribbeln und die Hitze in den Handflächen wieder da. So wechselte sie immer wieder die Lage ihrer Hände. Marie fühlte instinktiv, wo sie die Hände auflegen sollte. Manchmal bemerkte sie es nicht einmal, wenn sie die Handposition verändert hatte. Sie war selbst in einem angenehmen Trancezustand. Dabei hatte auch sie die Augen meist geschlossen. Irgendwann kam ihr der Gedanke, dass es nun genug war. Sie kam wie aus einem Traum zurück, öffnete ihre Augen und bemerkte, dass ihre Hände gerade auf Tanjas Fußsohlen lagen. ‚Das ist die letzte Position', kam ihr in den Sinn. Verwundert fragte sie sich, wie sie auf diesen Gedanken kam. Erst jetzt bemerkte sie, dass ihre Mutter sie anblickte. „Das war unglaublich! So etwas Schönes und Intensives habe ich noch nie erlebt! Ich danke dir sehr!“ Marie stand auf und strahlte. „Ich hatte das Gefühl, dass die Energie erst durch mich und dann durch meine Hände in dich fließt. Ich fühle mich richtig aufgeladen. Das war richtig schön! Wie geht es dir denn jetzt? Kannst du aufstehen?“, fragte Marie. Tanja richtete sich langsam auf. Ihr Kreislauf war noch etwas schwach. „Ich hole dir ein Glas Wasser. Es ist wichtig, dass du etwas trinkst“, verkündete Marie und ging in die Küche. Als sie mit zwei Gläsern zurückkam, stand Tanja bereits und schaute ihre Tochter munter und dankbar an. „Das war ein Energieschub! Ich glaube, dass ich jetzt Bäume ausreißen könnte“, rief sie freudig und trank das Wasser in einem Zug leer. „Jetzt, da ich Ferien habe, kann ich dir jeden Tag die Hände auflegen. Bestimmt geht es dir dann ganz schnell wieder gut und du musst auch die Tabletten nicht mehr nehmen“, meinte Marie und Tanja nickte: „Das wäre super!“ Sie sagte ihrer Tochter nicht, dass sie heute Morgen noch einmal wegen der Untersuchungen bei Dr. Baumann war. Der Ultraschall hatte gestern schon nicht gut ausgesehen. Nun musste sie bis übermorgen auf die Blutwerte warten.

Der Tag war heute so aufregend gewesen, dass Marie erst am Abend, als sie im Bett lag, wieder an Christian, Peter und ihren Auftrag dachte. Was würde sie wohl diese Nacht erwarten?

Die Riesen

Christian, Peter und Marie fanden sich wieder vor dem Abhang am Waldrand. Ungläubig starrten sie auf die riesige Stadt, die sich vor ihnen aufgebaut hatte. Christian rieb sich schon zum x-ten Mal die Augen. Das Bild veränderte sich aber nicht. In dieser Stadt sollten sie also auf die Suche gehen. Wie zur Aufmunterung, leuchtete über ihnen die Lichtkugel. „Na dann wollen wir mal!“, hörte sich Marie sagen.

Zuerst mussten sie einen Weg nach unten finden. Das war bei dem dichten Nebel, der sie umhüllte, gar nicht so einfach. Schritt für Schritt tasteten sie sich am Rande des Abgrundes entlang, immer auf der Suche nach einer geeigneten Abstiegsstelle. Das Licht war im Nebel verschwunden. So mussten sie alleine zurechtkommen. Der Boden war nass und glitschig. Jeder Fußtritt musste mit Bedacht gewählt werden. Die drei blieben dicht beieinander, damit im Nebel keiner verloren ging. Immer wieder versperrten ihnen umgestürzte Bäume den Weg. Manchmal konnten sie darüberklettern, manchmal auch unten durchkriechen. Oft aber mussten sie um den ganzen Baum herumlaufen, um weiterzukommen. Die Kinder sprachen wenig und wenn, dann flüsterten sie nur.

Instinktiv hatten sie das Gefühl, sie müssten so leise wie möglich sein. Niemand sollte auf sie aufmerksam werden. So arbeiteten sie sich weiter.

„Hört ihr das auch?", unterbrach Marie plötzlich die Stille. Ja tatsächlich, da war ein immer lauter werdender Lärm zu vernehmen. Der Wind hatte sich gedreht und so trug er die Geräusche der Stadt zu ihnen herüber. Auf einmal hörten sie lautes Grölen, wütendes Geschrei, Baulärm und vieles mehr. „Oje, das klingt aber nicht sehr einladend", meinte Christian ängstlich. Er fing an, am ganzen Körper zu zittern. „Schnell, leg dir deine Hände auf!", riet ihm Peter, dem aber auch sichtlich unwohl war. Peters Hände lagen schon auf seinem Oberbauch. Christian hatte nicht mehr an das Geschenk gedacht und tat sofort, was Peter ihm geraten hatte. „Komm, ich helfe dir", bot Marie an und legte ihre Hände zusätzlich auf Christians Brust. So standen sie ein paar Minuten da. Durch vier Hände bekam Christian Energie und so hörte er schnell auf zu zittern. Sein Atem beruhigte sich mehr und mehr. Auch Peter fühlte sich durch sein Handauflegen wieder viel wohler. „Und was ist mit dir?", fragte Peter nun Marie, „Brauchst du die Energie nicht für dich selbst?" „Ich hatte ein unheimlich schönes Erlebnis mit meiner Mama. Ihr geht es zur Zeit nicht gut. Sie ist krank. Ich habe ihr die Hände aufgelegt. Stellt euch vor, diese Energie hat mich auch aufgeladen. Sie floss durch mich durch und dann in den Körper meiner Mama. Ihr ging es danach viel besser und ich fühlte mich auch richtig vollgetankt. Ich denke, deshalb geht es mir im Moment gut. Ihr müsst das unbedingt ausprobieren! Legt anderen Menschen auch die Hände auf. Ich glaube, das Geschenk, das wir bekommen haben, ist für alle Menschen gedacht", antwortete Marie. Kaum hatte sie diese Worte ausgesprochen, erschreckte sie plötzlich ein lautes Getrampel. Das musste ganz in ihrer Nähe sein. Automatisch duckten sich die drei und blickten angestrengt in die Richtung, aus der die Schritte kamen. Der Boden unter ihnen begann zu beben. Jeder Schritt verursachte eine Erschütterung.

Was sie dann zu sehen bekamen, konnten die Kinder fast nicht glauben. Peter ahnte schon, dass Christian gleich losschreien würde und hielt ihm vorsichtshalber schnell die Hand vor den Mund. Dieser brachte nur noch ein ersticktes Piepsen hervor. Direkt vor sich sahen sie zwei ziemlich dreckige Schuhe. Diese Schuhe waren so riesig, dass für Christian kein Zweifel mehr bestand. Sie mussten, ohne es bemerkt zu haben, geschrumpft sein. „Oh Gott", entfuhr es Marie. Die drei schauten sich erschrocken an. Als sie sich dann wieder gefasst hatten, waren die Schuhe bereits weitergelaufen. So konnten sie weiter nach oben schauen. In den Schuhen steckten riesige Beine. Die Hose, die sie sahen, war dunkelblau, schmutzig und hatte einige Löcher. Viel mehr konnten sie nicht erkennen. Der Nebel versperrte ihnen die Sicht. Aber das reichte ihnen erst einmal für den Anfang.

Dann hörten sie eine sehr laute kreischende Stimme: „Hey HABGIER, beeil dich mal! Ich will hier nicht ewig in diesem verdammten Wald nach Bäumen suchen. Es ist schließlich dein Haus, das wir vergrößern müssen." „Ja, ja ich komm ja schon", hörten die Kinder eine weitere brüllende Stimme. Und schon sahen sie zwei weitere Schuhe über den Waldboden trampeln. Mit jedem Schritt der beiden Riesen, hob und senkte sich der Boden. Die Kinder hatten teilweise Schwierigkeiten, sich auf den Füßen zu halten. Dann entfernten sich die Riesen.

Nachdem sich die drei wieder gefangen hatten, meinte Marie: „Am besten laufen wir in die Richtung, aus der die Riesen gekommen sind. Vielleicht finden wir so einen Weg, um in die Stadt zu gelangen. Die Jungen nickten und sie machten sich auf den Weg. „Schaut mal, hier sind die Schuhabdrucke. So können wir den Weg verfolgen", rief Peter begeistert. „Oje, sind die riesig!" Fast ehrfurchtsvoll starrte Christian auf die tiefen Spuren im nassen Waldboden. Peter musste fünf Schritte gehen, um die Länge eines Fußabdrucks abzulaufen. „Auf geht's, ich habe das Gefühl, wir dürfen keine Zeit verlieren!", mahnte Marie zur Eile. So stapften sie den Spuren hinterher und entfernten sich immer mehr von den beiden Riesen. Gleichzeitig kamen sie aber der Stadt mit ihrem Lärm und Geschrei näher.

So liefen sie eine ganze Weile. Schließlich gelangten sie an eine riesige Holzbrücke. Die Brücke war sehr lang. Durch den Nebel konnten sie das Ende nicht erkennen. „Sollen wir da wirklich hinüber?", fragte Christian unsicher. „Ja, keine Sorge", lächelte Peter ihn aufmunternd an, „die stürzt bestimmt nicht ein. Die ist schließlich für Riesen gebaut." Marie musste lachen: „Das ist sicher Christians geringste Sorge. Ich denke, wir haben mit unserer Größe auch Vorteile. Diese Riesen sehen uns vielleicht überhaupt nicht, weil wir zu klein sind. Wir müssen nur darauf achten, dass sie nicht auf uns treten." „Das ist ja ein toller Trost", murrte Christian. Sie gingen also weiter. Immer wieder versuchten sie vom Brückenrand nach unten zu schauen. Dabei mussten sie sehr Acht geben. Da das Holz sehr glitschig war, konnten sie leicht ausrutschen. Deshalb war es sehr gefährlich, sich zu weit an den Rand zu wagen. Das, was sie durch die Nebelwand sahen, wurde immer imposanter. Je weiter sie gingen, desto mehr baute sich die Stadt Stück für Stück vor ihnen auf. Der Lärm und das Gebrüll wurden immer lauter. Teilweise mussten sich die Kinder die Ohren zuhalten, weil es einfach zu laut war. Dann hörten sie wieder Schritte. Die Brücke bebte. Schnell versuchten die Kinder den nächsten Brückenpfeiler zu erreichen, um sich dort festzuhalten. Gleichzeitig mussten sie darauf achten, nicht vom Brückenrand zu rutschen. Geschafft! Gerade noch rechtzeitig, als die Schritte an ihnen vorbeikamen, konnten sie sich halten. So ging das noch ein paar weitere Male. Nun konnten sie auch etwas mehr von den Riesen erkennen. Sie hatten alle dunkle Arbeitsanzüge an. Über den Schultern trug jeder eine Axt und ein paar Seile.

„Ich habe dir doch gesagt, dass ich der nächste bin, der ein größeres Haus braucht", rief ein Riese dem anderen zu. „Ja, du hast es gesagt. Du hast einfach Glück gehabt, dass dein Neid so viele Menschen auf der Erde angesteckt hat. Du machst deinem Namen halt alle Ehre", lachte der andere, „Aber auch das Misstrauen wächst und so kannst du demnächst auch mir helfen, ein neues Haus zu bauen." „Nur gut, dass es noch so viele dumme Menschen gibt, die uns gerne ihre Lebensenergie geben. Sie sind so naiv, dass sie es nicht einmal bemerken. So werden wir immer mächtiger und größer. Komm MISSTRAUEN, wir beeilen uns jetzt, damit wir heute noch ein paar fette Bäume geschlagen bekommen. Mein Haus muss schließlich so schnell wie möglich fertig werden", grölte der Riese mit dem Namen NEID seinem Kollegen, der auf den Namen MISSTRAUEN hörte, zu.

Was hatte das zu bedeuten? Die Kinder sahen sich sprachlos an. Das hörte sich überhaupt nicht gut an. „Ich glaube, wir müssen uns jetzt wirklich beeilen!", rief Peter und die beiden anderen nickten. Wie zur Bestätigung sahen sie nach langer Zeit die Lichtkugel wieder über sich leuchten. Die sanfte Stimme sprach wieder zu ihnen: „Habt keine Angst! Ich bin bei euch, auch, wenn ihr mich nicht immer seht. Am Ende der Brücke kommt ihr zu einem Turm. Ihr müsst warten, bis das große Tor sich öffnet und ihr hinein könnt. Versucht erst einmal, so schnell wie möglich nach unten zu kommen und die Stadt zu verlassen. Außerhalb werde ich euch jemanden schicken, der eure vielen Fragen beantwortet. Der Weg, den ihr noch vor euch habt, wird nicht einfach für euch sein. Ihr werdet es nur dann schaffen, wenn ihr den Glauben und das Vertrauen daran es zu schaffen, niemals verliert! Denkt immer daran!" Nach diesen Worten verschwand das Licht wieder, aber die Kinder hatten das sichere Gefühl, dass es trotzdem noch da war, auch wenn sie es nicht sahen.

Im Turm

„Ich sehe den Turm!", rief Marie, „Endlich hat diese Brücke ein Ende." Je näher sie kamen, desto besser war der Turm durch den Nebel zu erkennen. Er war so hoch, dass sie nicht bis zur Spitze hinaufsehen konnten. Diese verschwand wieder im Nebel. „Glaubt ihr, dass hier auch einmal die Sonne scheint? Es ist zwar alles riesengroß und imposant, aber die ganze Stimmung ist total unheimlich und gruselig. Ich komme mir vor, wie in einem Horrorfilm!", flüsterte Christian den beiden anderen zu. „Achtung, da kommt wieder einer! Wir müssen uns verstecken, damit er uns nicht sieht!", mahnte Peter. „Schnell zum Tor!

Wir müssen dort hinein kommen, solange es offen ist", meinte dagegen Marie, „Haltet euch am Rand, dann wird er uns schon nicht bemerken." So schnell sie konnten, rannten die drei nun in Richtung Tor. Der Riese, der durch das Tor auf die Brücke kam, grummelte ein paar unverständliche Worte vor sich hin und machte dazu ein sehr unfreundliches Gesicht. Dann war er auch schon vorbei, ohne auf sie zu achten. Der große Torflügel knarrte laut, als er sich langsam wieder schloss. Im letzten Moment schaffte es Peter noch, durch die Öffnung zu kommen. Marie und Christian mussten schnell zurückweichen, sonst wären sie zerquetscht worden. „Oh nein, was machen wir jetzt? Jetzt ist Peter dort ganz allein. Wenn ihm jetzt etwas passiert...", jammerte Christian. „Beruhige dich! Wir warten, bis der nächste Riese kommt und schlüpfen dann auch hinein. Peter wird auf uns warten. Er kann sich bestimmt irgendwo verstecken", sagte Marie ruhig, während sie Christian die Hände auf die Brust legte. Christian atmete tief durch. „Entschuldige bitte! Ich weiß, ich bin ein Angsthase. Ich ärgere mich selbst so oft darüber", meinte er schließlich. „Ist schon in Ordnung! Angst haben wir alle einmal. Sie ist auch wichtig, weil sie uns vor gefährlichen Situationen warnen kann. Wir dürfen uns nur nicht zu sehr in die Angst hineinsteigern, weil wir dann nicht mehr klar denken können, um die Gefahr zu überwinden. Geht es dir jetzt besser?" Marie sah ihn liebevoll und forschend an. Sie fühlte sich sehr mit Christian und Peter verbunden. Die beiden waren ihr so vertraut, als würden sie sich schon seit allen Ewigkeiten kennen. Die Stimme im Licht hatte gesagt, sie seien schon seit Tausenden von Jahren in Liebe miteinander verbunden. Marie wusste nicht, was sie davon halten sollte. Sie war jetzt gerade mal elf Jahre alt. Wie konnte sie Peter und Christian dann schon viele Tausend Jahre lang kennen? Auf diese Frage wollte sie unbedingt eine Antwort finden. Christian sah sie dankbar an: „Ja, mir geht es wieder gut, danke! Ich bin so froh, dass du da bist!" Er brachte ein Lächeln zustande. Damit war Marie aus ihren Überlegungen gerissen. Die beiden lehnten an einem großen Sandsack, der neben dem Tor lag. Da sie im Moment nur warten konnten, bis das Tor sich wieder öffnen würde, nahmen sie die Gelegenheit wahr und legten sich ihre Hände auf. Die Wärme durchströmte ihre Körper. Die Energie war sehr entspannend und beruhigend, aber sie fühlten auch, dass sie neue Kraft bekamen für das, was noch vor ihnen lag...

Im selben Moment lagen auch Peters Hände auf seinem Herzen. Es war ihm, als wäre er mit Marie und Christian verbunden. Sein Atem wurde immer ruhiger. Anfangs überfiel ihn fast Panik, als er bemerkte, dass die beiden es nicht geschafft hatten. Nachdem das Tor zugefallen war, musste er sich erst einmal orientieren. Es war mit einem Schlag dunkel. Seine Augen mussten sich an die Dunkelheit gewöhnen. Nach und nach nahm er Umrisse wahr. Durch kleine Fenster drang Licht in den Turm. Er befand sich in einer Art Vorraum. Dieser war am Turm angebaut, wie ein Erker. Ein Stück weiter hinten sah er eine Wendeltreppe, die von unten kam und nach oben weiterführte. Die Steinstufen waren so riesig, dass Peter sie nur ungläubig anstarrte. ‚Wie sollen wir da nur hinunter kommen?', überlegte er verzweifelt. Dann hörte er plötzlich ein Quietschen, das immer lauter wurde. Was kann denn das nur sein? Peter sah in die Richtung, aus der das Geräusch kam. Es schien aus einer Ecke ihm gegenüber zu kommen. Dort war aber kein Licht, sodass er nichts erkennen konnte. Er wurde unruhig. Ihm wäre es lieber gewesen, er hätte erkennen können, ob von dort Gefahr lauerte. Da hier genügend Dinge herumlagen, konnte er sich relativ leicht verstecken. Er lugte hinter einer Schaufel hervor und starrte in die immer lauter werdende Ecke. Mit einem Mal war klar, was das Quietschen verursachte. Jetzt wurde es in der Ecke heller. Zuerst sah er nur einen schmalen Spalt, der vom Boden zur Decke heraufreichte, dann schob sich eine Türe auf und Licht schien in den Vorraum. Es war ein Aufzug, der neben der Steintreppe im Turm eingebaut war. Im Aufzug stand aber nicht wie erwartet ein Riese, sondern lediglich ein großer Sack. Gleichzeitig hörte Peter laute Schritte auf der Treppe, die näher kamen. Ein Riese kam von unten herauf. Als er den Aufzug erreichte, sah Peter, warum nur der Sack gefahren war. Der Riese hätte Mühe gehabt, im Fahrstuhl Platz zu finden. So wie es schien, war dieser für etwas kleinere Leute gebaut. Er packte den Sack und warf ihn sich mit einem Ächzen über die Schulter und ging mit schweren Schritten zum Tor. Hier setzte er ihn noch einmal auf dem Boden ab, um das Tor zu öffnen...

„Komm schnell", rief Marie, „das Tor geht auf!" Christian war sofort bereit. Sie gingen ganz nah an der Wand entlang und rannten so schnell sie konnten, als das Tor weit genug offen stand. Ein Riese bückte sich direkt vor den beiden zum Boden, um einen Sack aufzuheben. „Was ist das?", brüllte er, „Wir haben doch schon ewig keine Mäuse mehr hier oben gehabt." Sein wutverzerrtes Gesicht senkte sich noch weiter in ihre Richtung. Marie und Christian rannten um ihr Leben. Der Riese versuchte mit den Händen nach ihnen zu greifen. Als er sie nicht erwischte, richtete er sich zornig auf und trat mit dem Fuß nach ihnen. Er verfehlte Christian nur um Millimeter. „Verdammt noch mal! Das gibt es ja wohl nicht!", fluchte er, „Jetzt habe ich keine Zeit, euch zu schnappen. Aber heute Abend gebe ich ÜBEL Bescheid. Der wird sich freuen! Er liebt so kleines Pack wie euch." Nach dieser Warnung warf er erneut den Sack über seine Schulter und ging vor sich hin fluchend über die Brücke in Richtung Wald davon. Krachend fiel das Tor zu. Marie und Christian zitterten am ganzen Leib. Christian fing an zu weinen. In der Dunkelheit konnten sie im ersten Moment nichts erkennen. Marie legte ihre Arme um Christian und versuchte ihn zu beruhigen. „Ist ja schon gut! Das ist noch einmal gut gegangen!" Sanft strich sie ihm über die Haare und versuchte sich gleichzeitig zu orientieren. Christian wurde schnell

ruhig. Es tat ihm gut, von Marie gehalten zu werden. Sie war wie eine große Schwester für ihn. Er hatte sich immer Geschwister gewünscht, aber seine Eltern konnten keine weiteren Kinder mehr bekommen. „Peter, bist du da?", rief Marie. „Ja, hier bin ich", hörten sie ihn ganz in der Nähe antworten. „Ihr habt mir ja einen Schrecken eingejagt. Davon muss ich mich erst einmal erholen. Das war aber knapp!" Dann kam wieder Leben in Christian: „Der hat uns für Mäuse gehalten! Könnt ihr euch das vorstellen? Jetzt weiß ich, wie sich kleine Tiere vorkommen müssen, die von uns Menschen gejagt und zertreten werden. Wir müssen hier schnell verschwinden, bevor er diesen ÜBEL auf uns hetzt." Peter umarmte die beiden erleichtert. Kurz berichtete er, was er entdeckt hatte. „Unsere einzige Möglichkeit, nach unten in die Stadt zu kommen, ist wohl der Aufzug. Die Treppenstufen sind zu hoch für uns. Wir müssen also warten, bis er sich wieder öffnet", meinte Peter, „Am besten verstecken wir uns ganz in seiner Nähe, damit wir schnell genug hinein kommen, bevor sich die Türen wieder schließen. Diesmal müssen wir es unbedingt zusammen schaffen!"

Um nicht wieder gesehen zu werden, gingen sie vorsichtig an der Wand entlang in Richtung Fahrstuhl. Dabei entdeckten sie allerlei Dinge, die auf dem Boden lagen, alles im Großformat. Da standen und lagen Eimer, Schaufeln, Hacken, Sägen, Holzlatten, Schutt, viele volle Säcke, deren Inhalt nicht erkennbar war, und einiges mehr herum. Da es nicht sehr hell war und sie so klein waren, konnten sie vieles auch nur teilweise sehen. Was aber unverkennbar war, war der viele Schmutz, der überall lag. Diese Riesen hielten wohl nicht viel von Sauberkeit. ‚Ach wäre jetzt ein heißes Bad schön, um den Dreck abzuwaschen', dachte Marie sehnsüchtig.

Schließlich hatten sie ihr vorläufiges Ziel erreicht. Direkt neben dem Aufzug stand ein Eimer hinter dem sie sich gut verstecken konnten. Jetzt mussten sie nur noch abwarten, bis sich wieder etwas tat. Ohne Worte schlossen sie die Augen und legten sich automatisch die Hände auf. So holten sie sich Kraft für das, was vor ihnen lag…

Tag 3

„Hey Marie, bitte, bitte wach endlich auf!" Marie wurde ganz wild an den Schultern gerüttelt. „Hilfe, lass mich los! Ich bin keine Maus! Lass mich sofort los!", schrie sie außer sich vor Angst. Jens sah seine Schwester verwundert an. „Was redest du da für ein Zeug? Du bist keine Maus! Ich weiß, dass du keine Maus bist!" „Was, was ist los?", stammelte Marie daraufhin. Langsam erkannte sie die Stimme ihres Bruders. Benommen öffnete sie die Augen. „Du hast mich geweckt! Warum?", fragte sie noch ganz fassungslos. „Warum?", fragte Jens zurück, „Ja, weil ich einen Riesenhunger habe! Was denkst du denn?“ „Aber wir haben doch Ferien. Wir können doch ausschlafen“, erklärte sie ihm verärgert. In Gedanken stand sie noch mit Peter und Christian hinter dem Eimer. Aber der Traum war jetzt unterbrochen. Was geschah dort, wenn sie nun wach war?

Jens ließ ihr keine Zeit, darüber nachzudenken. „Mein Bauch hat keine Ferien. Der knurrt schon wie wild! Also muss ich jetzt frühstücken! Steh jetzt bitte auf, dann können wir Mama wecken.“ Ein Blick auf die Uhr sagte Marie, dass es 8.22 Uhr war. Naja, ganz so früh wie sie dachte, war es offenbar nicht. „Okay, du Quälgeist, ich komme ja schon“, murmelte sie schließlich und erhob sich langsam.

Im Bad musste Marie wieder an ihren Traum denken. Ein ratloses Gesicht blickte ihr im Spiegel entgegen. Warum konnte sie sich jetzt plötzlich so genau an jede Einzelheit erinnern? Ihre Träume verschwanden sonst nach dem Aufwachen immer ziemlich schnell wieder im Nichts. Nur Bruchstücke blieben ihr ab und zu im Gedächtnis. Kaum hatte sie sich diese Frage gestellt, hatte sie auch schon eine Antwort im Kopf. ‚Es ist wichtig, dass du dich an alles erinnerst! Du hast mit Peter und Christian eine sehr wichtige Aufgabe zu erfüllen! Die Zeit wird knapp! Achte auf alles, was dir über den Weg läuft und was um dich herum geschieht! Vergiss niemals die Liebe und das Geschenk in deinen Händen!‘, mahnte eine Stimme. Im Spiegel glaubte sie direkt hinter sich ein Leuchten zu sehen. Ein angenehm warmes Gefühl erfasste sie. Abrupt drehte sie sich um. Da war nichts! Sie drehte sich wieder ihrem Spiegelbild zu. Ganz kurz meinte sie das Leuchten noch einmal hinter sich zu sehen. Dann war es weg! Dennoch hatte sie das unbestimmte Gefühl, nicht alleine im Raum zu sein. Sie fühlte sich irgendwie sicher und beschützt. Da erst fiel ihr auf, dass sie ihre Hände auf ihrem Herzen liegen hatte. Im Spiegel sah sie sich in die Augen. Je intensiver sie schaute, desto sicherer war sie sich, dass das Leuchten ihr nun aus ihren Augen entgegenstrahlte.

„Warum lachst du dich denn selber an?“, unterbrach Jens plötzlich ihre Gedanken. Sie war so mit sich beschäftigt gewesen, dass sie nicht bemerkt hatte, dass Jens ins Bad gekommen war. „Ja, warum lache ich mich selber an? Hast du das noch nie gemacht?“, fragte Marie zurück. „Nein, was soll das für einen Sinn haben?“ „Na das ist doch ganz einfach! Wenn du dich morgens schon im Spiegel anlachst, bist du gleich super für den Tag gerüstet. Du hast dann sofort gute Laune und der Tag fängt schon prima an!“, antwortete sie ihm. „Hmmm, bist du sicher?“ Jens schaute sie ungläubig an. „Ich habe auch so gute Laune!“, stellte er dann fest, „Nur jetzt gerade nicht, weil ich sooo einen großen Hunger habe. Du trödelst hier rum und lässt mich verhungern!“ Marie musste lachen: „Keine Angst mein Süßer, so schnell verhungert man nicht. Aber du hast recht, ich bin jetzt auch hungrig. Also komm, lass uns Mama wecken.“ „Guten Morgen ihr zwei, ich bin schon wach! Ihr seid ja nicht gerade leise. Da ist Ausschlafen ganz schön schwierig", sagte Tanja und schaute die beiden mit müden Augen an, als sie auch ins Bad kam. „Guten Morgen Mama", riefen die Kinder wie aus einem Munde. „Ja, es ist gut, dass du wach bist Mama, weil wir jetzt ganz großen Hunger haben!", meinte Jens. Tanja musste nun lächeln: „Okay, ich beeil mich im Bad und ihr könnt inzwischen den Tisch decken." „Mama vergiss nicht, dich im Spiegel anzulachen! Marie sagt, dass der Tag dann super anfängt. Ich bin auch so fröhlich, aber vielleicht brauchst du es ja, damit es dir heute wieder gut geht", riet Jens seiner Mutter und rannte lachend in die Küche.

Nach dem Zähneputzen fielen Tanja wieder Jens Worte ein. Sie sah sich im Spiegel an. Traurige braune Augen blickten ihr entgegen. Ihr dunkelbraunes schulterlanges Haar umspielte ihr Gesicht. Dunkle Augenränder waren nicht zu übersehen. Dieses Gesicht sollte sie anlachen? ‚Ich sehe furchtbar aus! Kein Wunder, dass Thomas sich in eine andere verliebt hat', dachte sie mutlos. Kurz bevor ihr die Tränen kamen, meinte sie Jens Stimme zu hören: „Mama vergiss nicht, dich im Spiegel anzulachen!" Tanja schloss die Augen und atmete tief durch. Schließlich öffnete sie die Augen wieder und sah sich erneut im Spiegel. ‚Okay, ich versuche es!' Es war gar nicht so einfach! Sie bemühte sich zu lächeln. Zuerst kamen da nur Grimassen zustande. Irgendwie sahen ihre Grimassen dann aber so lustig aus, dass sie plötzlich schallend lachen musste. Das Lachen ging in ein hysterisches Lachen über und dann kamen doch die Tränen. ‚Mein Gott, was soll aus den Kindern werden, wenn Dr. Baumann recht hat. Sie brauchen mich doch noch ein paar Jahre. Bei Thomas wären sie zwar auch gut aufgehoben, aber diese Martina würde es den beiden ziemlich schwer machen.' Hoffnungslose Gedanken schossen ihr im Kopf herum. ‚Reiß dich endlich zusammen! Mit dieser Grübelei änderst du überhaupt nichts! Was sollen nur die Kinder denken?', rief sie sich zur Ordnung.

Sie wusch sich ihr Gesicht so lange mit kaltem Wasser, bis man nicht mehr sah, dass sie geweint hatte. Tanja versuchte noch einmal, ihr Spiegelbild anzulächeln. Es wurde mehr ein gequältes Lächeln, aber immerhin ...

„Und hat es funktioniert mit dem Anlachen?", wollte Jens von seiner Mama beim Frühstück wissen. Tanja antwortete: „Naja, ich muss noch ein bisschen üben. Bestimmt klappt es dann mit jedem Tag besser." Marie sah ihre Mutter forschend an, sagte aber nichts. Sie fühlte schon, dass es ihr nicht gut ging.

„Kann ich nachher zu Tobi?", bat Jens, „Seine Mama hat gesagt, ich kann heute mit in den Zoo." „Okay, aber nimm eine Jacke mit. Es ist heute nicht so warm draußen", meinte Tanja.

Nachdem Jens gegangen war, räumten Marie und Tanja das Frühstücksgeschirr ab. Beim Spülen fragte Marie: „Mama, warum hast du geweint? Ist es wegen Papa oder weil du krank bist?" „Vor dir kann ich wohl gar nichts verheimlichen“, meinte Tanja resigniert, „Ich weiß auch nicht so genau, wahrscheinlich wegen beidem. Tut mir leid, manchmal kommt es einfach so über mich und ich weiß nicht, was ich dagegen tun soll. Aber ich verspreche dir, dass ich an mir arbeiten werde.“ „Komm, ich lege dir wieder meine Hände auf. Das tut dir bestimmt gut und mir auch!“, schlug Marie vor. Dankbar sah Tanja ihre Tochter an. Sie war so stolz auf sie!

Tanja legte sich wie gestern im Wohnzimmer aufs Sofa und Marie legte wieder intuitiv ihre Hände auf. Nach eineinhalb Stunden war sie an den Fußsohlen angelangt und beendete die Energiespende. Beide kamen wieder in die Wirklichkeit zurück.

„Was hat Dr. Baumann genau gesagt?“, wollte Marie dann wissen. Tanja spürte, dass sie ihrer Tochter nichts vormachen konnte. Sie wirkte schon so erwachsen, dabei war sie doch erst elf Jahre alt! Sie berichtete also von dem Krebsverdacht, den ihr Arzt geäußert hatte. „Morgen kommen meine Blutwerte, dann wird entschieden, was gemacht wird.“ Tanja war froh, dass sie es endlich gesagt hatte. Nach der Energieaufladung und ihrem Geständnis ging es ihr wesentlich besser. Marie war erst ziemlich schockiert, dann aber kam auch die Hoffnung. Das Geschenk in ihren Händen, diese Energie, half ihrer Mutter sichtlich. „Ich glaube, dass aus meinen Händen Heilenergie kommt! Vielleicht können wir dich so heilen!“, erklärte sie Tanja hoffnungsvoll. „Ja, aus deinen Händen kommt etwas ganz Tolles! Mein ganzer Körper vibriert und pulsiert, wenn deine Hände auf mir liegen. Es wäre so schön, wenn es mir helfen würde gesund zu werden! Es ist wie ein Wunder, was da geschieht.“ Da sich Tanja jetzt prima fühlte, fiel ihr auch wieder der sonderbare Traum ein, von dem Marie ihr erzählt hatte. „Hast du den Traum letzte Nacht weitergeträumt?“, fragte sie. Marie berichtete ihr alles. Sie verschwieg auch nicht, dass der Traum für sie total unglaublich und trotzdem sehr real war. Allerdings war da so vieles, was sie nicht verstand. „Wenn ich dieses Geschenk nicht in meinen Händen fühlen würde, würde ich nicht glauben, dass wir wirklich eine so wichtige Aufgabe haben!“, grübelte Marie und schaute abwesend vor sich hin. Mit ihren Gedanken war sie in ihrer Traumwelt...

Marie öffnete die Augen und fand sich wieder im Turm hinter dem Eimer. Durch das Dämmerlicht versuchte sie Peter und Christian zu sehen. Aber es gelang ihr nicht, sie zu entdecken. Die beiden waren nicht da! „Christian, Peter, wo seid ihr? Wir müssen doch hier beim Aufzug bleiben!“, rief sie in die Dunkelheit. Keine Antwort! „Peter, Christian...!“

„Peter, Christian, wo seid ihr?“, rief Marie mit panischer Stimme. „Hey, mein Schatz, du träumst!“, holte Tanja sie in ihr heimisches Wohnzimmer zurück.

Erschrocken kam Marie zu sich. Unruhe befiel sie: „Wo sind die beiden? Sie sind nicht dort!" „Beruhige dich! Du bist doch jetzt auch nicht mehr dort. Du bist jetzt hier bei mir. Oder denkst du, dass es dich zweimal gibt, hier und dort? Das kann ich mir wirklich nicht vorstellen! Was denkst du wo Christian und Peter jetzt sind?", fragte Tanja. „Aha..., daran hatte ich noch gar nicht gedacht. Das würde aber bedeuten, dass wir nach dem Aufwachen von dort verschwinden. Sobald wir schlafen und träumen, erscheinen wir wieder. Wie kann das sein?" In ihrem Kopf drehte sich alles. Fragen über Fragen kamen ihr in den Sinn. „Was denkst du? Dann müsste es Peter und Christian doch auch in Wirklichkeit geben, also nicht nur in meinem Traum!", rief Marie freudig. „Vielleicht, das könnte doch möglich sein", antwortete Tanja. Jetzt fiel Marie wieder ein, dass die beiden im Traum ja auch schon von ihren Familien und Freunden berichtet hatten. So wie sie ihnen, auch von ihrem Leben erzählt hatte. „Weißt du was? Dann muss ich die beiden suchen! Es ist bestimmt wichtig! Wir haben auch tagsüber einen Auftrag zu erledigen. Das Licht sagte, es gibt viele Menschen, die unsere Hilfe brauchen." Marie wurde nun lebhaft. „Jetzt weiß ich auch, warum ich den Besuch bei Susanne verschoben habe. Ich habe überhaupt keine Zeit für sie." Maries beste Freundin war letztes Jahr mit ihren Eltern in eine andere Stadt gezogen. In diesen Ferien wollte sie Susanne ursprünglich für eine Woche besuchen. Als Susanne vor ein paar Tagen anrief, um nachzufragen, erklärte ihr Marie, dass sie erst in den Herbstferien kommen könne. Diese Aussage überraschte sie selbst. Für die Sommerferien hatte Marie keine großen Pläne gemacht und nun sagte sie Susanne ab, ohne zu wissen weshalb. Nun wusste sie es!

Ein Blick auf die Uhr sagte ihnen, dass der Vormittag schon vorbei war. Nachdem sie eine Kleinigkeit zu Mittag gegessen hatten, sagte Marie zu ihrer Mutter: „Ich könnte in die Stadt gehen und schauen, ob ich da Menschen treffe, denen ich helfen kann. Wenn deine Vermutung richtig ist, treffe ich Christian und Peter heute Nacht wieder. Dann frage ich sie, wo sie wohnen." „Okay, aber pass auf dich auf! Mir geht es heute wirklich viel besser, als in den letzten Tagen. Ich werde noch zu Sabrina gehen. Sie will mir helfen, mein neues Kleid fertig zu nähen", meinte Tanja. Sabrina war ihre Freundin, die nur zwei Straßen weiter wohnte.

Marie hatte kein bestimmtes Ziel. Sie wollte sich auf ihr Gefühl verlassen. ‚Ob es hier auch ein Licht gibt, das mir den Weg weist?' fragte sie sich. Für Ende Juli war es unangenehm kalt und windig. Trotzdem machte sich Marie zu Fuß auf den Weg. Die meisten Menschen, denen sie auf dem Weg in die Innenstadt begegnete, blickten nur starr geradeaus. Es schien, als würden sie sich nur für ihren eigenen Weg interessieren. Alles darum herum beachteten sie nicht.

Marie hatte sich vorgenommen, möglichst zu allen Menschen immer freundlich zu sein. Wie würden sie wohl reagieren, wenn sie alle lächelnd grüßte, denen sie begegnete. Das wollte sie unbedingt einmal ausprobieren. Es war in ihrer Stadt nämlich sehr ungewöhnlich, von unbekannten Menschen gegrüßt zu werden. Normalerweise war jeder viel zu sehr mit sich selbst beschäftigt. Da konnte man sich doch nicht noch um fremde Leute kümmern. Gegrüßt wurden nur die Menschen, die man näher kannte. Das war wie ein ungeschriebenes Gesetz.

„Hallo", grüßte Marie jeden, der ihr entgegen kam. Meist wurde sie nicht beachtet. Manche blickten sie ganz kurz an. Oft war Ärger auf ihren Gesichtern zu erkennen. Es schien, als wäre Maries Gruß für sie eine Belästigung. Ein Einbrechen in die eigenen Gedanken, in ihren Privatbereich. Dann waren sie auch schon weitergegangen. Die Gesichter zeigten manchmal Gleichgültigkeit, aber auch teilweise Überraschung. Es gab sogar Menschen, die ihren Gruß erwiderten. Diese kamen genau in den Momenten, in denen Marie resigniert aufgeben wollte, zu grüßen.

„Hallo", sagte sie, als ihr eine ältere Frau mit zwei vollen Einkaufstaschen entgegen kam. Die Frau blickte sie mit ihren grauen, hellwachen, lustigen Augen an und lächelte erfreut: „Hallo, junges Fräulein!" Ohne lange zu überlegen fragte Marie: „Sie tragen aber ganz schön schwer. Ich habe Zeit. Kann ich Ihnen tragen helfen?" „Das ist ja schön, dass es noch Menschen gibt, die Zeit haben. So etwas ist sehr ungewöhnlich heutzutage", antwortete die Angesprochene, „Ja, ich würde mich sehr freuen, wenn du mir tragen hilfst." Sie übergab Marie eine ihrer Einkaufstaschen und Marie begleitete die Frau nun nach Hause. Die Stadt konnte noch warten.

„Wie heißt du denn?", erkundigte sich die Ältere. „Marie", gab sie bereitwillig Auskunft. Irgendwie hatte sie das unbestimmte Gefühl, die Frau zu kennen. Und doch wusste sie, dass sie diese noch nie zuvor gesehen hatte. Sie hatte etwa Maries Größe. Ihre grauen Haare waren zu einem Zopf nach hinten gebunden. Der lange hellblaue Mantel ließ vermuten, dass sie etwas übergewichtig war. Marie fühlte sich sofort sehr wohl in ihrer Gesellschaft. „Darf ich auch Ihren Namen wissen?", fragte sie dennoch etwas schüchtern, während sie nebeneinander her gingen. „Mein Name ist Margarete Glücklich. Nenn mich einfach Margarete", bekam sie zur Antwort. Daraufhin fasste sie Mut: „Ich weiß nicht warum, aber ich habe das Gefühl, wir kennen uns irgendwoher. Das kann aber doch nicht sein, oder?" Marie sah Margarete fragend an. Margarete lächelte: „Ich hatte sofort das gleiche Gefühl. Deshalb habe ich dir auch meine Tasche zum Tragen gegeben. Du musst wissen, dass mir vor einem Jahr in einer ähnlichen Situation meine Einkäufe geklaut worden sind. Da hatte ich von Anfang an ein ungutes Gefühl. Damals habe ich aber nicht auf meine innere Stimme gehört. Ich wollte unbedingt an das Gute im Menschen glauben. Das ging leider schief. Bei dir war das sofort anders. Diesmal habe ich auf meine innere Stimme gehört, obwohl mein Verstand aufgrund meiner schlechten Erfahrung dagegen gesprochen hat.“ Mit großen Augen sah Marie Margarete an: „Oh! Das war bestimmt ein ganz schlimmes Erlebnis für Sie. Hat man den Täter erwischt? Haben Sie jetzt nicht Angst, auf die Straße zu gehen?“ „Nein, der Täter wurden noch nicht gefasst. Zuerst war mir etwas unwohl, aber nun habe ich keine Angst mehr, auf die Straße zu gehen. Ich habe erkannt, warum mir das passiert ist. Es hat ein bisschen gedauert, bis ich es verstanden habe“, erklärte Margarete, „Weißt du, tief in mir glaube ich wirklich an das Gute im Menschen, aber irgendwoher hatte ich auch immer Angst, einmal bestohlen zu werden. Der Gedanke kam immer wieder. Ich konnte ihn nicht abschütteln, obwohl ich sehr vorsichtig war. Zuhause schloss ich immer die Türe hinter mir zu und achtete darauf, dass auch die Fenster nicht ohne Aufsicht offen standen. Nun weiß ich, dass ich durch meine Gedanken dieses Ereignis angezogen habe. Ich hatte nicht damit gerechnet, dass ich auf der Straße bestohlen werde, sonst hätte ich meine Taschen niemals aus der Hand gegeben! Da ich zuhause so vorsichtig war und meine Angst vor dem Diebstahl trotzdem in meinem Kopf blieb, musste er letztendlich auch in Wirklichkeit stattfinden. Erst nachdem ich das begriffen hatte, konnte ich loslassen.“ „Über so etwas habe ich mir noch nie Gedanken gemacht“, meinte Marie sehr nachdenklich. Die beiden waren inzwischen bei Margaretes Zuhause angekommen. „Was hältst du davon, wenn wir noch einen Tee zusammen trinken? Oder musst du gleich wieder los?“ Marie wollte unbedingt noch mehr von dieser interessanten Frau erfahren. Die Möglichkeit, sich Ereignisse durch seine Gedanken herbeizuziehen, faszinierte sie sehr. Also antwortete sie: „Ich bleibe gerne noch und trinke einen Tee mit dir. Danke!“ Unbemerkt ging sie ins vertrauliche ‚du‘ über. Margarete bemerkte es wohl und wusste, dass es richtig war. Dieses Mädchen war ihr sehr vertraut.

Die Situation, wie sie so beisammen saßen, bei Tee und Gebäck, war etwas Altbekanntes für Margarete. Und plötzlich sah sie sich zusammen mit ihrer Enkelin Anne in einer kleinen gemütlichen Wohnstube sitzen. Sie saßen bei Kerzenlicht, denn damals gab es noch keinen elektrischen Strom. Margarete, die zu dieser Zeit Hedwig hieß, nähte an einer Hose und Anne stopfte Socken. Annes Mutter Marianne war im Kindbett gestorben und ihr Vater Rudolph musste schwer für den Unterhalt der Familie arbeiten. Annes Brüder Josef und Hans halfen ihrem Vater auf den Feldern so gut sie konnten. Hedwig und Anne verband ein starkes Band der Liebe und grenzenloses Vertrauen.

Margarete hatte öfter Bilder vor ihrem inneren Auge, die ihr Szenen aus ihren früheren Leben zeigten. Diese Bilder kamen beispielsweise dann, wenn in ihrem jetzigen Leben eine gleiche oder ähnliche Situation auftrat. Marie war also in einem früheren Leben ihre Enkeltochter gewesen. Deshalb hatten sie beide gleich dieses vertraute Gefühl.

„Der heiße Tee tut gut, nach diesem kühlen Spaziergang", holte Marie Margarete wieder in die Wirklichkeit zurück. „Erzähl mir ein bisschen von dir, deinem Leben und deiner Familie", bat sie nun das Mädchen. Marie brannte zwar darauf, mehr von Margarete zu erfahren, aber sie erzählte nun erst einmal bereitwillig von sich und ihrer Familie. Einmal angefangen, berichtete sie von allem, was sie bewegte. Das Beisammensein mit Margarete gab ihr das Gefühl zuhause zu sein. Da auch Marie dieses grenzenlose Vertrauen spürte, erzählte sie ihrer Gastgeberin auch von ihrem Traum und dem großen Auftrag, den sie mit Christian und Peter zu erfüllen hatte. Keine Sekunde kam ihr der Gedanke, dass Margarete ihr nicht glauben würde.

Die Zeit verging wie im Flug. „Oh je, es ist ja schon so spät", rief Marie nach einem Blick auf die Uhr erschrocken, „Ich muss leider gehen. Mama und Jens werden schon mit dem Abendessen auf mich warten." „Ja, die Zeit ist ganz schön schnell vergangen. Das war ein richtig schöner Nachmittag mit dir. Wenn du möchtest, darfst du gerne wiederkommen", bot Margarete an. „Oh ja, ich muss sogar wiederkommen. Du musst mir unbedingt noch erzählen, wie das funktioniert, mit den Gedanken, Ereignisse anzuziehen. Ich glaube, das ist etwas Wichtiges für unsere Aufgabe", vermutete Marie. „Komm sooft du möchtest. Ich schreibe dir meine Telefonnummer auf, dann kannst du vorher anrufen, damit ich auch zuhause bin. Ich freue mich schon auf dich!", lächelte Margarete. „Danke und bis bald Großmutter", verabschiedete sich Marie. Erschrocken sah sie Margarete an. „Huch, entschuldige bitte! Ich weiß auch nicht, warum ich gerade Großmutter zu dir gesagt habe!" Margarete lächelte: „Das ist schon in Ordnung so. Ich erzähle dir ein anderes Mal warum. Geh jetzt nach Hause. Nicht, dass deine Mama sich Sorgen macht."

Zuhause angekommen war Marie noch immer mit Margarete beschäftigt. „Hey Schatz, wo bist du denn mit deinen Gedanken? Willst du mir nicht erzählen, was du in der Stadt erlebt hast?", fragte Tanja und sah ihre Tochter forschend an. Jens sah sich eine Kindersendung im Fernsehen an und hatte nicht bemerkt, dass seine Schwester nach Hause gekommen war. „Ich bin gar nicht bis in die Stadt gekommen", antwortete Marie ihrer Mutter und berichtete von den Menschen, die sie gegrüßt hatte und deren Reaktionen darauf. Danach erzählte sie voller Begeisterung von Margarete. Tanja schaute erst erschrocken, dann immer erstaunter. „Ich hatte noch nie so intensiv das Gefühl, jemanden schon so lange zu kennen und zu mögen, wie das bei Margarete der Fall ist. Dabei weiß ich genau, dass ich ihr vorher noch nie begegnet bin. Was denkst du? Bin ich verrückt?" „Nein bestimmt nicht, ich habe das nämlich auch schon erlebt. Es war so ähnlich, wie du es beschrieben hast mit deinem Papa und mir. Gleich beim ersten Mal, als wir uns trafen, war alles so vertraut. Mein Gefühl sagte, dass ich ihn schon seit ewigen Zeiten kenne und liebe, obwohl es ja gar nicht sein konnte", bei diesen Worten wurde Tanjas Stimme ganz leise. Sofort waren ihre Gedanken wieder bei Thomas. Marie merkte, dass sie Tanja schnell auf andere Gedanken bringen musste, sonst würde diese gleich wieder in ihre tiefe Traurigkeit zurückfallen. „Komm lass uns Abendessen. Es wird Zeit, dass Jens vom Fernsehen wegkommt", schlug sie deshalb vor. Tanja fing sich schnell wieder. Vor ihren Kindern wollte sie doch stark sein!

Beim Essen erzählte Jens ganz begeistert von seinem Zoobesuch. Er war schon oft im Zoo gewesen und schwärmte trotzdem jedes Mal aufs Neue. Von den vielen verschiedenen Tieren konnte er nie genug bekommen. Wenn es nach ihm gegangen wäre, wäre er jede Woche einmal dorthin gegangen. Durch das Geplapper von Jens wurde Tanja abgelenkt und Marie lächelte ihn dankbar an.

Als Jens dann im Bett lag, meinte Marie: „Mama, dir geht es heute besser, oder? Du siehst nicht mehr so müde aus wie in den letzten Tagen." „Ja Schatz, mir geht es tatsächlich besser. Ich denke, deine heilenden Hände haben Wunder gewirkt! Jetzt bin ich zwar müde, aber tagsüber fühlte ich mich viel wohler, als in der letzten Zeit. Trotzdem habe ich ein bisschen Angst vor den Blutergebnissen, die ich morgen bekommen werde." „Mach dir bitte keine Gedanken. Egal, was der Arzt morgen sagt, die Ergebnisse sind von der Blutabnahme, als es dir noch sehr schlecht ging. Dein Blut ist jetzt bestimmt schon gesünder geworden. Und meine Hände bekommst du nun jeden Tag", versuchte Marie Tanja zu beruhigen. Diese lächelte ihr dankbar zu: „Meine große weise Tochter hat gesprochen. Ich würde sagen, mit diesen Worten machen wir uns jetzt auch auf den Weg ins Bett. Du hast heute Nacht schließlich noch ein Abenteuer vor dir. Pass bitte auf dich auf! Wenn ich könnte, würde ich mitkommen und euch helfen." „Wir können bestimmt jede Hilfe gebrauchen. Im Traum kannst du uns wohl nicht helfen, aber vielleicht gibt es tagsüber eine Möglichkeit. Ich muss jetzt erst einmal schauen, wo Christian und Peter sind. Hoffentlich sind sie beim Aufzug. Wir müssen irgendwie aus dieser Riesenstadt herauskommen. Schlaf gut Mama!" Sie umarmte Tanja und drückte ihr einen Gutenachtkuss auf die Wange.

Im Bett legte sie sich ihre Hände auf ihr Herz. Sofort fühlte sie die Wärme und das Pulsieren von ihren Händen zum Herzen. Das beruhigende Strömen half ihr schnell einzuschlafen...

Sie konnten nicht sagen, wie viel Zeit vergangen war. Sie fanden sich alle drei wieder hinter dem Eimer neben dem Aufzug. Marie war so froh, Christian und

Peter zu sehen, dass sie die beiden freudig umarmte. Für große Worte blieb jedoch keine Zeit, denn sie vernahmen das Geräusch des Fahrstuhls. Und sie hörten noch etwas. Die drei sahen sich verblüfft an. „Das klingt nach Kinderstimmen. Was meint ihr?“, fragte Peter. „Wir werden es ja gleich sehen. Macht euch bereit!“, antwortete Marie. Der Fahrstuhl hielt an und die Türe öffnete sich. Heraus sprangen tatsächlich zwei lachende Kinder. Für Marie, Christian und Peter waren die beiden natürlich auch riesig, aber sie sahen doch wesentlich freundlicher aus, als ihre großen Artgenossen. Sie hatten allerdings keine Zeit, sich darüber Gedanken zu machen, schließlich mussten sie schnell in den Aufzug kommen. So rannten sie los und schafften es rechtzeitig, bevor die Aufzugstür sich wieder schloss. Da standen sie nun. Im Aufzug war es sehr hell und es gab nichts, hinter dem sie sich hätten verstecken können. „Was machen wir nun?“, fragte Christian ängstlich, „Hier sehen sie uns doch sofort. Dann geht die Mäusejagd weiter.“ Marie sah in die ratlosen Gesichter der beiden Buben. Auch sie hatte Angst. Dann erinnerte sie sich wieder an die Worte, die aus dem Licht gekommen sind. „Wir dürfen den Glauben und das Vertrauen nie verlieren! Auch wenn es schwierig wird, geht es bestimmt gut“, versuchte sie sich und die beiden Jungen zu beruhigen. „Wichtig ist, dass wir schnell genug sind. Diese Riesen sind so beschäftigt, dass sie bestimmt nicht zuerst den Aufzug nach Ungeziefer absuchen“, erklärte Peter hoffnungsvoll, „Jetzt warten wir erst einmal, bis der Aufzug nach unten geholt wird und dann heißt es wieder rennen. Wir müssen versuchen zusammen zu bleiben. Also laufen wir alle in die gleiche Richtung.“ Da sie auf der rechten Türseite standen, einigten sie sich darauf, dass sie rechts um die Ecke laufen wollten. Dort gab es hoffentlich etwas, wo sie sich verstecken und die Lage überblicken konnten.

Als der Fahrstuhl sich in Bewegung setzte, hatten sie Mühe, sich auf den Beinen zu halten. Entgegen ihrer Hoffnung, fuhr er aber nicht nach unten, sondern nach oben. Erschrocken sahen sich die Kinder an. Damit hatten sie überhaupt nicht gerechnet! Viel Zeit blieb ihnen nicht. Mit einem Ruck hielt der Aufzug an. Von draußen konnten sie schon laute, schimpfende, diesmal weibliche Stimmen hören. Die Türe öffnete sich. Die Kinder wagten es kaum, nach oben zu schauen. Das erste, was sie sahen, war ein nackter Fuß in Sandalen, dann folgte der dazu gehörige zweite Fuß. Schließlich stapften noch zwei weitere Sandalenfüße dicht vor dem Aufzug herum. Die beiden Frauen waren so in Rage, dass sie ihr Gepäck nur achtlos in den Fahrstuhl stellten. Nur knapp daneben lehnten die Kinder an der Wand. Ihre Sicht war nun von einem Korb versperrt. Dankbar sahen sich die drei an. So konnten sie erstmal nicht gesehen werden.

„Ich kann es immer noch nicht fassen, dass NEID schon wieder ein größeres Haus bekommt. Und es kann ja nicht anders sein, ausgerechnet MISSTRAUEN muss ihm beim Bauen helfen!“, hörten sie eine der Riesinnen schimpfen. „Ja

MISSGUNST, dass du dich darüber ärgerst, kann ich schon verstehen. Aber du weißt ja auch, dass dein Mann NEID nur hilft, weil er erwartet, dass NEID ihm später auch beim Bauen hilft. Und es sieht doch so aus, als dauert es bei euch auch nicht mehr so lange. Da ist es bei mir viel schwieriger. Mein Haus ist auch schon wieder zu klein für mich, aber ohne Mann kann ich kein neues Haus bauen", jammerte die andere Stimme. „Tja, da du nun mal so bist, wie du heißt, ist ja klar, dass du mit deiner Lieblosigkeit keinen Mann bekommst, der dir ein Haus baut", erklärte MISSGUNST ihrer Begleiterin spöttisch. „Ist ja schon gut! Das brauchst du mir nicht immer wieder unter die Nase zu reiben. Was kann ich denn dafür, dass mich meine Eltern ausgerechnet LIEBLOSIGKEIT nennen mussten?" LIEBLOSIGKEIT bedachte MISSGUNST mit einem grimmigen Blick. „Jeder bekommt das, was er verdient", antwortete daraufhin MISSGUNST und lachte schadenfroh. Dann drückte sie eine Taste an der Aufzugswand. Die beiden Riesinnen, für die der Aufzug ja zu klein war, zogen sich zurück. Die Türe schloss sich und der Aufzug setzte sich mit den Kindern und dem Wäschekorb in Bewegung. Kurz darauf kam er wieder zum Stehen. Der Aufzug öffnete sich und davor standen die beiden Riesinnen, die über die Treppe nach unten gelangt waren. Sie schnappten sich jede einen Griff des Korbes und hoben ihn hoch. Ohne weiter auf die Riesinnen zu achten, rannten die drei Kinder nach rechts um die Ecke ins Ungewisse. Sie hatten Glück. Direkt neben dem Aufzug stand eine Art Kübel, hinter dem sie sich verstecken konnten. Ganz vorsichtig schauten sie aus ihrem Versteck hervor. Der Raum war etwa so groß, wie oben, nur wesentlich sauberer. Die Wände waren weiß gestrichen und von der Decke hingen Lampen, die den Raum gut ausleuchteten. Weiter rechts konnten sie den Beginn der Wendeltreppe sehen und gegenüber stand eine Türe nach draußen weit offen. Hier gab es nicht so viele Möglichkeiten sich zu verstecken. Der Raum war fast leer. Links neben dem Aufzug stand ein Container auf Rollen. Ansonsten sahen sie auf der anderen Seite noch einen weiteren Kübel, wie der, hinter dem sie gerade standen. „Also Leute, wir müssen schauen, dass wir zu der Tür da vorne hinauskommen. Wo immer sie hinführt. Es gibt wohl nur diesen Weg", erklärte Peter nach eingehender Erkundung der Lage. „Wenigstens steht sie offen, so müssen wir nicht wieder warten, bis jemand kommt", meinte Christian. Seine Nervosität war ganz deutlich zu spüren. „Wir müssen uns jetzt wirklich sputen. Hier gibt es nichts, wohinter wir flüchten können, wenn jemand kommt. Draußen müssen wir uns dann schnell orientieren. Wichtig ist, dass wir zusammen bleiben!", mahnte Marie mit eindringlicher Stimme.

Mit einem Mal wurde es ganz laut. Hektisches Geschrei und Getrampel kam immer näher. Der Lärm kam aus Richtung Treppe. Auch der Aufzug bewegte sich wieder. Die Kinder blieben so gut sie konnten in Deckung. Einige Riesen liefen schnell an ihnen vorbei zum Ausgang. Alle schienen es sehr eilig zu haben.

Sie schnappten den Wortwechsel von zwei Riesen auf, die sie schon kannten. „Schnell, NEID, beeil dich doch! Wir sind schon spät dran und müssen uns vor der Versammlung noch umziehen. Wenn wir das nicht schaffen, lässt uns MACHT wieder nicht in den Versammlungsraum", brüllte MISSTRAUEN seinen Kollegen an. „Ja, ja, ich mach ja schon so schnell ich kann. Diese verdammte Treppe ist einfach zu eng. Ich kann mich hier kaum noch bewegen!", schimpfte NEID. „Nicht die Treppe ist zu eng. Du bist einfach zu groß und zu fett! Vielleicht solltest du den Menschen doch nicht so viel Neid einpflanzen. Wenn du noch größer und breiter wirst, wird möglicherweise noch die obere Brücke einstürzen. Dann können wir schauen, wie wir zu unseren großen Baumstämmen kommen", kam die Antwort mit einem boshaften Lachen. „Du brauchst gar nicht so schadenfroh lachen. Es gibt noch genug andere, bei denen die Brücke auch einstürzen könnte. Denke nur an HABGIER, MACHT, LÜGE, STREIT, WUT, SORGE, KRANKHEIT, ÄRGER, LIEBLOSIGKEIT und auch du mein lieber MISSTRAUEN hast schon ziemliche Ausmaße angenommen." Dann waren die beiden auch schon grölend verschwunden. Im nächsten Moment öffnete sich der Aufzug und die beiden Riesenkinder von vorhin traten kichernd heraus. Sie hatten es offensichtlich nicht so eilig. „Mein Papa hat mir versprochen, dass ich morgen mit zur Versammlung darf." „Meiner sagt, ich muss noch ein bisschen warten. Er meint, die Menschen bekommen mich noch früh genug zu spüren." „ÄNGSTLICH, HÖLLCHEN, wo seid ihr?", rief jetzt eine Frauenstimme von draußen. „Da hörst du? MUTLOSIGKEIT sucht uns schon wieder! Die ist ganz schön lästig mit ihrer ständigen Beaufsichtigung. Komm HÖLLCHEN, nicht dass wir wieder eine Standpauke bekommen", meinte ÄNGSTLICH. „Ja, dummerweise verpetzt uns die doofe Nuss ja immer bei unsern Eltern. Irgendwann zahle ich ihr das noch heim! Dann bekommen nicht nur die Menschen die Hölle zu spüren, sondern sie gleich mit! Dann hat sie wirklich Grund, mutlos zu sein", lachte HÖLLCHEN böse und schon waren die beiden weg.

Die Kinder sahen sich fragend an. Was hatte das alles zu bedeuten? Es wurde immer rätselhafter. Noch war ihnen völlig unklar, wie sie gegen diese Riesen etwas ausrichten sollten. Die Riesen waren wohl ihre Gegner. Diese Tatsache kristallisierte sich immer mehr heraus. Sie wurden sich immer bewusster, dass ihnen nicht mehr viel Zeit blieb. Außerhalb der Stadt würden sie jemanden treffen, der ihre Fragen beantwortet. Die Stimme im Licht hatte es ihnen versprochen. Also mussten sie zusehen, dass sie so schnell wie möglich aus der Stadt heraus kamen.

Im Turm war es nun still geworden. Somit hatten sie freie Bahn. Die drei legten sich noch einmal für ein paar Minuten die Hände auf ihre Herzen, um Kraft zu tanken. Dann ging es los. Sie rannten so schnell sie konnten, quer durch den Raum, zur offenen Tür. Das ging gut! Christian kam als letzter an und schnauf-

te: „Ich kann nicht so schnell! Ich war noch nie gut im Laufen." Ohne zu überlegen, legte Marie Christian ihre Hände kurz auf seinen Unterbauch. Ein heißer Energiestrahl kam aus ihren Handflächen. „Wow", rief Christian, „das ist ja irre! Kann ich das auch mit meinen Händen?" „Ja bestimmt", lächelte Marie, „aber jetzt haben wir leider keine Zeit mehr dafür. Wir müssen erst in Sicherheit sein." Inzwischen hatte Peter von der Türschwelle aus die Lage erkundet. Draußen war ein großer Platz zu sehen. Dort herrschte viel Betrieb. Viele Riesen liefen in eine Richtung. Dort schien der erwähnte Versammlungsraum zu sein. Nun konnten die Kinder sehen, dass diese großen Menschen mit den unangenehmen Namen, plötzlich alle in ganz feiner Kleidung unterwegs waren. Die Männer trugen einen schwarzen Anzug und die Frauen ein schwarzes langes Kleid. „Die sehen so schwarz angezogen ja noch unheimlicher aus", stammelte Christian. „Wir warten, bis sie weg sind. Das kann ja nicht so lange dauern. Dann müssen wir uns nur noch vor denen in Acht nehmen, die nicht bei der Versammlung dabei sind", erklärte Peter mit ruhiger Stimme. „Die Kinder mussten ja wohl nach Hause, also haben wir vielleicht freie Bahn", meinte Marie hoffnungsvoll.

Als der Platz schließlich leer war, traten die Kinder vorsichtig auf die freie Fläche. „In welche Richtung sollen wir gehen? Wo geht es zur Stadt hinaus?", fragte Christian. Ratlos sahen sie sich um. „Keine Ahnung! Wir haben die Auswahl zwischen drei Wegen. Sollen wir knobeln?", versuchte Peter zu scherzen. „Wir bitten um Hilfe! Wir bekommen vielleicht ein Zeichen!", schlug Marie vor. Ganz intensiv dachten sie nun an das Licht und baten um ein Zeichen. Eigentlich erwarteten sie, dass das Licht ihnen jetzt aus der Richtung entgegen leuchten würde, in die sie gehen sollten.

Erst geschah nichts, dann aber etwas, womit sie nicht gerechnet hatten. Laut kläffend, sahen sie einen Hund auf sich zulaufen. Entsetzen machte sich bei den Kindern breit. In Panik und laut schreiend, flohen sie in die entgegengesetzte Richtung. Aber wie sollten sie vor so einem Riesenhund davonrennen können? ‚Das war es dann wohl!', war Maries verzweifelter Gedanke. „Hector, komm sofort her, du verdammter Köter!", hörten sie da plötzlich eine laute Stimme. Sie rannten weiter und fanden sich total außer Atem in einer der drei Straßen. Alles war still. Der Hund war verschwunden! Fassungslos und nach Luft ringend sahen sich die drei an. Das war knapp! Dann kam die Erleichterung und sie lagen sich weinend in den Armen. Nachdem sie sich beruhigt hatten, meinte Peter: „So hatte ich mir die Hilfe aber nicht vorgestellt!" „Tja, aber wir sind jetzt auf einem der drei Wege. Ich vermute mal ganz stark, dass es unser Weg aus der Stadt ist", sagte Marie hoffnungsvoll, „Der Hund hat uns in diese Richtung gejagt. So gesehen war er unsere Hilfe." „Na, da will ich mal hoffen, dass wir nicht öfter solche Hilfen bekommen, sonst kündige ich diesen Job sofort!", erklärte Christian mit mürrischem Ton.

Die Straße, in der sie sich befanden, lag zu ihrem Glück wie ausgestorben da. Es schienen alle bei dieser ominösen Versammlung zu sein. Der vor ihnen liegende Weg sah nicht danach aus, als würden sie demnächst die Stadt verlassen haben. Ein Haus reihte sich an das andere. Die Straße zog sich endlos hin. Dies hing natürlich auch mit ihrer Größe zusammen. Die Kinder fühlten sich tatsächlich wie Mäuse, die sich überall verstecken mussten. Der Unterschied war allerdings, dass Mäuse viel schneller laufen konnten als sie. „Wenn das doch nicht der richtige Weg ist?", fragte Christian schließlich zweifelnd. „Okay, da vorne steht eine Mülltonne. Wir verstecken uns dahinter und bitten noch einmal um Hilfe", schlug Marie vor. „Das ist nicht dein Ernst, oder?", stammelte Christian ängstlich, „Willst du, dass der Riesenhund wieder auf uns gehetzt wird?" Die drei sahen sich ratlos an. Schließlich sagte Marie entschlossen: „Die Stimme im Licht hat uns gesagt, wir dürfen niemals den Glauben und das Vertrauen verlieren. Vielleicht war der Hund vorhin eine Prüfung für uns. Lasst es uns noch einmal versuchen!" Peter fasste Christian an der Hand und führte ihn in Richtung Mülltonne. Dort angekommen setzten sich die drei auf den Boden, schlossen ihre Augen, legten sich die Hände auf ihre Herzen und atmeten ein paar Mal tief ein und aus. So wurden sie schnell ruhig und entspannt. Die Buben hörten nun Marie flüstern: „Bitte lieber Gott, gib uns ein Zeichen. Wie sollen wir weiter gehen? Sind wir auf dem richtigen Weg aus der Stadt hinaus? Hilf uns bitte!" Gespannt warteten die Kinder ab. Die Energie in ihren Händen fing verstärkt an zu fließen.

Sie konnten die Antwort auf ihre Bitte nicht abwarten, denn schließlich war es wieder Zeit für einen neuen Tag...

Tag 4

Als Marie erwachte, lagen ihre Hände angenehm strömend auf ihrem Herzen. Mit geschlossenen Augen genoss sie dieses wundervolle Gefühl. ‚Das ist so schön! Ich bin dir so dankbar für dieses Geschenk, lieber Gott! Es wäre wunderbar, wenn alle Menschen diese Energie in ihren Händen fühlen könnten. Dann würden sie bestimmt nicht mehr so schlecht gelaunt herumlaufen. Wahrscheinlich wären sie dann auch gesünder.' Bei diesem Gedanken fiel Marie ein, dass ihre Mutter heute den Termin bei Dr. Baumann hatte. Sie wollte ihre Mama fragen, ob sie mitkommen könnte. Jens sollte solange bei Tobias spielen. Ihr fiel noch etwas ein: Da nun Ferien waren, sollten Jens und sie übermorgen für drei Wochen zu ihrem Vater. Der Termin stand schon seit Wochen fest. Thomas' Freundin Martina hatte extra für sich alleine einen dreiwöchigen Urlaub gebucht, damit sie sich nicht mit den Kindern abgeben musste. Das kam den Kindern natürlich sehr gelegen.

Marie freute sich zwar schon sehr auf ihren Papa, aber der Gedanke ihre Mutter alleine zu lassen, behagte ihr überhaupt nicht. Sie hatte das Gefühl, es wäre sehr wichtig, hier bei ihr zu bleiben. Dann gingen ihre Überlegungen zur letzten Nacht zurück. Noch immer war ihr nicht klar, was das alles zu bedeuten hatte und wie genau sie ihre Aufgabe vollbringen sollten. Eines schien aber sicher zu sein: Ungefährlich war ihr Auftrag nicht! Jetzt fiel ihr auch siedendheiß ein, dass sie total vergessen hatte, Christian und Peter zu fragen, wo sie wohnten. Ganz so einfach funktionierte das auch nicht. Im Traum war ihr Tagbewusstsein weitgehend abgeschaltet. Sie waren einfach in einer ganz anderen Welt. Da war es doch kein Wunder, dass sie vergessen hatte danach zu fragen.

Schließlich stand Marie auf und ging ins Bad. Nachdem sie sich gewaschen und angezogen hatte, blickte sie wieder gespannt in den Spiegel. Sie lächelte ihr Spiegelbild an. Und da war es wieder, dieses warme Leuchten, diesmal direkt neben ihr. In ihren Augen nahm sie das kleine Licht auch ganz klar wahr. Ruhig und entspannt verließ sie das Bad. Nun war sie für den Tag gerüstet. „Hey Marie, hast du wieder den Spiegel angelacht? Du siehst ja richtig fröhlich aus!“, begrüßte Jens seine Schwester auf dem Weg zur Küche. „Guten Morgen Jens! Ja, das klappt wirklich gut. Und stell dir vor, der Spiegel lacht sogar zurück“, grinste Marie ihren Bruder an. „Ich finde es ganz schön doof, dass ich so klein bin und nicht so weit hinaufschauen kann. Bestimmt würde der Spiegel bei mir noch viel mehr zurücklachen. Er würde sich gar nicht mehr einkriegen vor Lachen“, meinte Jens daraufhin überzeugt. „Weißt du was? Du kannst dich im Flur im Garderoben-Spiegel anlachen. In den kannst du gut hineinschauen, er geht fast bis zum Boden. Komm wir probieren es gleich aus“, schlug Marie Jens vor. „Wirklich, geht es da auch? Nicht nur im Bad?“, fragte dieser und rannte freudig in den Flur. Vor dem Spiegel ging es dann sehr lustig zu. Jens und Marie versuchten es erst mit lustigen Grimassen, bis beide in lautes Lachen ausbrachen. „Was ist denn hier los? Warum macht ihr denn so einen Lärm?“, hörten sie plötzlich die Stimme ihrer Mutter. „Guten Morgen Mama!“, riefen beide gleichzeitig, noch immer lachend. „Tut uns leid, dass wir dich geweckt haben. Ich habe mit Jens ein bisschen Lachen geübt.“ „Ich konnte doch vorher schon lachen! Wir wollten nachsehen, ob der Spiegel zurücklacht. Stell dir vor Mama, er lacht tatsächlich zurück!“, erklärte der Junge begeistert. Tanja musste nun auch lachen: „Tja, nur gut, dass Spiegel so ehrlich sind. Sie zeigen einem immer die Wahrheit. Wenn wir lachen, lachen sie auch, wenn wir weinen, weinen sie auch!“ „Ja, super, so zeigt mir der Spiegel immer, wie es mir geht. Wenn ich lache, geht es mir prima!“, meinte Jens. „Toll, dann werde ich jetzt im Bad auch gleich den Spiegel anlachen. Jens, du siehst mir so aus, als hätte dein

Gesicht heute noch kein Wasser gesehen und deine Haare noch keine Bürste. Also komm mit ins Bad! Richtest du bitte in der Zwischenzeit das Frühstück Marie?“ „Klar, mache ich“, antwortete Marie ihrer Mutter.

Nach dem Frühstück fragte Marie Tanja, ob sie mit zum Arzt kommen dürfte. Jens war sofort damit einverstanden, bei Tobias zu spielen. Tanja versprach am Nachmittag mit den beiden Buben den Spielplatz zu besuchen. „Die frische Luft tut mir bestimmt gut. Wenn die Sonne scheinen würde, könnten wir ins Freibad gehen, aber nach einem heißen Sommer sieht es zur Zeit ja leider nicht aus.“ Marie sah ihre Mutter hoffnungsvoll an. Das hörte sich schon viel besser an, als in den letzten Tagen.

Da der Termin bei Dr. Baumann erst um 10.30 Uhr war, konnte Marie Tanja vorher noch eine Stunde ihre Hände auflegen. Diese Zeit war für beide sehr wertvoll. Tanja tat sich noch ein bisschen schwer damit, zu glauben, was Marie ihr von ihren Träumen erzählte. Die Energie in den Händen war aber ein Beweis, der ihr zeigte, dass an der Sache etwas dran sein musste.

„Mama hast du Angst vor dem Ergebnis der Blutuntersuchung?“ „Naja, ein bisschen mulmig ist mir schon. Allerdings fühle ich mich sehr viel besser, als noch vor ein paar Tagen. Ich hoffe, dass die Werte noch im normalen Bereich sind“, antwortete Tanja ihrer Tochter vor der Praxistür. Das Wartezimmer war brechend voll! Für Marie gab es keinen freien Stuhl mehr. Sie erschrak sehr, weil sie nicht damit gerechnet hatte, so viele kranke Menschen in einem Raum anzutreffen. Sofort fühlte sie fast körperlich die gedrückte Stimmung. In diesem Zimmer spürte Marie Angst, Hoffnungslosigkeit, Traurigkeit und manches, was sie nicht richtig einordnen konnte. Tanja schnappte sich zur Ablenkung eine Zeitung zum Lesen, während Marie sich die Patienten ansah. Sie fing den ausdruckslosen Blick einer älteren Dame auf. Im Gesicht der Frau war anfangs keine Regung zu erkennen. Dann, nachdem sie Marie ein bis zwei Minuten angesehen hatte, kam Bewegung in ihre Gesichtszüge. Ungläubiges Erstaunen war darin zu erkennen. In nächsten Moment kam die Sprechstundenhilfe hinein und bat sie ins Behandlungszimmer. Mit einem fast enttäuschten Blick, machte sich die Dame auf den Weg. „Gott segne dich, mein Kind!“, flüsterte sie im Vorbeigehen dem Mädchen zu. Marie setzte sich auf den nun freien Stuhl. Sie konnte sich die Reaktion der Frau nicht erklären. Was mochte sie gesehen haben? Würde sie es je erfahren? Nun wollte sie es genauer wissen. Sie beobachtete jetzt jeden einzelnen. Neun Patienten warteten in dem kleinen Raum darauf, aufgerufen zu werden. Einige davon lasen in einer Zeitung und die anderen blickten unbeteiligt vor sich hin. Marie fiel auf, dass die Zeitungsleser nicht wirklich lasen. Entweder taten sie so, weil sie nicht angesprochen werden wollten, oder sie waren mit ihren Gedanken ganz woanders und konnten sich somit nicht auf den Text konzentrieren. Ab und zu kam ein neuer Patient zur

Tür hinein, dann wurde aber auch wieder ein anderer ins Sprechzimmer gerufen. Je länger Marie da saß und die Menschen beobachtete, desto mehr bemerkte sie eine Veränderung. Hin und wieder blickte einer der Patienten sie fragend, skeptisch oder auch interessiert an. Marie lächelte dann freundlich. Erst erntete sie nur verständnislose Blicke, aber dann lächelte plötzlich ein junger blonder Mann zurück. „Das ist das erste freundliche Gesicht seit Tagen! Das tut richtig gut Mädchen!“, meinte er. Diese Äußerung ließ alle aufhorchen. Erst schauten alle zu dem blonden Mann, dann zu Marie. Beide schauten lächelnd zurück. Nun war mit einem Mal bei den meisten das Eis gebrochen. Von den Gesichtern schien ein Vorhang weggezogen worden zu sein. Die Menschen schauten sich interessiert an und lächelten, erst ein wenig scheu, dann mutiger. Marie bemerkte sofort, dass die Energie im Raum sich ins positive wandelte. Tanja hatte die Veränderung im Raum mit Freude wahrgenommen. Sie konnte richtig stolz auf ihre Tochter sein! Schließlich wurde sie ins Sprechzimmer gerufen. Bevor sie das Wartezimmer verließ, fing sie noch einen aufmunternden Blick von Marie auf.

„Frau Weber, ich muss Ihnen leider mitteilen, dass Ihre Blutwerte überhaupt nicht gut aussehen. Mein Verdacht hat sich tatsächlich bestätigt. Wir müssen nun ganz schnell handeln!“, erklärte Dr. Baumann mit einem ausdruckslosen Gesicht, so, als würde er Tanja den Einkaufszettel vorlesen. „Was meinen Sie mit ganz schnell handeln?“, fragte Tanja erschrocken. „Ich muss Sie ins Krankenhaus überweisen, um weitere Untersuchungen zu veranlassen. Dort wird eine Kernspin-Aufnahme gemacht und entschieden, ob operiert werden kann. Auf alle Fälle bekommen sie schnellstmöglich Chemotherapie und Bestrahlungen. Lassen Sie sich von meiner Sprechstundenhilfe einen Termin im Krankenhaus geben.“ Wie es aussah, war diese Diagnose für Dr. Baumann alltäglich. Er sah Tanja bei diesen Worten nicht einmal an, sondern schrieb etwas in seinen Computer. „Ich kann nicht ins Krankenhaus gehen! Meine zwei Kinder kann ich nicht alleine lassen. Ich möchte die Chemotherapie und Bestrahlungen nicht! Es gibt doch bestimmt auch noch andere Therapiemöglichkeiten, oder?“, fragte Tanja etwas unsicher, den nun verblüfften Arzt. „Es gibt keine Alternativen! Glauben Sie vielleicht, ich wüsste nicht, wovon ich spreche? Wenn Sie nicht machen, was ich sage, werden Sie nicht mehr lange leben! Dann haben Ihre Kinder überhaupt keine Mutter mehr!“, brachte er jetzt etwas lauter hervor, „Die Kinder können doch bestimmt zu ihrem Vater, oder?“ „Ich möchte nicht, dass mein Mann etwas von Ihrer Diagnose erfährt. Außerdem geht es mir schon besser! Ich habe das Gefühl, dass ich mich noch nach anderen Alternativen umsehen sollte. Es muss doch auch andere Wege geben, als diesen! Von Chemotherapie und Bestrahlungen habe ich einfach schon zuviel Schlimmes gehört.“ Nun bedachte sie Dr. Baumann mit einem sehr verärgerten

Gesicht: „Na gut, wenn sie meinen. Sie werden schon sehen, was Sie davon haben. Ich garantiere aber für nichts, wenn sie nach erfolglosen Behandlungsversuchen durch irgendwelche Scharlatane wieder zu mir in die Praxis kommen! Dann ist es nämlich zu spät!“ Nach diesen harten Worten verabschiedete sich Tanja und meinte beim Hinausgehen: „Danke für Ihr überaus großes Mitgefühl, Dr. Baumann!“

Tanja hatte beschlossen, Marie die Wahrheit zu sagen und berichtete ihr von dem Gespräch mit dem Arzt. Erschrocken sah Marie ihre Mutter an. „Bist du sicher, dass Dr. Baumann unrecht hat? Vielleicht ist es wirklich deine einzige Chance!“ „Ich bin nicht sicher! Aber ich habe das Gefühl, dass Dr. Baumann für mich der falsche Arzt ist. Für ihn scheint es nur diesen einen Weg zu geben. Chemotherapie und Bestrahlungen können aber doch nicht die einzige Möglichkeit sein, diese Krankheit zu heilen! Weißt du, deine Heilenergie hat aus mir irgendwie einen anderen Menschen gemacht. Vor drei Tagen wäre ich bei dieser Diagnose noch zusammengebrochen und hätte ohne Überlegung alles gemacht, was Dr. Baumann mir geraten hat. Da es mir so viel besser geht, als vor drei Tagen, habe ich die große Hoffnung, dass ich gesund werde, ohne teure Medikamente, die meinen Körper schwächen und unglaublich viele Nebenwirkungen haben.“ „Das hört sich ganz schön mutig an! Ich verstehe davon leider nicht viel, aber trotzdem habe ich Angst um dich. Was ist, wenn die Energie in meinen Händen nicht ausreicht, um dich zu heilen?“, fragte Marie vorsichtig. „Lass es uns einfach eine Weile versuchen. Ich denke nicht, dass ein paar Tage abwarten etwas ausmachen. Auf alle Fälle suche ich noch einen anderen Arzt. Bitte Schatz, tu mir noch einen Gefallen! Sag Papa und Jens nichts davon. Vor allem Papa darf es nicht erfahren!“ Marie schluckte: „Okay, vorerst sage ich nichts. Aber ich kann dir nicht versprechen, dass ich es nicht doch einmal sagen werde. Und apropos Papa, damit ich dir jeden Tag die Hände auflegen kann, sollte Jens besser alleine zu Papa in Urlaub gehen. Es würde Papa sicher wundern, wenn ich jeden Tag mit dem Bus zu dir fahren würde.“ „Und was willst du ihm sagen, warum du nicht zu ihm kommen willst?“, fragte Tanja. „Ich weiß noch nicht. Da wird mir schon noch etwas einfallen“, war sich Marie sicher. Tanja wusste, wie sehr sich Marie auf ihren Papa gefreut hatte, aber diesmal war sie unglaublich froh über ihren Vorschlag. Dankbar und mit Tränen in den Augen umarmte sie ihr Kind.

„Wir versuchen es acht Tage lang mit meinen Händen. Dann lässt du dich von einem Arzt untersuchen. Wenn der nächste Arzt dieselbe Diagnose stellt, musst du mir versprechen, dass du machst, was dieser dir sagt. So lange werde ich Papa nichts sagen.“ Marie sah ihrer Mutter eindringlich in die Augen. „Einverstanden!“, sagte Tanja schließlich.

Mittags ging Tanja mit Jens und Tobias zum Spielplatz, während Marie sich wieder auf den Weg in die Stadt machte. Zuerst überlegte sie, ob sie Margarete besuchen sollte. Spontan entschied sie sich, das um einen Tag zu verschieben. Auf ihrem Weg grüßte sie wieder alle Menschen, die ihr entgegen kamen. Die Reaktionen waren so ziemlich, wie am vorigen Tag. Sie erntete also meist mürrische oder gleichgültige Gesichter. ‚In der Arztpraxis war es einfacher', dachte Marie und überlegte, woran das wohl liegen mochte. Dann fiel ihr ein, dass sie dort mehr Zeit mit den Menschen verbracht hatte. Hier auf der Straße war der Moment nur ganz kurz. Zu kurz, um jemanden auf bessere Gedanken zu bringen. Auch war sie sich nicht ganz sicher, ob das überhaupt ihre Aufgabe war. Vermutlich gehörte es aber dazu. Was mochte der Grund dafür sein, dass die meisten Leute mit so schlechter Laune unterwegs waren?

‚Okay, lieber Gott, ich weiß nicht genau, was du jetzt von mir erwartest, deshalb führe mich bitte auf den richtigen Weg', bat Marie nun um Hilfe. Da die Hilfe auf sich warten ließ, beschloss sie, sich erst einmal ein Eis in ihrer Lieblingseisdiele zu gönnen. Eis konnte sie immer essen, egal, wie kalt es draußen war. Sie ergatterte gerade noch einen freien Tisch und bestellte einen großen Eisbecher.

Gerade hatte sie begonnen, genüsslich ihr Eis zu verspeisen, als sich ein junges Pärchen an ihren Tisch setzte. „Was denkst du dir eigentlich? Du weißt doch ganz genau, wie wichtig mir meine Freiheit ist. Gerade jetzt, wo ich kurz davor bin, meine Erbschaft ausbezahlt zu bekommen, musst du mir erzählen, dass du schwanger bist! Du glaubst doch wohl nicht im Ernst, dass ich jetzt ein Kind haben möchte! Ich brauche mein Geld für andere Dinge!", schrie der Mann seine Begleitung an, ohne Marie zu beachten. Ein entsetzter, ungläubiger Blick war die Antwort. Mit dieser Reaktion hatte die junge, blond gelockte Frau offensichtlich nicht gerechnet. „Das ist nicht dein Ernst, oder? Bei dir dreht sich immer alles nur um Geld, Geld, Geld und noch mal Geld. Ich dachte, du liebst mich! War das gelogen? Willst du dich jetzt aus deiner Verantwortung stehlen?", brach es aus ihr heraus. „Liebe! Ihr Frauen redet immer nur von Liebe! Ich will meinen Spaß haben und Geld ist das Wichtigste, das es für mich gibt! Mit Geld kann ich alles haben, was ich möchte und noch viel mehr! Was interessiert mich Liebe? Dir war mein Geld doch auch immer wichtig, aber weißt du was, du kannst mir jetzt mal den Buckel herunter rutschen. Und versuche ja nicht, noch einmal zu mir zurückzukommen! Ich will dich nicht mehr sehen!" Mit diesen Worten stand er auf und stürmte wütend aus der Eisdiele. Wie ein Häufchen Elend saß die Frau nun Marie gegenüber. Marie konnte kaum fassen, was sie gerade unfreiwillig gehört und beobachtet hatte. Sie reichte der Frau ein Taschentuch, welches wortlos in Empfang genommen wurde. „Was möchten Sie bestellen?", fragte die Bedienung und ließ sich nichts anmerken. Die halbe Eisdiele hatte die Szene eben verfolgt, aber keinen schien es zu interessieren. Marie nahm das sehr verwundert wahr. Konnte es wirklich sein, dass ihre Mitmenschen so wenig Mitgefühl hatten. Ihr selbst zerbrach es fast das Herz, die schluchzende Frau zu sehen. „Bitte bringen sie ihr einen Cappuccino und zwei große Kugeln Schokoladeneis", sagte sie, als sie sah, dass von der Frau keine Antwort kommen würde. Dann wartete sie erst einmal ab. Sie wollte ihr ein bisschen Zeit geben, sich von dem Schock zu erholen. Schließlich stand die Frau auf und ging in Richtung Toilette. Marie dachte schon, dass sie vermutlich nicht mehr zurück kommen würde und sie den Cappuccino und das Eis nun selbst trinken und essen müsste. Zehn Minuten später kam sie doch an den Tisch zurück. Nun sah sie etwas besser aus. Ihr Gesicht hatte wohl viel kaltes Wasser abbekommen. Inzwischen war auch die Bestellung eingetroffen und die Frau begann die Sahne vom Cappuccino zu löffeln. „Danke!", war das erste, was sie zu Marie sagte. Während sie dann ganz langsam ihr Eis aß, blickte sie Marie neugierig an. „Ich heiße Veronika. Es tut mir leid, dass du das mit anhören musstest. Manfreds Wutausbrüche sind immer schlimm. Aber er wird sich schon wieder beruhigen. Morgen tut es ihm bestimmt schon wieder leid und er entschuldigt sich bei mir." Marie war platt. Mit dieser Aussage hatte sie absolut nicht gerechnet. „Das heißt, Sie...du willst zu ihm zurück gehen? Das glaube ich nicht! So wie der dich behandelt hat?" „Ja, was soll ich denn sonst machen? Ich kann halt einfach nicht alleine sein. Außerdem hat er recht, er hat genügend Geld, wofür ich dieses Theater in Kauf nehme. Schau mal, den hier hat er mir letzte Woche geschenkt", erklärte Veronika und zeigte Marie ihren offensichtlich sehr wertvollen Armreif. „Wenn ich nett zu ihm bin, gibt er mir Geld, damit ich mir kaufen kann, was mir gefällt." „Aber du sagst, dass er schlimme Wutanfälle hat. Hast du keine Angst, dass er dich schlägt? Sind dir die teuren Geschenke wirklich so wichtig, dass du dich so schlecht von ihm behandeln lässt?", fragte Marie entsetzt. „Also schlagen tut er mich ganz selten und außerdem muss er mich doch lieb haben, wenn er mir so viele Geschenke macht! Wenn es mal ganz schlimm wird, verschwinde ich für ein paar Tage zu meiner Mutter. Von dort holt er mich meistens wieder ab und bittet um Verzeihung. Meine Mutter schimpft ja auch immer, weil ich ihn nicht verlasse. Mein Vater hat meine Mutter auch geschlagen, wenn er betrunken war. Voriges Jahr ist er an Leberzirrhose gestorben. Sie ist solange bei ihm geblieben, also kann sie mir doch keine Vorwürfe machen", antwortete sie. „Aber jetzt bekommst du ein Baby. Willst du, dass dein Kind auch so einen gewalttätigen Vater bekommt?" „Hm, darüber will ich mir jetzt keine Gedanken machen. Vielleicht ändert er sich ja, wenn das Kind da ist. Außerdem geht dich das eigentlich gar nichts an!", meinte Veronika und rief nach der Bedienung. Marie konnte Veronikas Worte nicht nachvollziehen, hatte aber auch das Gefühl, mit ihren Bedenken auf taube Ohren zu stoßen. Nachdem Veronika bezahlt hatte, verabschiedete sie sich schnell und weg war sie. Schließlich zahlte Marie auch und machte sich wieder auf den Weg. In ihrem Kopf herrschte ein ziemliches Durcheinander. Sie fragte sich, warum Veronika bei Manfred blieb. War es aus Liebe oder aus Habgier? Ihr schienen die teuren Geschenke wichtiger zu sein, als ein liebevoller Partner. Marie erinnerte sich daran, wie liebevoll und zärtlich ihre Eltern miteinander umgegangen waren, bevor die Zeit kam, als sie sich nur noch stritten. Aber auch bei diesen Streitereien waren nie so schlimme Worte gefallen wie bei diesem jungen Paar. Tief in ihrem Inneren hatte Marie noch immer die Hoffnung, dass die Liebe zwischen ihren Eltern wieder erwachen würde.

Ziellos lief sie die Straßen entlang und versuchte, ihre Gedanken wieder auf etwas Schönes zu richten. Das war aber sehr schwierig! Überall um sie herum nahm sie plötzlich Menschen wahr, die laut miteinander diskutierten oder stritten. Was war nur los heute? Dann fiel ihr schließlich ein, dass die Menschen sich nicht anders verhielten als sonst. Ihre Empfindung hatte sich in den letzen Tagen geändert. Sie nahm die negativen Stimmungen und Schwingungen ihrer Umgebung intensiver wahr. Sie fühlte sie richtiggehend als stechenden Schmerz im Herzen. Erst jetzt kam ihr die Idee, sich die Hände aufzulegen. Sie setzte sich auf eine Bank. Es war ihr völlig gleichgültig, ob die Menschen sie komisch anschauten. Sie schloss die Augen und legte eine Hand auf ihren Oberbauch und die andere auf ihr Herz. Fast sofort fühlte Marie die beruhigende Energie.

„Hey, geht es dir nicht gut? Was ist mit dir?“, hörte sie plötzlich eine piepsende Stimme. Marie öffnete die Augen und sah in ein fragendes Kindergesicht. Das Mädchen war schätzungsweise fünf oder sechs Jahre alt. Marie musste lachen, weil die Kleine sie mit ihren roten Haaren und den beiden Zöpfen an Pippi Langstrumpf erinnerte. „Hallo du, mir geht es jetzt wieder gut! Danke, dass du gefragt hast. Ich habe mich nur ein bisschen ausgeruht“, antwortete sie ihr. „Ich dachte, dir geht es schlecht. Wenn es mir schlecht geht, lege ich mir nämlich auch die Hände auf. Das tut soooo gut und der liebe Gott schenkt mir gleich wieder gute Laune!“, lachte das Mädchen. Marie staunte: „Toll, das ist ja super! Bei mir ist das genauso! Machst du das schon lange?“ „Ja klar! Das ist doch ganz einfach! Das mache ich schon immer so!“, bekam sie zur Antwort. „Ich bin Marie und wie heißt du?“ „Natalie! Ich muss jetzt aber wieder gehen. Meine Mama wartet dort drüben auf mich. Tschüss!“, meinte sie und sprang davon. Nachdenklich blieb Marie zurück. Das war ja interessant! Es gab also offensichtlich noch mehr Kinder, die von Gott das Geschenk der heilenden Hände bekommen haben. Schade, dass Natalie so schnell gehen musste, sie hätte sie gerne noch einiges darüber gefragt. Schließlich machte Marie sich auf den Heimweg. Für heute hatte sie genug erlebt!

Tanja war an diesem Abend doch ziemlich erschöpft. Der Nachmittag auf dem Spielplatz war anstrengender, als sie gedacht hatte. Damit sich Marie keine Sorgen machte, versuchte sie so munter, wie möglich zu wirken. Doch Marie war inzwischen so feinfühlig, dass Tanja sie nicht täuschen konnte. „Mama, wenn Jens im Bett ist, lege ich noch mal die Hände bei dir auf. Ich sehe doch, dass es dir nicht so gut geht." „Ja, das wäre toll! Du hast mich wieder einmal durchschaut, mein Schatz!", lächelte Tanja ihre Tochter dankbar an.

Der Tag schien wie im Flug vorüber gegangen zu sein. Erst im Bett kamen Marie Christian und Peter wieder in den Sinn und ihre Bitte um Hilfe, endlich aus dieser Riesenstadt herauszukommen. Erst dachte sie, sie könnte nicht einschlafen, weil ihr noch so viele Gedanken im Kopf herumsausten. Nachdem sie sich dann aber ein paar Minuten wohltuende Energie mit ihren Händen gegeben hatte, war sie schon ins Traumland versunken...

Das erste, was die Kinder sahen, als sie die Augen öffneten und nach oben blickten, war ein Hinweisschild in Form von zwei schwarzen Pfeilen. Darauf stand in klarer weißer Schrift einmal ‚ZUR STADTMITTE' und einmal ‚ZUM STADTAUSGANG'. Der Pfeil ‚ZUM STADTAUSGANG' zeigte in die Richtung, wohin die Kinder unterwegs waren. „Klasse! Das nenne ich mal eine klare Aussage!", jubelte Peter als erster, „Diese Hilfe gefällt mir schon viel besser." „Na also, dann sind wir ja richtig. Lasst uns weitergehen!", schlug Marie vor. „Diese Stadt ist nicht nur riesengroß, sie ist auch total kahl. Was sind denn das bloß für komische Menschen? Hier ist alles so farblos und grau. Hier gibt es nicht einmal Pflanzen! Ist euch das schon aufgefallen?", fragte Christian mit gerunzelter Stirn. „Ja, das ist alles sehr seltsam, aber auch irgendwie traurig. Es wird Zeit, dass wir hier herauskommen und die versprochene Person treffen, die unsere Fragen beantworten kann. Ich hoffe ja sehr, dass wir dann endlich erfahren, was genau wir eigentlich machen sollen, um die Liebe in die Welt zurückzubringen", meinte Marie mit hoffnungsvollem Blick. Peter gab nur ein: „Hmm!" von sich. In der Stadt war es wieder ziemlich laut geworden. Offensichtlich war die Versammlung inzwischen vorbei. Die Zeit lief hier also offensichtlich weiter, während die Kinder wach waren. Nun mussten sie sehr aufpassen, nicht gesehen zu werden. Sie liefen so nah es ging an den Hauswänden entlang. Ihre Sorge war allerdings unbegründet. Keiner der Riesen nahm von ihnen Notiz. Alle waren beschäftigt.

Nachdem sie ein ganzes Stück vorangekommen waren, merkten sie, dass die Häuser sich veränderten. Je weiter sie liefen, desto kleiner wurden die Häuser.

Für die Kinder weiterhin riesig, aber doch eindeutig kleiner, als die Gebäude in der Innenstadt. Offensichtlich wohnten hier die kleineren Riesen.

Schließlich gelangten sie an einen breiten Fluss, über den eine Holzbrücke verlief. Vor der Brücke stand ein großes schwarzes Ortsschild. Darauf stand mit weißen Buchstaben „MACHTSTADT". Der Ortsname war durchgestrichen. „So wie es aussieht, ist hier die Stadt zu Ende", erklärte Peter fast feierlich, „Wir brauchen jetzt nur noch über die Brücke gehen und bekommen dort unsere Antworten." „Au fein", lachte Christian erleichtert und die drei setzten ihren Weg fort. Da die Brücke ziemlich flach über dem Fluss verlief, mussten die Kinder sehr Acht geben, dass sie nicht auf den nassen Holzdielen ausrutschten. Sie hofften innständig, nicht gesehen zu werden. Wortlos arbeiteten sie sich Stück für Stück voran, immer mit dem Gedanken, gleich ein Teilziel erreicht zu haben. Dann war es soweit: das Ende der Brücke war in Sicht.

Das verlassene Dorf

Ungläubig und ziemlich außer Atem erkannten sie, dass sie keineswegs aus der Stadt draußen waren. Vor ihnen erschienen erneut Häuser und dazwischen verlief eine Straße. „Oh nein, das kann doch nicht sein!", rief Christian erschrocken. Die drei sahen sich ratlos an. Was sollten sie jetzt machen? „Wir laufen weiter!", bestimmte Marie schließlich. „So wie es aussieht, bleibt uns wohl nichts anderes übrig", meinte Peter ergeben. In Christians Augen blitzten Tränen. Marie legte den Arm um ihn und machte ihm Mut: „Du brauchst keine Angst zu haben. Wir finden schon den richtigen Weg! Wir schaffen das schon! Wir müssen jetzt zuerst schauen, dass wir von dieser Brücke herunterkommen, damit wir nicht doch noch entdeckt werden." Ihre Stimme klang ein bisschen unsicher. Sie hoffte, die beiden Buben würden es nicht merken.

Erst nachdem sie die Brücke endlich hinter sich lassen konnten, erkannten sie, dass die Gebäude vor ihnen noch entschieden kleiner waren, als die in Machtstadt. „Seht ihr auch, was ich sehe? Hier hat alles plötzlich unsere Größe. Was ist passiert? Sind wir ohne es zu merken gewachsen?", fragte Peter staunend. „Das wird ja immer seltsamer!", wunderte sich auch Marie. Christian stand nur mit offenem Mund da. Ein verwittertes Schild teilte ihnen mit, dass sie „MACHTDORF" erreicht hatten. Da für sie nun alles eine normale Größe hatte, konnten sie hier nicht so unbemerkt durch die Straßen laufen. Doch ihre Angst war unnötig. Hier schien alles wie ausgestorben. Die Geräusche, die sie hörten, kamen von der anderen Seite der Brücke. „So wie es aussieht, hat dieser MACHT sein Dorf über dem Fluss zu einer Stadt ausgebaut", stellte Peter fest. „Vielleicht wohnt hier gar niemand mehr", hoffte Christian. „Darauf würde ich nicht wet-

ten", sagte nun Marie, „Wir schauen uns zuerst einmal um, aber wir müssen trotzdem vorsichtig sein!" Das erste, was ihnen auffiel, war, dass einige Haustüren offen standen. Sie lasen die Namen auf den Klingelschildern. Diese Namen hatten sie teilweise bereits in Machtstadt gehört. Dort stand zum Beispiel „HABGIER", „WUT", „HASS", „NEID", „LIEBLOSIGKEIT", „EGOISMUS", „MISSTRAUEN" und „BOSHEIT" an den Briefkästen und Klingelschildern. „Ich kann nicht sagen warum, aber ich habe das Gefühl, dass uns hier keine Gefahr droht. Lasst uns doch mal in ein Haus hineinschauen. Vielleicht finden wir etwas, das uns weiterhilft", schlug Marie vor. „Okay, das sollten wir machen. Ich denke auch, dass hier niemand ist, zumindest niemand, vor dem wir uns fürchten müssen", stimmte Peter zu und sah zu Christian. „Ich verstehe immer noch nicht, wie wir, ohne es zu merken, erst schrumpfen und jetzt wieder wachsen konnten. Wie kann so etwas nur sein und welchen Sinn hat das?" Christian sah die beiden verständnislos an. „Ich glaube nicht, dass wir unsere Größe verändert haben. Schau doch einmal zum anderen Ufer. Die Häuser dort drüben sind riesengroß. Sie sind um ein Vielfaches größer, als diese hier. Ich denke eher, die Menschen hier sind irgendwie gewachsen und nachdem, was sie so miteinander reden, wachsen sie immer noch!", erklärte Marie. „Und so wie es sich anhört, wollen sie auch unbedingt noch weiter wachsen. Wie sie das machen und warum, das müssen wir herausfinden", ergänzte Peter. Christian gab nur ein nachdenkliches „Hmm…!" von sich.

Sie standen nun vor einem Haus, dessen Türe offen stand. Auf dem Briefkasten war der Name „HABGIER" zu lesen. Da die Kinder diesen Riesen bereits kennen gelernt hatten, wussten sie, dass er keine Chance mehr hatte, in dieses Haus hineinzupassen. „Lasst uns da mal hineingehen. Wir sollten uns aber beeilen. Die Zeit wird immer knapper, das spüre ich!" Erschrocken sahen die Jungen, dass Marie auf den Klingelknopf drückte. „Nur eine Vorsichtsmaßnahme!", meinte sie und lächelte erleichtert, als sich im Haus nichts rührte. Schließlich ging Marie voran und die Buben folgten ihr. Auch wenn sie sich einigermaßen sicher fühlten, bewegten sie sich leise und vorsichtig. Da die Haustüre offen stand, kamen sie gleich in einen großen Flur. Rechts ging eine Treppe nach oben. Links und geradeaus gab es mehrere Zimmertüren. Unter der Treppe fanden sie eine weitere Tür, die vermutlich in den Keller führte. Da sie nicht viel Zeit verschwenden wollten, trennten sie sich. Sobald jemandem etwas auffiel, sollte er die anderen rufen. Peter verschwand im Keller, Christian besah sich die Räume im Erdgeschoss und Marie im Obergeschoss. Behutsam erklomm Marie die breite Holztreppe. Das Knarren der Stufen war aber nicht zu verhindern. So hoffte sie nur inständig, dass sie tatsächlich alleine hier im Haus waren. Oben angekommen sah sie zuerst kurz in alle Zimmer, bevor sie sich genauer umsehen wollte. Hier gab es ein Schlafzimmer, ein Kinderzimmer und ein Badezim-

mer. Die Einrichtung schien komplett, so, als würde hier noch jemand wohnen. Die Schränke standen offen. So erkannte Marie sofort, dass auch noch genügend Kleidung vorhanden war. ‚Vermutlich haben sie alles hier gelassen, weil nichts mehr gepasst hat', dachte sie bei sich. Was ihr allerdings auffiel, war, dass die Einrichtung und Kleidung ziemlich edel und teuer aussahen. Bei näherer Betrachtung der Räume fiel ihr aber nichts auf, was für ihren Auftrag wichtig sein könnte. Dann hörte sie plötzlich Peters Stimme: „Kommt schnell, ich habe etwas gefunden!" Nun achtete sie nicht mehr darauf, leise zu sein. So schnell es ging rannte sie nach unten. Peter kam mit einem Buch in der Hand die Kellertreppe herauf. Christian zeigte ihnen das Wohnzimmer, wo sie es sich auf dem schicken Ledersofa bequem machten. Erstaunt lasen sie den Titel des Buches „Handbuch zur Erlangung von Reichtum, Macht und Größe". Peter klappte es auf. Die Überschrift des ersten Kapitels lautete: „Wie zapfe ich die Menschen an, um all das zu bekommen, was ich wünsche?" Dann las Marie laut vor: „In diesem Buch lernen Sie, wie Sie die Schwäche der Menschen hervorragend für Ihre Zwecke nutzen können. Üben Sie es zuerst solange an einem Exemplar, bis Sie alles richtig beherrschen. Sobald Sie gelernt haben, wie Sie durch Ihre Gedanken die Menschen beeinflussen und zu Ihrem Vorteil aussaugen können, haben Sie alle Macht der Welt. Nichts und niemand wird mehr über Ihnen stehen..."

Marie schluckte, sie sah Christian und Peter an, die ebenso entsetzt waren. „Das reicht!", rief sie und klappte das Buch zu, „Wir sehen jetzt wohl schnell zu, dass wir Hilfe finden, sonst ist alles zu spät!" Abrupt standen sie auf. Marie schnappte sich noch das Buch. Vielleicht würden sie es noch brauchen. Sie rannten aus dem Haus und die Straße hinunter. Irgendwann würde auch dieses Dorf ein Ende haben. Inzwischen hatten sie ihr Tempo gedrosselt. Christian schnaufte noch ziemlich laut. Sein Gesicht war gerötet und auf seiner Stirn bildeten sich Schweißperlen. Er beschwerte sich aber nicht. Seine Hände lagen auf seiner Brust. Zusehens schöpfte er wieder Kraft. Von weitem sahen sie, dass sie auf dem richtigen Weg sein mussten. Die Häuserreihen lichteten sich immer mehr und schließlich stand da auch das Ortsausgangsschild. Nun gab es endlich wieder etwas Natur zu sehen. Links und rechts lagen allerdings nur brache Felder, aber in einiger Entfernung konnten sie einen großen Baum am Wegrand erkennen. Dahinter erkannten sie grüne Wiesen.

Die Erleichterung der Kinder hielt nur kurzfristig an, denn plötzlich störte die bisherige Stille ein lauter werdendes Hundegebell. Es kam immer näher und die Kinder blickten sich schon voller Panik nach einem Versteck um. Schließlich war es zu spät! Der Hund, der da wütend bellend auf sie zugerannt kam, war kein anderer, als Hector. Ihm waren sie das letzte Mal nur knapp entkommen. Diesmal sah es leider nicht danach aus. Ein Unterschlupf war nicht in Sicht. Dennoch rannten sie in Todesangst, so schnell sie konnten in Richtung Baum, der ihnen aber wohl kaum eine Rettung sein würde. Marie und Peter waren schneller als Christian. Kaum hatten sie den Baum erreicht, hörten sie Christians schrillen Hilfeschrei. Außer sich vor Entsetzen schauten sie sich nach ihm um. Was sie sahen, raubte ihnen fast den Verstand! Christian stand mit dem Gesicht dem Hund zugewandt. Abwehrend hielt er die Hände über seinem Kopf, Hectors Maul entgegen. ‚Bitte lieber Gott, lass es schnell gehen! Ich habe versagt!', dachte er noch angstvoll. Keine Macht der Welt konnte ihn jetzt noch retten! Marie und Peter schauten wie erstarrt auf die Szene. Sekunden verstrichen. Abrupt blieb Hector vor Christian stehen. Sein Maul weit aufgerissen, erwartete Christian, dass er ihn gleich verschlingen würde. Seine lange, übel riechende Zunge, streckte sich ihm schon entgegen. Dann kam aber etwas völlig Unerwartetes. Ungläubig beobachteten Marie und Peter wie der Hund vorsichtig über Christians Handflächen leckte. Dann verschwand die Zunge mit einem Schwupp in seinem Maul und er fing an, Christians Hände zu beschnüffeln. Schließlich hielt er ganz still. Seine riesige Schnauze drückte er leicht an Christians kleine Handflächen. Das alles dauerte nur einen kurzen Moment. Den Kindern erschien es aber wie eine Ewigkeit. Im nächsten Augenblick war Christian verschwunden. „Wo ist er hin? Mensch Peter, Christian ist weg!", schrie Marie entsetzt auf. Schnell hielt Peter ihr die Hand vor den Mund. „Pst, sei leise, oder willst du, dass er uns bemerkt?", mahnte er. Hector sah sich suchend um. Gerade war er doch noch da! Mit der Schnauze am Boden wollte er gerade die Spur aufnehmen, als er die Stimme seines Herrchens vernahm: „Hector, du verfluchter Köter, komm endlich! Wenn du nicht sofort zurückkommst, kannst du eine Tracht Prügel erleben, das schwöre ich dir!" Sein Herrchen konnte ganz schön böse werden, wenn er zu lange herumstreunte. Dafür hatte er schon einige Schläge einstecken müssen. An der wütenden Stimme erkannte Hector, dass BOSHEIT wieder kurz davor war, ihn zu verprügeln. Es half also nichts, er musste umkehren.

Erst als der Hund nicht mehr zu sehen war, nahm Peter Marie die Hand vom Mund. Bevor Marie etwas sagen konnte, meinte er: „Tja, da hat er sich mal wieder aus dem Staub gemacht, unser lieber Christian! Das ist ja nichts Neues bei ihm!" „Was meinst du damit, er hat sich aus dem Staub gemacht?", fragte Marie verwirrt. „Na was soll ich schon meinen? Er ist aufgewacht, natürlich!" „Aufgewacht? Du meinst, er ist verschwunden, weil er aufgewacht ist?" In Maries Stimme klang Erleichterung mit. Sie konnte sich noch gut an den vorletzten Tag erinnern, als sie die beiden Buben beim Aufzug nicht gefunden hatte. Es war also tatsächlich so, dass ihre Körper nicht mehr hier waren, sobald sie aufwachten. „Kannst du dich denn nicht mehr an früher erinnern? Es war doch immer so, dass Christian sich davon gemacht hat, wenn ihm im Traum etwas zu unheimlich wurde. Das ist doch eine prima Sache, wenn man dann einfach auf-

wachen kann und die unangenehme Situation ist vorbei", erklärte Peter. „Daran habe ich überhaupt nicht mehr gedacht, aber stimmt, du hast recht", meinte sie und erzählte Peter dann von ihrem Erlebnis beim Aufzug. „Und was sollen wir jetzt tun? Wir können doch nicht ohne ihn weitergehen", fragte sie schließlich. „So wie ich Christian kenne, kommt er vorsichtshalber erst in der nächsten Nacht zurück. Der Hund hat ihn verständlicherweise so in Panik versetzt, dass er bestimmt nicht gleich wieder einschläft. Wir müssen aber unbedingt zusammen bleiben, also warten wir hier, bis er wieder auftaucht. Ich schlage vor, wir unterbrechen unsere Nachtruhe auch und schauen, was wir heute tagsüber erledigen können, um unserem Ziel näher zu kommen. Was meinst du?", fragend schaute Peter Marie an. Diese schien mit ihren Gedanken gerade irgendwo anders zu sein. Als Peter ihr einen leichten Schups gab, sprach sie ihre Überlegungen aus: „Vor lauter Angst, weil Christian so plötzlich verschwunden war, fällt mir erst jetzt die Reaktion des Hundes auf Christians Hände wieder ein. Was glaubst du? Hat er die Energie gespürt?" „Es sah ganz danach aus, obwohl das wirklich ganz schön unglaublich ist! So ein riesiger Hund fühlt die Energie in Christians kleinen Händen! Stell dir vor, was da für eine Kraft dahinter stecken muss!", meinte er nachdenklich und Marie strahlte. „Vielleicht sind wir gegen die Riesen doch nicht ganz so machtlos, wie wir denken. Gott hat sich sicher etwas dabei gedacht, uns dieses Geschenk zu machen." Beide umarmten sich erleichtert lachend und verschwanden dann auch aus dieser Dimension…

Tag 5

Marie blieb ruhig, mit geschlossenen Augen liegen. Sie fühlte noch Peters Umarmung und hatte sein Lachen im Ohr. Ein schönes Gefühl! Dann holte sie sich die Ereignisse der letzten Nacht in ihr Gedächtnis zurück. Das Erlebnis mit dem Riesenhund und das ominöse Buch waren ihr noch besonders deutlich vor Augen. Sie beschloss, Margarete von dem Buch zu erzählen. Margarete wollte ihr von Gedankenkraft berichten. Im Buch stand, dass man mit Gedanken Menschen beeinflussen konnte. Ging es da um die gleiche Sache? Die Worte im Buch machten ihr Angst. Sie hoffte, Margarete könnte ihr dies alles erklären. Schade, dass sie ihr das Buch nicht zeigen konnte.

Dann gingen ihre Gedanken zu der Energie in ihren Händen. Hector musste sie bei Christian gespürt haben! Das war offensichtlich. ‚Ich werde jetzt einmal darauf achten, wie Tiere auf meine Hände reagieren. Es ist vielleicht wichtig für unseren Auftrag. Immerhin ist aus dem aggressiven Hund ein zahmer Hund geworden und das ohne große Anstrengung', überlegte Marie.

Ein Blick auf die Uhr zeigte ihr, dass es doch nicht mehr so früh war, wie sie vermutet hatte. Es war 7.26 Uhr. Im Haus war aber noch alles still, deshalb schloss sie noch einmal die Augen und legte sich die Hände auf. Angenehme kraftvolle Energie durchströmte ihren Körper.

Mit einem Mal wurde es laut. Nicht im Haus, sondern draußen auf der Straße. Zwei Nachbarinnen stritten sich wieder einmal. Dabei war es ihnen völlig gleichgültig, dass die halbe Straße ihr Geschrei mit anhören konnte. Hilde Ebert und Edelgard Weißbrot waren früher die besten Freundinnen gewesen. Sie waren zusammen aufgewachsen und miteinander durch dick und dünn gegangen. Vor einem Jahr war dann der Bruch gekommen. Frau Eberts Mann hatte seine Arbeitsstelle verloren und bislang keine neue Arbeit finden können. Da die Eberts jetzt sparen mussten, konnten sie Weißbrots nicht mehr so häufig zum Essen einladen. Auch teure Geschenke und einiges mehr, waren nicht mehr möglich. Anfangs hatte Frau Weißbrot noch Verständnis gehabt, aber je länger die Situation anhielt, desto unerträglicher wurde es für sie. Irgendwann kam für sie der Zeitpunkt, an dem sie sich schämte, so arme Freunde zu haben. Paul Weißbrot hielt Egon Ebert für faul, weil er nicht arbeitete und seine Frau nickte zustimmend mit dem Kopf. Die Eberts waren erst einmal wie vor den Kopf gestoßen gewesen. Den Schock, dass die finanzielle Lage ausschlaggebend für die Zuneigung ihrer ehemals besten Freundin war, konnte Frau Ebert lange nicht verwinden. Die Traurigkeit hatte sich aber mittlerweile in Wut gewandelt. Zu der Wut kam auch der Neid. Es war für sie sehr schwer, nun plötzlich ihren Lebensstandard nicht mehr halten zu können. Sie bemerkte, dass sie neidisch auf ihre frühere Freundin und auf alle war, die sich mehr leisten konnten. Herr Ebert schrieb eine Bewerbung nach der anderen, aber mit jeder Absage zog er sich mehr und mehr in sich zurück. Seine Frau blickte ihn immer öfter vorwurfsvoll an und das ließ seine Laune noch mehr sinken. Da die beiden Familien direkt nebeneinander wohnten, konnten sie sich nicht immer aus dem Weg gehen. Somit bekamen viele andere Nachbarn es mit, wenn sie sich wegen jeder Kleinigkeit lautstark angifteten.

Marie beschloss aufzustehen. Sie hatte keine Lust, sich das Gezeter noch länger anzuhören, also machte sie sich auf den Weg ins Badezimmer. Als sie gerade im Bad fertig war, stürmte Jens zur Tür herein. Er strahlte übers ganze Gesicht: „Hey Marie, ich habe prima geschlafen. Ich habe von Papa geträumt und was wir alles zusammen unternehmen werden. Das wird so toll!“ „Guten Morgen mein Süßer! Ja, morgen ist es soweit. Hast du eigentlich schon überlegt, was du zu Papa mitnehmen möchtest?“, fragte Marie. „Ja, klar! Nach dem Frühstück fange ich an zu packen. Ich glaube, ich brauche noch zwei Koffer“, kam die prompte Antwort. „Oha, zwei Koffer! Na, da wird sich Papa aber freuen. Er wird denken, du willst für immer bei ihm einziehen“, lachte Marie.

„Wenn diese blöde Martina nicht mehr aus dem Urlaub zurückkäme, könnte ich bestimmt die ganzen Ferien bei ihm bleiben“, antwortete Jens. „Tja, so lange wird Martina leider nicht weg sein. Jetzt wasch dich und zieh dich an. Ich mache schon mal das Frühstück und gehe dann Mama wecken.“

„Du Mama, kann ich ganz alleine zu Papa gehen? Ich möchte ihn so gerne einmal nur für mich haben. Marie kann ja eine Woche später dazukommen und vielleicht eine Woche länger bleiben. Bitte, bitte!“, bettelte Jens beim Frühstück. Tanja und Marie sahen sich an. Das war die Lösung! So mussten sie keine Ausrede erfinden, warum Marie nicht gleich zu Thomas mitkommen konnte. „Hm, wir müssen Marie fragen, was sie davon hält und natürlich auch Papa“, antwortete Tanja. Marie versuchte ein bisschen traurig zu klingen, als sie sagte: „Ich hatte mich schon so sehr auf morgen gefreut. Aber vielleicht ist es ja gar keine so schlechte Idee. Da Martina drei Wochen weg ist, könnte ich Papa dann auch eine Woche nur für mich haben. Wir rufen ihn nachher gleich an und fragen, was er davon hält.“ „Au ja, super! Bestimmt ist er von meiner Idee begeistert“, strahlte Jens.

Als Jens nach dem Frühstück mit seinem Papa telefonierte, redete er begeistert davon, wie es ganz alleine mit ihm sein würde. Thomas war erst ziemlich überrascht. Er liebte seine beiden Kinder über alles und es war ihm wichtig, dass sie sich nicht von ihm im Stich gelassen fühlten. „Wenn Marie einverstanden ist, machen wir es so. Dann kommt sie erst eine Woche später. Gib sie mir doch bitte mal, damit ich mit ihr sprechen kann. Wir sehen uns morgen zum Frühstück, wenn ich dich abhole. Bis dann mein Spatz!“, meinte Thomas schließlich. Die Kinder telefonierten sehr gerne und oft mit ihrem Papa. So wurde die Sehnsucht nicht ganz so groß. Außerdem sahen sie sich ja jedes zweite Wochenende.

Nachdem Marie mit ihrem Vater gesprochen hatte, war sie sehr froh. Es hatte sich alles wunderbar gefügt. Nun konnte sie weiterhin jeden Tag ihrer Mutter die Hände auflegen. Nach einer Woche waren dann auch die acht Tage abgelaufen, die sie mit ihr vereinbart hatte. Dann würden sie weitersehen…

Während Jens seine Sachen packte, gab Marie Tanja wieder eine Portion Heilenergie. Diese war wie die Tage zuvor sehr intensiv. Marie genoss diese Zeit genauso wie Tanja. Die beiden fühlten eine tiefe, innige Verbindung. ‚Das muss Liebe sein! Es fühlt sich so unendlich schön an!‘, dachte Marie mit einem sanften Lächeln. Liebevoll sah sie ihre Mutter an, als sie an den Fußsohlen ihre Energiegabe beendete. Tanja öffnete die Augen und lächelte zärtlich und dankbar zurück. Sie blieb noch ein paar Minuten liegen und trank anschließend mit großen Zügen das Glas Wasser leer, das Marie ihr gebracht hatte.

Tanja begutachtete die Koffer von Jens und legte noch einige Sachen dazu, die noch fehlten. Anschließend ging sie mit ihm ins Schwimmbad. Leider war das Wetter so schlecht, dass sie im Hallenbad schwimmen mussten.

Marie holte den Zettel mit Margaretes Telefonnummer. Sie rief an, um zu fragen, ob sie gleich kommen könnte. „Oh, ich freue mich, dass du anrufst. Selbstverständlich kannst du gleich kommen. Ich habe gerade eingekauft. Wir können zusammen kochen, dann essen und uns einen schönen Tag machen“, freute sich Margarete am anderen Ende der Leitung.

Auf ihrem Weg zu Margarete fiel Marie wieder das kleine Mädchen ein. Gab es vielleicht noch mehr Kinder wie Natalie? Wie vielen Kindern hatte Gott wohl diese Fähigkeit geschenkt? ‚Ich glaube, ich hatte noch nie so viele Fragen, wie in den letzten Tagen. Lieber Gott, ich möchte so gerne Antworten auf all diese Fragen haben.' Sie war so in Gedanken, dass sie fast an Margaretes Haus vorbeigegangen wäre. Margarete stand aber im Garten und rief ihr nach: „Hallo Marie, wolltest du nicht zu mir?“ Erstaunt sah Marie in die Richtung aus der die Stimme kam. „Oh, hallo, ich habe gar nicht bemerkt, dass ich schon da bin“, rief sie erfreut.

Beim gemeinsamen Kochen fragte Margarete: „Worüber hast du denn vorhin so angestrengt nachgedacht, als du fast mein Haus übersehen hast?“ Marie erzählte ihr von Natalie und auch von dem Geschenk in ihren Händen, das Natalie wohl auch bekommen hatte. Margarete hörte aufmerksam zu und gab ihr dann zur Antwort: „Weiß du, Kinder sind etwas ganz Besonderes. Sie sind noch nicht so lange auf der Erde, wie die Erwachsenen. Deshalb sind sie noch rein und unverdorben. Das ist die beste Voraussetzung für die heilenden Hände.“ „Wie meinst du das?“, fragte Marie neugierig. „Jedes Kind bekommt von Gott das Geschenk der heilenden Hände. Sobald die Kinder aber sechs bis sieben Jahre alt sind, verlieren die meisten diese Gabe wieder, ohne es zu bemerken oder zu vermissen. Das kommt einfach daher, weil die Kinder immer mehr mit der materiellen Welt in Kontakt treten. Die geistige Welt, die im Kleinkindalter noch viel präsenter ist, tritt in den Hintergrund. Die Kinder vergessen, dass sie einmal Elfen, Engel und Feen sehen konnten. Kannst du dich noch erinnern, dass du es früher konntest?“, fragte Margarete. „Hm, nein, nicht wirklich. Aber in meinem Traum kann ich Riesen sehen. Ist das nicht so etwas ähnliches?“ „Ja, im Traum sind wir in einer anderen Welt. Da gibt es Wesen, die wir normalerweise nicht sehen. Und jetzt stellt sich die Frage, welche Welt ist die reale. Die, die wir jetzt in diesem Moment hier in meiner Küche erleben oder die, die wir in unseren Träumen erleben? Was denkst du?“, fragte Margarete. Mit großen Augen sah Marie Margarete an. „Für mich war bisher immer klar, dass wir jetzt, tagsüber in der realen Welt leben. Nachts im Traum verarbeiten wir die Eindrücke und Erlebnisse des Tages. Seit wir aber den Auftrag bekommen haben, die Liebe in die Welt zurückzubringen, sind meine Träume so echt, dass ich nicht mehr richtig weiß, was real ist und was nicht", antwortete Marie. „Vielleicht sind beide Welten echt. Vielleicht erleben wir verschiedene Welten gleichzeitig. Ich weiß es nicht so genau. Vielleicht ist es aber auch gar nicht so wichtig für uns, es zu wissen. Ich denke, unser Geist löst sich nachts von unserem Körper und geht auf Reisen. Ohne Körper können wir blitzschnell überall sein. Dort können wir alle Menschen treffen, die wir sehen möchten und alle möglichen Dinge erleben, die wir zusammen mit unserem Körper nicht erleben könnten. Unser Körper wäre dabei hinderlich. Unser Geist hat aber unbegrenzte Möglichkeiten und diese kann er im Traum ausleben", erklärte Margarete. Marie hing wie gebannt an ihren Lippen. Margaretes Worte faszinierten sie sehr. Sie hatte noch nie jemanden getroffen, der ihr solche Dinge erzählt hat.

Nach dem Mittagessen setzten sich die beiden wieder mit einer Kanne Tee und Gebäck ins Wohnzimmer. Margarete zündete eine Kerze an. So machten sie es sich richtig schön gemütlich, bevor Margarete weiter sprach. „Um noch einmal auf die heilenden Hände zurückzukommen. Ist dir schon einmal aufgefallen, dass wir automatisch die Hände an die Stelle legen, die uns wehtut? Das machen wir ganz intuitiv, weil wir wissen, dass es gegen die Schmerzen hilft. Wir haben diese Verhaltensweise sozusagen von Gott auf diese Welt mitbekommen. Alle Menschen haben die Fähigkeit mit den Händen zu heilen, die einen mehr, die anderen weniger. Der Unterschied zu dem Geschenk in deinen und in den Händen der kleinen Kinder ist nur der, dass ihr mit der göttlichen, universellen Energie heilt, während fast alle anderen mit ihrer eigenen, persönlichen Energie heilen. Diese persönliche Energie hat jedes Lebewesen in sich zur Verfügung. Bei Menschen, die krank sind, ist diese Energie geschwächt. So ist das gerade bei deiner Mutter. Du lädst nun mit deinen Händen ihren Energievorrat wieder auf. Sobald sie wieder genügend Energie hat, kann sie sich mit ihren eigenen Selbstheilungskräften, die wir alle haben, selbst heilen. Wenn ein Mensch, der mit seiner persönlichen Energie heilen möchte, die Hände bei einem Kranken auflegt, wird er anschließend geschwächt sein, weil er seine eigene Energie hergegeben hat. Bei dir ist das nicht der Fall, weil du sozusagen nur Kanal bist. Durch dich fließt die göttliche Heilenergie in den Körper des anderen."

Margarete hielt für einen Moment inne und nahm einen großen Schluck Tee. „Woher weißt du das alles? Ich habe mir über so etwas noch nie Gedanken gemacht", staunte Marie. „Ich habe viel von meinem Vater gelernt. Er war ein sehr spiritueller und belesener Mann. Er wusste sehr viel über das Leben, die Menschen und hat sich intensiv mit dem Thema Heilung beschäftigt. Außerdem habe ich sehr viele gute Bücher gelesen und vieles auch selbst herausgefunden.

Ich habe festgestellt, dass meine Fragen beantwortet werden. Ich muss nur bewusst durchs Leben gehen und auf alles achten, was um mich herum geschieht. Die Antwort kommt nicht immer sofort, manchmal erst zwei bis drei Tage später oder erst nach einer Woche, aber sie kommt. Du brauchst nur darauf zu vertrauen! Manchmal erhalte ich die Antwort auf sehr ungewöhnliche Weise." „Ich glaube, ich weiß, was du meinst. Das haben wir im Traum erlebt, als wir Gott nach dem richtigen Weg gefragt haben." Dann berichtete Marie von ihrem Erlebnis mit dem Riesenhund Hector und auch, wie die Antwort sehr einfach und unspektakulär in Form eines Hinweisschildes kam. „Genau so etwas meine ich", bestätigte Margarete, „Es kann ganz einfach sein. Neulich wollte ich mir ein Gericht kochen, das ich schon ewig nicht mehr gegessen hatte. Früher wusste ich alle Zutaten auswendig, deshalb machte ich mir keine Gedanken, als ich in den Supermarkt zum Einkaufen ging. Dort kam ich ins Grübeln. Mir fiel beim besten Willen ein Gewürz nicht mehr ein, welches ich für dieses Gericht benötigte. Ich stellte in Gedanken meine Frage nach dem Gewürznamen und hoffte, dass von irgendwoher die Antwort käme. Im gleichen Moment stand ich, ohne es gemerkt zu haben, vor dem Gewürzregal. Mein erster Blick fiel auf das gesuchte Gewürz. Hocherfreut konnte ich nur noch ‚Danke' sagen. So ging es mir zum Beispiel auch bei der Suche nach einem für mich passenden Arzt. Die Ärzte sind nämlich keineswegs alle so wie Dr. Baumann, von dem du mir erzählt hast. Ich wollte einen Arzt, der mich als ganzen Menschen wahrnimmt. Einen, der nicht nur meinen Körper, sondern auch meinen Geist und meine Seele beachtet. Viele Ärzte sind sich nicht darüber im Klaren, dass die Krankheiten im geistigen, seelischen Bereich entstehen. Sie sehen nur den Körper. Die kranken Organe werden durch Operationen und Medikamente wieder zum Funktionieren gebracht. Dadurch werden aber oft nur die Symptome bekämpft. Die Ursache der Erkrankung bleibt dem Arzt verborgen. Wenn der Patient nun mit einer neuen Erkrankung zu ihm kommt, geht das Spiel von vorne los. Der Arzt kommt nicht auf die Idee, dass die neuen Beschwerden vielleicht nur eine Verschiebung der vorherigen Krankheit auf ein anderes Organ sind. Das nennt man Symptomverschiebung. Wenn die Ursache einer Erkrankung nicht behoben wird, kommt sehr wahrscheinlich immer wieder ein neues körperliches Problem zum Vorschein. Ich gab meinen Wunsch nach dem richtigen Arzt oder der richtigen Ärztin also an Gott ab. Zwei Tage später fiel mir auf dem Weg in die Stadt ein Haus auf, das ich bisher nie wahrgenommen hatte. Irgendwie zog es mich an. Als ich näher kam, bemerkte ich das Praxisschild von Frau Dr. Mosbach, das am Gartenzaun angebracht war. Ich hatte meine Ärztin gefunden und bin sehr begeistert von ihr. Ich brauche sie zum Glück nicht oft, aber wenn doch, dann nimmt sie sich Zeit für mich. Manchmal dauert es etwas länger, bis wir die Ursache gefunden haben. Bevor sie mir Tabletten gibt, suchen wir erst mal nach sanfteren Möglichkeiten zur Heilung."

Alles, was Margarete Marie erzähle war so spannend, dass der Tag wie im Flug verging. Es war bereits kurz vor 18.00 Uhr, als plötzlich das Telefon klingelte. Tanja war am Apparat und fragte, wann Marie nach Hause käme. Als Tanja zum ersten Mal Margaretes Stimme hörte, kam ihr diese seltsam vertraut vor. Margarete ging es ebenso. „Tut mir leid, Frau Weber, wir haben die Zeit völlig vergessen. Ihre Marie ist ein ganz besonderes Mädchen! Ich werde sie jetzt gleich nach Hause schicken."

Nachdem Margarete aufgelegt hatte, meinte Marie: „Schade, ich könnte dir noch ganz viele Stunden zuhören. Kann ich morgen wiederkommen? Du hast mir noch nichts über die Kraft der Gedanken gesagt. Das ist gerade ein sehr wichtiges Thema für mich." „Ja, meine Liebe, darüber erzähle ich dir morgen etwas. Jetzt reicht die Zeit dafür leider nicht mehr, aber bestimmt hat es einen guten Grund, warum wir heute nicht mehr dazu gekommen sind", antwortete Margarete. Mit einer innigen Umarmung verabschiedeten sich die beiden voneinander. „Bring doch deine Mama einfach einmal mit. Ich würde sie sehr gerne kennen lernen", rief Margarete ihr noch hinterher.

Beim Abendessen berichtete Marie ganz begeistert von ihrem Tag mit Margarete. Tanja, der Margaretes Stimme so vertraut vorgekommen war, hörte sehr interessiert zu. Margarete schien eine außergewöhnliche Frau zu sein. Gerne würde sie das Angebot annehmen und Marie zu ihr begleiten. Schließlich machte sich Jens bemerkbar. Er schaute schon ziemlich mürrisch und meinte: „Du hast jetzt genug von der Tante erzählt! Jetzt will ich auch von meinem Tag mit Mama im Schwimmbad erzählen!" Marie und Tanja mussten lachen. Sie waren so in ihr Gespräch vertieft gewesen, dass sie Jens gar nicht mehr beachtet hatten. „Okay, dann erzähl mal!", forderte ihn Marie auf. Jens strahlte und berichtete ganz stolz, dass er ohne Angst vom 1 m-Brett gesprungen war. Er freute sich riesig, als die beiden Frauen ihn zu seinem Mut beglückwünschten und Marie ihm einen dicken Schmatz auf die Wange drückte.

Während Jens noch eine Kindersendung im Fernsehen ansehen durfte, erhielt Tanja noch eine Energiesitzung. Obwohl die Hitze und das Kribbeln in den Handflächen nicht mehr so intensiv war, ließ Marie ihre Hände dennoch auf jeder Position ein paar Minuten liegen, bevor sie wechselte.

Danach wurde Jens ins Bett verfrachtet. Er war schon ganz aufgeregt, weil er morgen zu seinem Papa durfte. „Ab morgen habe ich Papa ganz alleine nur für mich! Und wir frühstücken zusammen, wie früher! Das wird so toll!", schwärmte er, als Tanja schon seine Zimmertür hinter sich zuzog. Sie kuschelte sich dann mit Marie aufs Sofa und Marie berichtete ihr weiter von Margarete und ihren Erlebnissen. Tanja war sehr dankbar, dass ihre Tochter ihr dies alles anvertraute. Sie wusste sehr wohl, dass nicht alle erwachsen werdenden Kinder ihren Eltern so selbstverständlich über sich erzählten. Die Dinge von denen Marie sprach, hörten sich teilweise so unglaublich an, dass sie nicht wusste, ob sie die Träume ernst nehmen sollte oder nicht. Aber diese Energie in Maries Händen schien ein Beweis für die Richtigkeit zu sein. Sie wusste nur nicht, ob sie sich darüber freuen sollte, dass sich drei Kinder gegen Riesen und große Tiere behaupten mussten. Tanja hoffte inständig, dass diese Geschichte gut ausging...

Als Marie schließlich in ihrem Bett lag, war auch sie dankbar, dass sie ihre Mutter und Margarete hatte und sich ihnen anvertrauen konnte. Es war ein gutes Gefühl, Menschen zu haben, die einen nicht für verrückt erklärten, wenn man solch eine Geschichte erzählte und auch noch daran glaubte. Irgendwann schlief sie dann ein...

„Hallo ihr beiden! Könnt ihr mir bitte sagen, warum ich noch lebe? Dieser Köter war doch mit seinem geöffneten, stinkenden Maul direkt über mir. Ein Haps und er hätte mich mit Haut und Haaren verschlungen!" Christian blickte Marie und Peter verständnislos an, als sie sich wieder unter dem großen Baum eingefunden hatten. „Genau das haben wir uns auch gefragt. Ich denke, du hattest einen sehr guten Schutzengel bei dir", erklärte Marie. Sie und Peter berichteten Christian daraufhin von seiner wundersamen Rettung und dieser sah sie nur ungläubig mit großen Augen an.

„So, genug Zeit vertrödelt, wir müssen weiter!", mahnte Peter schließlich. Marie schnappte sich noch das Buch, das Gott sei Dank noch immer unter dem Baum lag und sie machten sich wieder auf den Weg.

Liebeland und HOFFNUNG

Je weiter sie vorankamen, desto mehr Natur umgab sie. Die Wiesen schienen anfangs farblos, nichts blühte. Die vereinzelt am Wegrand stehenden Bäume trugen nur wenige braune Blätter. Der ungepflasterte Weg führte sie durch einen Wald. Dieser war aber wesentlich freundlicher und heller, als der, durch den sie zur Stadt der Riesen geführt wurden. Hier hörten sie Vögel zwitschern und es hoppelte ihnen sogar ein Hase über den Weg.

Schließlich hatten sie den Wald hinter sich gelassen. Die Wiesen zeigten sich nun in sattem Grün und voller Blütenpracht. Staunend nahmen die Kinder diese Veränderung wahr. „Hier scheint die Welt ja noch in Ordnung zu sein", rief Christian begeistert. Auch Marie und Peter strahlten, als sie plötzlich eine Stimme vernahmen: „Das sieht leider nur so aus! Mit jedem Tag wird unsere schöne bunte Welt kleiner und kleiner." Verblüfft schauten sich die Kinder nach der Stimme um. Eine wunderschöne kleine junge Frau in einem zartgrünen wallenden langen Kleid stand vor ihnen. Sie reichte Marie und Christian höchstens bis zum Bauchnabel. Peter erschien sie noch kleiner. Ihre blonden Locken umspielten ihr zartes Gesicht. Bevor die drei etwas sagen konnten, fuhr die junge Frau fort: „Ich bin so froh, dass ihr nun endlich da seid! Wir haben schon so lange auf euch gewartet! Mein Name ist HOFFNUNG. Seid herzlich willkommen hier in unserem Liebeland." „Hallo, HOFFNUNG, wir sind auch froh, dass wir dich gefunden haben. Das ist Peter, das Christian und ich bin Marie", begrüßte Marie HOFFNUNG mit hocherfreutem Lachen. Auch Christian und Peter sagten freudig „Hallo!". „Bevor ich euch mit den anderen bekannt mache, erzähle ich euch erst einmal etwas über unsere schlimme Lage. Wir hoffen so sehr, dass es uns mit eurer Hilfe gelingt, alles wieder ins Gleichgewicht zu bringen. Wenn nicht, sieht es ganz schlimm für die Menschen und die ganze Welt aus. Die Zeit wird immer knapper! Kommt mit! Wir gehen an einen Ort, wo wir uns ungestört unterhalten können." Um ihren Worten Nachdruck zu verleihen, lief sie los und die Kinder folgten ihr mit nachdenklichen Gesichtern.

HOFFNUNG führte die drei zu einer kleinen Holzhütte. Schon von außen sah diese sehr einladend und gemütlich aus. Beim Eintreten nahmen sie einen angenehmen Essensduft wahr. „Ich habe euch eine leckere Suppe vorbereitet, damit ihr euch stärken könnt, während ich erzähle", erklärte HOFFNUNG. Hier war fast alles aus Holz. Den Kindern fiel gleich auf, dass HOFFNUNG für die Einrichtung etwas zu klein war. Um den Topf vom Herd zu nehmen, musste sie auf einen Stuhl steigen. Sie war aber recht flink und so hatte sie den Topf auf den Tisch gestellt, bevor die Kinder helfen konnten. Ansonsten war der Tisch bereits gedeckt. Die Teller und Löffel waren aus Holz gefertigt. Den Kindern lief schon das Wasser im Mund zusammen, so lecker duftete die Suppe. Sie hatten bislang gar nicht bemerkt, dass sie großen Hunger hatten. Während HOFFNUNG die Teller füllte, fragte Christian: „Warum ist hier alles zu groß für dich? Wem gehört denn diese Hütte?" „Mit diesen Fragen sind wir schon mitten im Thema, Christian", antwortete HOFFNUNG und fing dann mit ihrer Geschichte an, während die Kinder mit gutem Appetit ihre Suppe löffelten.

„Das hier ist mein Haus. Es wird aber für mich von Tag zu Tag größer, weil ich oder besser gesagt wir alle hier, jeden Tag ein bisschen kleiner werden. Jetzt schrumpfen wir schon so schnell, dass wir Angst haben, in wenigen Tagen nicht mehr zu existieren. Am schlimmsten hat es LIEBE erwischt. Sie ist nur noch halb so groß wie wir anderen. Wir sind alle sehr traurig und verzweifelt darüber. Stellt euch einmal ein Leben ohne Liebe vor. Das ist eine ganz grauenhafte Vorstellung für uns alle. Das Schlimme ist, die Menschen scheinen es nicht einmal zu bemerken, dass das Allerwichtigste mit jedem Tag mehr und mehr aus ihrem

Leben verschwindet." HOFFNUNG schluckte und wischte sich ein paar Tränen von den Wangen. „Was ist passiert? Warum ist es so weit gekommen? Haben diese Riesen etwas damit zu tun?", fragte Marie mit erstickter Stimme. Stockend berichtete HOFFNUNG weiter: „Also, wann es genau angefangen hat, können wir nicht mehr so richtig sagen. Früher war alles im Gleichgewicht. Es gab Gutes und Schlechtes. Es hielt sich die Waage. Mal wurde geweint, dann wieder gelacht. In unserer Dimension hier gibt es alle Gefühle und Eigenschaften, die Menschen fühlen und leben können: LIEBE, FREUDE, GLÜCK, SELBSTVERTRAUEN, HOFFNUNG, DANKBARKEIT, EHRLICHKEIT, VERTRAUEN, ZUVERSICHT, GERECHTIGKEIT, NÄCHSTENLIEBE, SPASS, MUT, aber auch HASS, HABGIER, NEID, MISSTRAUEN, ÜBEL, LIEBLOSIGKEIT, MACHT, LÜGE, STREIT, WUT, SORGE, KRANKHEIT, ÄRGER, BOSHEIT, TRAURIGKEIT, ANGST, EGOISMUS und vieles mehr. Wir hier sind sozusagen ein Teil jedes Menschen. Gott gibt euch Menschen durch uns das, was eure Empfindungen, eure Stimmungen und euren Charaktere ausmachen. Durch euch Menschen, ist es uns möglich zu existieren. Wenn ihr euch freut und glücklich seid, geht es FREUDE und GLÜCK hier bei uns auch prima. Ihr habt aber die freie Auswahl, was ihr davon haben möchtet. Gott hat euch Menschen das Geschenk des freien Willens gegeben. Das heißt, ihr könnt entscheiden, ob ihr beispielsweise lieber Liebe oder Lieblosigkeit, Ehrlichkeit oder Lüge, Freude oder Traurigkeit haben möchtet. Ihr selbst habt es in der Hand! Das ist euer Geschenk von Gott. Wir hier dürfen euch unterstützen und euch gute aber auch schlechte Gedanken schicken. Ihr lebt viele, viele Leben auf der Erde, um zu lernen und euch weiterzuentwickeln. Wie genau ihr das macht und in welcher Geschwindigkeit, bestimmt ihr selbst." Mit großen Augen hörten die Kinder HOFFNUNG zu. Die Suppe hatten sie inzwischen leergelöffelt. „Moment!", unterbrach Marie HOFFNUNG, „Was genau meinst du mit, wir leben viele, viele Leben? Ich kenne nur ein Leben. Das lebe ich und wenn ich gestorben bin, ist es zu Ende." „Nur dein Leben in diesem Körper ist dann zu Ende. Ein Leben auf der Erde ist nur ein klitzekleiner Teil eures Daseins. Leider habe ich nicht die Zeit, euch das genauer zu erklären. Dafür haben wir euch Margarete geschickt. Sie wird euch all das beibringen, was ihr wissen müsst", erklärte HOFFNUNG. „Ihr kennt Margarete? Aber wie kann das sein?" Marie war sprachlos. „Ja klar, wir kennen alle Menschen. Wir sind doch ein Teil von euch. Solange es Menschen wie Margarete gibt, können wir noch Hoffnung haben. Sie hat sehr viel Liebe in sich und viele andere gute Eigenschaften. Durch Menschen wie sie, können wir noch existieren. Leider gibt es immer weniger Erwachsene, die diese Eigenschaften in sich spüren. Sie sind ganz tief in ihrem Inneren vergraben und werden vergessen, als wären sie nicht mehr vorhanden. Was nicht gepflegt wird, geht zugrunde. Das ist wie ein Feuer, bei dem kein Holz mehr nachgelegt wird. Es erlischt und es wird kalt. Deshalb ist die Welt am

Umkippen, leider ins Negative. Der größte Halt sind die Kinder. Die Kinder sind noch nicht lange genug auf der Erde, um von der Negativität angesteckt zu sein. Sie sind noch rein und unverdorben. Die Riesen, die ihr ja schon kennen gelernt habt, verkörpern das, was den Menschen, wenn zuviel davon da ist, nicht gut tut. Die Riesen arbeiten seit einiger Zeit gegen uns. Ihr habt das Buch gefunden, mit dem alles angefangen hat", HOFFNUNG zeigte auf das Buch, das Marie auf den Tisch gelegt hatte, „Niemand weiß, wo es herkam und wer es geschrieben hat. Wir in Liebeland haben lange Zeit nichts davon geahnt, bis wir die Augen nicht mehr vor der bitteren Wahrheit verschließen konnten. Die Menschen begannen verstärkt, sich gegeneinander auszuspielen. Geld und Macht wurde plötzlich wichtiger als Liebe, Glück und Ehrlichkeit. Die Welt ist inzwischen voll von Menschen, die glauben, dass Reichtum das Wichtigste im Leben sei. Sie bilden sich ein, nur Geld und wertvolle Güter könnten sie glücklich machen. Da sie aber nie genug davon haben können und nie mit dem zufrieden sind, was sie haben, kommt sehr stark der Neid hinzu. Jeder beäugt seine Mitmenschen misstrauisch. Keiner traut dem anderen mehr über den Weg, schließlich könnte dieser ihm irgendetwas wegnehmen wollen...

Ich könnte euch davon noch ganz viele Beispiele aufzählen, aber wie gesagt, wir haben keine Zeit. HILFE und GLÜCK haben sich vor einiger Zeit auf den Weg nach Machtdorf gemacht. Wir sind immer ganz gut mit den Bewohnern dort ausgekommen. Auch sie sind wichtig für die Menschen. Schließlich sollt ihr lernen, auch mit den negativen Eigenschaften klarzukommen und sie zu überwinden. Die beiden wollten ANGST besuchen. Angst ist nicht nur etwas Schlechtes. Oft ist Angst auch wichtig, um vor etwas zu warnen. Zum Beispiel, wenn ihr zu schnell Fahrrad fahrt. Plötzlich bekommt ihr Angst. Bevor etwas passieren kann, tretet ihr in die Bremsen und fahrt langsamer und vorsichtiger weiter. Deshalb war ANGST auch ein guter Freund von uns. HILFE und GLÜCK kamen nach Machtdorf und fanden es wie ausgestorben vor. Niemand war zuhause. Die Häuser waren verlassen. Nachdem sie lange Haus für Haus nach Leben durchsucht hatten, fanden sie auch eine Ausgabe dieses Buches. Aufgeschreckt von den Worten, die dort zu lesen waren, wollten sie sich sofort auf den Heimweg machen. Doch der Zufall wollte es, dass sie plötzlich den Lärm wahrnahmen, der von der anderen Flussseite zu ihnen herüber schallte. Nun sahen sie das erste Mal, was dort vor sich ging. Es wurde ohne Unterlass gebaut, ein Haus nach dem anderen. Und sie sahen aus der Ferne, dass die Bewohner der neuen Stadt Riesen waren." HOFFNUNG verstummte. Sie füllte eine Karaffe mit Wasser und goss den Kindern und sich die Becher voll. Schweigend genossen sie das kühle Nass. Für die Kinder fügte sich nach und nach ein Puzzelteilchen zum anderen. Aber noch war HOFFNUNG nicht fertig mit ihrem Bericht: „Die Entdeckung von HILFE und GLÜCK hat uns ziemlich erschreckt. Wir konnten das alles erst nicht verstehen, bis wir schließlich im Buch die Erklärung zu lesen bekamen. Die Machtstädter haben es mit Hilfe der Anweisungen im Buch geschafft, die Menschen für ihre Zwecke zu nutzen. Sie haben den Menschen Bilder, Wünsche und Gedanken in den Kopf gesetzt, die für diese durchaus verlockend sind. Die Gier danach immer reicher, mächtiger und besser zu sein, als alle anderen, befiel immer mehr Menschen. Nur ganz reine Wesen und das sind fast nur die Kinder, konnten sich dem entziehen. Leider gibt es inzwischen auch immer mehr Kinder, die sich anstecken lassen. Die Machtstädter nähren sich aus den negativen Energien der Menschen und werden dadurch immer größer und mächtiger, während wir immer kleiner werden. Die Menschen fühlten sich zuerst wirklich so, wie sie es sich immer erträumt hatten. Mit Geld konnten sie sich alles kaufen, was sie wollten, zumindest dachten sie es. Nun aber bemerken sie, dass sie durch den Egoismus in ihren Herzen immer unglücklicher und einsamer werden. Deshalb seht ihr auch so viele mürrische, kranke und streitende Leute. Sie sind mit sich selbst unzufrieden und können sich nicht einmal erklären warum. Ihnen ist noch nicht klar, dass es die Liebe ist, die ihnen fehlt. Das schwächt ihre Energie noch mehr, wovon wiederum die Machtstädter natürlich profitieren, denn so sind sie leichter zu beeinflussen. Die Menschen sind sich nicht bewusst, dass sie es selbst in der Hand haben, ihr Leben positiv und in Liebe zu gestalten. Ihnen fehlt inzwischen die Kraft und der Mut, sich gegen die negativen Einflüsse zu wehren. Deshalb hat Gott euch den Auftrag gegeben, sozusagen in letzter Minute. Wir werden versuchen, euch so gut es geht zu helfen, aber die Hauptarbeit liegt an euch. Das ist in diesem Leben eure Lebensaufgabe." „Und was ist, wenn wir es nicht schaffen?", fragte Christian ängstlich, „Geht die Welt dann unter? Landen wir dann in der Hölle?" HOFFNUNG versuchte zu lächeln: „Eine Hölle gibt es nicht! Die Menschen machen sich ihre Hölle selbst, mit ihren Gedanken und Taten. Sie sind ganz alleine selbst für ihren Himmel auf Erden verantwortlich, auch wenn sie die Ursache für ihr Unglück immer gerne ihren Mitmenschen oder den Lebensumständen in die Schuhe schieben, weil es so viel einfacher scheint. Wir hier können euch mit unseren guten Gedanken nur dann unterstützen, wenn ihr es zulasst und uns vertraut. Ich weiß nicht, was passiert, wenn ihr eure Aufgabe nicht schafft. Es ist aber besser für uns, wenn wir fest davon überzeugt sind, dass sich alles zum Guten wendet. Selbst dann, wenn es nicht mehr danach aussieht!"

Ein paar Minuten war es still. Jeder hing seinen bangen Gedanken nach. Es war viel, was sie von HOFFNUNG erfahren hatten. Aber wie sie diese schwierige Aufgabe schaffen sollten, war nach wie vor unklar.

Schließlich meinte HOFFNUNG: „So ihr Lieben, für euch ist es Zeit aufzuwachen. Wir treffen uns wieder hier in meiner Hütte. Ich werde euch dann zu den anderen führen. Macht's gut!" Die Kinder verabschiedeten sich und ohne groß darüber nachzudenken griff Marie nach dem Buch und behielt es fest in ihren Händen …

Tag 6

„Hey du Schlafkappe, wach auf! Ich darf heute zu Papa! Er kommt gleich zum Frühstück!“ Marie riss verwirrt ihre Augen auf. Die schöne zarte Frau im grünen Kleid hatte sich in einen kleinen Jungen in blauweiß kariertem Schlafanzug verwandelt. Im ersten Moment konnte sie sich keinen Reim auf diese Verwandlung und die Worte machen, die der Kleine an ihrem Bett plapperte. Jens wurde nun ungeduldig: „Was ist los mit dir? Warum guckst du mich so an, als ob ich ein Geist wäre? Steh jetzt endlich auf!“ „Oh, entschuldige, ich war gerade noch in meinem Traum…“, antwortete sie schließlich langsam. Nun bemerkte sie, dass sie unter der Bettdecke ganz verkrampft etwas in ihren Händen hielt. „Geh du schon mal vor, ich komme gleich“, bat sie Jens. Wieder alleine staunte sie nicht schlecht, als sie sah, dass sie tatsächlich das Buch der Riesen aus ihrem Traum mitgebracht hatte. Das musste sie unbedingt Margarete zeigen. Bevor sie ihr Zimmer verließ, versteckte sie es schnell unter ihrem Kopfkissen.

Als Marie vom Bad in die Küche kam, war der Frühstückstisch bereits gedeckt und eine schön zurecht gemachte Tanja begrüßte sie lächelnd. Tanja hatte sich sogar ein bisschen geschminkt, was Marie schon sehr lange nicht mehr an ihrer Mutter gesehen hatte. „Guten Morgen Mama, hast du gut geschlafen?“, fragte sie. Bevor Tanja antworten konnte rief Jens: „Mama hat sich extra für Papa schön gemacht! Der freut sich bestimmt, wenn er unsere schöne Mama sieht. Sie ist viiiiel schöner als die doofe Martina!“ Etwas verlegen meinte Tanja: „Danke für das Kompliment mein Süßer, aber sag so etwas bitte nicht zu Papa. Martina ist anders als ich, aber sie ist bestimmt nicht doof.“ Tanja hatte sich fest vorgenommen, die Kinder nicht gegen Thomas und Martina aufzuhetzen. Diese Blöße wollte sie sich nicht geben. Sie war selbst ein Scheidungskind. Ihre Mutter redete nach der Trennung immer schlecht von ihrem Vater. Als er dann eine neue Frau fand, brachte sie ihm nur noch Hass entgegen. Tanja hatte sehr darunter gelitten. Sie liebte ihren Papa über alles. Es tat ihr immer noch sehr weh, dass sie keine Möglichkeit gehabt hatte, sich von ihm zu verabschieden, als er vor ein paar Jahren an Krebs gestorben war. Erst viel später erfuhr sie durch seine zweite Frau, dass er ihr sehr viele Briefe geschrieben hatte. Auch er hatte sehr unter der Trennung von seiner geliebten Tochter gelitten. Durch hartnäckiges Nachfragen gab ihre Mutter irgendwann zu, dass sie alle seine Briefe ungeöffnet hatte verschwinden lassen. Da ihr Vater nie eine Antwort bekommen hatte, hatte er schließlich irgendwann entmutigt aufgehört zu schreiben. Diesen großen Schmerz wollte Tanja ihren Kindern unter allen Umständen ersparen.

Pünktlich um 9.00 Uhr klingelte es an der Tür. „Juhu, Papa ist da! Ich mache auf!“, jubelte Jens und rannte zur Haustür. Marie lief Jens freudig hinterher, während Tanja in der Küche wartete. Ihr Herz begann aufgeregt zu schlagen. Sie freute sich ebenso, Thomas zu sehen, auch wenn es ihr jedes Mal fast das Herz zerriss, wenn er dann wieder zu seiner neuen Freundin ging und sie alleine zurückließ. Naja, nicht ganz alleine. Sie hatte ja die Kinder...

Vom Flur hörte Tanja die stürmische Begrüßung. Schnell wischte sie sich eine Träne von der Wange. ‚Hoffentlich ist jetzt mein Make-up nicht verschmiert‘, überlegte sie noch, als Thomas schon, wie immer blendend aussehend, etwas verlegen lächelnd vor ihr stand. „Hallo Tanja, gut siehst du aus!“ Tanja hoffte dringend, dass er ihr lautes Herzklopfen nicht hörte. Unsicher brachte sie nur ein knappes „Danke, hallo Thomas“ hervor. Marie spürte sehr genau, wie sich ihre Mutter fühlte. Um die Situation zu entkrampfen, meinte sie: „Kommt frühstücken, ich habe einen Bärenhunger!“ Tanja sah Marie dankbar an und Jens zog seinen Papa zu dem Stuhl, der seit Thomas Auszug leer stand. Jens war überglücklich. Endlich war sein Papa wieder da. Es war alles so wie früher, zumindest für Jens. Er erzählte ohne Unterlass und machte Pläne, was er in den nächsten Tagen so alles mit seinem Papa unternehmen könnte. Durch Jens übermütiges Geplapper, entspannte sich die Situation mehr und mehr. Und plötzlich war es wirklich wie früher, als sie noch eine glückliche, intakte Familie waren. Tanja beschloss nur den Augenblick zu genießen und strahlte auch übers ganze Gesicht. Nur wer ganz genau hinsah, konnte in ihren Augen die Traurigkeit der letzten Monate erkennen...

Schließlich war das gemeinsame Frühstück vorbei. Thomas und Jens verabschiedeten sich. „Mach’s gut mein Schatz! Wir sehen uns in einer Woche!“ Thomas umarmte Marie und drückte ihr einen Schmatz auf die Wange. Anschließend umarmte er auch Tanja kurz und meinte: „Danke für das leckere Frühstück...“ Als Thomas Tanja dabei in die Augen sah, verstummte er. Tanja schluckte und Marie ahnte, was ihr Papa gesehen hatte. Abrupt drehte er sich um und folgte Jens, der sich schon verabschiedet hatte nach draußen. Als das Auto nicht mehr zu sehen war, konnte Tanja ihre Tränen nicht mehr zurückhalten. Marie nahm sie ganz fest in die Arme, um ihr Trost zu geben. Auch ihr liefen die Tränen über die Wangen. Es dauerte einige Minuten, bis Tanja schließlich ruhiger wurde. „Entschuldige bitte, ich hatte mir fest vorgenommen, mich zusammenzureißen. Es hat wieder nicht geklappt“, brachte sie noch leise hervor. „Ist schon okay, Mama! Ich bin auch traurig, dass er nicht mehr hier bei uns ist.“

Nachdem sich Tanja mit kaltem Wasser ihr Gesicht gespült hatte, ging es ihr besser. Sie ärgerte sich über sich selbst. Immer wieder gab sie sich die alleinige Schuld dafür, dass Thomas gegangen war, obwohl sie wusste, dass sie beide ihren Teil dazu beigetragen hatten. Sie hatten einfach nicht Acht gegeben auf ihre Liebe und schließlich hatte sie sich davongemacht. Zu Tanja war die Liebe zu Thomas zurückgekehrt, aber nun war es zu spät. Er hatte eine neue Liebe gefunden.

Marie hatte inzwischen einen Tee aufgebrüht. Schweigend tranken sie jeder eine Tasse. Anschließend legte sich Tanja auf das Sofa und Marie legte ihr die Hände auf.

„Lass uns heute gemeinsam zu Margarete gehen“, schlug Marie eine Stunde später vor, „Ich bin schon so gespannt, was du von ihr hältst und auch darauf, was sie zu dem Buch sagt.“ „Welches Buch meinst du? Kenne ich es?“, fragte Tanja. „Komm mit“, rief Marie und führte Tanja in ihr Zimmer, um das Buch unter ihrem Kopfkissen hervorzuholen. Tanja war verblüfft: „Woher hast du das? Der Titel klingt ziemlich unheimlich.“ Marie erzählte ihrer Mutter in kurzen Sätzen, was sie bis jetzt über das Buch wusste. Ungläubig schaute Tanja ihre Tochter an: „Und du hast es aus deinem Traum mitgebracht? Wie kann das sein?“ „Keine Ahnung, ich habe es einfach ganz fest gehalten. Ich bin froh, dass ich es habe. Margarete kann mir bestimmt etwas dazu sagen. Sie möchte mir über die Kraft der Gedanken berichten. Kommst du mit?“ „Okay, ich möchte deine Margarete sehr gerne kennen lernen. Ihre Stimme gestern am Telefon klang für mich total vertraut.“

So machten sich die beiden nach dem Mittagessen, mit dem Buch im Gepäck, auf den Weg zu Margarete. Der Tag war genauso trüb und ungemütlich wie die vergangenen Tage. Da frische Luft aber auch für Tanjas Genesung wichtig war, beschlossen sie zu Fuß zu gehen. Tanja hatte sich wieder so gefangen, dass sie jetzt richtig gespannt auf diese Margarete war. Dort angekommen klingelte Marie stürmisch. Die Tür öffnete sich. Margaretes Blick fiel direkt in Tanjas Augen. Sie erkannte sie sofort! „Oh Gott, ist das schön, dich zu sehen!“ Ohne darüber nachzudenken, nahm sie Tanja glücklich in die Arme. Marie schaute sich die Szene verwundert an. Ihre Mutter erwiderte die Umarmung und fühlte sich dabei sichtlich wohl. „So wie es aussieht, brauche ich euch wohl nicht mehr vorstellen! Ich wusste nicht, dass ihr euch schon kennt!“ Langsam lösten sich die beiden Frauen voneinander. Tanja schaute ihre Tochter verwirrt an, dann blickte sie wieder zu Margarete. Wie aus einem Traum kam sie nun in die Wirklichkeit zurück: „Äh, ich weiß nicht, eigentlich kennen wir uns doch bis jetzt noch gar nicht, oder? Ich hatte aber eben ein ganz starkes intensives Glücksgefühl, so als hätte ich jemanden umarmt, den ich sehr lange vermisst habe.“ Margarete bemerkte lächelnd, dass sie vor lauter Freude darüber, in

Tanja, ihre im Kindbett verstorbene Tochter Marianne aus ihrem früheren Leben wieder gefunden hatte, unüberlegt ihren Gefühlen gefolgt war. „Ja, dieses Gefühl hatte ich auch! Hallo Marie, schön, dass du deine Mama mitgebracht hast. Kommt erstmal rein. Ich mache uns gleich einen Tee." Margarete ging voraus und musste sich wieder sammeln. Sie wollte nicht gleich mit der Tür ins Haus fallen. Wenn sie Tanja und Marie jetzt von ihrem gemeinsamen früheren Leben erzählte, würden die beiden sie womöglich für verrückt erklären. Sie musste erst herausfinden, ob sich Tanja bereits mit dem Thema Wiedergeburt beschäftigt hatte.

„Ich habe hier das Buch der Riesen mitgebracht, von dem ich dir erzählt habe", sagte Marie und zog es aus ihrem Stoffbeutel, „Ich wollte es dir unbedingt zeigen und irgendwie konnte ich es aus meinem Traum mitnehmen. Hier schau es dir einmal an." Margarete nahm es ihr erstaunt ab und las zuerst laut, dann leise weiter. Tanja und Marie saßen ihr schweigend in dem gemütlichen Wohnzimmer gegenüber. Auf dem Tisch brannte eine Kerze und außer dem Tee gab es wieder leckeres Gebäck. „Entschuldigt bitte, dass ich so unhöflich bin und lese, während ich so liebe Gäste habe", unterbrach Margarete nach ein paar Minuten ihre Lektüre, „Das, was ich gerade gelesen habe, bestätigt mir, dass diese Riesen schon ganze Arbeit geleistet haben. Wenn nicht schnellstens etwas geschieht, gibt es immer weniger Menschen, die noch an die Liebe glauben. Kann ich das Buch noch hier behalten, damit ich es heute Abend in Ruhe lesen kann? Du bekommst es morgen zurück. Vielleicht fällt mir etwas ein, wie ich euch helfen könnte. Schließlich geht es um etwas sehr Wichtiges!" „Ja klar, behalte es ruhig bis morgen. Wir können jede Hilfe gebrauchen", erklärte Marie.

„Nun ihr Lieben, jetzt wo wir hier so nett beisammen sitzen, kann ich euch etwas zum Thema Gedankenkraft erzählen. Für dich Tanja, sind die richtigen Gedanken für deine Heilung sehr, sehr wichtig! Deshalb fange ich mal damit an. Habt ihr schon einmal darüber nachgedacht, dass positive Gedanken sehr wichtig sind, um gesund zu werden oder es zu bleiben? Bei den meisten kranken Menschen drehen sich die Gedanken hauptsächlich um ihre Krankheit. Wenn sich Menschen irgendwo unterhalten, werdet ihr sehr oft Gespräche über diverse gesundheitliche Probleme hören. Manches Mal scheint es fast so, als wollten sich die Leute gegenseitig mit immer noch schlimmeren Krankheitsgeschichten und begleitenden Schmerzen übertrumpfen. Und wisst ihr, was dann passiert? Die Krankheiten und Schmerzen werden tatsächlich immer schlimmer! Das ist deshalb so, weil die Gedanken sich oft oder ständig um die Krankheit drehen. Je mehr daran gedacht wird, desto intensiver und schlimmer wird es. Der Kranke fühlt sich dadurch bestätigt, weil es so ist, wie er es sagt." „Und was genau soll ich nun denken oder sagen, um gesund zu werden?", fragte Tanja neugierig. „Du kannst deine Heilung sehr unterstützen, indem du deinem Körper positive Gedanken zukommen lässt. Hab keine Angst, sondern danke Gott für deinen gesunden Körper. Stell dir deinen gesunden Körper vor und freue dich über jeden Tag, an dem deine Organe für dich arbeiten. Es hört sich vielleicht seltsam an, aber du kannst wirklich mit jedem Teil deines Körpers sprechen und dich darüber freuen, dass Gott uns so ein Wunder geschenkt hat. Danke für deine Gesundheit und dass es dir so gut geht." „Aber, wenn ich wirklich krank bin, lüge ich mich doch selbst an, wenn ich für meinen gesunden Körper danke", wandte Tanja ein. Margarete lächelte: „So könnte man denken, ja, aber nur wenn du fest daran glaubst, dass du gesund bist, kann dein Körper genesen. Deine Gedanken werden Wirklichkeit, die positiven und auch die negativen. Wenn du Zweifel daran hast, dass du es verdient hast gesund zu sein, wirst du es wahrscheinlich auch nicht werden. Wenn du ganz fest daran glaubst, dass du gesund bist, wird sich dein Glaube in eine Tatsache verwandeln. Die Heilenergie aus Maries Händen unterstützt dich dabei. Deine Selbstheilungskräfte werden aktiviert. Wenn Marie nun fest davon überzeugt ist, dass du gesund bist, kommen ihre positiven Gedanken auch bei dir an und können deine Gedanken an Heilung festigen und vermehren. Wir Menschen haben von Gott einen freien Willen bekommen. Somit kannst du selbst entscheiden, ob du krank oder gesund sein möchtest. Manchmal erfordern schwere Krankheiten eine völlige Umstellung des Lebens. Wichtig ist dazu aber, dass du JA zu deiner Gesundheit, JA zu deinem Leben und deinem Körper sagst. Sobald du aus vollem Herzen JA sagst, wird dafür gesorgt, dass du gesund bist." „Aber es will doch jeder gesund sein! Dann dürfte es doch keine kranken Menschen geben!", warf Marie zweifelnd ein. „Wenn du denkst, dass jeder gesund sein will, täuschst du dich! Selbstverständlich würde nie jemand zugeben, dass er gerne krank ist. Es ist ihm wahrscheinlich auch nicht bewusst, aber einige ziehen aus ihrer Krankheit einen großen Nutzen. Denkt an die Menschen, die ständig und leidenschaftlich über ihre gesundheitlichen Probleme reden. Ist euch schon aufgefallen, wie die Menschen reagieren, die sich diese Geschichten anhören müssen? Ich sage es euch: Sie bemitleiden und bedauern ihre Gesprächspartner. Menschen umsorgen und pflegen ihre kranken Familienmitglieder oder Freunde. Genau diese Aufmerksamkeit ist es, nach der sich die Kranken sehnen, die sie genießen. Für sie ist diese Aufmerksamkeit ein Gefühl geliebt zu werden. Unbewusst denken sie, dass sie diese Liebe nicht bekämen, wenn sie gesund wären. Vielleicht ist das auch tatsächlich so. Allerdings verwechseln die Kranken oft die Aufmerksamkeit mit Liebe. Aus Liebe fängt die Aufmerksamkeit auch meistens an. Aber irgendwann, wenn die Liebe zum Kranken nicht stark genug ist, geschieht dieses Umsorgen nur noch aus reinem Pflichtgefühl. Und genau das ist es sicher nicht, was der Kranke letztendlich möchte. Ein weiterer Vorteil des Krankseins ist, dass man nicht zur Arbeit oder auch nicht in die Schule gehen muss. Es ist tatsächlich so, dass es Menschen gibt, die lieber zuhause krank sind, als bei der von ihnen ungeliebten Arbeit. Wenn die Arbeit ungeliebt ist, kann diese Einstellung sogar noch nachvollzogen werden. Nur ist den meisten Menschen nicht bewusst, dass sie selbst für sich und ihr Leben verantwortlich sind. Jeder einzelne hat es in der Hand sein Leben so zu ändern, wie er es für sich erwünscht. Wenn der Glaube und der feste Wille da sind, kann jeder für sich den Himmel auf Erden haben. Aber egal, was man für sich verwirklichen möchte, es sollte niemals ein anderer dadurch Schaden erleiden. Damit meine ich zum Beispiel, dass jemand der dringend Geld braucht, nicht eine Bank ausrauben oder jemanden bestehlen darf. Bemerkt ihr den Einfluss, den die Riesen auf die Menschheit haben? Ein Beispiel, dass schon sehr lange um sich greift: Viele schauen neidisch auf ihre Mitmenschen, weil sie glauben, dass diese mehr haben, als sie selbst, mehr Geld, eine glücklichere Familie, einen besseren Arbeitsplatz, ein schöneres Haus und und und... Die Aufzählung wäre unendlich. Das Paradoxe daran ist, dass gerade die, auf die man neidisch ist, dieselben Gefühle hegen. Sie sind oft neidisch auf die Dinge, die wiederum die anderen haben. So scheint es, dass zwar jeder irgendwelche tollen Sachen hat, aber trotzdem nie damit zufrieden ist. Die Gier nach mehr, lässt die Menschen unzufrieden, neidisch, wütend und zornig werden. Diese Gefühle projizieren sie selbstverständlich auf ihre Mitmenschen, denn es ist immer besser, wenn man sein Gefühl des Mangels anderen in die Schuhe schieben kann. Genau das ist jetzt vermutlich das Problem, das es zu beseitigen gilt. Die Menschen brauchen den Glauben, dass sie selbst dazu in der Lage sind, etwas an ihrem Leben zu ändern. Viele haben das, was ich euch gerade erzähle schon irgendwo gehört oder gelesen. Manche haben es verstanden und ihr Leben zum Positiven verändert. Die meisten allerdings sind zu träge dazu, denn es scheint ziemlich anstrengend zu sein, dorthin zu kommen. Außerdem hieße das ja auch, dass sie selbst etwas falsch machen und deshalb unzufrieden sind. Die Schuld wollen aber die meisten nicht auf sich nehmen. Das nächste Problem ist die Angst vor dem Unbekannten. Was geschieht, wenn ich etwas verändere? Wird es möglicherweise noch schlimmer? Werde ich dann von den Menschen, die mir wichtig sind, nicht mehr geliebt? Viele Gedanken der Unsicherheit tauchen auf. Somit verbleiben die meisten lieber im Altbekannten, auch wenn sie sich dort schon lange nicht mehr wohl fühlen."

Margarete hielt inne, nahm einen Schluck Tee und kaute dann nachdenklich an einem Keks. Tanja und Marie taten es ihr gleich. Ein paar Minuten waren nur die Ess- und Trinkgeräusche zu vernehmen. Das war ganz schön heftig, was Margarete da von sich gegeben hat. Mit solchen Dingen hatten sich Tanja und Marie nie bewusst auseinandergesetzt. Und doch kam ihnen alles irgendwie bekannt vor. Die Frage war jetzt nur, ob das tatsächlich klappen würde, mit dem festen Glauben daran, die Gedanken Wirklichkeit werden zu lassen.

„Gib mir bitte noch mehr Beispiele, wie Gedanken Wirklichkeit werden“, bat Tanja. „Ich gebe dir Beispiele, wie negative Gedanken wahr werden bzw. wahr sind. Es gibt sehr viele Menschen, die jammern: ‚Ich habe kein Geld. Ich verdiene nicht genug. Mein Partner liebt mich nicht. Meine Kinder tanzen mir auf der Nase herum. Meine Familie lässt mich die ganze Hausarbeit alleine machen. Ich habe Probleme am Arbeitsplatz oder in der Schule. Mir tut dies oder jenes weh. Keiner kümmert sich um mich.‘ Wer solche Aussagen macht, hat genau das, was er sagt oder auch nur denkt. Wenn jemand sagt, er hat kein Geld, dann hat er auch keines. Dieser Wunsch wird ihm erfüllt. Gedanken und Worte sind Energien. Wenn ein Mensch sagt oder denkt, dass er dies oder jenes nicht hat, wird er es auch nie haben. Sein ‚Wunsch‘ wird ihm sozusagen erfüllt. Wenn dich beispielsweise jemand nach deinem Befinden fragt und du antwortest: ‚Naja, geht so!‘, dann wird es dir auch nur ‚Naja, geht so‘ gehen. Sobald du aber antwortest: ‚Prima, mir geht's sehr gut!‘, kann sich diese Aussage in dir festsetzen und wahr werden, sofern sie nicht schon wahr ist. Noch ein Beispiel: Wenn Marie morgens mit dem Gedanken aufsteht: ‚Jetzt muss ich schon wieder in diese doofe Schule!‘, dann wird Marie nie Freude an der Schule haben. Die Schule wird immer doof sein! Sobald sie nun morgens sagt: ‚Schön, dass ich jetzt wieder in die Schule gehen darf. Ich bin schon gespannt, was mich heute Tolles erwartet!‘, hat die Freude an der Schule eine Chance zu wachsen. So einfach ist das! Wenn du sagst, ich werde gesund, dann wirst du eventuell irgendwann gesund, aber du bist es noch nicht und vielleicht wirst du es nie sein. Du bist mit deinen Gedanken sozusagen immer auf dem Weg, aber kommst nicht an. Deshalb muss dein Gedanke sein: ‚Ich bin gesund!‘ und du musst den festen Glauben daran haben, dass das auch so ist. Verstehst du, was ich meine?“ „Ich denke schon, dass ich das verstanden habe. Ich muss das alles aber erst noch verdauen. Das war ganz schön viel. Es ergibt für mich einen Sinn, wenn du sagst, dass ich nicht gesund sein kann, wenn ich immer ans Kranksein denke“, meinte Tanja. „Ja, mit den Gedanken an die Krankheit gibst du der Krankheit noch mehr Energie und diese wird stärker und mächtiger.“ „Womit wir wieder bei den Riesen sind. HOFFNUNG erzählte, dass die Riesen durch unsere negativen Gedanken Energie bekommen. Durch diese Energie wachsen sie immer mehr, während LIEBE und die anderen Bewohner von Liebeland immer kleiner werden. Uns muss etwas einfallen, wie wir den Menschen die positiven Gedanken verinnerlichen können“, warf Marie ein. Margarete und Tanja nickten zustimmend.

„Ich schlage vor, dass wir für heute Schluss machen. Es ist schon ganz schön spät geworden. Ich möchte das Buch noch lesen, dann können wir morgen überlegen, wie wir weiter vorgehen. Lege deiner Mama heute Abend nochmals deine Hände auf, Marie. Die Heilenergie und deine positiven Gedanken an deinen gesunden Körper werden dazu beitragen, dass du schnell gesund wirst, Tanja", schloss Margarete ihre Diskussion ab. Schließlich erhoben sie sich und Margarete begleitete ihre Gäste zur Tür. Sie verabschiedeten sich mit einer herzlichen Umarmung. Margarete und Marie spürten, dass Tanja zwar erschöpft war, aber auch neuen Mut für die Zukunft gefasst hatte.

Wieder zuhause angekommen, aßen sie eine Kleinigkeit zu Abend. Anschließend bekam Tanja wieder Energie aus Maries Händen. Am Anfang schossen Tanja noch tausend Gedanken über diesen Nachmittag durch den Kopf. Marie ging es ähnlich. Dann schien es, als hätte jemand einen Hebel umgelegt. Die Gedanken wurden still. Die Energie konnte ungehindert und frei fließen...

Bevor Marie einschlief, dachte sie nochmals über den Nachmittag nach. Ihr kamen trotz allem Zweifel, ob sie es schaffen konnten, den Menschen die Liebe wieder näherzubringen. Sie hatte bereits so viele Personen getroffen, bei denen sich die negativen Gedanken und Gefühle schon fest verankert hatten. Die Hoffnung auf ein besseres Leben würde für diese Menschen ewig eine Hoffnung bleiben, wenn sie ihren Auftrag nicht erfüllen könnten. „Stopp, jetzt denke ich ja auch negativ! ...

... Wir müssen davon überzeugt sein, dass wir es schaffen! Nur so werden wir es schaffen!", ermahnte Marie sich selbst. HOFFNUNG begrüßte Marie mit einem Lächeln. Christian und Peter standen schon startklar vor ihr. Offensichtlich hatten die drei schon auf sie gewartet. „Ja, du hast recht! Margarete hat dir ein paar sehr wichtige Dinge erzählt. Dieses Wissen ist für uns alle sehr wichtig! In unseren Gedanken müssen wir das Bild von der Erde haben, so wie wir sie uns wünschen. Wir sehen, wie die Menschen liebevoll miteinander umgehen, wie alle glücklich und zufrieden sind. Die Liebe ist groß und allgegenwärtig! Das ist das Bild, der Gedanke, den wir uns immer wieder vor Augen halten müssen. Dann wird es die Wirklichkeit sein! Allerdings müssen wir auch daran denken, dass wir Gegner haben, die gerade diese Wirklichkeit nicht möchten. Durch das Buch wissen sie um die Macht der Gedanken und nun kommt es darauf an, welche Gedanken überwiegen, die positiven oder die negativen. Vielleicht hält sich auch alles die Waage", gab HOFFNUNG noch zu bedenken, „Kommt, nun müssen wir los. Die anderen warten schon auf uns."

HOFFNUNG ging zügig voraus und die drei Kinder stapften hinterher. Es galt, keine Zeit mehr zu verlieren! Auf ihrem Weg blitzte ab und zu mal kurz die Sonne durch die dichten Wolken. In dem Moment wurde es kurz ganz warm. Sobald die Sonne wieder verschwunden war, kühlte es merklich ab. Ihr Weg führte sie einen Feldweg entlang. Rechts und links davon waren Blumenwiesen. Erschro-

cken bemerkte Christian: „Wie sehen denn die Blumen aus? Die lassen ja alle ihre Köpfe hängen! Hat es hier so lange nicht geregnet?" Traurig schaute HOFFNUNG zu den Blumen und antwortete: „Nein, die Blumen haben genug Wasser. Bis vor kurzem haben sie auch noch sehr schön ausgesehen und prächtig geblüht. Das sind alles Auswirkungen der schwindenden LIEBE. Aber das ist nur ein kleiner Teil des großen Dramas. Es wird mit jedem Tag schlimmer." „Ich möchte etwas versuchen", erklärte Peter. Er ging in die Hocke und hielt seine Hände über ein paar Blumen am Wegrand. „Oh ja, das ist eine fantastische Idee", rief Marie begeistert und tat es ihm gleich. Gespannt beobachteten Christian und HOFFNUNG, was sich da wohl tun würde. Es dauerte nicht lange und Peter blickte triumphierend zu den andern: „Seht ihr, unser Geschenk in den Händen ist auch Liebe! Ganz schnell haben sich die Blumen wieder aufgerichtet!" Marie lächelte, auch die Blumen unter ihren Händen erhoben sich wieder freudig zum Himmel. Voller Freude versuchte es nun auch Christian. HOFFNUNG war sehr beeindruckt: „Ihr Lieben, hier könnt ihr sehen, wie schnell die Liebe wirken kann. Ihr habt ein mächtiges Geschenk in die Hände bekommen! Es wird ein Schlüssel zur Heilung sein! Kommt aber jetzt, wir müssen unbedingt weiter!"

„Schade, dass wir nicht allen Blumen Energie geben können. Die restlichen sind bestimmt traurig darüber", bedauerte Christian die hängenden Blüten. „Wenn wir unser Ziel erreicht haben und LIEBE wieder gewachsen ist, stehen alle wieder aufrecht", erklärte HOFFNUNG zuversichtlich.

Liebestadt

Nachdem sie noch eine ganze Weile schweigend gelaufen waren, sahen sie schließlich von weitem viele Holzhütten. Dort angekommen, stand vor ihnen ein großes Schild, auf dem mit schön geschwungenen roten Buchstaben zu lesen war, wo sie sich jetzt befanden, nämlich in „LIEBESTADT". Sie bemerkten gleich, dass es hier sehr still war. „Hier lebt fast niemand mehr von uns. Die Häuser sind uns allen zu groß geworden. Wir haben direkt hinter Liebestadt ein paar Zelte aufgebaut. Kommt weiter!" Da hörten sie plötzlich von weitem eine Stimme rufen: „HOFFNUNG und ihr Kinder kommt schnell! Es ist etwas Furchtbares passiert!" Unruhig rannten die vier der Stimme entgegen. Der Hilferuf kam von einem kleinen schönen Mann. Marie staunte über die Zartheit seines Gesichtes und den feinen Stoff seines orangefarbenen Gewandes. Er war etwas kleiner als HOFFNUNG und reichte Marie höchstens bis zur Hüfte. „Gott sei Dank, seid ihr endlich da! Herzlich Willkommen, ich bin DANKBARKEIT", stellte sich der Mann vor. Die vier Ankömmlinge begrüßten DANKBARKEIT freudig und HOFFNUNG fragte: „Was ist passiert? Was ist so furchtbar?"„LIEBE ist verschwunden! Wir haben schon überall gesucht und können sie nicht finden", jammerte DANKBARKEIT verzweifelt. Erschrocken blickten sich die Kinder an. Jetzt war wirklich Eile geboten. Sie folgten DANKBARKEIT schnell hinter die Stadt. Dort machten sich sofort alle weiter auf die Suche nach LIEBE. Es herrschte ein reges Treiben. Die Kinder sahen viele kleine Männer und Frauen in wunderschönen wallenden Gewändern in den zartesten Farben. Solch schöne Farben hatte Marie noch nie gesehen. Leider hatten sie keine Zeit, sich alles in Ruhe anzusehen und alle kennen zu lernen. Sie mussten alles ganz gründlich durchsuchen. Sie verteilten sich und überall hörte man die Rufe: „LIEBE, LIEBE, wo bist du? LIEBE, bitte melde dich doch!"

Je länger sie suchten, desto panischer wurde die Stimmung. Stunden schienen vergangen zu sein, ohne dass sie ihrem Ziel näher gerückt waren. Plötzlich hatte Marie eine Idee, dazu musste sie aber erst einmal ruhiger werden. Sie wollte versuchen, ihrer inneren Stimme zu folgen. Sie schloss ihre Augen, legte sich die Hände auf ihr Herz und dachte ganz intensiv an die LIEBE. Dann bat sie Gott, ihr den Weg zu zeigen. Die Energie in ihren Händen fing an zu vibrieren. Von ihrem Herzen floss ein warmer Strahl durch ihren Hals in den Kopf, bis zur Mitte ihrer Stirn. Dort fühlte sie, wie die Energie sich im Kreis zu drehen begann. Immer schneller und schneller. Sie musste sich auf den Boden setzen, weil ihr schwindelig wurde. Kaum saß sie, hatte sie ein Bild vor ihrem inneren Auge. Es sah aus wie ein Höhleneingang. Dann war das Bild verschwunden und sie öffnete die Augen. „Eine Höhle! Gibt es hier irgendwo eine Höhle?", fragte sie laut in die Runde. Nicht weit von ihr, antwortete ein kleines Mädchen: „Ja, ein Stückchen außerhalb gibt es eine Höhle. Glaubst du, dass LIEBE dort ist?" Gut, dass Marie noch am Boden saß, sonst hätte sie das Kind nicht verstanden, so leise war seine Stimme. „Hier haben wir doch schon überall gesucht. Also lasst uns schnell nachschauen!"

So machte sich die ganze Truppe auf zur Höhle außerhalb der Stadt. Während des ganzen Weges riefen die Liebestädter ohne Unterlass nach LIEBE. Nachdem sie ein kleines Wäldchen durchlaufen hatten, türmte sich eine riesige Felswand vor ihnen auf. Einmal mussten sie noch rechts abbiegen und ein Stück an der Felswand entlanglaufen. Schließlich wurden sie von DANKBARKEIT durch ein Gebüsch geleitet, das direkt zu einem Höhleneingang führte. Er sah genauso aus, wie ihn Marie gesehen hatte. Neben dem Eingang lagen ein paar Fackeln. Offensichtlich wurde die Höhle öfter besucht. Die Fackeln konnten allerdings nur noch Marie, Christian und Peter tragen. Den anderen waren sie inzwischen viel zu groß und zu schwer. HOFFNUNG zeigte auf einen kleinen Felsvorsprung. Dort lagen ein paar Streichhölzer...

Mit den brennenden Fackeln gingen die Kinder voraus. Sie sahen sich in jeder Ecke um. Es wäre sehr spannend gewesen, die Höhle zu erforschen, wenn die

Lage nicht so ernst gewesen wäre. „Da, da ist sie!" hörten sie schließlich eine Stimme erfreut rufen und alle stürmten an den Kindern vorbei. Ein ganzer Pulk scharte sich um eine Stelle, wo LIEBE sich offensichtlich befand. Viele Stimmen riefen „LIEBE, LIEBE, was ist mit dir? Wach doch bitte auf! Die Kinder sind jetzt endlich da!" Schließlich machten sie den Weg frei, damit Marie, Christian und Peter an ihnen vorbei konnten. Und dann sahen sie LIEBE! Sie sahen das, wofür sie kämpften! Marie schätzte LIEBE auf höchstens 30 cm. Sie war wirklich am meisten geschrumpft von allen Liebestädtern. So ein wunderschönes Wesen hatten die drei Kinder noch nie gesehen. Obwohl LIEBE so klein war, strahlte sie so ein wunderbares Gefühl von Wärme und Mitgefühl aus. Um sie herum nahmen sie ein zartes Leuchten wahr. LIEBE schien zu schlafen. Nichts deutete auf eine Verletzung dieses zarten, blond gelockten Wesens hin. „Schnell Marie, lege ihr deine Hände auf! Du musst sie uns wieder zurückbringen, sonst ist alles verloren!", flehte HOFFNUNG. Marie gab ihre Fackel an Peter weiter und ging in die Hocke, um LIEBE vom kalten Boden aufzuheben. Während ihre Hände sofort anfingen zu glühen, sagte sie zu den anderen: „Kommt, wir bringen sie nach draußen. Hier drinnen ist es viel zu kalt und zu dunkel." Alle machten kehrt und liefen den Weg zurück ins Freie. Draußen angekommen setzte sich Marie mit LIEBE im Arm ins Gras. Christian setzte sich dazu und legte auch seine Hände auf. Ängstlich, aber auch fasziniert blickten sie LIEBE an. Sie sah so verletzlich aus, in ihrem feinen zartrosa Kleid, das ihr inzwischen viel zu groß geworden war. Niemand sprach ein Wort. Alle sandten ein Stoßgebet zu Gott, dass er doch bitte, bitte helfen möge.

Es schien eine halbe Ewigkeit zu dauern. Plötzlich schlug LIEBE ihre strahlend blauen Augen auf. Ihre Stimme war sehr sanft und kaum zu hören: „Was ist passiert? Wo bin ich?" Bei ihren Worten fingen alle an zu jubeln. Strahlend erklärte Marie: „Ich bin Marie, das ist Christian und dort steht Peter. Wir haben dich in der Höhle gefunden. Gott sei Dank bist du wieder wach! Wir dachten schon, wir seien zu spät gekommen." Nun lächelte LIEBE: „Ich danke euch! Um ein Haar wäre es tatsächlich zu spät gewesen. Meine Gebete sind aber erhört worden und ihr seid rechtzeitig gekommen." Noch immer lagen Maries und Christians Hände auf LIEBE. Die Energieübertragung gab ihr so viel Kraft zurück, dass sie sogar etwas größer wurde. Das versetzte alle in großes Erstaunen und glücklich rief Peter: „Wenn du genügend Energie aus unseren Händen bekommst, wirst du bestimmt wieder so groß wie früher. Dann ist alles wieder gut!" „Ja, das wäre toll, aber leider ist es damit nicht getan. Im Moment bekomme ich Liebe durch eure Hände. Dadurch werde ich so gestärkt, dass ich etwas wachse. Sobald ihr eure Hände wieder von mir nehmt, werde ich aber ziemlich schnell wieder kleiner. Das liegt daran, dass zu viele Menschen nicht mehr an mich glauben. Ihr müsst es schaffen, dass die Mehrheit der Menschen ihren Glauben und ihr Vertrauen an mich zurückgewinnt! Erst dann kann ich dauerhaft groß und allgegenwärtig sein", sprach LIEBE mit einer festeren, aber dennoch sanften Stimme. „Und wie sollen wir weiter vorgehen? Es gibt doch so unheimlich viele Menschen. Wie können drei Kinder so vielen Menschen die Liebe zurückbringen? Wie sollen wir das schaffen? Und was ist mit den Riesen? Müssen wir gegen sie kämpfen, damit sie die Menschen in Ruhe lassen?", fragte Christian verzweifelt. „Bleibe ganz ruhig Christian! Du darfst nie Zweifel haben! Sobald du zweifelst, könnte alles zum Scheitern verurteilt sein", mahnte LIEBE, „Das erste, was ihr machen sollt, ist zu den Riesen zurückzugehen. Ihr müsst irgendwie versuchen sie aufzuhalten. Denkt an euer Geschenk in den Händen! Es wird euch in schwierigen Situationen weiterhelfen. Aus euren Händen fließt pure Liebe. Auch eure ganze Ausstrahlung hat sich in den letzten Tagen zum Positiven geändert. Das spürt jeder, der in eure Nähe kommt. Dadurch kann ein Umschwung stattfinden. Je mehr positive Energie ihr verbreitet, desto mehr wird die negative Energie in positive umgewandelt." Marie fiel wieder ein, wie die Menschen im Wartezimmer bei Dr. Baumann erst alle schlecht gelaunt waren und nach einer Weile eine Veränderung eingetreten war. Sollte es wirklich ihre positive Energie gewesen sein, die dies bewirkt hatte? LIEBE schien Gedanken lesen zu können, denn sie sagte: „Ja Marie, deine Energie hat im Wartezimmer eine positive Atmosphäre bewirkt. Aber nicht nur das ist wichtig. Es kommt auch darauf an, wie ihr mit euren Mitmenschen umgeht. Je liebevoller und mitfühlender, desto besser. Ihr Menschen habt zwei schöne Volksweisheiten, die ihr bestimmt kennt: ‚Wie du in den Wald hinein rufst, so schallt es heraus' oder ‚Was du nicht willst, das man dir tu, füg auch keinem andern zu'. Ihr werdet sehen, es ist ein schönes Gefühl, so zu handeln, selbst wenn es nicht immer auf Anhieb klappt. Manche Menschen sind leider schon so an ihr unzufriedenes Leben gewöhnt, dass sie sich schwer damit tun, aus dieser Tretmühle herauszukommen. Habt ihr das verstanden?" Alle hatten mit glücklichen Gesichtern LIEBEs Worten gelauscht. Marie und Peter nickten. Christian verzog seinen Mund zu einem Lächeln. So ganz war er noch nicht überzeugt, aber er hatte ja Marie und Peter. Die würden ihm bestimmt beistehen.

„So, jetzt wird es Zeit für euch aufzuwachen! Margarete wird euch noch weitere Hilfe geben. Sobald ihr wiederkommt, müsst ihr euch auf den Weg zur Stadt der Riesen machen. Lauft in diese Richtung. Wenn ihr immer diesem Weg folgt, kommt ihr am schnellsten zum Ziel", erklärte LIEBE und zeigte auf einen schmalen Weg zu ihrer linken Seite, „Wir wünschen euch von Herzen alles Gute! In Gedanken sind wir immer bei euch! Wenn ihr nie den Glauben und das Vertrauen verliert, wird es euch gelingen! Sonst sind wir alle verloren. Macht's gut! Unsere Liebe begleitet euch!" Sanft stellte Marie LIEBE auf den Boden und ver-

suchte ein Lächeln: „Danke für eure Liebe und euer Vertrauen! Wir werden unser Bestes geben!"

Die Kinder verabschiedeten sich mit einem zuversichtlichen Gefühl von diesen wundervollen Wesen. Anschließend machten sich die Liebestädter wieder auf den Heimweg und ließen die Kinder zurück ...

Tag 7

Beim Aufwachen hatte Marie noch LIEBEs Worte im Kopf. Irgendwie schien ihr das Gesagte logisch. Aber dennoch hatte sie leise Zweifel, ob sie es wirklich schaffen konnten. „Nein, hör endlich auf zu zweifeln! Wir schaffen es auf alle Fälle! Wir müssen es einfach schaffen!", schalt sie sich selbst. Mit diesen Worten sprang sie aus dem Bett.

Im Bad funkelte ihr wieder ihr Spiegelbild entgegen und sie hörte plötzlich die Worte ‚Die Liebe wird immer mit dir sein! Du wirst zur richtigen Zeit das Richtige tun! Verliere nie die Hoffnung und das Vertrauen und den Glauben daran, dass alles gut wird!' Marie atmete mit geschlossenen Augen ein paar Mal tief ein und aus. Als sie die Augen öffnete war wieder das Leuchten da, diesmal direkt über ihrem Kopf. Fasziniert beobachtete sie es eine kurze Zeit und begann zu lächeln. „Ja, alles wird gut, wir bringen die Liebe wieder zum wachsen!"

Nach dem Frühstück bekam Tanja ihre tägliche Energieübertragung. Beide versuchten während der gesamten Sitzung positive Gedanken mit einfließen zu lassen. Marie war ein wunderbarer Satz eingefallen, den sie ihrer Mutter vorher mitgeteilt hatte: „Diese Heilenergie dient zu deinem allerhöchsten Wohl!" „Ja, das hört sich toll an! Diesen Satz nehme ich sehr gerne von dir an", freute sich Tanja. Diesmal spielte im Hintergrund leise Meditationsmusik. So konnten sich beide noch mehr fallen lassen und die Energie strömte sehr stark und angenehm.

Bei der anschließenden Tasse Tee fragte Marie: „Kommst du heute mit zu Margarete?" „Das wäre schön mein Schatz, aber ich habe Sabrina versprochen, dass wir an unseren Kleidern weiter nähen. Sie denkt ja, dass ihr beide bei Papa seid und nun will sie mich ein bisschen beschäftigen", antwortete Tanja lachend, „Ich komme aber das nächste Mal bestimmt wieder mit." Noch während sie diese Worte sprach, hörten die beiden von draußen wieder die Streiterei von Hilde Ebert und Edelgard Weißbrot. „Können wir da nicht irgendetwas tun? Die beiden waren früher doch die besten Freundinnen", seufzte Tanja. „Hmmm, irgendwie sind fast alle Menschen so schlecht gelaunt, leider. Aber wir sind dabei, es zu ändern! Und wir schaffen es! Wenn die Liebe wieder groß ist, werden sich die beiden wieder vertragen. Sie werden über ihre Streitereien nur noch den Kopf schütteln und darüber lachen", antwortete Marie und ging zum Fenster. Sie öffnete es und schaute zu den beiden Frauen hinüber. Ihre Idee war, ihnen einen positiven Gedanken zu senden. Sie dachte also ganz intensiv folgende Worte, während sie Frau Ebert und Frau Weißbrot ansah: ‚Friede sei mit euch. Ich sende euch die Liebe aus meinem Herzen.' Diese Sätze wiederholte sie mehrere Male. Die beiden Frauen hörten plötzlich von einer Sekunde zur anderen auf zu streiten. Verblüfft sahen sie sich an. Was war das? Irgendetwas war anders, als noch vor ein paar Minuten. „Ich muss jetzt gehen, hab noch zu tun", sagte Frau Weißbrot dann in einer ganz normalen Lautstärke, drehte sich abrupt um und verschwand im Haus. Völlig verdattert blickte Frau Ebert ihr nach. Sie konnte sich nicht erklären, was geschehen war. Sie war plötzlich ruhig geworden, ja, sie fühlte sogar ein bisschen angenehme Wärme in ihrem Herzen. Eine Weile starrte sie noch zum Haus, in dem ihre ehemalige Freundin verschwunden war, dann zog auch sie sich wieder in ihr Haus zurück.

„Toll, das hat ja super funktioniert!", rief Marie begeistert und berichtet sogleich ihrer Mutter, von ihrem geglückten Experiment. „So wie es aussieht, haben wir doch ganz schön viele Möglichkeiten den Menschen ein bisschen Gutes zu tun", meinte Tanja erfreut.

Nach dem Mittagessen machte sich Marie auf den Weg zu Margarete. Auch heute war das Wetter sehr ungemütlich. Ein kühler Wind pfiff ihr um die Ohren und es nieselte leicht. Von der Sonne war keine Spur zu sehen.

„Hallo Marie, schön, dass du da bist!", begrüßte Margarete sie, „Du bist alleine? Hast du deine Mama nicht mitgebracht?" „Hallo Margarete, nein, Mama ist eingefallen, dass sie sich heute mit ihrer Freundin Sabrina treffen wollte. Ich soll dich aber lieb von ihr grüßen."

Als erstes erzählte Marie von ihrem tollen Erfolg mit dem Gute-Gedanken-schicken. Margarete lächelte: „Ja prima, du lernst ganz schön schnell! Das ist aber auch sehr wichtig, weil jetzt jede Stunde zählt! Ich habe das Buch fertig gelesen und stellte folgendes fest ..." In dem Moment klingelte es an der Haustür. Fragend sah Marie Margarete an: „Erwartest du Besuch?" „Eigentlich nicht, aber vielleicht hat es sich deine Mama doch noch anders überlegt. Ich gehe mal nachschauen." Es dauerte eine ganze Weile bis Margaretes Schritte sich wieder dem Wohnzimmer näherten. So wie es sich anhörte, war sie nicht alleine. Margarete schob die Wohnzimmertüre ganz auf und erklärte mit feierlicher Stimme: „Ich habe eine Überraschung für euch!" „Für euch? Wen meinst du?" Ohne Marie zu antworten, kam sie grinsend ins Zimmer. Nach ihr trat der Gast ein. Marie brachte vor Erstaunen kein Wort heraus! Damit hatte sie nun wirklich nicht gerechnet! Auch der etwas pummelige blonde Junge konnte sie nur verwirrt anstarren. „Hey ihr zwei, hat es euch die Sprache verschlagen?", fragte Margarete lachend. Dann gab es kein Halten mehr! Marie sprang vom Sofa auf und fiel Christian um den Hals, dem sofort die Tränen übers Gesicht liefen. „Oh Marie, wie sehr habe ich mir gewünscht, dich endlich zu finden! Ich war so alleine die letzten Tage und es gab niemanden, mit dem ich über unsere Nächte reden konnte." „Mensch Christian, ist das schön, dich zu sehen! Was machst du denn hier? Wie hast du mich nur gefunden?", rief Marie gerührt. Auch sie hatte Tränen in den Augen. Bevor Christian antworten konnte, erklärte Margarete: „Es gibt keine Zufälle! Dass ihr euch hier trefft, musste so kommen! Ich muss gestehen, dass ich bis vor ein paar Minuten auch nicht wusste, dass mein Christian auch dein Christian ist."

Dann war alles schnell erzählt. Christian war Margaretes Schüler gewesen, als sie noch im Schuldienst gewesen war. Margarete gab ihm noch regelmäßig Nachhilfeunterricht. Sie waren mit den Jahren sehr gute Freunde geworden. Da Christians Eltern nicht so viel Zeit für ihn hatten, war er oft bei Margarete zu Gast, was diese auch sehr genoss. Erstaunt hörte sich Christian an, wie sich Margarete und Marie letzte Woche gefunden hatten. Es gab wohl wirklich keine Zufälle!

„So ihr Lieben, jetzt geht es um euren Auftrag! Ich habe in dem Buch leider nicht viel gefunden, was uns weiterhelfen kann. Es geht darum, wie die Gedanken der Menschen so beeinflusst werden können, dass die Riesen daraus ihren Vorteil ziehen. Irgendetwas fehlt aber noch in dem Buch. Die Riesen müssen noch weiteres Wissen haben, welches erklärt, warum sie immer größer werden und immer mehr negativen Einfluss auf die Menschen haben. Ich habe das Gefühl, dass dieses Buch nicht versehentlich zurückgelassen wurde. Vermutlich brauchen sie es nicht mehr. Sie sind schon viel weiter!", seufzte Margarete. „Wir werden in der Stadt der Riesen bestimmt herausfinden, was sie genau mit den Menschen machen. Dort finden immer Versammlungen statt, die ein Riese mit Namen MACHT leitet. Auch die Stadt ist nach ihm benannt. Es wird sicher schwierig, aber wir müssen versuchen bei einer solchen Versammlung dabei zu sein", meinte Marie. Christian blickte sie entsetzt an: „Meinst du das wirklich? Das ist doch viel zu gefährlich!" „Ja, es ist wahrscheinlich gefährlich, aber erinnere dich, was LIEBE gesagt hat. Wir dürfen nie das Vertrauen und den Glauben verlieren!", ermahnte Marie ihn. Margarete sagte mit ernster Stimme: „Marie hat recht! Wenn es soweit ist, werdet ihr das Richtige tun. Ihr dürft nicht vergessen, dass ihr nie alleine seid. Gott hält immer seine schützende Hand über euch!" „Aber Gott muss sich doch um so viele Menschen kümmern. Er kann doch nicht ständig bei uns sein?", zweifelte Christian noch immer. Margarete sah ihn streng an: „Gott ist allmächtig! Er ist immer überall! Sei dir dessen gewiss Christian! Vertraue auf seine Allmacht und grenzenlose Liebe!" „Aber warum lässt er es dann zu, dass so viel Schlechtes auf der Welt geschieht? Warum müssen wir dann die Liebe retten? Warum kann er das nicht selbst tun?" „Das ist eine gute Frage! Das Problem liegt bei den Menschen. Aus Liebe haben wir von Gott das Geschenk des freien Willens bekommen. Mit diesem freien Willen können wir gute oder schlechte Dinge anstellen. Wenn die Menschen aus welchem Grund auch immer etwas Schlechtes machen, wird Gott nicht einschreiten, weil er ja sonst sein Geschenk an die Menschen beschränken würde. Er möchte, dass wir uns hier auf der Erde weiterentwickeln. Das können wir nur, wenn wir auch einmal Fehler machen. Für diese Fehler müssen wir aber auch geradestehen. Es wäre ganz schön einfach, wenn Gott uns immer alles abnehmen würde. Meinst du nicht auch?", erklärte Margarete. „Hmmm, ... darüber muss ich erst noch einmal nachdenken. Im Moment habe ich das Gefühl, mir schwirrt im Kopf alles im Kreis herum ..." Ohne darüber nachzudenken, legte Christian seine Hände auf seinen Oberbauch und atmete ein paar Mal tief ein und aus. Fast sofort entspannten sich seine Gesichtszüge. Marie meinte triumphierend: „Juhu, es hat geklappt!" Christian sah sie fragend an. „Ich habe dir gedanklich sehr intensiv den Satz gesagt: ‚Christian, lege deine Hände auf! Du bist ruhig und entspannt!'. Das mit dem Gute-Gedanken-verschicken hat bei mir heute Morgen schon prima funktioniert. Du musst es unbedingt auch ausprobieren! Wir können es sicher noch sehr gut gebrauchen für unseren Auftrag." Verblüfft sah Christian sie an: „Du meinst, du hast mich dazu gebracht, mir die Hände aufzulegen? Aber wie kann ich denn deine Gedanken lesen?" „Tja, das ist alles eine Frage der richtigen Frequenz, würde ich sagen. Ihr sendet sozusagen beide auf der gleichen Wellenlänge", beantwortete Margarete die Frage. „Haben meine Nachbarinnen dann auch die gleiche Frequenz? Das kann ich mir gar nicht so richtig vorstellen", meinte Marie. „Du wolltest unbedingt ihren Streit beenden und ihnen dafür positive Gedanken zukommen lassen. Also hast du dich speziell für diesen Zweck unbewusst auf ihre Frequenz eingestellt." „Ja, das klingt logisch, auch wenn ich nicht genau sagen kann, wie ich das gemacht habe", staunte Marie. Christian überlegte und meinte plötzlich: „Wenn Marie gute Gedanken schicken kann, könnte sie doch auch genauso gut schlechte schicken oder? Die würden doch dann auch ankommen und entsprechend wirken." „Ja, ich denke das ist genau der Punkt, den sich die Riesen zunutze machen. Sie geben den Menschen schlechte Gedanken ein, ohne dass diese es merken. Genau dem müssen wir mit guten Gedanken entgegen wirken. Es ist nur die Frage, ob wir dafür nicht zu wenige sind und ob uns noch genügend Zeit bleibt", überlegte Marie. „Macht euch nicht so viele Gedanken! Vertraut auf eure Intuition und auf Gott! Es wird alles gut!", sagte Margarete mit fester Stimme. Ein Blick auf die Uhr sagte ihr, dass der Nachmittag schon wieder dem Abend gewichen war. „Was haltet ihr davon, wenn wir noch ein kleines Abendessen einnehmen, bevor ihr euch auf den Weg nach Hause macht?", schlug sie daher vor. „Au fein, ich werde daheim sowieso noch nicht erwartet. Außerdem merke ich gerade, dass ich einen riesigen Hunger habe", freute sich Christian. Auch Marie stimmte dankbar zu. Ihre Mutter würde sicher noch bei Sabrina sein. Zudem wusste sie ja, wo sie sich aufhielt.

So stärkten sich die drei beim gemeinsamen Abendbrot und besprachen dabei noch einmal das Thema ‚Gedanken schicken'. Gebannt lauschten die Kinder Margaretes Worten.

„Es ist nicht ganz so einfach, wie ihr vielleicht denkt, die Menschen mit fremden Gedanken zu beeinflussen. Sie nehmen nur die Gedanken auf, die auch zu ihrem Wesen passen. Das ist das Gesetz der Resonanz. Das bedeutet, wenn beispielsweise jemand schlecht gelaunt ist, weil er sich über etwas geärgert hat, nimmt er gerne die verärgerten Gedanken anderer Menschen auf. Dadurch wird seine Laune natürlich noch schlechter. So beeinflussen sich die Menschen mit ihren Launen gegenseitig, meist unabsichtlich, im positiven und auch im negativen Sinn. Wenn jemand absichtlich andere mit negativen Gedanken beeinflussen will, funktioniert das auf Anhieb meist nur bei willensschwachen Personen mit wenig Selbstvertrauen."

Heute hatten Marie und Christian wieder viel dazugelernt. Jetzt galt es, das Gelernte in die Tat umzusetzen!

„Kommt wieder, sobald ihr das Gefühl habt, dass ihr meine Hilfe braucht. Für den Moment habt ihr genug Wissen und Fähigkeiten, um eure nächsten Aufgaben zu erfüllen. Ihr trefft in den nächsten Tagen auf Menschen, die eure Hilfe benötigen." Mit einer herzlichen Umarmung und den besten Wünschen verabschiedeten sie sich. Christian musste in die entgegen gesetzte Richtung laufen. Er gab Marie aber auf ihre Nachfrage noch seine Adresse und Telefonnummer. „Ich bin so froh, dass es dich auch in Wirklichkeit gibt", meinte er zum Abschied. Marie grinste: „Ja, klar gibt's mich in Wirklichkeit! Also komm gut heim! Wir sehen uns ja in wenigen Stunden wieder."

Tanja war platt, als sie Maries Bericht hörte. Bei dieser Begegnung wäre sie doch zu gerne dabei gewesen.

„Wie war es bei Sabrina?", fragte Marie, während sie ihre Hände auf Tanja liegen hatte. „Na ja, Sabrina hat mich irgendwie durchschaut. Sie ist halt doch eine gute Beobachterin. Sie gab keine Ruhe, bis ich ihr von Dr. Baumanns Diagnose berichtete. Nun redete sie den halben Nachmittag auf mich ein, wie wichtig es sei, dass ich jetzt genau seinen Anweisungen folge. Das war für mich ehrlich gesagt ein sehr unangenehmer Nachmittag. Sabrina hält nichts von alternativen Methoden. Sie malte mir schon aus, wie es wohl für dich und Jens wäre, ohne Mutter aufzuwachsen. Darauf liefe es ja hinaus, wenn ich mich jetzt nicht in die Hände von Dr. Baumann begäbe. Mir wurde es irgendwann zuviel und ich bin gegangen. Sie hat mich mit ihrem Gerede wieder ganz schön hinuntergezogen. Meine Zweifel sind wieder hochgekommen, ob ich wirklich richtig handle, wenn ich mich auf die Heilkraft in deinen Händen verlasse. Von deinen heilenden Händen habe ich Sabrina nichts erzählt, obwohl ich nahe dran war. Irgendetwas hielt mich davon ab und es war gut so!" „Anfangs hatte ich auch Zweifel, ob es richtig ist zu warten. Aber du hast meine Bedenken zerstreut. Nun sind es nur noch fünf Tage bis zu deiner nächsten Untersuchung. Lass uns diese Zeit wie vereinbart abwarten. Ich bin davon überzeugt, dass die Blutwerte in diesen fünf Tagen besser werden. Denke einmal daran, wie schlecht es dir noch vor ein paar Tagen ging. Du warst körperlich am Ende. Jetzt aber, bist du schon viel fitter und siehst auch gesünder aus. Schlecht siehst du eigentlich nur dann aus, wenn du in Gedanken bei Papa bist. Ihr habt doch bestimmt über ihn gesprochen", vermutete Marie. „Ja, du hast recht. Ich konnte meine Tränen leider nicht zurückhalten. Jetzt geht es mir aber schon wieder besser. Ich bin froh, dass du mich auf andere Gedanken bringst." Tanja versuchte ein kleines Lächeln. „Weißt du was? Ich denke, es wäre ganz gut, wenn du morgen zu Margarete gehst. Sie bringt dich auf alle Fälle auf die richtigen Gedanken. Du kannst dann gleich einen Termin bei ihrer Ärztin, Frau Dr. Mosbach, ausmachen", schlug Marie vor, „Ich werde ab morgen mit Christian unterwegs sein. Vielleicht gelingt es uns ja, auch Peter zu finden." „Das ist eine prima Idee! Diesen Gedanken hatte ich auch schon. Ich werde Margarete nachher gleich mal anrufen." Tanjas Gesichtszüge entspannten sich nun endlich und sie wurde sichtlich zuversichtlicher.

Ein Blick auf die Uhr zeigte Marie, dass sie schon über eine Stunde im Bett lag und vergeblich versuchte einzuschlafen. Tausend Gedanken strömten ihr im Kopf herum. Inzwischen war sie schon ganz verzweifelt, schließlich wollte sie keine Zeit vertrödeln. Als letzte Rettung legte sie sich endlich die Hände auf ihr Herz. ‚Ich bin ruhig und entspannt. Mein Körper ist müde und schläft jetzt.' Mit diesen und ähnlichen Sätzen schlief sie schließlich ein ...

„Mensch Marie, jetzt wird es aber Zeit, dass du endlich kommst!" rief Peter vorwurfsvoll, „Wir haben schon überlegt, ohne dich loszulaufen." „Hallo ihr beiden, tut mir leid, ich konnte einfach ewig nicht einschlafen", verteidigte sie sich. Christian blickte sie liebevoll an: „Mir ging es ähnlich. Ich habe mir dann die Hände aufgelegt und plötzlich war ich hier. Schön, dass du jetzt auch da bist." „Kommt jetzt endlich!", drängelte Peter und lief voran. Die beiden anderen kamen schnell hinterher.

Der Weg, den LIEBE ihnen gewiesen hatte, war nicht besonders einladend. Es musste vor kurzem geregnet haben. Es war matschig und rutschig. Das trübe und kühle Wetter tat sein übriges. Um Kraft zu sparen, stapften sie ohne Worte den schmutzigen Feldweg entlang. Nachdem sie eine ganze Weile gelaufen waren, näherten sie sich einem Wald, der sich dunkel, drohend vor ihnen auftürmte. Ängstlich und außer Atem fragte Christian: „Müssen wir da etwa rein?" „Ich befürchte Ja. Wir haben keine Abzweigung gesehen und LIEBE riet uns, immer diesem Weg zu folgen", war Peters Antwort. „Also los! Wir haben doch schon einmal einen großen dunklen Wald hinter uns gebracht. Und vergesst nicht eure Hände. So werden wir jedes ungute Gefühl ganz schnell in ein gutes umwandeln", erinnerte Marie mit einem beruhigendem Lächeln. Entschlossen legten die drei ihre Hände auf ihren Oberbauch und ließen Energie fließen. Dabei betraten sie den dunklen Wald. Anfangs waren nur ihre eigenen Schritte zu hören. Auf dem Waldweg konnten sie sich etwas besser fortbewegen. Wegen der dicht stehenden Bäume, war nicht so viel Regen bis zum Boden durchgekommen. Die unheimliche Stille wurde plötzlich erst leise, dann immer lauter durch Krach unterbrochen. Die Kinder sahen sich fragend an. „Was ist denn das für ein Lärm? Solche Geräusche habe ich noch nie in einem Wald gehört", meinte Peter mit gerunzelter Stirn. „Mich erinnert es an den Baulärm in Machtstadt. Vielleicht ist die Stadt ganz in der Nähe", hoffte Marie. Christian ergänzte: „Es hört sich an, als würde jemand auf Steinen herumklopfen." „So wie es sich anhört, klopft da nicht nur einer, sondern ganz viele! Wir werden es erfahren. Kommt vorsichtig weiter! Schaut euch immer nach einem Versteck für den Notfall um. Wir dürfen nicht entdeckt werden!", mahnte Peter.

Schließlich hatten sie den Waldausgang erreicht. Der Krach war inzwischen fast unerträglich geworden. Hinter Bäumen am Waldrand versteckt, versuchten sie die Lage zu erkunden. Von hier aus konnten sie allerdings nicht viel erkennen. Was ihnen sofort auffiel, war die vom Steinstaub verschmutzte Landschaft. Alles schien mit einem weißen Film übertüncht zu sein. Von Machtstadt konnten sie nichts sehen. Sie mussten sich also weiter aus ihrer Deckung hinauswagen und dem Lärm entgegen gehen.

Der Steinbruch

Der Weg machte schließlich eine scharfe Kurve nach links. Verblüfft starrten die Kinder dann auf das, was vor ihnen lag. Es war nicht die Stadt der Riesen, woher der ohrenbetäubende Krach kam. Vor ihnen lag ein riesiger Steinbruch.

„Was ist denn da los? Man sieht ja kaum etwas, vor lauter Nebel", rief Christian. „Das ist kein Nebel Christian, das ist Steinstaub", erklärte Peter, „Wir müssen näher ran. Dann können wir besser sehen, was dort geschieht." „Sollen wir nicht lieber weitergehen? Das dort ist doch definitiv nicht Machtstadt. Ist es

nicht wichtiger, so schnell wie möglich in die Stadt der Riesen zu kommen?", fragte Christian vorsichtig, „Was meinst du Marie?" „Hmmm, ja, wir müssen so schnell wie möglich nach Machtstadt, aber es könnte trotzdem wichtig sein, uns hier vorher noch umzuschauen." „So sehe ich das auch, also los!" Peter nahm Christian am Arm und zog ihn sanft mit sich. Die drei bewegten sich äußerst vorsichtig in halb geduckter Haltung vorwärts. Der Steinstaub wurde immer dichter und der Krach inzwischen so extrem laut, dass die Kinder sich nicht mehr unterhalten konnten.

Schließlich waren sie so nah, dass sie trotz schlechter Sicht sehen konnten, wer diesen ohrenbetäubenden Lärm verursachte. Ungläubig, ja fassungslos starrten sie auf die Szenerie vor ihnen. Christian nahm die Hände von seinen Ohren und rieb sich die Augen. Konnte das wirklich möglich sein? Dort sahen sie schwer arbeitende Menschen, wie sie selbst welche waren. Ganz normal große Männer, also keine Riesen! Sie beobachteten, wie die Arbeiter große Steine aus den Felsen schlugen und mit speziellen Geräten zuschnitten. Offensichtlich wurden hier die Steine für den Bau der Häuser abgebaut und bearbeitet. Marie schrie: „Ich hätte nie gedacht, dass es hier noch mehr von uns gibt." Leider konnten die Buben sie nicht verstehen. Es war einfach zu laut! Peter machte Handzeichen, dass Christian und Marie ihm folgen sollten. Sie entfernten sich soweit von der Abbaustelle, bis sie sich wieder verständigen konnten. „Könnt ihr euch vorstellen, was das zu bedeuten hat? Was sind das für Menschen? So schwer, wie die da schuften, kommt es mir wie ein Straflager vor. Ich kann mir nicht vorstellen, dass das jemand freiwillig macht." Peter schüttelte sich vor Entsetzen. „Habt ihr gesehen, wie erschöpft und krank sie aussehen?", fragte Marie. „Ja, und der Schweiß und Schmutz rinnt ihnen in Bächen am Körper hinunter", bemerkte Christian und schüttelte sich, „Durch den Staub bekommen sie fast keine Luft und husten ständig." „Ich schlage vor, wir versuchen der Sache auf den Grund zu gehen. Vielleicht gelingt es uns, mit einem der Männer zu sprechen. Was haltet ihr davon?" Peter sah Marie und Christian herausfordernd an. „Gute Idee, aber wie sollen wir uns bei dem Lärm unterhalten?", gab Marie zu bedenken. „Und was ist, wenn die Männer gefährlich sind? Woher wollt ihr wissen, dass sie uns nicht mit diesen Steinen die Köpfe einschlagen? Die haben bestimmt einen riesigen Hunger und grillen uns anschließend, um uns zu verspeisen." An Christians schneeweißem Gesicht erkannten sie, dass er sich in Gedanken schon im brodelnden Kochtopf befand. Das brachte Peter zum Lachen und Marie konnte sich das Grinsen auch kaum verkneifen. „Ach komm Christian, du hast zu viele schlechte Filme gesehen. Wir sind doch hier nicht unter Kannibalen!", beruhigte Peter ihn schließlich. Marie erinnerte ihn wieder an seine Hände. Bevor sie sich wieder auf den Weg machten, legten sie sich für ein paar Minuten zur Stärkung ihre Hände auf...

Nun galt es, so nah wie möglich an die Männer heranzukommen. Abwechselnd hielten sie sich mal die Ohren, zum Schutz vor dem Lärm zu, dann wieder einen Ärmel vor Mund und Nase, um nicht so viel Staub einzuatmen. Immer wieder rebellierten ihre Lungen und sie bekamen wie die Arbeiter Hustenanfälle. Aber da mussten sie durch, wenn sie an die Männer herankommen wollten.

Marie fiel wieder ein, wie sie ihren Nachbarinnen erfolgreich positive Gedanken geschickt hatte. Bei dem Höllenlärm war es nicht ganz einfach, dennoch versuchte sie sich intensiv auf die Männer zu konzentrieren und ihnen immer wieder die Worte: ‚Friede sei mit euch! Ich sende dem Göttlichen in euch meine ganze Liebe!' Sie konnte sich nicht vorstellen, dass die Männer ihnen etwas Böses wollten. Aber Vorsicht konnte nicht schaden.

„Hey, wo kommt ihr denn her?", schrie plötzlich der Mann, dem sie am nächsten standen, nachdem er abrupt seine laute Steinschneidemaschine abgeschaltet hatte. Sein verwirrter und erschreckter Blick verriet ihnen, dass er fast an eine Geistererscheinung glaubte. Kinder hatte er hier noch nie gesehen! „Hier ist es viel zu gefährlich für euch! Was macht ihr hier? Wenn euch die Riesen entdecken, seid ihr verloren! Ihr müsst hier verschwinden, ganz schnell!" Nun wurden auch ein paar andere Arbeiter auf sie aufmerksam. Manche blickten nur kurz erschöpft und gleichgültig zu ihnen herüber. Dann arbeiteten sie verbissen weiter. Andere legten ihre Geräte nieder, wodurch der Lärm etwas nachließ und kamen neugierig näher. „Jetzt haben sie sich auch schon Kinder geschnappt. Das wird ja immer furchtbarer!", schluchzte ein kleiner dicker Mann, „Wie soll das nur weitergehen? Ich wünschte, sie würden uns einfach erschlagen und alles hätte endlich ein Ende!" Einen kurzen Moment starrte Christian den kleinen Mann entsetzt an, dann machte er ein paar Schritte zurück, um sich hinter Peter und Marie zu verstecken. Da Christian ein bisschen ängstlich war, fiel den beiden sein Verhalten nicht weiter auf.

„Sei endlich still und hör auf zu jammern! Davon wird es auch nicht besser!", zischte ein großer, bulliger Mann dem Schluchzenden zu. Marie traute ihren Augen kaum. Dieser große Mann war doch tatsächlich ihr Nachbar Herr Weißbrot. „Herr Weißbrot, was machen Sie denn hier?" Sie erntete einen sehr verblüfften Blick. „Müsste ich dich kennen? Woher weißt du meinen Namen?", fragte der Angesprochene erstaunt. „Ja, ich bin doch Marie, Marie Weber. Ich wohne direkt in dem Haus gegenüber." „Aha, in dem Haus gegenüber...", kam die verständnislose Antwort, „Ich weiß nicht genau, was du damit meinst. Wir sind hier nur am schuften. In der kurzen Zeit dazwischen werden wir in enge Baracken gesperrt, damit wir auf keine dummen Gedanken kommen." Kaum hatte er diese Worte gesprochen, als sie lautes Gebrüll und Schritte vernahmen, die eindeutig von sehr großen Füßen kamen. „Was ist hier los? Geht verdammt noch mal sofort wieder an eure Arbeit, sonst könnt ihr etwas erleben!" Mit vor

Schreck geweiteten Augen sahen die Kinder einen Riesen näher kommen, der in seiner Hand eine Peitsche hielt, mit der er nun auf die Männer einschlug. So schnell sie konnten rannten sie los, um sich in Sicherheit zu bringen...

„Bitte, bitte, lieber Gott hilf uns!", sandte Marie ein Stoßgebet gen Himmel. Voller Panik nahmen die Männer sofort ihre Arbeit wieder auf. Durch den nun wieder aufwirbelnden Steinstaub sahen die Kinder kaum den Weg, auf dem sie flüchten wollten. Genau dies war die Hilfe, die sie von Gott bekamen. Durch den dichten Staub konnte nämlich auch der Riese sie nicht sehen. Da er von den Kindern nichts wusste, suchte er auch nicht nach ihnen. Für ihn war nur wichtig, dass seine Sklaven ohne Unterlass für die Machtstädter arbeiteten.

Schließlich befanden sie sich außer Sichtweite. „Was sollen wir nun tun? Wir müssen den Männern doch helfen! Womöglich schlägt der Riese sie wirklich tot!" Christians Stimme zitterte vor Angst und Erregung. Er bekam kaum Luft, war noch völlig außer Puste. „Solange sie arbeiten, werden die Riesen sie am Leben lassen! Aber du hast recht, wir müssen uns etwas einfallen lassen, um ihnen zu helfen!", bestätigte Peter. „Irgendwie ist das sehr komisch. Das war wirklich mein Nachbar Herr Weißbrot. Okay, er ist den ganzen Tag bei der Arbeit und sieht mich deshalb nicht oft, aber seltsam ist das schon, dass er sich nicht an mich erinnert..." „Mir kam es eher so vor, als wüsste er überhaupt nichts von seinem anderen Dasein. Entweder irrst du dich oder dein Nachbar kann sich hier im Traum nicht an sein Leben tagsüber erinnern", überlegte Peter. „Ich denke, das kann ich leicht herausfinden. Ich brauche ihn ja nur anzusprechen und ihn nach seinen Träumen zu fragen, sobald ich ihn bei uns in der Straße sehe." „Ach und du glaubst, dass er dir diese Frage so einfach beantworten wird?", kam Christians zweifelnder Einwand. „Keine Ahnung, aber einen Versuch ist es auf alle Fälle wert", antwortete Marie mit fester Stimme. „Der Riese ist mit einer Peitsche auf die Männer losgegangen und dein Nachbar hat etwas von Baracken gesagt, in die sie gesperrt werden. So wie es scheint, werden die Männer als Sklaven gehalten. Wie konnte es nur soweit kommen, dass die Menschen den Riesen im Traum untertan sind?", fragte Peter ratlos. Christian hatte sich zur Beruhigung schon seit einiger Zeit wieder seine Hände aufgelegt. Das Bild des weinenden Mannes ließ ihn nicht los. Sollte er Marie und Peter sagen, dass dieser Mann sein eigener Vater war? Nein, was sollen die beiden dann von ihm denken, wenn sie wüssten, dass er so eine Heulsuse zum Vater hatte. Christian schämte sich für ihn und konnte dennoch kaum glauben, was er gesehen hatte. Zuhause führte sein Vater das Regiment. Alle mussten nach seiner Pfeife tanzen. Wenn er getrunken hatte, rutschte ihm auch immer wieder die Hand aus. Seine Mutter und er hatten oft Angst vor ihm. Hier im Steinbruch war er das genaue Gegenteil. Kein Mensch käme auf die Idee, dass er sich zuhause wie ein Herrscher aufführte. Je länger Christian darüber nach-

dachte, desto klarer war, dass er alleine mit dieser Tatsache klarkommen musste. Marie und Peter sollten nichts davon erfahren. Womöglich war es für seinen Vater die gerechte Strafe. Er verdrängte diese Gedanken nun und versuchte sich wieder auf ihren Auftrag zu konzentrieren. Schließlich fragte Marie: „Was meinst du Christian, ist es das, was Margarete meinte, als sie sagte, dass die Riesen das Buch nicht mehr bräuchten, weil sie schon viel weiter sind?" „Ja, gut möglich. Ich hatte es mir allerdings nicht so schlimm vorgestellt. Womöglich gibt es noch viel mehr Plätze, wo die Menschen für die Riesen arbeiten müssen." Bei diesem Gedanken schüttelte sich Christian vor Unbehagen. „Deshalb sind wir doch hier! Wenn es nicht so schlimm wäre, müssten wir uns nicht so beeilen", erinnerte sie Peter wieder an ihren Auftrag.

„Seid mal still, hört ihr das auch? Da weint doch jemand!" Marie lauschte angestrengt, was bei dem Lärm, der vom Steinbruch herüberkam, nicht so ganz einfach war. Die Buben taten es ihr gleich. „Ich höre nichts", meinte Peter schließlich. „Hey Marie wo bist du? Peter, wo ist sie hin?", rief Christian und sah sich suchend um. Von Marie war keine Spur mehr...

Ein lautes Schluchzen holte Marie abrupt aus ihrem Traum heraus. Es dauerte eine ganze Weile, bis ihr klar wurde, dass sie zuhause in ihrem Bett lag. Die Uhr zeigte, dass es schon fast 6.00 Uhr morgens war. Jetzt dämmerte ihr auch, woher das Weinen kam. Schnell hüpfte sie aus ihrem Bett und machte sich auf den Weg ins Schlafzimmer ihrer Mutter. „Mama, hey Mama bitte wein doch nicht! Es ist alles in Ordnung!" Tanja setzte sich im Bett auf und wischte sich mit einem Taschentuch die Tränen aus dem Gesicht. Marie umarmte ihre Mutter ganz fest und Tanja wurde nach ein paar tiefen Atemzügen sehr schnell ruhig. „Ich hatte einen furchtbaren Albtraum. Ich sah einen Steinbruch. Dort mussten viele Männer schwer arbeiten. Dein Papa war auch dabei. Er sah schrecklich abgemagert und krank aus. Dann kam ein Riese mit einer Peitsche. Er schlug auf alle ein, um sie noch mehr anzutreiben. Marie, ich habe furchtbare Angst um euch, um uns alle!" Marie erschrak zutiefst. Ihre Mutter hatte also auch Verbindung zu dieser anderen Dimension. Sie musste sie unbedingt beruhigen. Für den Kampf gegen ihre Krankheit waren solche Träume bestimmt nicht gut. „Du brauchst keine Angst zu haben, Mama. Es wird alles gut! Das verspreche ich dir! Versuche noch ein bisschen zu schlafen. Ich muss noch einmal zurück! Wir reden dann später." Tanja drückte Marie einen Kuss auf die Wange: „Ja, danke! Ich wollte dich nicht wecken, entschuldige. Leg dich noch mal hin. Es ist ja noch so früh."

Wieder zurück in ihrem Bett versuchte sich Marie intensiv in die letzte Szene vor dem Aufwachen hineinzuversetzen. Dabei lagen ihre Hände auf ihrem Herzen. Ein warmer, pulsierender Energiestrom half ihr noch einmal einzuschlafen …

Wieder zurück konnte Marie Christian und Peter nirgends entdecken. Verzweifelt suchte sie nach ihnen, aber es war zwecklos. Ihre Rufe wurden vom Lärm verschluckt. Der Steinstaub versperrte ihr zudem die freie Sicht. Schließlich kam sie zu dem Entschluss, dass es für diese Nacht wohl keine Sinn mehr hatte, weiterzusuchen. Vermutlich sind die beiden inzwischen auch aufgewacht. Sie war heilfroh, dass sie nun wusste, wo Christian wohnte. Ihn würde sie auf alle Fälle treffen. Leider hatten sie es wieder versäumt, Peter nach seiner Adresse zu fragen…

Tag 8

Marie war gleich hellwach. Es war doch tatsächlich schon kurz nach 8.00 Uhr. Sie hatte länger geschlafen, als sie gedacht hatte. Schnell stieg sie aus dem Bett, um sich fürs Frühstück fertig zu machen.

Tanja war schon länger auf den Beinen. Der Traum hatte sie so beschäftigt, dass sie es nicht mehr geschafft hatte einzuschlafen. Beim Frühstück konnte sie dann ihre Gedanken nicht mehr für sich behalten: „Der Traum geht mir nicht mehr aus dem Kopf. Es war alles so realistisch! Ich hatte das Gefühl, in einer völlig anderen Zeit zu sein. Es sah so aus, wie in den Historien-Filmen vom alten Ägypten oder Rom, wo die Menschen unter den großen Herrschern zu leiden hatten. Und in diesem furchtbaren Szenario musste ich auch noch deinen Papa leiden sehen.“ Marie sah ihre Mutter nachdenklich an: „Ja, du hast recht, die Szenen könnten aus einer längst vergangenen Zeit stammen. Ich weiß nicht recht, wie ich es dir sagen soll, aber das, was du geträumt hast, ist genau das, was wir letzte Nacht erlebt haben. Nur Papa habe ich Gott sei Dank nicht gesehen, was aber nicht heißt, dass er nicht dort war.“ „Ich hatte befürchtet, dass der Traum etwas mit eurem Auftrag zu tun hat. Dass es allerdings so grausam ist, hätte ich nicht gedacht! Ihr seid da doch in einer schrecklichen Gefahr! Mir scheint, die ganze Menschheit ist in Gefahr!“ „Mama, bitte hab keine Angst! Wir kommen der Lösung mit jeder Nacht näher. Immer mehr Puzzelteile kommen zusammen. Sobald wir uns ein vollständiges Bild verschafft haben, ist es sicher einfacher, Gegenmaßnahmen zu ergreifen. Erst, wenn wir genau wissen, wie die Riesen die Menschen beeinflussen, können wir entsprechend reagieren und dem ein Ende setzen. Dann wird auch die Liebe wieder wachsen. Der Steinbruch ist außerdem für die Männer ein Traumerlebnis. Wir wissen noch nicht, wie es sich tagsüber bei ihnen auswirkt. Aber das werden wir herausfinden. Es gab dort nämlich jemanden, den wir kennen. Bei den schwer arbeitenden Männern war unser Nachbar Herr Weißbrot. Ich habe ihm gesagt, wer ich bin, aber er erkannte mich nicht. Ich muss unbedingt mit ihm reden. Vielleicht sollte ich nachher mal drüben klingeln." „Ja, gute Idee! Ich fürchte nur, dass du ihn tagsüber kaum antreffen wirst. Er arbeitet doch immer von morgens bis spät abends." Den Rest des Frühstücks hing jede schweigend ihren Gedanken nach.

„Okay, ich weiß, dass ich mich nicht so in die Sache hineinsteigern darf. Schließlich möchte ich gesund werden! Ich versuche also mein Möglichstes, um ruhig zu sein und ganz fest zu vertrauen, dass alles gut geht!", erklärte Tanja nachdem sie das Geschirr gespült und weggeräumt hatten. „Margarete wird dich sicher nachher auf andere Gedanken bringen. Aber zuerst gebe ich dir ausgiebig Energie mit meinen Händen. Die kannst du heute sicher sehr gut gebrauchen und mir tut sie auch gut!"

Es dauerte fast zwei Stunden. Marie ließ sich bei den einzelnen Handstellungen viel Zeit. Ganz intensiv fühlte sie sich in Tanjas ganzes Sein hinein. Dabei wiederholte sie immer wieder den Gedanken: ‚Diese Heilenergie dient zu deinem allerhöchsten Wohl!'...

„Das hat sooo gut getan! Ich fühle mich wie neugeboren. Deine Hände sind wirklich ein Zaubermittel! Vielen lieben Dank!" Tanja umarmte ihre Tochter liebevoll. Eine ganze Weile standen sie so eng umschlungen und genossen ihre Nähe. Beim anschließenden gemeinsamen Tee verkündete Marie: „Bevor ich jetzt zu Christian gehe, klingele ich bei Weißbrots. Hoffentlich sind sie zuhause." In dem Moment klingelte das Telefon. Tanja reichte den Hörer mit den Worten weiter: „Marie, es ist für dich! Christian ist dran." „Au fein!", freute sich Marie und übernahm den Hörer, „Guten Morgen Christian, ich wollte mich gerade auf den Weg zu dir machen." „Guten Morgen? Du bist gut! Es ist schon fast Mittag! Seit Stunden versuche ich dich zu erreichen ...", hörte sie Christians vorwurfsvolle Stimme. „Oh, tut mir leid, daran hatte ich nicht gedacht. Wir stellen das Telefon immer auf ‚lautlos', wenn ich meiner Mama die Hände auflege. Es ist wichtig, dabei ungestört zu sein!", entschuldigte sie sich. „Wir hatten keine Zeit ausgemacht, wann wir uns treffen. Letzte Nacht warst du so plötzlich verschwunden. Peter und ich haben dich lange gesucht und nicht gefunden. Ich habe mir Sorgen gemacht! Ist etwas passiert? Wo treffen wir uns?", sprudelte es aus Christian heraus. Marie musste lachen: „Letzte Nacht hat mich ein Geräusch geweckt, dem ich nachgehen musste. Es war aber schon fast 6.00 Uhr. Nachdem ich wieder eingeschlafen war, habe ich euch überall vergeblich gesucht. Ihr habt eure Nacht dann ja wohl auch früher beendet, oder?" „Ja, ohne dich wollten wir nicht weitergehen. Also, wo treffen wir uns?" „Ich möchte noch schnell bei meinem Nachbarn Herrn Weißbrot klingeln. Dann frage ich ihn nach seinem Traum. Anschließend komme ich zu dir und hole dich ab“, gab Marie zur Antwort. „Nein, nein, das ist nicht nötig. Du brauchst nicht bei mir vorbeizukommen! Ich nehme den Bus und komme zu dir. Bis gleich...“, rief Christian schnell und wartete Maries Antwort nicht ab. Das Gespräch war beendet. Irgendwie klang Christians Stimme leicht panisch, als sie vorschlug bei ihm vorbeizukommen. Marie konnte sich keinen richtigen Reim darauf machen.

„Du Schatz, ich mache mich jetzt auf den Weg zu Margarete. Viel Erfolg euch beiden, was immer auf euch zukommt! Passt auf euch auf! Wir sehen uns dann heute Abend. Vergiss nicht, ich hab dich ganz arg lieb!“, verabschiedete sich Tanja bei Marie mit einem dicken Kuss auf die Wange. „Ich dich auch! Sag Margarete bitte einen lieben Gruß! Mach dir keine Sorgen, wir sind vorsichtig! Bis später Mama.“

Um Christian nicht zu verpassen, beschloss Marie hier auf ihn zu warten. Sie konnten ja dann gemeinsam zu Weißbrots gehen.

Eine dreiviertel Stunde später klingelten die beiden an der Haustüre der Familie Weißbrot. Edelgard Weißbrot öffnete und sah die Kinder fragend an: „Na ihr beiden, was wollt ihr? Du bist doch das Nachbarskind von drüben, oder?“ „Ja, ich bin Marie, guten Tag Frau Weißbrot. Wir möchten gerne ihren Mann etwas fragen. Ist er zuhause?“ „Meinen Mann wollt ihr sprechen? Nein, der ist bei der Arbeit. Er kommt erst sehr spät heim. Er hat wahnsinnig viel zu tun im Betrieb. Er muss sehr viele Überstunden machen. Was wollt ihr denn von ihm?“ „Ja wissen Sie, ... es ist nicht ganz einfach zu erklären. Also, es klingt vielleicht komisch, aber ist Ihnen in letzter Zeit etwas Außergewöhnliches an ihm aufgefallen?“, brachte Marie schließlich hervor. Für diese Frage erntete sie einen sehr misstrauischen Blick. „Was willst du mir sagen? Dass er keine Überstunden macht, sondern sich mit einer anderen Frau trifft?“, fragte Frau Weißbrot mit zitternder Stimme. Erschrocken schauten die Kinder die bleiche Frau an. „Nein, nein, um Gottes Willen, es geht um etwas ganz anderes. Davon wissen wir nichts!“, beteuerte Christian schnell. Um weitere Missverständnisse zu vermeiden beschloss Marie nun einfach, gerade heraus zu fragen: „Frau Weißbrot, hat Ihr Mann Ihnen in letzter Zeit von seinen Träumen erzählt? Ich meine die Träume, die er nachts hat, wenn er schläft.“ „Seine Träume, was interessieren euch die Träume meines Mannes? Ich würde vorschlagen, ihr verschwindet jetzt und lasst mich mit euren schwachsinnigen Fragen in Ruhe. Klingelt doch drüben bei Eberts. Die haben ja Zeit und antworten sicher gerne auf eure blöden Fragen. Für mich gibt es wirklich Wichtigeres!“ Mit diesen Worten schlug sie ihnen die Tür vor der Nase zu.

„Tja, das ist ja wohl ganz dumm gelaufen! Ich habe mir doch gleich gedacht, dass das nichts wird!“ Für diese Aussage fing Christian einen ärgerlichen Blick von Marie auf: „Du sollst nicht immer gleich negativ denken! Wir haben doch von Margarete gehört, wie wichtig die positiven Gedanken sind!“ „Okay, okay, aber dass deine Nachbarin so reagiert, kann ich schon ein bisschen nachvollziehen.“ „Hmm, vielleicht sollte ich versuchen Herrn Weißbrot heute Abend abzupassen, wenn er nach Hause kommt. Allerdings könnte das so spät sein, dass ich nicht rechtzeitig ins Bett komme“, überlegte Marie, „Komm, lass uns jetzt in die Stadt gehen. Bestimmt werden wir zu den Plätzen geführt, die wichtig für uns sind!“

Da es gerade anfing zu regnen, beschlossen die beiden mit dem Bus zu fahren. Bis zur Haltestelle mussten sie nur zwei Minuten laufen. Die Haltestelle war überdacht, so dass sie im Trockenen auf den Bus warten konnten. „Hallo Frau Ebert, hallo Herr Ebert“, begrüßte Marie ihre anderen Nachbarn erfreut, die offensichtlich auch auf den Bus warteten. „Hallo! Du bist doch das Mädchen von gegenüber!“, brachte Frau Ebert mit einem gequälten Lächeln hervor, während ihr Mann nur kräftig hustete. „Ja, ich bin Marie und das ist mein Freund Christian.“ „Hallo!“, lächelte Christian. Marie sah Herrn Ebert mitfühlend an. Er sah ziemlich krank aus. Eingesunken saß der sonst so stattliche Mann auf der Wartebank. Frau Ebert bemerkte Maries Blick und erklärte: „Diesen Husten hat er schon seit ein paar Tagen. Nachts und morgens nach dem Aufwachen ist es besonders schlimm. Bei diesem Wetter eigentlich kein Wunder! Jetzt sind aber noch schlimme Schmerzen im Rücken dazugekommen. Teilweise kann er nicht mehr richtig aufrecht stehen. Wir sind auf dem Weg zu Dr. Baumann.“ Unter Husten ergänzte Herr Ebert: „Der soll mir eine Spritze oder Tabletten geben, dann wird es schon wieder gut.“ „Na, das will ich doch hoffen! Du solltest für dein Vorstellungsgespräch nächste Woche gesund sein, sonst nehmen sie dich nicht!“ Inzwischen fuhr der Bus vor und die Wartenden machten sich bereit einzusteigen. Etwas mühsam versuchte Herr Ebert aufzustehen. Christian half ihm gemeinsam mit Frau Ebert auf die Beine. Dabei umfasste Christian Herrn Eberts Oberkörper. Sofort fingen seine Hände an, ganz heiß zu werden, was er verblüfft registrierte. Herr Ebert offensichtlich auch, denn er sagte: „Oh, was hast du bei diesem Wetter für heiße Hände? Die Wärme tut mir richtig gut! Danke junger Mann!“ Christian lächelte ihn erfreut an. Dem Busfahrer ging das Einsteigen nicht schnell genug, deshalb rief er ungeduldig: „Ein bisschen schneller, wenn ich bitten darf!“ „Ja ja, ist ja schon gut! Wir beeilen uns doch schon so gut es geht. Sie sehen doch, dass mein Mann krank ist!“, erwiderte Frau Ebert ärgerlich. Der Busfahrer sah sie gleichgültig an: „Ich muss meinen Fahrplan einhalten! Alles andere interessiert mich nicht!“ „Gute Besserung und viel Erfolg bei dem Vorstellungsgespräch!“, verabschiedeten sich Marie und Christian, bevor sie ihre Plätze einnahmen.

„Was denkst du? Könnten der Husten und die Rückenschmerzen etwas mit dem Steinbruch zu tun haben?", flüsterte Christian Marie zu, während der Bus ziemlich abrupt losfuhr. „Ja, daran habe ich auch gleich gedacht. Ich habe überlegt, ob ich Herrn Ebert fragen soll, aber dann kam der Bus..." „Wir könnten doch heute Abend oder morgen bei ihnen klingeln. Mir scheint, sie sind viel netter, als deine andern Nachbarn." Marie grinste: „Da könntest du recht haben. Frau Weißbrot hat uns ja sogar vorgeschlagen, bei Eberts zu klingeln. Also werden wir das machen!"

„Lass uns zuerst beim Wurstwagen vorbei gehen und etwas essen. Ich habe plötzlich einen riesigen Hunger", schlug Christian vor, als sie in der Stadtmitte angekommen waren. „Gute Idee! Ans Essen hatte ich gar nicht mehr gedacht, aber jetzt wo du es sagst, merke ich, dass ich auch hungrig bin." „Gott sei Dank haben wir deinen Schirm. Ohne ihn wären wir schon klatschnass", freute sich Christian, als sie gegenseitig eingehakt beim Wurstverkäufer ankamen. Vor dem Verkaufswagen standen ein paar Stehtische mit Sonnenschirmen. Die Schirme mussten nun dem Regen trotzen, da sich die Sonne seit Tagen nicht mehr blicken ließ. Ein griesgrämig blickender Verkäufer übergab ihnen ihre bestellten Gerichte. Dabei räusperte er sich ständig, als versuchte er einen Kloß im Hals loszuwerden. Während die Kinder an einem Tisch begannen, ihr Essen zu verspeisen, wurde der Verkäufer von ein paar kräftigen Hustenkrämpfen geschüttelt. „Na hoffentlich verteilt er nicht seine ganzen Bazillen auf seiner Ware!", meinte zwei Tische weiter eine Frau zu ihrem Begleiter. Dieser konnte nicht gleich antworten, weil er ebenso husten musste. „Was ist nur los? Fängst du jetzt auch noch damit an? Steck mich bloß nicht an! Eine Erkältung würde mir gerade noch fehlen zu meinem Pech in letzter Zeit", rief sie verärgert. „Ach sei doch endlich still! Kannst du mich nicht wenigstens in Ruhe essen lassen! Dein Gemecker stört mich schon den ganzen Tag!", kam die prompte Antwort. Während er erneut hustete, bedachte ihn die Frau mit einem bösen Blick. Marie und Christian beobachteten die Szene mit gemischten Gefühlen. Erstaunt nahmen sie wahr, dass noch mehr Passanten um sie herum husteten. Einige kamen ziemlich schwerfällig und mit gebeugten Rücken daher. Das Alter schien keine Rolle zu spielen. Auch viele junge Männer waren betroffen. „Was denkst du? Der Husten und die Rückenprobleme können doch kein Zufall sein! Vielleicht sollten wir den Wurstverkäufer und das Paar mal ansprechen. Allerdings machen die drei mir nicht gerade den Eindruck, als wollten sie mit uns reden, so schlecht gelaunt, wie die sind", überlegte Marie. Christian schob sich gerade sein letztes Stück Currywurst in den Mund und antwortete mit vollem Mund: „Hmm, es gibt keine Zufälle, hat Margarete gestern gesagt. So wie es aussieht, sind vom Husten nur die Männer betroffen." „Die Frauen scheinen aber auch nicht fit zu sein. Sie husten zwar nicht, aber irgendwie wirken doch alle erschöpft und müde“, bemerkte Marie.

Inzwischen war das streitsüchtige Paar gegangen. Somit blieb ihnen noch der Wurstverkäufer. Christian schnappte sich die leeren Pappteller und Becher und brachte sie zum bereitstehenden Mülleimer. Ohne noch einmal darüber nachzudenken, ging Marie zum Wurstwagen und sprach den hustenden Verkäufer mit einem gewinnenden Lächeln an: „Hallo, können wir Sie etwas fragen?“ „Wollt ihr noch eine Wurst?“, kam die hustende Gegenfrage. „Nein danke, wir sind satt. Es geht um folgendes: In der Schule nehmen wir zur Zeit das Thema Träume durch. Das ist sehr spannend! Nun möchten wir während den Ferien für ein Referat Menschen über ihre Erfahrungen mit ihren Träumen befragen. Wären Sie bereit, uns auf unsere Fragen zu antworten?“ Inzwischen war auch Christian bei ihr und hielt schützend den Regenschirm über ihre Köpfe. „Träume? Was habt ihr denn für Themen in der Schule? Zu meiner Zeit haben die Kinder noch etwas Gescheites gelernt!“, erwiderte der große, ziemlich korpulente Mann und schüttelte verächtlich mit dem Kopf. Für Marie war es nun wieder Zeit, ihrem Gegenüber die Sätze: ‚Friede sei mit dir! Ich sende dir die Liebe aus meinem Herzen!‘ zu senden. „Träume sind ein gescheites Thema!“, verteidigte sich Christian währenddessen, „Es gibt keinen Menschen, der nicht träumt. Bei Dingen, die wirklich jeden Menschen betreffen, ist es doch sehr wichtig, darüber Bescheid zu wissen. Wussten Sie, dass sogar Tiere träumen?“ Nun war der Wurstverkäufer doch platt. Irgendwie hatten es die Kinder geschafft, ihn milde zu stimmen. „Okay, okay dann stellt mir halt eure Fragen. Bei diesem Sauwetter ist sowieso nicht viel los. So habe ich wenigstens ein bisschen Zeitvertreib und muss mich nicht ständig ärgern, weil keine Kundschaft kommt.“ Marie strahlte. Ihre positiven Gedanken schienen bei ihm angekommen zu sein. „Also unsere erste Frage lautet: Können Sie sich nach dem Aufwachen an Ihre Träume erinnern?“ „Nein, meistens nicht. Ich bin auch ganz froh darüber. Früher, als Kind hatte ich nämlich oft Albträume. Davon bin ich aufgewacht und schreiend zu meinen Eltern ins Schlafzimmer gelaufen“, antwortete er und bekam erneut einen Hustenanfall. Christian fragte nun: „Können Sie sich daran erinnern, was Sie letzte Nacht geträumt haben?“ „Nein! Das einzige, was mir auffällt ist, dass ich in den letzten Tagen beim Aufwachen immer wie gerädert bin, als hätte ich die ganze Nacht schwer gearbeitet. Der Husten ist nachts und morgens besonders schlimm. Ich sollte dringend zum Arzt! Aber ich kann den Wagen hier nicht alleine lassen. Ich brauche jeden Cent der reinkommt, um meine Familie zu ernähren. Das Geschäft läuft sowieso schon schlecht genug. Jeder weitere Regentag bringt mich dem Ruin einen Schritt näher.“ „Können Sie sich vorstellen, dass Sie im Traum tatsächlich schwer arbeiten und Sie deshalb so gerädert aufwachen?“ fragte Marie. Der dicke Mann sah sie zweifelnd an: „Wie meinst du das? Denkst du ich bin ein Schlafwandler und stehe nachts auf, um zu arbeiten?" Jetzt musste sie aufs Ganze gehen und alles auf eine Karte setzen. Also antwortete sie: „Nein, das meine ich nicht. Sie stehen nicht aus dem Bett auf, um zu arbeiten. Ich meine, Ihr eigentlicher Körper bleibt im Bett liegen und schläft. Ihre Seele nimmt aber einen kleinen Teil Ihres Körpers mit, um in eine Traumwelt einzutauchen. Mit diesem Körperanteil und Ihrem Geist arbeiten Sie im Traum, zum Beispiel in einem Steinbruch. Dort ist es so staubig, dass man kaum die Hand vor Augen sehen kann. Dieser Steinstaub verursacht einen starken Husten. Beim Aufwachen kommt die Seele mit dem erschöpften Körperanteil wieder zurück, in Ihren Hauptkörper. Die Erschöpfung und der Husten übertragen sich auf den gesamten Körper. Können Sie sich das vorstellen?" Je länger Marie sprach, desto überraschter und fassungsloser wurde der Gesichtsausdruck des Mannes. Christian war platt! Er hätte sich nicht getraut, das Problem so geradeheraus anzusprechen. „Ich weiß nicht, was ich dazu sagen soll. Wie kommst du nur auf so eine Geschichte? Träume haben doch überhaupt nichts zu bedeuten. Sie sind wie ein Film, den man im Fernsehen sieht. Hast du dich nach einem Film schon mal müde und erschöpft gefühlt? Von dem Husten ganz zu schweigen. Ich habe mich einfach erkältet, nichts weiter. Ich glaube, es ist besser, wenn ihr eure Fragen irgendjemand anderem stellt", erklärte er mit fester Stimme. „Danke, dass Sie sich Zeit für uns genommen haben. Komm, wir haben den Mann lange genug aufgehalten", sagte Christian schnell und zog Marie am Ärmel vom Wurststand weg. „Auf Wiedersehen und danke", rief sie dem Wurstverkäufer noch zu. Dieser blickte den Kindern sehr nachdenklich hinterher. Die Geschichte klang wie aus einem Science-Fiction-Roman. Er konnte nicht sagen warum, aber irgendwie kam ihm die Story vertraut vor. Und das beunruhigte ihn sehr!

Christian und Marie hatten kein bestimmtes Ziel, als sie sich wieder auf den Weg machten. „Das war ganz schön mutig von dir!" Christian sah Marie bewundernd an. „Ich musste ihm das einfach so sagen, auch wenn er uns jetzt vermutlich für verrückt erklärt. Möglicherweise hat es doch etwas bei ihm bewirkt. Ich denke, wenn die Menschen Bescheid wissen, können sie sich eher selbst helfen. Was hältst du davon, wenn wir uns noch mehr Leute für unsere Traumfragen suchen?", zwinkerte Marie Christian zu. „Na hoffentlich stehen wir morgen dann nicht in der Zeitung, als die Kinder, die mit spinnerten Fragen die Menschheit belästigen", lachte Christian.

Bis in den Abend hinein sprachen die beiden nun Passanten an, die ihnen durch ihren Husten und ihre erschöpfte Erscheinung auffielen. Viele wimmelten sie sofort ab. Sie wollten in Ruhe gelassen werden. Es gab aber einige, die ihnen zuhörten und ihre Fragen beantworteten. Die Aussagen ähnelten sich sehr. Fast niemand konnte sich an seine Träume erinnern. Alle wachten seit ein paar Tagen morgens wie gerädert auf. Ihr Husten und die Rückenschmerzen wurden mit jedem Tag schlimmer. Meistens, wenn Marie den Steinbruch erwähnte, ernteten sie spöttische Gesichter. Für die Kinder war das aber in Ordnung. Sie bedankten sich freundlich und suchten sich den nächsten Mann, um ihn zu befragen.

Fast unbemerkt war es ziemlich spät geworden. „Lass uns jetzt heimgehen. Meine Mutter macht sich bestimmt schon Gedanken. Wir können morgen bei Herrn Ebert vorbeischauen. Anschließend machen wir mit unseren Fragen wieder in der Stadt weiter. Vielleicht war deine Idee mit der Zeitung gar nicht so schlecht. So könnten wir viel mehr Menschen erreichen", überlegte Marie. „Warten wir erst einmal die Nacht ab. Die Stadt der Riesen steht uns bevor. Das wird bestimmt nicht lustig! Also bis nachher, wir sehen uns...", verabschiedete sich Christian und jeder machte sich in eine andere Richtung auf den Heimweg.

Nachdem Tanja und Marie eine Kleinigkeit zu Abend gegessen hatten, telefonierten sie mit Jens. Er erzählte sehr begeistert von den Erlebnissen, ganz alleine mit seinem Papa. Trotz der großen Begeisterung vermisste er seine Mama und Marie sehr. Das Telefonat verringerte seine Sehnsucht aber so, dass er den Tag glücklich beenden konnte.

Tanja sah wesentlich besser aus, als am Morgen. Der Nachmittag bei Margarete hatte ihr sichtlich gut getan. Marie und Tanja tauschten noch ihre Tageserlebnisse aus, dann war es Zeit, ins Bett zu gehen ...

„Mensch Marie, da bist du ja wieder!", rief Peter erleichtert und umarmte sie zur Begrüßung, „Wir haben dich überall gesucht!" Marie freute sich auch, ihn zu sehen und meinte: „Ja, ich bin aufgewacht und als ich zurückkam, wart ihr weg. Wo ist Christian? Ist er noch nicht da?" „Hier bin ich! Hallo ihr beiden", hörten sie Christians Stimme hinter sich. „Hallo, schön, dass du da bist! Dann können wir ja wieder starten. Bevor ihr gekommen seid, habe ich mich schon einmal umgeschaut. Wie ihr hört, wird im Steinbruch wieder kräftig gearbeitet", erklärte Peter, „In diese Richtung müssen wir gehen, wenn wir nach Machtstadt wollen. Von da vorne kann man schon Teile der Stadt erkennen. Es ist aber ganz schön weit zu Fuß. So wie ich gesehen habe, führt eine geteerte Straße vom Steinbruch direkt in die Stadt. Auf der Straße fahren Transporter hin und her, um die Steine zur Stadt zu bringen. Wir müssen parallel zur Straße laufen und sehr vorsichtig sein!" Die drei gingen zu der Stelle, von der sie sich den besten Überblick verschaffen konnten. „Schaut euch doch mal diese karge Landschaft an. Von hier ist weit und breit kein Baum oder Busch zu sehen. Nur ein paar Erdhügel. Wo genau sollen wir uns denn da verstecken, wenn ein Transporter

oder ein Riese vorbeikommt?", fragte Christian mutlos. „Ja, das wird schwierig! Zumal es nicht nur ein paar Meter sind, die wir laufen müssen", meinte nun auch Marie. „Ich habe eine Idee", rief nun Peter in die Runde, „Wir schmuggeln uns auf einen Transporter. So kommen wir am schnellsten nach Machtstadt!" „Bist du verrückt? Wie sollen wir das denn unbemerkt schaffen?" Christian schaute Peter entsetzt an. Marie überlegte: „Vielleicht ist die Idee gar nicht so schlecht. Lasst uns erst einmal aus der Entfernung beobachten, wie das Beladen abläuft und ob es eine Möglichkeit für uns gibt, mitzufahren." Peter war sofort einverstanden. Christian folgte ihnen wortlos. Sie näherten sich nun wieder dem ohrenbetäubenden Lärm des Steinbruchs. Glücklicherweise lagen hier einige große Felsbrocken herum, hinter denen sie sich verstecken konnten. Es dauerte nicht lange und ein leerer Transporter fuhr vor.

Die Kinder hatten einen guten Beobachtungsposten gefunden. Dennoch mussten sie sehr vorsichtig sein, um nicht entdeckt zu werden. Es war so laut, dass sie sich nur mit Handzeichen verständigen konnten. Sie staunten nicht schlecht, als sie erkannten, dass sich bei der nun folgenden Aktion kein einziger Riese zeigte.

In der Nähe des Transporters standen schon einige voll beladene Kisten mit Steinen auf Paletten parat. Der Fahrer des Transporters stieg aus, lief hinter das Fahrzeug, öffnete die Klappe und ließ die Laderampe hinunter. Ein weiterer Mann half dem Fahrer, mit Hilfe eines Hubwagens die Steinpaletten über die Laderampe in den Transporter zu ziehen. Nach beendetem Ladevorgang entfernte sich der Helfer und der Fahrer fuhr mit dem beladenen Transporter wieder in Richtung Machtstadt davon.

Damit sie sich besprechen konnten, suchten sich die Kinder nun einen ruhigeren und sicheren Platz. „Was haltet ihr davon? Ich habe weit und breit keinen Riesen gesehen, der die Männer beaufsichtigt hat. Kann es sein, dass wir sie übersehen haben?", fragte Peter die beiden anderen. „Keine Ahnung! Seltsam ist das schon. Wenn die Männer tatsächlich nicht immer beaufsichtigt werden, wird es sicher einfacher für uns, auf den Transporter zu kommen. Wir fragen sie einfach, ob sie uns helfen", meinte Marie. Christian schaute skeptisch: „Die Sache hat bestimmt einen Haken! Womöglich sind die Männer Freunde der Riesen und brauchen deshalb keine Aufsicht." „Das kann ich mir nicht vorstellen. Es gibt sicher einen anderen Grund. Den müssen wir herausfinden. Ich sehe keine andere Möglichkeit, als die Arbeiter um Hilfe zu bitten", erklärte Peter mit fester Stimme. Christian, der wieder an seinen Vater dachte, dem er auf keinen Fall begegnen wollte, fragte ängstlich: „Kann ich hier auf euch warten, bis ihr mit den Männern gesprochen habt?" „Ich denke, es ist besser, wenn wir zusammenbleiben. Sei bitte kein Hasenfuß! Vergiss deine Hände nicht, dann fühlst du dich gleich wohler", bestimmte Peter. „Okay, dann mal los! Wir schaffen das schon!", ergänzte Marie und lächelte Christian aufmunternd zu, der nur ein gequältes Lächeln zustande brachte. Seine Hände lagen auf seinem Oberbauch.

In geduckter Haltung näherten sie sich der Stelle, wo die Arbeiter die beladenen Steinkisten abstellten. Der Staub war so dicht, dass sie sich unbemerkt bewegen konnten, aber er machte ihnen auch sehr zu schaffen. Glücklicherweise verschluckte der Lärm ihre Hustengeräusche. An ihrem vorläufigen Ziel angekommen, versteckten sie sich hinter den Paletten. Es konnte ja nicht so lange dauern, bis die nächste Fuhre geliefert wurde. Hier war es nicht ganz so laut. Auch der Steinstaub quälte sie an diesem Platz nicht mehr so sehr. Sie husteten nur noch ab und zu.

Es dauerte nicht lange, bis sich zwei Männer näherten, die einen Hubwagen mit Steinen hinter sich herzogen. Beide hatten vor Anstrengung einen hochroten Kopf. Mutig kamen Peter und Marie aus ihrem Versteck hervor. Die Arbeiter waren so beschäftigt, dass sie die Kinder überhaupt nicht wahrnahmen. Schließlich schrie Peter so laut er konnte: „Hallo, wir brauchen dringend Ihre Hilfe!" Man musste zwar schreien, aber die Verständigung war möglich. Verblüfft blickten die Männer in Peters Richtung. „Was zum Teufel macht ihr denn hier? Hier ist kein Platz zum Spielen! Verschwindet und zwar sofort!", brüllte einer der Männer mit wütendem Gesichtsausdruck. Marie wurde es mulmig und so begann sie den beiden so intensiv wie möglich ihre guten Gedanken zu schicken. Es schien zu helfen, denn der andere Mann sagte beschwichtigend: „Hey Anton, schrei hier nicht so rum! Das sind doch bloß Kinder! Du musst sie nicht so erschrecken!" Peter setzte nun alles auf eine Karte: „Wir brauchen dringend Ihre Hilfe! Wir müssen unbedingt mit dem Transporter nach Machtstadt kommen. Wenn Sie uns mit einer Steinladung in die Stadt fahren lassen, werden wir alles versuchen, damit Sie nicht mehr hier im Steinbruch arbeiten müssen." Anton begann lauthals herauszulachen und der freundlichere Mann fragte sehr erstaunt: „Was meinst du damit? Diese Arbeit hier werden wir den Rest unseres verdammten Lebens machen müssen. Es gibt keine Möglichkeit für uns zu entkommen. Es ist hoffnungslos! Wir haben schon alles versucht! Bei jedem Fluchtversuch ist sofort ein Riese da. Und ihr könnt mir glauben, es ist sehr schmerzhaft seine Peitsche zu spüren. Manche können sich tagelang kaum mehr rühren vor Schmerzen. Dennoch sind wir gezwungen zu arbeiten, weil es sonst unser Todesurteil bedeuten würde. Zwei von uns hat einer der Riesen vor unseren Augen einfach zertreten. Auch ihr könnt uns nicht helfen! Unser Schicksal ist besiegelt! Und wenn sie euch erwischen, seid auch ihr geliefert!" „Wir haben den Auftrag, Ihnen zu helfen! Die Geschichte ist zu lang, um sie hier zu erzählen. Wichtig ist für uns nur, so schnell wie möglich in die Stadt zu kommen! Bitte, bitte, helfen Sie uns!", flehte nun Marie. In dem Moment näherte sich ein Transporter. Peter und Marie verschwanden schnell wieder hinter den

Steinkisten und bemerkten erst jetzt, dass Christian dort noch mit aufgelegten Händen kauerte. Die Kinder versuchten vergeblich zu verstehen, was die beiden Männer mit dem Fahrer des Lasters besprachen. Ihre Herzen klopften bis zum Hals. War ihre Reise nun am Ende? Jeder für sich sandte ein Stoßgebet zum Himmel. Wenn Gott will, dass sie ihren Auftrag zu einem guten Abschluss bringen, sollte es jetzt mit der Weiterreise klappen!

„Okay, ihr könnt da hinten vorkommen. Otto nimmt euch mit!", wurden sie schließlich gerufen. Die drei Männer staunten nicht schlecht, als plötzlich drei Kinder vor ihnen standen. Otto erklärte: „Ihr fahrt aber auf eigenes Risiko mit! Wenn ihr entdeckt werdet, seid ihr auf euch selbst gestellt! Ich übernehme keinerlei Verantwortung! Ich habe eine Holzkiste mit Geräten für den Steinbruch dabei. Bei der Rückfahrt könnt ihr euch in der leeren Kiste verstecken. Wir müssen uns beeilen, sonst bin ich nicht rechtzeitig zurück!" Zuerst leerten die Männer die Gerätekiste. Diese kam dann mit lebendiger Befüllung in den Transporter. Um sie herum beluden die Männer die Ladefläche mit Steinen. Schließlich fuhr der Laster los. Nun mussten Marie, Christian und Peter schauen, wie sie es sich so bequem wie möglich machen konnten. Die Kiste war nämlich ganz schön eng. „Alles klar da hinten?", hörten sie plötzlich Ottos laute Stimme in den Laderaum rufen. Die Fahrkabine war hinten offen, sodass er sich mit ihnen verständigen konnte. „Na ja, gemütlich ist es nicht gerade, aber die Fahrt wird ja nicht ewig dauern", antwortete Marie laut. „Können wir Sie etwas fragen? Werden Sie hier nicht beaufsichtigt? Wo sind die Riesen?", wollte Peter wissen. „Einer von ihnen ist immer hier, um uns zu kontrollieren. Unser Glück ist, dass sie immer mehr wachsen und sie uns durch den Steinstaub nicht mehr so gut sehen. Wir sind für sie so klein, dass sie nicht mehr jeden unserer Handgriffe beobachten können. Sie verstehen ohne Hörgerät auch nicht mehr, was wir sagen. Allerdings darf uns dies keinesfalls in Sicherheit wiegen. Jeden Tag müssen wir zehn Transporter voll Steine abliefern, sonst bekommen wir die Peitsche zu spüren. Abhauen geht nicht! Jeder von uns hat ein gewisses Feld, in dem er sich bewegen kann. Sobald er die unsichtbare Grenze übertreten will, bekommt er so eine Art Stromschlag. Schlimme Verbrennungen sind die Folge. Inzwischen haben wir resigniert. Es gibt keine Hoffnung für uns! Da könnt ihr auch nicht viel ausrichten!" Wie zur Bestätigung seiner Worte verdunkelte sich in dem Moment der sowieso schon trübe Himmel. Ein Riese erschien drohend über ihnen. Vor Schreck versanken die Kinder noch tiefer in der Kiste. Inständig beteten sie, nicht gesehen zu werden. „Ich bin etwas in Verzug. Er schaut nach, wo ich bleibe. Haltet euch gut fest, denn ich muss jetzt mehr Gas geben", rief Otto nach hinten, „Ich muss die Steine bei dem Haus abliefern, das einem Riesen namens NEID gehört. Er braucht sie zur Verschönerung seiner Außenanlage. Wenn wir da sind, müsst ihr verdammt aufpassen, nicht entdeckt zu werden.

Dort treibt sich immer ein großer Köter herum, der ziemlich gefährlich ist. Ich versuche euch mit der Kiste an einen Platz zu stellen, wo ihr hoffentlich ungesehen entkommen könnt. Aber denkt daran, wenn ihr erwischt werdet, hilft euch niemand!"

Marie fiel nun etwas Wichtiges ein. Sie flüsterte: „Peter, wir müssen uns unbedingt auch tagsüber sehen. Christian und ich haben uns vorgestern bei einer Freundin gefunden. Du fehlst jetzt noch! Ich denke, es ist wichtig, dass wir rund um die Uhr an unserem Auftrag arbeiten! Schließlich dürfen wir keine Zeit verlieren!" Sie sah Peter eindringlich an. Dieser schaute irritiert: „Was meinst du damit? Wir sehen uns doch! Wir arbeiten doch ständig an unserem Auftrag!" Bevor Marie nun etwas erwidern konnte, fragte Otto: „Von wem habt ihr den Auftrag uns zu helfen? Und wie genau wollt ihr das anstellen?" „Gott hat uns den Auftrag gegeben. Wir sollen die Menschen wieder an das Wichtigste im Leben erinnern, nämlich an die Liebe. Die Liebe soll wieder in ihren Herzen wachsen. Wie wir das schaffen werden, wissen wir noch nicht so genau. Aber wir dürfen nie die Hoffnung und den Glauben verlieren, dass wir die Liebe in die Welt zurückbringen. Mit der Liebe kommt alles zurück, was die Menschen jetzt vermissen, um glücklich zu sein. Wir sind Ihnen sehr dankbar, dass Sie uns mitnehmen!", antwortete Marie. „So, so, den Auftrag habt ihr von Gott! Und ihr sollt die Liebe in die Welt zurückbringen? Ich habe es mir ja schon gedacht, aber nun hast du es mir bestätigt. Ihr lebt in einer Traumwelt. Wir sind hier aber nicht im Märchen, sondern in der harten Realität. Hier zählen andere Werte, als Gott und Liebe. Mit Liebe können wir uns nichts kaufen. Dafür brauchen wir Geld und zwar viel Geld! Mit Geld könntet ihr uns bei den Riesen bestimmt freikaufen. Aber mit Liebe? Und Gott? Wer glaubt denn heutzutage noch an Gott?", lachte Otto nun verächtlich, „Wenn ich das vorher gewusst hätte, hätte ich euch sicher nicht mitgenommen. So eine schwachsinnige Idee...! Die Liebe in die Welt zurückbringen..., wovon träumt ihr eigentlich?" Den Kindern blieb keine Zeit mehr etwas zu erwidern, denn Otto rief: „Achtung wir sind da! Verhaltet euch bloß still! Wenn sie euch finden, bin auch ich verloren!"

Es dauerte eine Weile, bis der Hubwagen die Kiste mit den Kindern endlich ablud. Mit einem kräftigen Ruck kippte Otto die Kiste zur Seite, sodass sie besser herauskamen. Nur mit Mühe konnten die drei einen Aufschrei unterdrücken, als sie übereinander fielen. Otto entfernte sich mit schnellen Schritten und fuhr davon. Er wollte mit der Sache nichts mehr zu tun haben.

„Was machen wir jetzt? Wo sollen wir hingehen?", fragte Christian ängstlich, „Was ist, wenn er Recht hat und wir wirklich in einer Traumwelt leben?" Marie legte ihre Hände auf Christians Herz und ließ Energie fließen. In dieser Energie fühlte Christian die Liebe und auch Gott. „Entschuldigt bitte! Wie konnte ich nur zweifeln? Unser Geschenk in den Händen lässt mich doch ständig spüren, dass

wir auf dem richtigen Weg sind!" Dies sollten für diese Nacht die Schlussworte sein, denn es war wieder Zeit für einen neuen Tag ...

Tag 9

„Marie Schatz, wach auf! Christian ist für dich am Telefon." „Christian? Am Telefon? Aber der war doch gerade noch...." Verwirrt richtete sich Marie im Bett auf. Nur langsam wurde ihr klar, dass sie allein in ihrem Bett lag und nicht zu dritt in einer engen Kiste. „Guten Morgen Mama! Hast du gerade gesagt, dass Christian am Telefon ist? So früh schon?" „Guten Morgen mein Schatz, ich wollte dich nicht wecken, aber Christian sagt, es sei dringend", erklärte Tanja entschuldigend. Mit einem Hops war Marie aus dem Bett und rannte zum Telefon. „Hallo Christian, ist etwas passiert?" „Hallo Marie! Ich habe eine Idee! Was hältst du davon, wenn wir deiner Mutter heute gemeinsam die Hände auflegen? Ich habe das Gefühl, dass Gott uns diese Energie nicht nur für uns selbst geschenkt hat. Wir sollen sie auch für andere nutzen. Du erinnerst dich doch sicher an die Blumen, die plötzlich wieder ganz frisch und aufrecht standen. Und gestern, dein Nachbar Herr Ebert, er hat die Energie in meinen Händen auch gefühlt. Wir können den Menschen mit unseren Händen Heilung bringen", sprudelte es aus Christian heraus. „Ja, das habe ich auch schon bemerkt. Deine Idee ist sicher gut, nur können wir nicht allen Menschen die Hände auflegen. Dafür sind wir zu wenige! Wir können nur versuchen, so viele wie möglich zu erreichen. Ich frage meine Mama, ob sie einverstanden ist, wenn du kommst. Warte einen Augenblick..." Marie holte sich das Okay von Tanja und gab Christian grünes Licht. Er würde sich gleich auf den Weg zu ihnen machen. Bis dahin hatten Tanja und Marie Zeit zu frühstücken und zu erzählen...

Als es schließlich klingelte, freute sich Marie, dass sie Christian nun endlich ihrer Mutter vorstellen konnte. Die beiden mochten sich sofort. Wie beim Treffen mit Margarete war gleich ein sehr vertrautes, bekanntes Gefühl da, das beide sofort wahrnahmen. So stand der gemeinsamen Energiegabe nichts mehr im Wege.

Christian war erst etwas unsicher, ob er alles richtig machte. Marie zerstreute seine Bedenken aber gleich. „Du kannst nichts falsch machen. Du legst einfach deine Hände auf und lässt die Energie fließen. Ich schlage vor, du legst deine Hände zuerst links auf den Magen, danach kommt auf der rechten Seite die Leber dran. Dann machst du einfach Richtung Füße weiter. Wenn du deinem Gefühl freien Lauf lässt, finden deine Hände automatisch die richtige Position. Ich beginne oben am Kopf. Sobald wir fühlen, dass die Vorderseite genug Energie bekommen hat, geben wir Mama Bescheid, dass sie sich auf den

Bauch legen soll. Dann kommt der Rücken dran. Am Rücken machst du auch die unteren Positionen und ich die oberen. Deine letzte Handposition sind die Fußsohlen", erklärte Marie, während sie eine sanfte Meditationsmusik einlegte. Tanja lag schon erwartungsvoll mit geschlossenen Augen bereit und so konnten sie loslegen. In den ersten paar Minuten öffnete Marie immer wieder die Augen, um Christian zu beobachten. Sehr erfreut erkannte sie, dass dieser voll in seinem Element war. Es schien, als hätte er nie etwas anderes getan. Intuitiv fand er die richtigen Stellen und wechselte bei Bedarf zur nächsten. Tanja genoss es sehr, von vier Händen Heilenergie zu bekommen. Sie fühlte, dass die Krankheit auf dem Rückzug war...

Ungefähr eine Stunde später tranken die drei noch einen Tee zusammen. Allen hatte das Auflegen der Hände sehr gut getan. Nun waren sie gerüstet für den Tag. Tanja hatte sich noch einmal mit Margarete verabredet. Bevor sie sich auf den Weg zu ihr machte, meinte Christian: „Wir hatten doch gestern überlegt, ob wir unsere Traum-Umfrage in der Zeitung veröffentlichen können. Die Menschen sollen sich über ihre Träume Gedanken machen. Das kann ihnen vielleicht helfen, sich von schlimmen Träumen zu lösen. Ich habe gestern Abend noch die Fragen zusammengestellt. Meine Idee ist, dass Margarete sie sich ansieht, eventuell ergänzt und dann einer oder mehreren Zeitungen übergibt. Bestimmt werden sie eher gedruckt, wenn eine Lehrerin sie einreicht, als wenn zwei Kinder darum bitten. Kannst du das Blatt bitte zu Margarete mitnehmen und sie fragen?" „Ja natürlich mache ich das. Deine Idee ist gut! Also ihr zwei, macht's gut, bis dann...", verabschiedete sich Tanja.

Marie und Christian machten sich anschließend auf zum Nachbarhaus, um bei Eberts zu klingeln. „Hallo ihr beiden, Marie war dein Name, richtig?", begrüßte Frau Ebert sie erfreut. „Guten Tag Frau Ebert, ja, Marie ist richtig und das ist Christian. Wir wollten uns erkundigen, wie es ihrem Mann geht." „Das ist aber lieb von euch! Kommt doch rein. Mein Mann liegt im Wohnzimmer auf dem Sofa. Im Liegen hat er am wenigsten Schmerzen." Die Kinder folgten Frau Ebert durch das Haus bis ins Wohnzimmer. „Oh, da kommt der Junge mit den heißen Händen. Schön, dass ihr da seid. So könnt ihr mich ein wenig auf andere Gedanken bringen!", rief Herr Ebert mit gequältem Lächeln. „Wie geht es Ihnen? So wie es aussieht nicht viel besser als gestern, oder?", erkundigte sich Marie. „Ja, du hast recht. Ich fühle mich überhaupt nicht gut. Gestern Abend war es besser. Dr. Baumann hat mir eine Spritze gegen die Schmerzen verpasst. Die hat aber nicht lange angehalten...", antwortete Herr Ebert und hustete dabei. „Stellt euch vor, das ganze Wartezimmer bei Dr. Baumann war voll mit hustenden Männern, die alle über Rückenschmerzen klagten. Dr. Baumann schüttelte nur mit dem Kopf. Für ihn ist das alles unerklärlich, denn er kann keinerlei Ursache für die Beschwerden erkennen. Zur Linderung des Hustens verschreibt er Antibiotika und Schmerzmittel für den Rücken. Das alles ist sehr seltsam!“, erklärte Frau Ebert und fügte noch hinzu, „Ich muss dazu sagen, dass ich seit zwei Tagen Schmerzen in den Gelenken habe, hauptsächlich in den Händen und Knien. Mit solchen Beschwerden waren auch ein paar Frauen dort. Der Arzt meinte, ich hätte wohl Rheuma. Das kann ich aber nicht recht glauben. Seine Tabletten habe ich noch nicht genommen. Die haben wahnsinnig viele Nebenwirkungen.“ Herr Ebert richtete sich etwas auf und sah Christian nachdenklich an, dann meinte er: „Es hört sich vielleicht komisch an, aber als du gestern deine Hände an meinem Rücken hattest, hat mir das unheimlich gut getan. Ich möchte zu gerne wissen, ob das Zufall war oder nicht. Kannst du es bitte noch einmal machen?“ „Ja klar, gerne!“, strahlte Christian und bat Herrn Ebert, sich auf den Bauch zu legen. Mühsam drehte er sich um. Dann kniete Christian sich vor das Sofa und legte seine Hände auf Herrn Eberts Rücken. Sofort begann die Energie zu fließen. Ein wohliger Seufzer kam über Herrn Eberts Lippen. Jetzt war es an der Zeit, das Thema Träume anzusprechen. Während Christian weiterhin die Hände auflegte, begann Marie mit ihren Fragen und genau wie am Vortag, erwähnte sie auch direkt den Steinbruch. Die Energie schien bei Herrn Ebert einen Vorhang zu lüften, denn er rief plötzlich: „Ja, genau das ist es! Jetzt fällt es mir wieder ein! Woher wisst ihr das? Seid ihr Hellseher?“ „Nein, Hellseher sind wir nicht! Wir haben auch davon geträumt. Im Steinbruch haben wir ganz viele Männer schwer arbeiten sehen“, erklärte Marie. „Was meinst du damit, Egon? Du willst doch nicht behaupten, dass du deine Beschwerden aus deinen Träumen mitbringst?“, fragte Frau Ebert ihren Mann fassungslos. „Aber das wäre doch eine einleuchtende Erklärung“, meinte daraufhin Christian und wechselte die Handposition. „So etwas gibt es doch gar nicht! Wie soll das gehen?“ Frau Ebert schüttelte ungläubig den Kopf. „Denken Sie bitte einmal darüber nach. Vielleicht gibt es auch für ihre Schmerzen eine ähnliche Erklärung.“ Marie sah ihre Nachbarin eindringlich an. „Das ist mir im Moment etwas zu viel. Ich gehe jetzt Mittagessen kochen. Es ist ja schon nach 12.00 Uhr!“ „Auch wenn Hilde skeptisch ist, mich interessiert das Thema sehr. Möchtet ihr nicht mit uns essen? Was meinst du Hilde?“, erkundigte sich Egon, woraufhin seine Frau meinte: „Na ja, ich weiß zwar wirklich nicht, was ich davon halten soll, aber ihr könnt gerne noch zum Essen bleiben. Es gibt Eintopf. Oder werdet ihr zuhause erwartet?“ „Nein, wir wollten eine Kleinigkeit in der Stadt essen. Was meinst du Christian?“ „Ja, ich würde gerne zum Essen bleiben. Danke für die Einladung!“ freute sich Christian und bat Herrn Ebert dann sich auf den Rücken zu drehen. Jetzt legte er seine Hände auf Herrn Eberts Brust, um auch seine Lungen mit Heilenergie zu versorgen.

„Ich glaube, du hast heilende Hände, mein Junge! Meine Schmerzen sind wie weggeblasen. Auch der Hustenreiz ist verschwunden! Ganz herzlichen Dank dafür!“, schwärmte Egon Ebert beim gemeinsamen Essen begeistert. Seine Frau Hilde schaute verblüfft zu dem strahlenden Christian: „So wie es aussieht, habt ihr euch euer Essen redlich verdient!“ „Es schmeckt sehr lecker, danke!“, riefen die Kinder wie aus einem Mund. „Wenn ihr euch so mit Träumen beschäftigt, wisst ihr dann auch, wie ich solche Träume verhindern kann?“ „So ganz wissen wir es leider nicht. Wir glauben, es hat etwas mit den Gedanken zu tun. Die Gedanken der Menschen sind zu stark auf das Negative ausgerichtet. Es ist wichtig, positiv zu denken und auch zu handeln. Die Menschen sollten sich gegenseitig respektieren und liebevoll miteinander umgehen. Nur wenn wir das Gute im Leben erwarten, wird es auch kommen. Wenn wir nichts Gutes erwarten, sondern nur das Schlechte sehen, ist auch nur das Schlechte da!“, philosophierte Marie mit ruhiger Stimme. „Das hört sich toll an, ist aber in der Praxis nicht ganz einfach umzusetzen! Woher hast du deine Weisheiten“, fragte Hilde. Inzwischen hatten die Kinder auch ihr Interesse geweckt. „Eine liebe Freundin hat uns ganz viel darüber beigebracht“, lächelte Marie und sah Margaretes Gesicht vor sich, „Am Anfang ist es bestimmt schwierig, aber je öfter man es versucht, desto leichter wird es! Wichtig ist, einfach damit anzufangen!“

Nach dem Essen half Christian Herrn Ebert in der Küche, während Marie bei Frau Ebert die Hände auflegte. Ihr erstauntes Gesicht, als sie die Energie in ihren schmerzenden Knien spürte, freute Marie sehr. Schließlich schloss Hilde die Augen, um das Gefühl richtig in sich aufzunehmen. „Die Schmerzen werden schlimmer. Ist das okay?“, fragte sie schließlich. „Vielleicht muss es erst schlechter werden, bevor es besser wird. Lassen Sie uns noch ein bisschen weitermachen“, bat Marie. Nach ein paar Minuten flüsterte Hilde Ebert in stockendem Tonfall: „Die Schmerzen sind jetzt weg, aber ich..., ich sehe Bilder. Das..., das ist unglaublich... Ich krieche unten..., rutsche auf den Knien..., schrubbe mit einer großen Bürste und einem Eimer Putzwasser den Boden... in einem riesigen Saal. Um mich herum sind noch viele andere Frauen. Alle schrubben kniend den Boden... und ich glaube es nicht... da ist auch Edelgard...“ Entsetzt riss Hilde Ebert die Augen auf: „Was hat das zu bedeuten?“ „Ich weiß es nicht. Könnten Sie sich vielleicht vorstellen, dass das Bilder aus Ihren Träumen sind? Möglicherweise kommen Ihre Knieschmerzen daher“, gab Marie zur Antwort. Dafür erntete sie ungläubiges Kopfschütteln. „Ich kann das alles nicht glauben! Wie ist das nur möglich? Ich brauche erst einmal Zeit, um darüber nachzudenken. Das muss ich erst alles verdauen!“, sagte sie schließlich, „Wir können ja morgen oder übermorgen noch einmal darüber reden. Meine Schmerzen sind jedenfalls weg! Dafür danke ich dir!“

Als die Kinder in die Stadt aufbrachen, war es schon kurz nach 15.00 Uhr. Sie waren verblüfft, wie schnell die Zeit vergangen war. So lange wollten sie zwar nicht bleiben, aber sie hatten das Gefühl, ein Stück weitergekommen zu sein. „Das war richtig gut! Was hältst du davon, wenn wir uns Leute suchen, bei denen wir während unserer Traum-Befragung die Hände auflegen können? Sobald sie sich an ihre Träume erinnern, können wir ihnen auch von der Kraft ihrer Gedanken erzählen“, schlug Marie vor. „Meinst du, das reicht, um sie aus der Gewalt der Riesen zu befreien?“, fragte Christian zweifelnd. „Du hast doch gesehen, wie wenig Hoffnung alle haben, dass sich etwas zum Guten wendet. Wenn wir sie davon überzeugen, dass sie es selbst in der Hand haben, etwas zu ändern, kommt die Hoffnung bestimmt zurück. Dann können sie vielleicht auch ihre Träume zum Guten ändern. Je mehr Menschen wir damit erreichen, umso besser.“ Maries Blick war nun sehr entschlossen. So überzeugte sie Christian schließlich von ihrem Vorhaben.

Wie am Tag zuvor, sprachen sie nun Passanten an, die ihnen durch erschöpftes und krankes Aussehen auffielen. Während ihrer Umfrage, versuchten sie unauffällig, ihre Handflächen in Richtung der Befragten zu richten. So stellten sie schnell fest, dass die Energie auch aus etwas Entfernung auf die Menschen wirkte. Heute konnten ihnen viele spontan zustimmen, als sie vom Steinbruch oder vom Bodenschrubben erzählten. Sie ließen einige nachdenkliche aber auch ungläubige Menschen zurück, die nach dem Gespräch plötzlich schmerzfrei waren.

Der Tag neigte sich so relativ schnell dem Ende zu. Marie und Christian waren sehr zufrieden mit dem Ergebnis. Bevor sie sich bis zur Nacht verabschiedeten, meinte Christian: „Ich denke, wir sind auf dem richtigen Weg. Aber trotzdem habe ich das Gefühl, wir erreichen damit viel zu wenige. Unsere Arbeit scheint mir fast wie ein Tropfen auf den heißen Stein.“ „Es ist ein wichtiger Anfang und ich denke, es wird sich herumsprechen. Die Menschen reden wieder miteinander und so erreicht das Positive immer mehr Menschen. Schade nur, dass wir Peter noch nicht gefunden haben. Wir könnten seine Hilfe dringend gebrauchen. Irgendwie hat er meine Frage nach seiner Adresse nicht verstanden. Wir müssen ihn fragen, was er tagsüber macht.“ „Ja, das müssen wir! Vielleicht weiß er nach dem Aufwachen auch nichts mehr von seinen Träumen.“ „Und nachts nichts mehr von den Tagen? Ich weiß nicht recht! Erinnerst du dich noch an die Nacht, als wir den Auftrag annahmen. Da konnte sich Peter auf alle Fälle noch an sein Tagesbewusstsein erinnern. Aber jetzt ist nachts so viel los, dass wir kaum zum Reden kommen.“ „Es wird sich schon die Möglichkeit ergeben, seinem Gedächtnis auf die Sprünge zu helfen. Lass uns morgen zu Margarete gehen. Mal sehen, was sie bei den Zeitungen erreicht hat. Also bis nachher. Ich muss gestehen, dass mir bei dem Gedanken an die Riesen ziemlich mulmig wird“, meinte Christian. Marie lächelte ihn noch aufmunternd an: „Das wird schon! Bis dann....“

„Wir haben im Internet ein paar Adressen von überregionalen Zeitungen herausgesucht. Margarete hat an alle eine E-mail mit eurer Traum-Umfrage samt einem kleinen Erläuterungstext geschickt. Sie meinte, dass die Zeitungen vielleicht ganz froh sind, das Sommerloch mit Artikeln zu füllen", erzählte Tanja, als sie mit Marie gemütlich den Abend auf dem Sofa ausklingen ließ. „Ich fühle mich so wohl bei Margarete, richtig zuhause. So habe ich mich das letzte Mal gefühlt, als dein Papa noch bei uns war." „Ja, mir geht es auch so. Margarete ist eine ganz besondere Frau. Irgendwie denke ich, wenn alle Menschen so liebevoll und fröhlich wären wie sie, bräuchten wir die Liebe nicht zu retten. Sie wäre groß und allgegenwärtig!", erwiderte Marie mit nachdenklicher Stimme.

Später im Bett versuchte sich Marie wieder in die Szene in der Gerätekiste vor NEIDs Haus hineinzuversetzen. Dort war es sehr ungemütlich und eng. Sie mussten jetzt schnell und unbemerkt den Weg in die Stadt finden. Mit diesen Gedanken schlief sie schließlich ein...

Machtstadt

„Ich muss hier raus, ich krieg keine Luft mehr! Lasst uns hier verschwinden und zwar schnell!", rief Peter energisch. Ohne weiter darüber nachzudenken, kroch er aus der Kiste. Marie mahnte ihn noch zur Vorsicht, aber das war diesmal wohl unnötig, denn Peter rief ihnen erfreut zu: „Kommt raus! Die Luft ist rein!" Ein eisiger Wind pfiff ihnen um die Ohren, als die drei vorsichtig ihr Umfeld erkundeten. Von den Riesen war nichts zu sehen. Sie hatten den Eindruck, es gäbe nur Mauern und Steine um sie herum. „Die Männer im Steinbruch müssen so hart arbeiten... und das nur um Kieselsteine für die Riesen abzubauen", erkannte Christian sprachlos. „Tja, ganz schön erschreckend. Aber mehr ist bei unserer Größe ja wohl auch nicht drin. Für diese Riesen sind wir ja wirklich nicht größer als Mäuse", fügte Marie hinzu, während Peter wütend meinte: „Und trotzdem lassen sie die Menschen noch für sich arbeiten. Diese Arbeit könnten die Riesen mit minimalem Zeitaufwand und wenig Kraftanstrengung selbst erledigen!" „Ja, aber wir haben gesehen, dass sie selbst auch schwer arbeiten, um ihre Häuser zu bauen", gab Christian zu bedenken. „Wir müssen unbedingt herausfinden, was dahinter steckt!", erklärte Peter, „Diese ominöse Versammlung kann uns bestimmt Antworten geben. Lasst uns versuchen, bei so einer Versammlung dabei zu sein!" „Du hast recht, ich denke das ist unser nächstes Ziel", stimmte Marie zu, „Wir müssen nur noch herausfinden, wie wir da am besten hinkommen." „Wie wäre es mit einem Taxi?", scherzte Christian, während seine Hände schon seit einiger Zeit auf seinem Herzen lagen. Das Lachen löste die Anspannung, die sie alle fühlten. „Ganz so schlecht ist die Idee mit dem

Taxi nicht. Vielleicht können wir tatsächlich irgendwo unbemerkt mitfahren. Jetzt schauen wir aber erst einmal, in welche Richtung wir gehen müssen." Peter ging voraus, die beiden anderen folgten ihm. Rechts von ihnen verlief die Hausmauer, links türmten sich Berge von Erde, Sand und Steinen. Dazwischen lagen überall Baugeräte und Utensilien in überdimensionalen Größen herum. Die Kinder bahnten sich einen Weg, was teilweise nicht so einfach war, da oft riesige Wasserlachen vor ihnen auftauchten. Um nicht unfreiwillig baden zu gehen, mussten sie immer wieder über große Steine und Werkzeuge klettern. Schnaufend erreichten sie schließlich einen großen freien Platz, der in eine Straße überging. Links und rechts reihten sich Häuser aneinander. Sie versteckten sich hinter einer Mülltonne, um sich etwas zu erholen. Für einen Moment hörten sie nur ihren eigenen schweren Atem, während sie sich mit ihren Händen Energie gaben. Dann unterbrach plötzlich lautes Gebell und Geknurre die Stille. „Oh nein, nicht schon wieder dieser schreckliche Hund!", rief Christian erschrocken. Auch Peter und Marie wurden unruhig. „Das hört sich nicht nur nach einem Hund an. Schaut mal da drüben, da kämpfen zwei miteinander." Peter zeigte in die Richtung, aus der der Lärm kam. „Hector, Rufus, sofort auseinander!", tönte gleich darauf die schrille Stimme von BOSHEIT. Das schien die beiden Hunde nicht zu beeindrucken. Sie waren viel zu sehr mit sich selbst beschäftigt. Nach mehreren erfolglosen Versuchen, die beiden mit Geschrei voneinander zu lösen, griff BOSHEIT sich einen Stock und schlug auf die Kämpfenden ein. Jetzt ließen sie jaulend voneinander ab. Beide hatten Kampfwunden davongetragen und bluteten an diversen Stellen. Nun näherte sich auch der Besitzer des anderen Hundes. „Pass verdammt noch mal besser auf deinen Köter auf! Sonst zerfetzen sie sich irgendwann noch gegenseitig!", schrie BOSHEIT ihm zornig entgegen. „Du musst gerade etwas sagen! Du lässt doch dein blödes Vieh ständig alleine herumrennen", kam die wütende Antwort, „also musst du auch damit klarkommen, wenn mein Rufus ihm den Garaus macht!" „Du glaubst doch nicht im Ernst, dass dein Köter Hector bezwingen kann. Das ist ja lächerlich!" „Hey STREIT, komm rein zum Essen. Wir müssen uns beeilen, sonst kommen wir zu spät zur Versammlung", ertönte nun eine weibliche Stimme aus einem offenen Fenster. „Du wirst schon sehen...", rief STREIT BOSHEIT zu, bevor er sich abrupt umdrehte und seinem blutenden Hund hinterher in Richtung seines Hauses folgte. BOSHEIT blickte ihm düster nach. Auch er schien es plötzlich eilig zu haben, denn er machte auf dem Absatz kehrt, ging ein Stück die Straße entlang, bevor er schnell in einem Haus verschwand. Hector hinkte ihm winselnd hinterher.

„Da scheinen wir ja Glück zu haben. Jetzt müssen wir nur noch schauen, wie wir uns bei dieser Versammlung einschmuggeln können", freute sich Peter. „Vor allem müssen wir schauen, wie wir dort hinkommen", meinte Christian. „So wie

es aussieht, führt die Straße nur in diese Richtung. Habt ihr gesehen, wie hoch hier die Bordsteine sind? Wenn wir am Straßenrand direkt an den Bordsteinen entlang laufen, haben wir eine ganz gute Deckung", schlug Marie vor. So liefen sie los und hofften inständig, dass sie rechtzeitig bei der Versammlung ankommen würden. Eine ganze Weile waren sie schon unterwegs, als sich so nach und nach immer mehr Haustüren öffneten und die Riesen, wieder ganz in schwarz gekleidet, in Richtung Versammlungsraum strömten. Zum Glück waren sie so mit sich beschäftigt, dass keiner von den Kindern Notiz nahm. „Wir sind zu langsam. Bei diesem Tempo schaffen wir es nicht rechtzeitig. Wir müssen schneller laufen!", ermahnte Peter die beiden anderen und legte gleich einen Zahn zu. „Ich kann nicht schneller! Ich krieg jetzt schon kaum mehr Luft!", stöhnte Christian, „Tut mir leid, aber am besten geht ihr ohne mich weiter." „Das kommt überhaupt nicht in Frage! Dann müssen wir uns eben etwas anderes einfallen lassen", entschied Marie und Peter nickte zustimmend: „Vielleicht ist es ja auch gar nicht mehr so weit, wie wir befürchten." In dem Moment öffnete sich bei dem Haus, an dem sie gerade vorbei gingen, die Tür. MISSGUNST und MISSTRAUEN traten auf den Gehweg. Die Tür flog ins Schloss. Der Schlüssel wurde herumgedreht. „Dass du auch immer so lange brauchst, bis du fertig bist. Jetzt kommen wir bestimmt zu spät!", brummte MISSTRAUEN. „Wir kommen schon noch rechtzeitig, keine Sorge", kam die Antwort von seiner Frau. Die Kinder erkannten die beiden Riesen an ihren Stimmen. Außer den Riesenfüßen in schwarzen Schuhen, konnten sie nicht viel von ihnen erkennen.

„Stopp mein Lieber, wie willst du denn zur Versammlung gehen? Deine Krawatte sitzt ja total schief! So lässt dich MACHT nicht hinein! Du weißt doch, wie viel Wert er auf Etikette legt!", rief MISSGUNST. Dann kam plötzlich eine große schwarze Tasche von oben direkt auf die Kinder zu. Peter konnte Christian gerade noch zur Seite ziehen. „Das ist unsere Chance! Ein besseres Taxi bekommen wir nicht!" Peter nickte Marie und Christian zu. Während MISSGUNST ihrem Mann die Krawatte zurechtzupfte, kletterten die Kinder so schnell sie konnten in die Tasche. Gerade noch zur rechten Zeit, denn schon wurde sie wieder nach oben gezogen und landete mit Schwung über MISSGUNSTs Schulter. Christian konnte gerade noch einen Schmerzensschrei unterdrücken. Da die beiden Riesen es jetzt sehr eilig hatten, wurden die drei in der Tasche mächtig hin- und hergeschüttelt. Allerlei Krimskrams flog ihnen dabei um die Ohren. Marie wurde es schon leicht übel, aber sie mussten jetzt durchhalten und vor allem mucksmäuschenstill sein, um nicht entdeckt zu werden.

Die Versammlung

Schließlich schienen sie am Ziel zu sein. Die Riesen liefen zwei Stufen hinauf und standen dann still. Die Kinder hörten ein lautes Klopfen und anschließend das Öffnen einer quietschenden Tür. „Da seid ihr ja endlich! Wir warten schon!", empfing sie eine laute Stimme. Noch ein paar Schritte, dann landete die Tasche schließlich mit einem harten Aufprall auf dem Boden. „Aua!" Marie konnte ihren Schmerzensschrei nicht zurückhalten. Zum Glück war es hier so laut, dass dieser niemandem auffiel. „Ich kam mir vor, wie auf einer Achterbahn. Und die Dinger konnte ich noch nie leiden!", flüsterte sie nun. Christian stimmte ihr zu: „Es hat nicht viel gefehlt und ich hätte mich übergeben. Vor allem auch, weil es hier drin so ekelhaft nach Parfüm riecht." „Ich denke, wir sollten jetzt besser schauen, dass wir hier herauskommen. Wer weiß, wann diese Riesin etwas aus ihrer Tasche braucht", sagte Peter drängend. Zu ihrem Glück lag die Tasche flach auf dem Boden, sodass sie einfach nur hinaus zu krabbeln brauchten. Vorsichtig schauten sie sich um. Um sie herum standen überall riesengroße schwarze Schuhe und viele Stuhlbeine. Durch einen Zwischenraum konnte Peter nicht weit von ihnen entfernt einen schwarzen Vorhang erkennen, der bis zum Boden reichte. „Kommt mit! Wir verstecken uns hinter dem Vorhang. Von dort können wir vielleicht mehr als nur Schuhe und Stuhlbeine sehen." Kaum hatten sie ihr Ziel unbemerkt erreicht, ertönte auch schon eine laute Stimme: „Wie es scheint, sind jetzt alle da! Dann eröffne ich hiermit die Versammlung. Folgende Tagesordnungspunkte stehen auf dem Programm: Erfolgsmeldungen, Problemfälle, sofern vorhanden, Verbesserungsvorschläge und Sonstiges. Wer möchte mit seinem Erfolgsbericht beginnen?" „Ich bitte!" „Okay NEID, fang du an!" „Ihr wisst ja, dass ich mit meinem neuen Haus fast fertig bin. Das ist auch gut so, denn ich war so erfolgreich, dass ich in den letzen zwei Tagen wieder fünf Zentimeter gewachsen bin. Ich habe euch ein paar Bilder mitgebracht", erklärte NEID.

Die Kinder schoben den Vorhang ein wenig zur Seite und hatten so eine freie Sicht auf eine große Leinwand. Davor stand hinter einem Stehpult ein sehr bulliger, glatzköpfiger Riese mit stechendem Blick. Er leitete die Versammlung und war vermutlich der Riese MACHT. NEID, der zum Pult vorgekommen war, war zirka zwei Köpfe kleiner als MACHT. Er hatte kurzes, struppiges Haar. Seine Mimik zeigte ein siegessicheres Grinsen. Plötzlich erhoben sich Riesen an den zwei gegenüberliegenden Fensterseiten, um die Vorhänge zu schließen. Erschreckt rückten die Kinder zusammen und hofften inständig, dass sie hinter dem Vorhang nicht entdeckt werden würden. Auch diesmal hatten sie Glück! Die Leinwand wurde nun mit einem Projektor beleuchtet und es erschien das

Bild eines sehr exklusiven, teuren, schwarzen Sportwagens. Peter konnte ein begeistertes „Wow!" nicht unterdrücken. Seine Augen bekamen einen glänzenden Ausdruck. Sehnsüchtig blickte er auf die Leinwand. Marie gab ihm einen kleinen Schups, um ihn in die Wirklichkeit zurückzuholen. Verdattert schaute er sie an, um gleich darauf wieder wie hypnotisiert auf den Flitzer zu starren. Nun begann NEID zu sprechen: „Ihr seht hier das Foto eines total genialen Wagens. Nur ganz wenige Menschen können sich solch ein teures Auto leisten, aber sehr viele wollen es haben. Dafür habe ich gesorgt! Dieses Bild pflanzte ich in die Köpfe der Menschen. Die, die genügend Geld hatten, mussten es sich sofort kauften. Ihr wisst ja, wie leicht sich Menschen beeinflussen lassen, besonders, wenn sie unzufrieden sind. Großspurig protzend zeigen sich jetzt die neuen Autobesitzer mit ihrer neuen Errungenschaft und blicken überheblich und schadenfroh auf jene herab, die sich ein solches Auto nicht leisten können. Ihr könnt euch ja sicher vorstellen, dass diese vor Neid platzen. Es ist eine wahre Freude für mich, dies anzusehen. So bekommt die Aura der Menschen noch mehr Löcher und ich kann ganz bequem ihre Energie für mein Wachstum nutzen. Selbstverständlich gibt es auch Leute, die keinen Spaß an Autos haben, aber das ist kein Problem. Die bekommen von mir zum Beispiel das Bild dieser Luxusvilla in ihre Gedanken gesetzt." Auf der Leinwand erschien nun die Ansicht einer Traumvilla mit Swimmingpool. „Viel Freude macht es auch, die Menschen auf Dinge neidisch zu machen, die ihre Nachbarn besitzen. Ein Ehepaar möchte beispielsweise unbedingt auch so einen großen Garten, wie ihre Nachbarn. Interessanterweise sind diese Nachbarn gar nicht so froh über den großen Garten, der viel Arbeit bedeutet. Viel lieber hätten sie so gute Arbeitsplätze, wie das Paar von nebenan. So ist einer auf den anderen neidisch und umgekehrt. Das geht ganz von alleine. Da habe ich gar nicht viel zu tun. Ich muss nur zugreifen und ihre Energie anzapfen. Ihr seht, für mich das wahre Wachstumsparadies!" Mit diesen Worten schloss NEID seinen Bericht und er bekam begeisterten Applaus.

Nun kam MISSTRAUEN nach vorn. Er berichtete auch von Bildern, die er in die Gedanken der Menschen pflanzte. MISSTRAUEN gab Ehefrauen das Bild ein, wie ihre Partner sich mit andern Frauen trafen. Umgekehrt hatten Männer plötzlich das Bild vor Augen, wie ihre Frauen andere Männer küssten und umarmten. So wurde sehr erfolgreich MISSTRAUEN gesät. Marie und Christian mussten bei diesen Ausführungen gleich an ihr Erlebnis mit Frau Weißbrot denken. Auch MISSTRAUEN wurde beklatscht, nachdem er mit seinem Bericht am Ende war. Nun bekam STREIT das Wort. „Die Menschen werden immer unzufriedener. Dadurch habe ich relativ leichtes Spiel, um die Streitlust zu entfachen. Ich gebe ihnen solche Gedanken in den Kopf, dass sie ständig irgendetwas finden, was sie an ihren Mitmenschen stört. Diese Doofköpfe verhalten sich so, dass ihr

Gegenüber sich darüber aufregt. Dadurch fangen sie automatisch an zu streiten." Nun wurde STREIT aber ernst: „Bis vor drei Tagen lief alles prima, aber dann musste ich eine Szene beobachten, in der zwei Nachbarinnen, die immer gestritten haben, sobald sie sich sahen, plötzlich mitten im schönsten Streit abbrachen. Aber seht selbst den Film..." Auf dem Bildschirm erkannte Marie nun ziemlich schockiert eine ihr sehr bekannte Szene. Frau Weißbrot und Frau Ebert stritten sich lautstark auf der Straße vor ihren Häusern. Sie wurden immer lauter, um plötzlich von einer Sekunde auf die andere ihren Streit abzubrechen. Die verblüffen Gesichter der beiden Frauen ließen klar erkennen, dass hier etwas geschehen war, womit beide nicht gerechnet hatten. Schließlich sagte Frau Weißbrot in ruhigem Ton: „Ich muss jetzt gehen, hab noch zu tun." Dann drehte sie sich um und ging ins Haus. Zurück blieb eine verblüfft dreinblickende Frau Ebert.

„Ich weiß nicht, was da geschehen ist. Die einzige Erklärung ist für mich, dass jemand gegen uns arbeitet. Die Gesichter der Frauen lassen darauf schließen, dass die Lust zu streiten plötzlich durch eine andere Kraft unterbrochen wurde. Wir müssen unbedingt herausfinden, was da los war!" Im Saal herrschte Totenstille, bis MACHT endlich das Wort ergriff. „Wir sollten nicht gleich davon ausgehen, dass jemand gegen uns arbeitet. Das war möglicherweise nur eine Ausnahme. Aber du hast recht, wir müssen es beobachten. Vor allem dürfen wir den Menschen keine Zeit geben, eigene Gedanken zu entwickeln. Das gelingt uns doch ganz gut, schließlich haben wir sie jetzt auch noch in ihren Träumen in unserer Gewalt. Es dauert nicht mehr lange und die Bewohner von Liebestadt könnt ihr nicht einmal mehr mit der Lupe entdecken! Der Sieg ist schon ganz nah! Es ist schon spät. Ich schlage vor, wir machen für heute Schluss und treffen uns morgen wieder um die gleiche Zeit, um die weiteren Punkte zu besprechen." Zustimmender Applaus beendete die Versammlung. Die Vorhänge wurden aufgerissen. Wieder verkrochen sich die Kinder so, dass der Vorhang den Blick nicht auf sie freigab. Der Saal leerte sich so schnell, dass die drei nicht überlegen konnten, wie sie hier heraus kommen sollten. Das Erlebte hatte sie auch ziemlich mitgenommen. Was NEID und MISSTRAUEN erzählt hatten, machte ihnen Angst. Der Bericht von STREIT allerdings auch, denn so mussten sie befürchten, demnächst entdeckt zu werden. „Was sollen wir jetzt nur machen? Wenn sie herausfinden, dass wir ihre Gegner sind, können wir alles vergessen!", klagte Christian. „Da wir hier vermutlich eingeschlossen sind, warten wir am Besten die nächste Versammlung ab. Es gibt für uns bestimmt eine Möglichkeit unerkannt zu bleiben!", versuchte Marie ihn zu beruhigen. „Lass uns später darüber reden Christian. Bitte denk immer daran, du darfst das Vertrauen an das Gute nicht verlieren! Wir werden es mit Gottes Hilfe schaffen!" Als sie sich zu Peter

umdrehte, bemerkte sie, dass er bereits verschwunden war. So erkannten Christian und Marie, dass inzwischen wieder Zeit für einen neuen Tag war...

Tag 10

Maries erster Gedanke beim Aufwachen war, dass sie es noch immer nicht geschafft hatten, Peters Wohnort zu erfahren. Sie hatte das Gefühl, dass es immer dringender wurde, ihn ausfindig zu machen. Bevor sie aufstand, genoss sie noch ein paar Minuten die Energie, die gleichmäßig angenehm aus ihren Handflächen floss. Schließlich fühlte sie sich fit für den neuen Tag.

Im Bad sah Marie mit nachdenklichem Blick in den Spiegel. Sie hatte die große Leinwand vor Augen und sah noch einmal die Szene mit Frau Ebert und Frau Weißbrot. ‚Sie beobachten die Menschen! Was wird, wenn uns die Riesen entdecken? Sie sind schon kurz davor! Womöglich sehen sie mich hier gerade stehen! Ein furchtbarer Gedanke!' Ein kurzer Anflug von Panik überfiel sie. Schnell legte sie sich die Hände auf ihren Oberbauch und atmete mit geschlossenen Augen tief ein und wieder aus. Wie aus dem Nichts vernahm sie plötzlich eine Stimme: „Hab keine Angst! In eurer Welt haben sie über Kinder keine Kontrolle! In Gebäude können sie auch nicht schauen. Nur im Freien können sie die Menschen beobachten." „Wie bitte?", fragte Marie verdattert und öffnete sofort die Augen. Für den Bruchteil einer Sekunde sah sie im Spiegel noch ein helles Licht über ihrem Kopf verschwinden. „Hey bleib bitte da! Warum haben sie über Kinder keine Kontrolle?" Doch das Licht blieb ihr die Antwort schuldig...

Beim Frühstück erzählte Marie ihrer Mutter davon. „Vielleicht kann Margarete dir eine Antwort geben. Sie weiß über so viele Dinge Bescheid. Frag sie doch nachher einmal", schlug Tanja vor. „Ja, das werde ich machen. Ich freue mich schon sehr, Margarete zu sehen!"

Gleich nachdem die beiden das Frühstücksgeschirr abgeräumt hatten, klingelte Christian an der Tür. An seinem nervösen Gesichtsausdruck erkannte Marie sofort, was ihn bewegte. Seine erste Frage nach der Begrüßung war dann auch: „Was ist, wenn sie uns beobachten? Ich habe ein ganz komisches Gefühl! Auf dem Weg hierher musste ich mich ständig nach Kameras umsehen. Aber vermutlich brauchen sie die gar nicht, um uns zu überwachen." Marie berichtete Christian von ihrem Erlebnis im Badezimmer und erntete einen erstaunten Blick. „Du hast das auch gehört? Die Stimme hat mir das gleiche gesagt. Ich muss aber gestehen, dass ich nach dem, was wir bei der Versammlung gehört und gesehen haben, skeptisch bin", meinte er schließlich, „Was ist, wenn das ein Gedanke ist, den sie uns einpflanzen, um uns in Sicherheit zu wiegen?“ Daran hatte Marie überhaupt noch nicht gedacht. Dann fiel ihr aber ein: „Hast du nicht das Licht gesehen? Ich habe es schon öfter gesehen, besonders dann, wenn ich in den Spiegel schaue. Dieses Licht strahlt so viel Liebe und Wärme aus, dass es sicher nicht von den Riesen kommt!“ „Ich habe kein Licht gesehen. Aber wenn ich es mir so recht überlege, hast du wahrscheinlich recht, denn das Gefühl von Liebe und Wärme war auf alle Fälle da. Allerdings fühle ich das auch, wenn ich mir die Hände auflege“, überlegte Christian inzwischen viel ruhiger. „Apropos Hände auflegen, lass uns das jetzt bei meiner Mama machen, damit wir anschließend zu Margarete können!“, erinnerte ihn Marie.

Diesmal übernahm Christian Tanjas obere Körperpositionen, während Marie den unteren Stellen Heilenergie gab. Ab und zu öffnete Marie kurz die Augen und bemerkte fasziniert, wie konzentriert und sicher Christian bei der Sache war. Ein sanftes Lächeln umspielte dabei seine Lippen. Ihr schien, er hätte nie etwas anderes gemacht.

Als Marie Christian nach der Energiegabe darauf ansprach, bestätigte er ihre Überlegung: „Ich kann es mir nicht erklären, aber ich habe während der ganzen Zeit ständig den Gedanken im Kopf: ‚Diesmal wirst du leben!‘ Keine Ahnung was das zu bedeuten hat, aber es fühlt sich so an, als hätte ich in irgendeiner Form etwas an Tanja gut zu machen.“ Ratlos sah Christian Tanja an. „Du hast bestimmt nichts an mir gutzumachen! Ich wüsste nicht, was das sein sollte, schließlich kennen wir uns doch erst seit gestern, auch wenn es mir schon viel, viel länger erscheint. Ich bin euch unendlich dankbar für eure heilenden Hände! Übermorgen habe ich den Termin bei Frau Dr. Mosbach. Ich bin schon sehr gespannt, wie ihre Diagnose ausfällt. Seit langem habe ich mich nicht mehr so gut gefühlt. Ein bisschen mulmig ist mir trotzdem.“ „Ich bin auch gespannt, was die Ärztin sagt. Das wichtigste ist, dass du dich wohl fühlst und ganz fest an deine Heilung glaubst. Aber lasst uns jetzt zu Margarete gehen“, meinte Marie.

Margarete begrüßte die drei Gäste mit einer liebevollen Umarmung. Es fühlte sich an, wie „nach Hause kommen“. Zuerst berichteten die Kinder von den Erlebnissen seit ihrem letzten Treffen. Die beiden Frauen bereiteten nebenbei ein leckeres Mittagessen vor, während die Kinder am Küchentisch saßen und die letzten Tage und Nächte Revue passieren ließen. „So etwas ähnliches habe ich mir schon gedacht“, meinte Margarete nachdenklich, als sie von der Versammlung hörte, „Es wird ein ganzes Stück Arbeit für euch, die Menschen auf einen guten Weg zu bringen. Das Problem ist, dass sie durch ihre immer größer werdende Unzufriedenheit von den Riesen immer einfacher zu manipulieren sind. Es sieht so aus, als wollten sie der Menschheit ihre gesamte Kraft und Energie rauben, um diese für ihre eigenen Zwecke zu nutzen. Ihr seid schon auf einem guten Weg dagegen zu steuern, aber es ist noch zu wenig.“ „Ja, wenn wir nur wüssten, wo Peter ist. Wir brauchen dringend seine Hilfe!“, jammerte

Christian. „Wenn es sein soll, werdet ihr ihn auf alle Fälle finden! Das hat bei euch beiden doch auch gut funktioniert, oder? Vielleicht liest er ja eure Traum-Umfrage in der Zeitung und erinnert sich dann. Solange müsst ihr versuchen, tagsüber ohne ihn auszukommen und so viele Menschen wie möglich zu erreichen. Das Gute, das ihr tut, wird sich weiter fortpflanzen. Immer mehr Leute werden es weitergeben, weil es sich so wundervoll anfühlt. Dadurch werden sie eure Helfer."

„Weißt du, was es bedeutet, dass die Riesen keine Kontrolle über Kinder haben?", wollte nun Marie wissen. „Vermutlich können die Riesen die Gedanken der Kinder nicht beeinflussen, weil diese noch zu stark mit Gott verbunden sind. Sie fühlen, dass Liebe, Zuneigung und Freundschaft wertvoller sind, als jeglicher materielle Besitz. Klar gibt es unter ihnen auch mal Rangeleien um ein tolles Spielzeug. Es dauert aber meist nicht lange und sie sitzen wieder einträchtig beieinander. Je älter die Kinder aber werden, desto schwieriger wird es, das materielle Denken auszuschließen. Die Eltern leben es ihnen vor und diese haben nun einmal eine Vorbildfunktion. Ihr seid jetzt in einem Alter, in dem es schon kritisch sein könnte." „Ich glaube, ich weiß was du meinst. Als Peter auf der Leinwand dieses superteure Auto sah, war er wie hypnotisiert. Er konnte den Blick nicht abwenden. So habe ich ihn bislang nicht gekannt", bemerkte Marie. „Das könnte auch der Grund sein, warum Peter sich nicht mehr erinnert. Er wird erwachsen. Auch, wenn ihr nachts nicht viel Zeit habt, sollte er sich so oft wie möglich die Hände auflegen. Das hilft ihm, seinen Geist rein zu halten", erklärte Margarete. „Sind wir dann nicht schon zu alt für diesen Auftrag? Warum hat Gott sich denn gerade uns dafür ausgesucht?", fragte Christian. „Weil ihr euch auch selbst für diese schwierige Aufgabe entschieden habt, bevor ihr geboren wurdet", war Margaretes prompte Antwort. Marie, Christian und Tanja schauten sie verblüfft an. „Das musst du uns jetzt aber genauer erklären", bat Marie. „Lasst uns erst essen, dann reden wir nachher bei einer Tasse Tee im Wohnzimmer weiter", war Margaretes Antwort.

Als die vier schließlich gemütlich beim Tee saßen, drängelte Christian: „Nun spann uns bitte nicht länger auf die Folter." „Okay, aber damit ihr das alles besser versteht, muss ich etwas weiter ausholen..."

So begann Margarete ihren drei Gästen etwas zu erzählen, was diese sich nie im Traum hätten vorstellen können: „Habt ihr euch schon einmal Gedanken darüber gemacht, was nach dem Tod mit den Menschen passiert?" Die Kinder schüttelten die Köpfe und in Tanjas Blick konnte man pure Angst erkennen. „Ich sage es euch! Wir haben alle eine unsterbliche Seele. Jeder von uns ist eine unsterbliche Seele. Der Tod ist nur ein Übergang in eine andere Dimension. Wir geben dabei unseren Körper ab, denn dieser ist sterblich. Er ist sozusagen unser Haus während unseres Erdenlebens. Dorthin, wo wir nach unserem Erdenleben gehen, ist unser eigentliches Zuhause. Wir gehen ins Licht, in die geistige Welt. Wir treffen dort all die Menschen wieder, die vor uns gegangen sind und die wir lieben. In dieser anderen Dimension ruhen wir uns von unserem Erdenleben aus und lassen es Revue passieren. Wir schauen uns zusammen mit unserem Geistführer, den jede Seele zur Seite hat, an, was wir gut und was wir im vergangenen Leben nicht so gut gemacht haben. Jede Seele versucht, so viele Erfahrungen wie möglich zu sammeln. Das können positive und auch negative Erfahrungen sein. Dafür reicht ein Erdenleben natürlich nicht aus. Deshalb leben wir viele verschiedene Leben, in immer neuen Körpern, um immer weiter zu lernen und uns weiterzuentwickeln. Das nennt man Reinkarnation oder Wiedergeburt. Das höchste und wichtigste Ziel jeder Seele ist die grenzenlose, bedingungslose, göttliche Liebe. Erst wenn dieses Ziel erreicht ist, brauchen wir keine Erdenleben mehr leben. Dann haben wir alle Prüfungen bestanden und bleiben zuhause in der geistigen Welt, bei Gott. Darüber könnte ich noch stundenlang berichten, aber das müssen wir noch verschieben, weil ihr erst eure Aufgabe zu erledigen habt. Was ich vorhin meinte, war, dass sich die Seelen, bevor sie wieder auf die Erde kommen, überlegen, welche Erfahrungen sie diesmal machen wollen. Sie suchen sich dafür den passenden Körper, die passenden Eltern, Freunde und die passende Umgebung aus. Beispielsweise will eine Seele Gerechtigkeit lernen. Dafür sucht sie sich zum Beispiel ein Leben als Richter oder Anwalt aus. In diesen Berufen gibt es genügend Situationen, Gerechtigkeit zu üben. Wir haben auf unserer Erde unzählige Möglichkeiten, alles zu erfahren und zu lernen, was unserer Seele zur Vervollkommnung wichtig ist. Um zu wissen, was das Gute ist, müssen wir auch das Schlechte erfahren. Alles hat zwei Seiten. Es gibt das Licht und die Dunkelheit. Eine Seele will alles erfahren, um letztendlich zur bedingungslosen Liebe, zu Gott zurückzukehren. Das Spannende an der Sache ist, dass die Seelen, sobald sie wieder einen Körper haben, nicht mehr wissen, was sie sich für das Leben in diesem Körper vorgenommen haben. So stoßen sie irgendwann in ihrem Leben auf die Situationen, in denen sie die Möglichkeit haben, die vorgenommenen Erfahrungen zu machen. Da wir Menschen von Gott ja den freien Willen geschenkt bekommen haben, können wir frei entscheiden, ob wir den schwierigen oder den einfachen Weg gehen. Erst, wenn dieses Leben vorbei ist und wir in die geistige Welt zurückgekehrt sind, erkennen wir, ob wir das erreicht haben, was wir uns vorgenommen hatten.

Ihr habt euch für dieses Leben vorgenommen, die Liebe in die Welt zurückzubringen. Gott hat euch aber dennoch die Wahl gelassen, ob ihr den Auftrag annehmt oder nicht. Ihr habt ihn angenommen und ihr bekommt auch Hilfe bei dieser Aufgabe!“

Völlig überwältigt von Margaretes ungewöhnlichen Ausführungen, war ein paar Minuten Stille angesagt. Margarete konnte aber klar erkennen, dass es in den Köpfen ihrer drei Gäste arbeitete. Tanja begann als erste zu sprechen: „Das war ganz schön viel Neues, was du uns da erzählt hast. Ich denke, wir müssen alle erst einmal darüber nachdenken. Allerdings sind es sehr interessante Gedanken. Wenn es wirklich so ist, dass wir uns unsere Lebensaufgaben selbst aussuchen und wir uns dann aber im entscheidenden Moment, aus Angst oder sonstigen Gründen, auch dagegen entscheiden können, was wäre dann gewesen, wenn die Kinder den Auftrag abgelehnt hätten?" „Genau das wollte ich auch gerade fragen", rief Christian und Marie stimmte mit ein. „Ich muss gestehen, dass ich euch darauf keine Antwort geben kann. Was ich weiß, ist, dass jeder Mensch gute Helfer an seiner Seite hat. Das sind Engel oder Geistführer. Für die meisten Menschen sind diese persönlichen Helfer nicht sichtbar. Viele nehmen aber ihre liebevollen Schwingungen und auch Eingebungen in Form von Gedanken wahr. Unsere Helfer geben uns immer wieder Hilfestellungen, wie wir auf den Weg kommen, den wir uns vorgenommen haben. Sie stupsen uns immer wieder an, indem wir oftmals wieder in Situationen geraten, in denen wir erneut die Möglichkeit haben, uns für den Weg zu entscheiden, den wir für unsere Weiterentwicklung gewählt haben. Sollte eine Seele in einem Menschenleben ihr selbst gesetztes Ziel nicht erreichen, hat sie in einem ihrer nächsten Erdenleben die Möglichkeit dazu. Bei eurem Auftrag ist das aber ein bisschen anders, weil er sehr weitreichend und wichtig für alle Menschen ist. Deshalb weiß ich nicht, was gewesen wäre, wenn ihr euch dagegen entschieden hättet." „Gott hat vielleicht noch einen Notfallplan in petto, der vielleicht auch eintritt, wenn wir versagen", hoffte Marie. „An Versagen darfst du niemals denken! Du weißt doch inzwischen, wie wichtig die positiven Gedanken sind", ermahnte Margarete mit liebevollem und dennoch strengem Blick.

„Dass wir viele Leben in verschiedenen Körpern haben, ist ein spannender Gedanke. Ich habe schon ab und zu davon gehört oder gelesen, mir aber bislang keine weiteren Gedanken darüber gemacht", meinte nun Tanja. „Ja, ich habe in unseren Träumen auch davon gehört, konnte mir aber nichts darunter vorstellen", warf Marie ein. „Ich werde euch ein andermal mehr darüber erzählen", versprach Margarete, „Tanja, du kannst sehr gerne noch ein bisschen bleiben, aber für euch zwei ist es jetzt Zeit zu gehen." Ein Blick auf die Uhr bestätigte ihre Aussage, es war schon fast 16.00 Uhr. Die Kinder erhoben sich schnell. Bei der Verabschiedung erinnerte Margarete sie noch einmal daran, immer ihrer Intuition zu folgen: „Horcht bei allem, was ihr macht, in euch hinein. Habt ihr ein gutes oder ein schlechtes Gefühl dabei? Eure geistigen Helfer geben euch so wichtige Hinweise für die richtige Handlung. Folgt eurem Gefühl! Wenn euer Gefühl gut ist, könnt ihr davon ausgehen, dass ihr ihm bedenkenlos folgen könnt. Macht's gut ihr beiden. In Gedanken sind wir immer bei euch!"

Ein eisiger Wind empfing Marie und Christian, als sie das Haus verließen. Auch heute ließ sich die Sonne nicht blicken. Gott sei Dank waren sie warm angezogen. Auf ihrem Weg in die Stadt diskutierten sie erst noch eine Weile über das gerade Gehörte. Dann meinte Marie aber: „Wir sollten uns jetzt wieder auf die Menschen um uns herum konzentrieren. Lass uns schauen, wo unser Gefühl uns hinführt. Wir versuchen, den Menschen unsere guten Gedanken zu schicken." Marie erklärte Christian noch einmal kurz, worum es dabei ging. So machten sie sich lächelnd auf den Weg in die Stadt. Von Margaretes Haus hatten sie zu Fuß nur noch 15 Minuten zu laufen. Alle Menschen, die ihnen entgegen kamen, grüßten sie freundlich und sendeten ihnen liebevolle Gedanken. Der erhoffte Erfolg war allerdings eher gering. Die Leute achteten fast überhaupt nicht auf die beiden Kinder. Mit mürrischem oder unbeteiligtem Gesichtsausdruck waren sie zu sehr mit ihren eigenen Problemen beschäftigt. Mutlos meinte Christian schließlich: „Meinst du, dass es wirklich einen Sinn hat weiterzumachen?" „Ja, bestimmt. Die Zeit ist vermutlich zu kurz, nur so im Vorübergehen. Da erreicht sie zuwenig von der guten Energie. Lass uns in die Eisdiele gehen. Dort können wir uns bei einer Tasse heißer Schokolade länger auf einzelne Menschen einstimmen. So sind wir auch aus dem Blickfeld der Riesen, da sie uns innerhalb von Gebäuden nicht sehen können." Der Gedanke an heiße Schokolade gefiel Christian sofort und so steuerten sie direkt auf die Eisdiele zu, in der Marie vor ein paar Tagen die schwangere Veronika und ihren Freund Manfred getroffen hatte.

Sie setzten sich in eine Ecke, von der aus sie den Raum gut überblicken konnten. Die Eisdiele war gut besucht. Der Geräuschpegel ließ auf einige Streitgespräche schließen, aber manche saßen nur teilnahmslos vor ihrem Eis. Nichts deutete darauf hin, dass es ihnen schmeckte. Während die Kinder nun genüsslich schlürften, konzentrierten sie sich darauf, dem ganzen Raum positive Energie zu senden. Es dauerte eine ganze Weile, bis sie endlich eine Reaktion bemerkten. Mit einem Mal wurde es ruhiger. Die Streitereien ließen immer mehr nach. Mehr und mehr entspannten sich die Gesichter und ab und zu konnte man ein Lachen vernehmen. Christian stupste Marie begeistert an: „Siehst du das? Der ganze Raum wirkt plötzlich viel heller und freundlicher." „Ja, du hast recht! Das ist ja super!", strahlte Marie, „Ich denke, wir sind auf dem richtigen Weg! So können wir die Menschen vielleicht von den negativen Gedankeneingebungen der Riesen ablenken."

Nach der Eisdiele schlenderten sie noch durch einen Supermarkt. Dort gab es ein ständiges Kommen und Gehen. Ihre Idee war, den ganzen Einkaufsmarkt mit positiven Gedanken aufzufüllen, damit so viele Menschen wie möglich ein bisschen davon abbekämen. Im Obergeschoss gab es ein Cafe, von dem aus man den Markt ganz gut überblicken konnte. Sie bestellten sich eine Limonade und machten sich, wie zuvor in der Eisdiele, daran, ihre guten Gedanken in den Raum zu schicken. Sie konzentrierten sich dabei auf folgende Sätze, die sie in Gedanken sprachen: ‚Wir füllen diesen Raum mit Liebe, Licht und Heilung. Alle Menschen, die sich in diesem Supermarkt befinden, fühlen sich wohl und sind glücklich.' Auch hier hatten die beiden nach geraumer Zeit endlich Erfolg. Allerdings war es wesentlich schwieriger, die gute Energie in diesem großen Gebäude gleichbleibend aufrechtzuerhalten, da die Kundschaft ständig wechselte. Die Bedienung sah die Kinder misstrauisch an. Es war für sie ein sehr ungewöhnlicher Anblick. Sie hatte noch nie so ruhige und in sich gekehrte Kinder gesehen. Irgendetwas ging aber von ihnen aus, was sie zunehmend wohlwollender, ja geradezu glücklich stimmte. Deshalb ließ sie die Kinder in Ruhe, bis es schließlich Zeit war, den Laden zu schließen. „So ihr zwei, ich muss jetzt kassieren. Wir machen in fünf Minuten zu", holte sie Marie und Christian aus ihrer Konzentration zurück. Erschrocken schaute Marie auf ihre Uhr. Es war kurz vor 20.00 Uhr! Schnell bezahlten sie ihre Limonade und machten sich auf den Heimweg. „Das war ganz schön anstrengend!", meinte Christian, bevor sich ihre Wege trennten. „Ja, aber es hat super geklappt!", freute sich Marie, „Jetzt bin ich gespannt, wie es bei der Versammlung weitergeht. Lass uns schnell ins Bett gehen! Bis später..."

„Du kommst ja ganz schön spät!", begrüßte Tanja ihre Tochter. „Ja, der Nachmittag ist unheimlich schnell vergangen. Jetzt muss ich erst einen Happen essen. Ich habe einen Bärenhunger" „Bei einem Bärenhunger wird ein Happen wohl nicht reichen", grinste Tanja.

Nachdem Marie sich gestärkt hatte, berichtete sie ihrer Mutter noch von ihren Erlebnissen in der Eisdiele und im Supermarkt. Dann war es auch schon höchste Zeit ins Bett zu gehen. Erstaunlich schnell schlief sie ein...

„Hallo Marie, wir warten schon auf dich. Die Versammlung ist bereits im Gange", wurde sie leise von Peter begrüßt. Christian warf ihr einen liebevollen Blick zu. „Oh, hallo ihr zwei, habe ich viel verpasst?", fragte Marie neugierig. „Nichts Wichtiges denke ich, aber jetzt sollten wir zuhören", antwortete Christian und schob den schwarzen Vorhang ein Stück zur Seite, um besser sehen zu können.

MACHTs Worte erfüllten den Raum: „Wir haben schon viel erreicht, aber am Ziel sind wir noch nicht! Sehr unbefriedigend ist die Tatsache, dass wir über Kinder keine Kontrolle haben, da diese einen großen Einfluss auf die Erwachsenen haben. Dummerweise erfahren die Erwachsenen durch ihre Kinder noch Gefühle wie Glück, Freude, ja sogar Liebe." Den letzten Satz brachte er nur mit einem angewiderten Gesichtsausdruck über die Lippen. „Wir müssen alles versuchen, um dagegen vorzugehen! Wer hat einen Vorschlag?“, fragte er in die Runde. Ratloses Gemurmel verbreitete sich im Saal. Schließlich schlug MACHT mit der Faust auf sein Pult und schrie: „Ruhe! Seid sofort still! HASS möchte etwas sagen. Also, was schlägst du vor?“ „Wir müssen es nur schaffen, dass die Erwachsenen ihre Kinder hassen. Das dürfte doch kein Problem sein, wenn wir ihnen entsprechende Gedanken eingeben. Wo Hass ist, wird jedes Gefühl von Glück, Freude und Liebe verschwinden“, versicherte HASS mit böser Stimme. Auch, wenn die drei Beobachter HASS von ihrem Versteck aus nicht sahen, konnten sie sich sein hassverzerrtes Gesicht sehr gut vorstellen. „Gut, komm vor und demonstriere uns anhand eines Beispiels, wie es funktioniert“, bestimmte MACHT. Laute Schritte hallten durch den Saal und kurz darauf hatten die Kinder auch HASS direkt im Blickfeld.

„Okay, ich habe euch einen Film mitgebracht.“ Auf der Leinwand erschienen plötzlich die Bilder von ein paar Männern, die in einer Gartenwirtschaft saßen und Alkohol tranken. Entsetzt erkannte Christian auch seinen grölenden Vater. Einen Aufschrei konnte er gerade noch unterdrücken. Eine kurze Weile beobachteten die Riesen die Zecher, dann erklärte HASS: „Ich vermute einmal, dass die meisten dieser jämmerlichen Gestalten zuhause Kinder haben. Im alkoholisierten Zustand sind sie für unsere Eingebungen besonders empfänglich. Wir können ihnen Bilder senden, wie sie von ihren Kindern bestohlen und belogen werden oder wie die Kinder etwas für sie sehr Wertvolles kaputt machen. Anschließend geben wir ihnen die Idee ein, wie sie ihre Kinder zur Strafe hemmungslos verprügeln. Ich habe es bei diesen Schwächlingen schon ausprobiert. Schaut mal, was passiert!“ Begeistertes Raunen erfüllte den Saal. Gebannt starrten die Kinder auf die Leinwand. Noch konnten sie sich nicht vorstellen, was geschehen könnte. Minuten vergingen, ohne dass etwas Ungewöhnliches auf der Leinwand geschah. Eine unheimliche Stille verbreitete sich im Raum. Dann plötzlich begann ein Mann lauthals zu fluchen. „Dieser verdammte Bengel! Ich hab es doch gewusst, kaum bin ich aus dem Haus, beklaut er mich, wo es nur geht. Wenn ich den erwische, schlage ich ihn grün und blau. Der kann was erleben!“ Auch die anderen Trinkkumpanen stimmten nun laut schimpfend mit ein.

Marie bemerkte auf ein Mal, dass Christian unkontrolliert zu zittern anfing. Mit schreckgeweiteten Augen starrte er auf die Leinwand, dann drehte er sich abrupt um. Tränen stürzten aus seinen Augen. Da es im Raum noch immer leise war, mussten die Kinder sich sehr still verhalten. So nahm Marie Christian in den Arm und versuchte ihn lautlos zu beruhigen.

Da das Experiment von HASS wunderbar zu funktionieren schien, kam nun Leben in die Riesen und triumphierendes Gelächter wurde immer lauter. Erst jetzt konnte auch Christian laut schluchzen. Tröstend strich Marie ihm über das Haar. „Hey Christian, was ist denn los?", fragte Peter hilflos, „Durch deine Heulerei wird es auch nicht besser. Reiß dich mal zusammen!" „Sei nicht so hart mit ihm! Hilf mir lieber ihn zu beruhigen", bat Marie, „Er braucht jetzt unsere gute Energie. Vermutlich hat er da etwas Schlechtes aufgeschnappt." So legte auch Peter seine Hände bei Christian auf, worauf es diesem tatsächlich schnell besser ging. „Entschuldigt bitte! Ich weiß auch nicht, was mit mir los ist! Danke für eure Hilfe! Es geht schon wieder", brachte er schließlich hervor, während er mit dem Ärmel seines Pullovers seine Tränen abwischte. Noch immer hatte er das Bild seines fluchenden Vaters vor Augen, aber er durfte seine Angst nicht vor Peter und Marie zeigen.

„Dein Vorschlag war gut HASS! Also wisst ihr, was zu tun ist! Damit haben wir aber nur einen Teilerfolg erreicht. Wir müssen eine Möglichkeit finden, auch die Menschenkinder unter Kontrolle zu bekommen! Sie identifizieren sich zu sehr mit dem Volk von Liebeland. Die Kinder haben ein großes Energiepotenzial, so könnte es schwierig werden, die Liebestädter vollständig zu vernichten. Wer von euch hat einen Vorschlag, was wir dagegen unternehmen könnten?", fragte MACHT in die Runde. Für einen Moment herrschte ratlose Stille.

„Ich habe eine Idee!", rief schließlich eine raue Stimme. „Also rede, HABGIER!", erteilte MACHT ihm das Wort. „Es muss ein Geheimnis geben, welches die Liebestädter hüten, um die Kinder für sich zu gewinnen. Dieses Geheimnis müssen wir herausfinden. Sobald wir es wissen, verwenden wir es für unsere Zwecke." „Das hört sich nicht schlecht an, aber wie willst du an das Geheimnis kommen?", fragte MACHT, „Ja, LÜGE, was schlägst du vor?" Nun meldete sich eine laute Stimme mit hinterlistigem Tonfall: „Wir müssen sie ausspionieren! Es gibt bei uns doch welche, die früher öfter in Liebestadt zu Besuch waren. Mir fällt da speziell ANGST ein. Er gewinnt mit einer kleinen Lügengeschichte ihr Vertrauen und entlockt ihnen das Geheimnis. Die Liebestädter sind so blauäugig und können zudem jede Hilfe dringend gebrauchen, sodass ANGST schnell ans Ziel kommen müsste." MACHTs Mimik hellte sich bei diesem Vorschlag auf und er bestätigte: „Das könnte klappen! Zur Sicherheit würde ich ANGST aber noch jemanden mitgeben. Ich würde sagen, SORGE und FURCHT sollen ihn begleiten." Er sah suchend in die Runde, bis er die drei entdeckte. „ANGST, SORGE und FURCHT, ihr macht euch gleich nachher auf den Weg. Verliert keine Zeit! Ich erwarte von euch, dass ihr erfolgreich zurückkehrt! Das wird dann der endgültige Untergang von Liebeland sein!", triumphierte MACHT.

Marie, Christian und Peter sahen sich erschrocken an. „Wir müssen sie unbedingt warnen!", flüsterte Peter ernst. Die beiden anderen nickten, wobei Christian etwas mutlos vor sich hin starrte.

„Wir kommen nun zum nächsten Problem, welches im Moment noch nicht so leicht zu lösen sein wird. Ich habe in letzter Zeit viele Klagen gehört, weil ihr so viel arbeiten müsst. Nun, wie ihr wisst, versuchen wir, soviel wie möglich von den Menschen machen zu lassen. Die Männer arbeiten zum Beispiel im Steinbruch oder in der Landwirtschaft. Die Frauen putzen unsere Häuser und nähen unsere Kleidung. Leider übersteigt es ihre Kraft, schwerere Arbeiten für uns zu verrichten. Das ist der Preis, den wir für unsere Größe zahlen müssen. Ich habe mir überlegt, was uns helfen könnte. Nun bin ich zu dem Schluss gekommen, dass uns in diesem Punkt dennoch die Menschen helfen könnten. Wir suchen uns unter ihnen diejenigen heraus, die in der Lage sind, Maschinen für uns zu erfinden, die dann die Arbeit für uns erledigen. Die Maschinen werden wir, nach den Plänen der Menschen, vermutlich selber bauen müssen, aber wenn es soweit ist, können wir unser Leben weitgehend genießen." Begeistertes Klatschen folgte auf diesen Vorschlag und im Raum wurde es immer lauter.

Marie hatte plötzlich das dringende Bedürfnis von diesem Ort zu verschwinden. Peter schien es ähnlich zu gehen, denn er rief: „Wir müssen schauen, dass wir hier raus kommen. Die Versammlung ist bestimmt bald zu Ende. Wir wollen hier doch nicht noch einmal eingesperrt werden!" „Du hast recht, komm Christian!", antwortete Marie und hakte Christian bei sich unter. Peter ging voraus. Bis zum Ende des Saales war es zwar ein ganzes Stück, aber sie konnten es relativ gefahrlos hinter sich bringen, indem sie sich hauptsächlich hinter den zugezogenen Vorhängen vorwärts bewegten. Die Türe befand sich in der Mitte der hinteren Wandseite. Sie hielten sich immer dicht an der Wand und liefen so schnell sie konnten in Richtung Ausgang. Zu ihrem Glück standen direkt neben der Türe mehrere leere Stühle übereinander gestapelt. Hinter den Stuhlbeinen wollten sie so lange verharren, bis jemand die Türe öffnen würde, damit sie dann, so schnell wie möglich, ins Freie schlüpfen konnten. Kaum hatten sie die Stühle erreicht, beendete MACHT die Sitzung. Er gab ANGST, SORGE und FURCHT noch ein paar Anweisungen auf den Weg. Mit lautem Stühlerücken erhoben sich die Riesen und machten sich auf den Heimweg. Die Türe wurde aufgerissen und die Kinder begannen zu rennen. Zunächst gelangten sie in einen großen Vorraum. Rechts befand sich der Ausgang ins Freie. Nun konnten die Kinder nur hoffen und beten, im Getümmel nicht entdeckt oder zertreten zu werden, denn hier gab es keinerlei Möglichkeit, sich zu verkriechen. Wieder arbeiteten sie sich so schnell sie konnten, dicht an der Wand entlang voran. Christian begann schon schwer zu atmen. „Ich kann nicht mehr! Ich brauche eine Pause! Bitte!!!", rief er eindringlich. Erschrocken blieben Marie und Peter stehen und blickten ihn ungläubig an. „Komm, es ist nicht mehr weit bis zur Tür!

Wir müssen draußen sein, bevor sie hier schließen!", flehte ihn Marie an. Peter packte ihn etwas unsanft am Arm und zog ihn weiter.

„Hey was ist das? Das darf ja wohl nicht wahr sein! Hier haben wir auch Mäuse! ÜBEL, hier gibt es Arbeit für dich!", rief plötzlich eine laute Stimme. Voller Entsetzen stürmten die Kinder nun in Richtung Ausgang. Da offensichtlich sein Leben davon abhing, bekam Christian einen Energieschub, der ihm half, mit den anderen Schritt zu halten.

Der Riese versuchte mit lautem Geschrei nach ihnen zu treten, verfehlte sie aber immer knapp. „Wo sind Mäuse? Du hast wohl wieder einmal zu tief ins Glas geschaut, WUT! Komm jetzt, wir haben Wichtigeres zu tun, als deinen Hirngespinsten zu folgen!", rief nun eine weibliche Stimme und zerrte den protestierenden WUT nach draußen. Auch die Kinder hatten inzwischen völlig außer Atem den Ausgang erreicht. Wie es schien, im letzten Moment, denn kaum waren sie im Freien, wurde die Eingangstür mit einem lautem Knall ins Schloss gezogen. Die Riesen entfernten sich schnell. Nur WUT sah sich noch einmal nach ihnen um und schimpfte lautstark mit seiner Frau, weil sie ihm nicht glaubte. Mit der dunklen Tür im Rücken, konnte er die Kinder allerdings nicht mehr wahrnehmen. So musste er schließlich klein beigeben. Christian war total am Ende und zitterte am ganzen Körper. Auch Marie und Peter waren erschöpft und gleichzeitig sehr dankbar, wieder einer gefährlichen Situation entkommen zu sein. Direkt neben der Tür stand eine große Holztafel mit der Aufschrift „Versammlungsraum". Hinter dieser Tafel ließen sich die drei nieder, um Kraft für ihren weiteren Weg zu schöpfen. Sie legten sich ein paar Minuten die Hände auf und atmeten schließlich ganz ruhig. Als Marie und Peter wieder fit waren, gaben sie gemeinsam Christian Energie, bis auch er sich erholt hatte.

„Wir müssen so schnell wie möglich nach Liebestadt zurück und sie warnen", erinnerte Marie. „Wir haben aber bestimmt keine Chance, vor den drei Riesen dort zu sein. Die sind doch viel schneller wie wir!", meinte Christian mutlos. Peter wollte diesen Einwand nicht gelten lassen: „Wir schaffen es irgendwie! Zum Beispiel könnten wir uns wieder als blinde Passagiere versuchen." „Okay, aber dann müssten wir erst einmal wissen, wo die drei jetzt sind. Leider wissen wir nicht einmal, wie die Riesen aussehen, nach denen wir suchen", gab Christian zu bedenken. „Konzentriert euch auf unser Ziel! Wir bitten Gott um Hilfe und vertrauen unserer Intuition", erklärte Marie bestimmt. Gesagt, getan und dann konnte es weitergehen. Nun galt es zuerst, zwei Stufen hinab zur Straße zu überwinden. „Das geht ja schon gut los!", meinte Christian. „So hoch sind die Stufen doch gar nicht. Wir kommen da gut runter", erklärte Peter. Er setzte sich auf den Stufenrand und hüpfte mit einem Satz hinab. Ebenso machte er es mit der zweiten Stufe. „Kommt, es ist ganz einfach", rief er Marie und Christian von unten zu. Marie war zwar etwas unsicher, schaffte es dann aber auf dem glei-

chen Weg nach unten. „Jetzt du Christian!“, rief sie nach oben. Mit Herzklopfen setzte sich Christian auf den Stufenrand und sah nach unten. Das sah doch verdammt hoch aus und er war noch nie gut in Sport gewesen. Wenn er sich jetzt ein Bein brechen würde, dann wäre alles verloren. Marie und Peter hatten leicht reden. Die waren viel mutiger und topfit. „Mach schon, wir dürfen keine Zeit verlieren! Es ist doch ganz einfach! Spring jetzt endlich!“, drang Peters ungeduldige Stimme zu ihm hoch. Während Christian noch mit sich rang, näherten sich plötzlich Schritte und lautes Gelächter. „Versteck dich, schnell!“, kam die Warnung von unten zu Christian hoch, aber er war vor Schreck wie gelähmt. Marie und Peter verkrochen sich neben der Treppe, dicht an die Hauswand gedrückt. Voller Entsetzen mussten sie mitanhören, wie HÖLLCHEN begeistert zu ÄNGSTLICH sagte: „Schau mal da, ein Menschenkind! Wow, das muss ich unbedingt meinen Eltern zeigen! Wir nehmen es mit.“ „Ach ist der süß! Mit dem können wir bestimmt klasse spielen“, ertönte nun die Stimme von ÄNGSTLICH. Bevor Christian sich versah, kam eine riesige Hand auf ihn zu und dann wurde es dunkel um ihn herum…

Marie und Peter konnten den Riesenkindern nur noch fassungslos hinterher blicken. „Christian, nein, Christian, sie haben ihn mitgenommen!“, schrie Marie verzweifelt, „Was machen wir denn jetzt?“ „Verdammt, warum ist er nicht einfach gesprungen!“ Peter konnte den Fluch nicht unterdrücken. „Was ist, wenn sie ihm etwas antun? Mit denen ist doch nicht zu spaßen! Wir müssen ihn befreien!“ Maries Stimme überschlug sich fast vor Angst. Peter versuchte ruhig zu bleiben. Wortlos legte er seine Hände auf Maries Oberbauch. Dankbar sah diese ihn an. Nach kurzem Überlegen, sagte er schließlich: „Wir werden uns trennen müssen! Es geht nicht anders! Einer von uns geht nach Liebestadt und der andere versucht Christian zu befreien.“ Erst blickte Marie Peter erschrocken an, doch dann stimmte sie ihm zu: „Du hast wohl recht! Das ist die einzige Möglichkeit!“ „Ich schlage vor, du gehst nach Liebestadt. Ich suche hier nach Christian und komme so schnell wie möglich mit ihm nach. Traust du dir das alleine zu?“ Peter sah sie eindringlich an. Marie atmete tief durch und antwortete dann: „Okay, aber bring ihn mir bitte gesund wieder zurück!“ Wortlos nahmen sie sich ganz fest in die Arme, tankten so noch Energie für den weiteren Weg und wünschten sich gegenseitig Glück…

Tag 11

Die Nacht war vorbei. Marie riss mit bangen Gedanken die Augen auf: „Christian …! Ich muss Christian anrufen!“ Mit einem Satz sprang sie aus dem Bett und rannte zum Telefon. Erst, als sie schon den Hörer abgenommen hatte, bemerkte sie, dass sie ja noch seine Telefonnummer brauchte. „Er hat mir doch seine Nummer mit Adresse aufgeschrieben. Wo habe ich den Zettel bloß hingesteckt?“ Nun fing Marie an zu suchen. Auf dem Telefonschränkchen lagen diverse Notizzettel. Aber Christians Zettel war nicht dabei. Dann suchte sie ergebnislos die Schubladen des Schränkchens durch. Ihre Nervosität stieg. Verzweifelt jammerte sie vor sich hin. „Guten Morgen mein Schatz, schon so aktiv zu früher Stunde? Was suchst du denn?“, unterbrach Tanja ihre Suche. „Oh Mama, Gott sei Dank bist du wach! Es ist etwas ganz Furchtbares passiert! Christian ist entführt worden! Nun muss ich ihn unbedingt anrufen, aber ich finde seine Nummer nicht. Er hat mir die Adresse mit Telefonnummer auf ein kleines grünes Blatt geschrieben. Hast du es gesehen?“ „Ganz ruhig mein Schatz, beruhige dich erst einmal. Wir finden die Nummer, ganz bestimmt! Lass uns erst frühstücken und erzähle mir, was geschehen ist. Es ist nämlich noch nicht einmal 9.00 Uhr. So früh würde ich in den Ferien nicht bei fremden Leuten anrufen.“ Sie nahm Marie fest in die Arme und strich ihr liebevoll über das zerzauste Haar. Das tat gut!

Nachdem die beiden einen Schnelldurchgang im Badezimmer hinter sich gebracht hatten, saßen sie beim Frühstück und Marie erzählte Tanja schnell, was vorgefallen war. Hunger hatte sie keinen. Sie war viel zu unruhig. Ständig sah sie auf die Uhr. „Komm iss wenigstens ein Brot. Du hast einen anstrengenden Tag vor dir. Da ist es wichtig, dass du etwas im Magen hast“, animierte Tanja sie, „Wo hast du den Zettel mit Christians Nummer denn zuletzt gehabt?“ Ohne Appetit kaute Marie an ihrem Brot herum und überlegte. Schlagartig fiel ihr ein, dass ihr Christian bisher immer zuvor gekommen war. Noch nie hatte sie bei ihm angerufen. „Meine Jackentasche ..., er muss noch in meiner Jackentasche sein!“, rief sie, sprang auf und rannte zur Garderobe. „Ich habe ihn! Ich rufe jetzt dort an!“ Einen kurzen Moment war alles still, dann hörte Tanja Marie rufen: „Das kann nicht sein! Mama, das gibt es nicht!“ Sofort war Tanja bei ihrer Tochter. „Ich habe es dreimal versucht! Immer kommt die Ansage ‚Kein Anschluss unter dieser Nummer‘! Was bedeutet das? Er hat mir die Nummer doch selbst aufgeschrieben. Sie muss doch stimmen!“ „Vielleicht hast du dich vor lauter Aufregung verwählt. Lass es mich einmal versuchen!“ Auch Tanja hatte keinen Erfolg. „Wie heißt er denn mit Nachnamen? Wir schauen dann einfach im Telefonbuch nach“, schlug sie vor. Marie sah sie mit großen Augen an: „Keine Ahnung ..., ich kenne nur seinen Vornamen!“ „Okay, wir haben hier ja seine Adresse. Wir fahren zu ihm. Dann wird sich alles aufklären“, versuchte Tanja ihre Tochter zu beruhigen. Nach dem, was Marie erzählt hatte, wurde auch sie inzwischen nervös. Sie kramte den Stadtplan hervor und suchte dort die von Christian angegebene „Mozartstraße 5“, während Marie schon startklar vor ihr stand. Dann schnappte auch sie sich ihre Jacke und es konnte losgehen.

In strömendem Regen machten sie sich mit ihrem Kleinwagen auf den Weg zum anderen Ende der Stadt. Bei diesem ungemütlichen Wetter waren die meisten Menschen mit dem Auto unterwegs, sodass sie langsamer vorankamen, als ihnen lieb war. Schließlich hatten sie aber ihr Ziel erreicht. Tanja konnte direkt vor dem Haus mit der Nummer 5 parken. Von außen sah das Gebäude mit dem großen Garten sehr gepflegt und nobel aus. Tanja nahm ihren Regenschirm, öffnete die Autotür und spannte den Schirm auf. Dann ging sie um das Auto herum und holte Marie ab, damit auch sie mit unter den Schirm schlüpfen konnte. Gemeinsam standen sie nun am Gartenzaun und klingelten an der dort angebrachten Hausglocke. Kurze Zeit später vernahmen sie durch die Sprechanlage die Frage: „Ja bitte?" „Hallo, hier sind Marie und Tanja. Wir müssen unbedingt mit Christian sprechen. Ist er zuhause?", sprach Tanja in das Gerät. „Christian? Hier gibt es keinen Christian!", kam die prompte Antwort. „Aber das kann nicht sein, er hat mir doch diese Adresse gegeben!", rief Marie nun völlig verzweifelt, „Bitte es ist sehr wichtig! Wir müssen unbedingt wissen, wo er ist!" „Wie ich schon sagte, hier wohnt kein Christian und ich kenne auch niemanden mit diesem Namen! Verschwindet jetzt und verplempert nicht meine wertvolle Zeit!" Mit einem lauten Knall wurde der Hörer am anderen Ende der Sprechanlage eingehängt.

Marie liefen Tränen über die Wangen. Sie konnte es nicht fassen. „Komm ins Auto, Schatz!" Tanja nahm sie am Arm und brachte sie zum Wagen.

„Er hat mich angelogen! Warum hat er mich angelogen? Es gibt doch überhaupt keinen Grund dafür. Ich dachte wir wären Freunde!", schluchzte Marie völlig aufgelöst in Tanjas Armen. „Es gibt bestimmt einen wichtigen Grund dafür. Mach dir bitte keine Sorgen meine Kleine, wir werden Christian schon finden!" Tanja sah sich noch einmal den kleinen grünen Zettel an. Es gab keinen Zweifel, dort stand in klarer leserlicher Schrift „Mozartstraße 5". Christian hatte Marie also bewusst die falsche Telefonnummer und die falsche Adresse gegeben. Aber warum nur? Marie wischte sich mit einem Papiertaschentuch die Tränen ab. Zu ihrem Kummer mischte sich jetzt auch Wut. Wut darüber, dass Christian ihr nicht vertraut hatte. Nun fielen ihr wieder ihre Hände ein, die sie sogleich auf ihr Herz legte. Sie spürte die Energie nicht sofort, aber nach ein paar Minuten strömte eine angenehme Wärme erst sanft, dann immer intensiver durch ihre Handflächen. Das half ihr, wieder klar zu denken. „Margarete..., wir müssen sofort zu Margarete! Sie kennt Christian schon seit vielen Jahren. Sie weiß bestimmt wo er wohnt oder zumindest, wie er mit Nachnamen heißt", rief sie nun ganz aufgeregt. „Ja, das ist eine gute Idee!", antwortete Tanja und startete den Wagen.

Eine Viertelstunde später, klingelten sie stürmisch an Margaretes Tür. Keine Reaktion! Margarete schien nicht zuhause zu sein. „Was machen wir jetzt?", fragte Marie enttäuscht. „Wir warten hier auf sie! Bestimmt ist sie nur in der Stadt, um einzukaufen. Komm ins Auto, hier draußen ist es zu nass und zu kalt! Von dort haben wir die Haustür immer im Blick", erklärte Tanja.

Im Auto fiel Marie plötzlich ein, dass sie vor lauter Sorge um Christian völlig vergessen hatte, ihrer Mama Energie zu spenden. Auf dem Rücksitz des Autos war es zwar nicht so bequem wie zuhause, aber da die beiden im Moment sowieso auf Margarete warten mussten, legte Marie Tanja nun ihre Hände auf. Sie hatte sich soweit gefasst, dass sie sich tatsächlich relativ gut auf ihre Mutter konzentrieren konnte. Bei diesem Wetter brauchten sie sich auch keine Gedanken darüber zu machen, durch die Autoscheiben beobachtet zu werden, zumindest dachten sie das. Verblüfft stellten sie fest, dass die Heilenergie auch durch ihre Jacken floss. Obwohl es Mitte August war, zeigte das Thermometer nur knapp 12° C. Ohne Jacken wäre es selbst im Auto etwas kühl geworden.

Die beiden konnten nicht sagen, wie viel Zeit vergangen war, als es plötzlich leicht an die Autoscheibe klopfte. Tanja und Marie wurden mit einem Ruck aus ihrer Trance gerissen und öffneten erschrocken die Augen. Das tropfnasse Gesicht von Margarete strahlte zu ihnen hinein. Erleichtert stiegen sie aus dem Auto, um ihre Freundin zu begrüßen. „Kommt schnell ins Haus. Heute regnet es ja Bindfäden", rief Margarete, erfreut darüber, die beiden zu sehen, „Wenn ich gewusst hätte, dass ihr kommt, wäre ich früher zum Einkaufen gegangen." Kaum im Trockenen platzte Marie mit ihrer Frage heraus: „Wir müssen unbedingt wissen, wie Christian mit Nachnamen heißt und wo er wohnt!" Sie erntete einen sehr überraschten Blick: „Wo er wohnt, weiß ich gar nicht. Sein Nachname? Lass mich überlegen ..., es ist schon so lange her, dass ich ihn während meiner Lehrerzeit wissen musste. ...Ich glaube er heißt Baier. Warum musst du das wissen? Warum fragst du ihn das nicht selbst? Wo ist er denn?" Nun erfuhr auch Margarete die ganze dramatische Geschichte, allerdings in Superkurzform. Beim Blick ins Telefonbuch fanden sie fünf Einträge auf den Namen Baier. Nun riefen sie eine Nummer nach der anderen an und fragten nach Christian. Bei drei Nummern meldete sich niemand, bei den anderen beiden gab es keinen Jungen der Christian hieß. „Okay, wir schreiben uns die Adressen der drei übrigen aus dem Telefonbuch ab und fahren dort hin. Sollte tatsächlich niemand zuhause sein, fragen wir bei den Nachbarn", bestimmte Tanja, die sich nach Maries Handauflegen topfit fühlte. „Also los geht's!" Die drei griffen wieder nach ihren Jacken und schon waren sie wieder mit dem Auto unterwegs. Gut, dass Tanja ihren Stadtplan mitgenommen hatte.

Bei der ersten Adresse fuhr in dem Moment ein Wagen vor, als sie gerade klingeln wollten. Leider fragten sie hier ergebnislos. Die nächste Adresse, war nur ein paar Straßen weiter, in einem riesigen Häuserblock. „Ich kann mir nicht richtig vorstellen, dass Christian hier wohnt", meinte Marie mit einem kritischen Blick auf die ungepflegte Erscheinung des gesamten Komplexes. „Wir klingeln trotzdem“, erklärte Margarete und die drei machten sich unter ihren Regenschirmen auf den Weg zur Eingangstür. Unter den unzähligen Klingelschildern fanden sie schließlich den Namen „Baier“ und läuteten mehrmals. „Zu wem wollt ihr denn?“, fragte plötzlich eine zarte Stimme hinter ihnen. Überrascht schauten die drei sich um und sahen ein etwa zehnjähriges Mädchen mit kurzen dunkelbraunen Haaren vor sich stehen. „Hallo, wir suchen den Christian, Christian Baier. Kennst du ihn?“, fragte Marie die Kleine. Nun wurde der Gesichtsausdruck des Mädchens sehr ernst: „Ja, der Christian. Den haben sie heute Morgen ins Krankenhaus nach Leuthausen gebracht. Stellt euch vor, der ist nicht mehr aufgewacht. Sein Papa brüllte wie immer ganz laut herum, aber er ist davon nicht wach geworden. Christians Mama hören wir immer weinen. Heute schrie sie! Meine Mama hat die Polizei angerufen, weil sie dachte, Christians Papa schlägt die beiden wieder. Er ist dann zur Arbeit gegangen, noch bevor die Polizei gekommen ist. Später hat der Krankenwagen Christian und seine Mama mitgenommen. Davor hat sie meiner Mama nur kurz zugerufen, dass Christian im Koma liegt und keiner weiß warum. Mama hat mir dann erklärt, was Koma ist. Das ist wie schlafen, nur ohne aufwachen.“ Entsetzt sahen Marie, Tanja und Margarete das Mädchen an. „Ich muss jetzt gehen! Ich darf nämlich nicht mit Fremden sprechen“, rief die Kleine nun und sprang davon. Tanjas „Danke dir!“ hatte sie vermutlich schon nicht mehr gehört. Marie war sprachlos. Sie wusste nicht mehr, was sie denken sollte. Christian wurde zuhause geschlagen und er hatte niemals ein Wort davon erwähnt. Warum nur? Plötzlich hatte sie wieder die Szene im Versammlungsraum vor Augen. Nun fiel es ihr wie Schuppen von den Augen. Jetzt war klar, warum Christian so geweint hat, als er die fluchenden Väter auf der Leinwand gesehen hatte.

„Was sollen wir jetzt nur machen? Können wir nicht sofort ins Krankenhaus fahren?“, fragte Marie verzweifelt. „Nein Schatz, wenn es so schlecht um ihn steht, lassen sie uns bestimmt nicht zu ihm. Vor morgen oder sogar übermorgen brauchen wir dort gar nicht aufzutauchen“, antwortete ihr Margarete mit sanftem Ton und wischte ihr mit einem Taschentuch ein paar Tränen von der Wange, „Wir werden ihm unsere guten Gedanken ins Krankenhaus schicken. Die kommen auch bei ihm an, wenn er im Koma liegt.“

Gerade, als die drei wieder ins Auto steigen wollten, hielt ein Taxi vor dem Haus und eine etwas korpulente Frau mit mittellangen blonden Haaren stieg aus. Man sah ihr an, dass sie geweint hatte. Marie ging ohne zu überlegen auf sie zu und fragte: „Sind Sie Frau Baier? Sind Sie Christians Mutter?“ Überrascht sah die Angesprochene Marie an und antwortete leise: „Ja, ich bin Christians Mutter und wer bist du?“ „Ich bin Marie eine gute Freundin von Christian. Das hier sind meine Mama Tanja und unsere Freundin Margarete. Margarete war

Christians Lehrerin", gab sie zur Auskunft, „Bitte sagen Sie uns, wie es Christian geht! Wir machen uns große Sorgen um ihn. Was fehlt ihm? Ein kleines Mädchen sagte uns, dass er im Krankenhaus ist." „Ja, es ist einfach schrecklich...!" Nun schossen wieder Tränen aus ihren Augen. Margarete legte tröstend ihren Arm um sie und sagte: „Können wir uns irgendwo ungestört unterhalten? Wir möchten Ihnen gerne helfen." „Sie wollen mir helfen? Ich wüsste nicht wie und auch nicht warum! Uns wollte noch nie jemand helfen!" Tanja schlug nun vor: „Lassen Sie uns in der Stadt einen Kaffee trinken. Dort ist es wesentlich gemütlicher, als hier draußen und Ihr Mann kann uns auch nicht stören, wenn er nach Hause kommt." „Mein Mann..., womöglich wartet er schon auf mich", rief sie mit ängstlichem Gesichtsausdruck. „Keine Sorge, er ist nicht zuhause. Wir haben schon mehrfach geklingelt", beruhigte Margarete sie. So ließ sich Christians Mutter widerspruchslos in das Auto verfrachten, um damit ins nächste Café zu fahren.

Erst im Café bemerkten die Frauen, dass seit dem Frühstück schon einige Stunden vergangen waren. So bestellten sie sich zum Kaffee und der heißen Schokolade auch gleich noch etwas zu Essen.

„Christians Zustand ist stabil. Er ist aber nicht ansprechbar und reagiert auf keine äußeren Reize. Die Ärzte tappen noch völlig im Dunkeln. Niemand weiß, was mit ihm los ist. Ich bin froh, dass er im Krankenhaus in guten Händen ist. Morgen wissen sie bestimmt mehr und können mir sagen, was ihm fehlt", erzählte Klara Baier nun sichtlich ruhiger, „Wie lange bist du denn schon mit meinem Jungen befreundet, Marie? Er hat nie etwas von dir erzählt. Er hat nicht viele Freunde, musst du wissen. In der Schule wird er immer furchtbar gehänselt, weil er so dick ist. Aber wie ihr seht, liegt das leider in der Familie. Seid ihr Klassenkameraden?" „Nein, ich kenne ihn nicht aus der Schule. Wir haben uns erst vor ein paar Tagen bei Margarete getroffen." Marie entschied sich, Christians Mutter nichts von ihren nächtlichen Erlebnissen zu berichten. Das würde sie bestimmt nur unnötig verwirren. Klara Baier sah Margarete fragend an: „Sie sind Frau Glücklich! Christian hat immer so von Ihnen geschwärmt! Ich hoffe, er hat sie mit seinen Besuchen nicht belästigt." Margarete lächelte: „Oh nein, Christian ist so ein toller Junge. Ich freue mich immer sehr, wenn er bei mir reinschaut. Wir unterhalten uns immer prima! Ich habe ihn sehr gerne!"

Klara fühlte sich in dieser Runde so wohl, wie lange nicht mehr. Sie hatte das Gefühl, dass die drei eine ganz besondere Ausstrahlung hatten. Marie hatte sich unbemerkt immer wieder die Hände aufgelegt und war inzwischen ganz ruhig. Eine innere Stimme sagte ihr, dass Christian am Leben ist und dass sie sich keine Sorgen zu machen brauchte. Während Christians Mutter nun viel Schlimmes aus ihrem und Christians Leben erzählte, richtete Marie so unauffällig wie möglich ihre Handflächen in Frau Baiers Richtung. Die Energie floss ziemlich intensiv. So konnte Klara Baier nach einiger Zeit sogar lächeln.

Nach über zwei Stunden fuhren die drei Frau Baier wieder nach Hause. Inzwischen war es schon fast 18.00 Uhr. Klara Baier war ein bisschen ängstlich wegen ihres prügelnden Mannes. Normalerweise geht er nach der Arbeit noch in die Kneipe zwei Straßen weiter. Vielleicht macht er sich aber doch ausnahmsweise einmal Gedanken um seinen Sohn und kommt gleich nach Hause.

„Geben Sie uns bitte Bescheid, wenn es etwas Neues von Christian gibt! Ich möchte ihn so schnell wie möglich besuchen", bat Marie zum Abschied. „Ich melde mich auf alle Fälle. Sobald die Ärzte das Okay geben, nehme ich dich mit nach Leuthausen", versprach sie. Nun fiel Marie noch ein, dass sie ja ab übermorgen sowieso in Leuthausen bei ihrem Vater sein würde. Dann könnte sie Christian täglich besuchen, solange er im Krankenhaus wäre. Sie hoffte allerdings inständig, dass Peter ihm nachts helfen könnte, damit er aus dem Koma erwachen konnte.

„Wenn Sie jemanden zum Reden brauchen, freue ich mich über Ihren Besuch, Frau Baier. Sie sind jederzeit ganz herzlich willkommen!", verkündete Margarete und gab ihr ihre Adresse mit Telefonnummer.

„Das war ein ganz schön aufregender Tag, mein Schatz. Ich bin schon müde. Lass uns noch etwas essen und dann früh in Bett gehen. Du hast ja wieder eine anstrengende Nacht vor dir", meinte Tanja, als sie kurz vor halb acht schließlich wieder zuhause waren. „Du hast doch morgen Nachmittag deinen Termin bei Frau Dr. Mosbach. Ich möchte dir nach dem Abendessen gerne noch einmal die Hände auflegen. Bist du einverstanden?", fragte Marie. „Da sage ich selbstverständlich nicht nein!", freute sich Tanja, „Wegen morgen bin ich schon ein bisschen aufgeregt." Jetzt klingelte das Telefon und Jens fragte ganz entrüstet: „Wo wart ihr denn so lange? Seit einer Ewigkeit versuche ich euch zu erreichen." „Weißt du Schatz, ohne dich ist es uns zuhause zu langweilig, deshalb haben wir den Nachmittag in der Stadt verbracht", begrüßte ihn Tanja mit liebevoller Stimme. Kaum hörte Jens die Stimme seiner Mama, war er auch schon wieder versöhnt und berichtete von dem aufregenden Tag mit seinem Papa. Jens letzte Frage lautete auch heute wieder: „Mama, kann Papa nicht wieder zu uns ziehen? Dann sind wir wieder eine richtige Familie." Jens sprach das aus, was Tanja sich sehnlichst wünschte. Es half aber alles nichts und so antwortete sie ihm ausweichend: „Du weiß doch Schatz, dass das nicht geht. Aber du kannst Papa doch oft besuchen. Jetzt schlaf gut und träum etwas schönes, mein Engel..."

Als Marie später in ihrem Bett lag, gab sie sich vor dem Einschlafen noch eine Portion Energie. Das was vor ihnen lag, würde nicht einfach werden ...

Zurück nach Liebestadt

Von Peter war nichts zu sehen. Vermutlich war er schon auf der Suche nach Christian und so war es auch Zeit für sie, sich auf den Weg nach Liebestadt zu machen. Marie wusste, dass sie sich beeilen musste. ANGST, SORGE und FURCHT hatten Liebestadt womöglich inzwischen erreicht, dennoch wollte sie alles versuchen, um so schnell wie möglich dort zu sein. ‚Lieber GOTT, zeige mir bitte den Weg, wie ich so schnell wie möglich nach Liebestadt komme, um sie zu warnen. Bitte hilf mir dabei, nicht entdeckt zu werden! Bitte hilf und beschütze auch Peter und Christian!', flehte sie. Prompt kam die Antwort aus ihrem Inneren: ‚Hab Vertrauen und achte auf dein Gefühl, dann wirst du die Zeichen erkennen! Wenn du nicht gesehen werden willst, wird dich auch niemand sehen. Du musst nur daran glauben, dann wird es so sein!' Marie dankte im Stillen und blickte über den Platz vor ihr. Einige Riesen liefen geschäftig hin und her. ‚Okay, dann mal los!' Ohne sich weiter Gedanken darüber zu machen rannte sie los, quer über den Platz. Sie hatte das Gefühl, schon einmal hier gewesen zu sein. Ja natürlich, auf diesem Platz waren sie gelandet, nachdem sie aus dem Turm gekommen waren. Hier hatte sie Hector verfolgt und sie so in die richtige Straße geführt. Das ging damals aber so schnell, dass sie nun nicht mehr wusste, wohin Hector sie gejagt hatte. Intuitiv rannte sie in die Straße, die nach rechts führte. Kaum hatte sie das zweite Haus dieser Straße erreicht, musste sie erst einmal verschnaufen. Hinter einer Mülltonne legte sie sich die Hände auf, bis sie wieder zu Atem gekommen war. Gerade wollte sie weiterlaufen, als sie durch ein offenes Fenster eine Stimme vernahm: „Mama, ich gehe nach Machtdorf. Ich will von den Sachen, die wir dort gelassen haben, noch etwas zum Einrichten unserer Puppenstube holen." „Sei aber pünktlich zum Essen wieder zurück, GIERIG!", lautete die Antwort. Gleich danach öffnete sich die Haustüre und heraus kam ein Riesenmädchen mit dunkel gelockten Haaren. Sie trug ein braunes Sweatshirt mit schwarzer Hose. Direkt ans Haus grenzte eine Garage, aus der sie einen Leiterwagen und ein Fahrrad holte. Das war Maries Chance. Während das Riesenkind den Leiterwagen am Rad befestigte, kletterte sie an den Speichen eines Rades nach oben in den Wagen. Das war ganz schön anstrengend! Das Mädchen mit Namen GIERIG bemerkte sie nicht. Im Wagen lag eine Decke, unter der Marie sich bis zum Beginn der Fahrt verstecken konnte.

Die holprige Reise ging los. GIERIG fuhr ziemlich schnell, sodass Marie Mühe hatte, sich an einer Holzverstrebung des Anhängers festzuhalten. Einerseits war es ihr recht, dass sie so relativ schnell vorankamen, andererseits betete sie inständig um genügend Kraft, um nicht vom Wagen geschleudert zu werden.

Für Marie war die Verstrebung ein richtiger Holzbalken, sodass sie ihn nur im Stehen mit beiden Armen umklammern konnte. Nun radelte GIERIG geradewegs auf die Holzbrücke zu, die sie direkt nach Machtdorf führte. Der Leiterwagen hopste auf der Brücke immer wieder in alle Richtungen. Marie wurde übel. Sie schloss die Augen, um ihr Schwindelgefühl zu bekämpfen. ‚Bitte, bitte hilf mir lieber Gott! Lass uns schnell am Ziel sein! Ich weiß nicht, wie lange ich das noch durchhalte...'

Endlich war die Brücke überwunden und die Fahrt wurde ruhiger. Vorsichtig öffnete Marie die Augen und sah, dass GIERIG gerade am Ortsschild von Machtdorf vorbeifuhr. Kurz darauf schwenkte sie scharf nach links und stoppte abrupt vor einem Garagentor. Jetzt musste Marie schnell handeln! Ihre Übelkeit machte das nicht gerade einfacher. Glücklicherweise war das Riesenmädchen mit dem Haus beschäftigt, vor dem sie standen.

Kaum hatte Marie den sicheren Boden erreicht, musste sie sich dann doch übergeben. Das war einfach zuviel für ihren Magen. Um ihn zu beruhigen, legte sie sich gleich die Hände auf. Tief ein- und ausatmend lehnte sie am Rad des Leiterwagens. Die Energie in ihren Händen bewirkte Wunder, denn sie erholte sich schnell. Nun beobachtete sie erstaunt, wie GIERIG das Dach des Hauses entfernte, um so an die Einrichtungsgegenstände im Haus zu gelangen. Es wurde höchste Zeit zu verschwinden, denn GIERIG wandte sich jetzt mit vollen Händen dem Leiterwagen zu, um ihn zu beladen. Marie rannte ohne zu überlegen auf die Straße zu, bis sie außer Sichtweite war. Schnell erkannte sie, in welche Richtung sie nach Liebestadt gehen musste. Mit Christian und Peter war sie immer nur geradeaus dem Weg gefolgt. Vielleicht würde es ihr gelingen, die Hütte von HOFFNUNG wieder zu finden. Der Weg war dennoch ziemlich weit und sie durfte keine Zeit verlieren. Sie hatte die letzten Häuser von Machtdorf erreicht, als sie plötzlich das Gefühl hatte, bei dem Haus mit der Nummer 52 eine Pause einlegen zu müssen. Irgendetwas zog sie in Richtung Garage. Marie hatte sich vorgenommen, auf ihre Intuition zu achten, also sah sie sich suchend um. Da sie nichts Auffälliges entdeckte, kam ihr die Idee die Garage zu öffnen. Ja, sofort war klar, warum sie hier hatte halten sollen. In der Garage stand ein schönes rotes Fahrrad. Es schien nur auf sie gewartet zu haben. „Danke!", rief Marie strahlend, schnappte sich das Rad und fuhr los...

HOFFNUNG sollte Recht behalten. Es waren nur wenige Tage vergangen, seit sie diese Strecke gegangen sind. Erschrocken registrierte Marie, dass sich die Landschaft in dieser kurzen Zeit verändert hatte! Die Wiesen und der Wald erschienen ihr nun grau in grau. Keine Blumen und keine Tiere kreuzten ihren Weg. Die Sonne ließ sich auch nicht mehr blicken. Während sie, so schnell sie konnte, den Weg entlang radelte, bemühte sie sich, liebevolle Gedanken an Christian, Peter und das Volk von Liebeland zu schicken. Wenn sie an Christian dachte, fühlte sie einen tiefen Schmerz in ihrem Herzen. Sie konnte einfach nicht verstehen, warum Christian ihr nichts von seinen Problemen zuhause erzählt hatte. Diese trüben Gedanken verscheuchte sie so gut es ging. Schließlich war es wichtig, dass gute Gefühle bei ihm ankamen.

Mit dem Fahrrad war Marie um einiges schneller, als zu Fuß, so erreichte sie HOFFNUNGs Hütte früher, als sie dachte. Schon von weitem erkannte sie, dass die Türe weit offen stand. „HOFFNUNG, bist du da?", rief sie laut und stieg vor dem Eingang vom Rad. „Hallo HOFFNUNG, ich bin's Marie!" Keine Antwort! Im Haus sah Marie in jedem Zimmer nach. Von HOFFNUNG keine Spur. „Dann ist sie sicher bei den anderen", redete sie sich Mut zu. Sie trat aus der Hütte und erschrak. Erst jetzt nahm Marie die riesigen Fußspuren wahr, die überall verteilt waren. In der Eile hatte sie diese vorher völlig übersehen. Die drei Riesen waren also hier gewesen! „Oh Gott, hoffentlich haben sie HOFFNUNG und den anderen nichts angetan!" Panik übermannte sie. Unbewusst legte sie sich die Hände auf ihren Oberbauch, um sich zu beruhigen. Kurz danach schwang sie sich wieder auf das Fahrrad und radelte nach Liebestadt. Während der Fahrt versuchte sie ständig, den Liebestädtern lichtvolle Gedanken zu schicken, was ihr immer schwieriger vorkam. „Lieber Gott, bitte lass mich rechtzeitig da sein!", flehte sie, ohne recht daran zu glauben, denn plötzlich waren überall die Fußabdrucke der Riesen zu sehen...

Endlich erreichte sie die Hütten von Liebestadt. Mit letzter Kraft fuhr sie weiter zu den Zelten hinter der Stadt. Der Anblick, der sich ihr dort bot, brachte Marie völlig aus der Fassung. Hier sah es aus, wie auf einem Schlachtfeld. Von der einstmals liebevollen, warmen Atmosphäre, war nichts mehr übrig geblieben. Die meisten Zelte waren niedergetrampelt. Es herrschte völliges Chaos, allerdings ohne irgendein erkennbares Lebenszeichen. Marie bekam nun eine Ahnung davon, was es bedeutete, wenn sie bei Berichten über Kriegsgebiete die Worte „dem Erdboden gleichgemacht" hörte. Nun konnte sie ihre Tränen nicht mehr zurückhalten. Verzweifelt suchte sie nach Überlebenden. Ihre Rufe verhallten ungehört...

Marie hatte das Gefühl, seit Stunden auf der Suche zu sein. Völlig erschöpft und mutlos sank sie schließlich auf dem Boden in sich zusammen und ließ ihren Tränen freien Lauf. Irgendwann hatte sie keine Tränen mehr. Erst jetzt fielen ihr wieder ihre Hände ein, die sie sofort auf ihr Herz legte. Langsam ging es ihr besser und sie wurde ruhiger. Plötzlich bemerkte sie ein leichtes Kitzeln an ihrem Fuß. Unbewusst fing sie an sich zu kratzen, als sie ein leises Geräusch hörte. Nun erwachte sie vollständig aus ihrer Lethargie und blickte zu ihren Füßen. Sie traute ihren Augen kaum. Dort rappelte sich gerade ein sehr kleines Wesen auf, das Marie offensichtlich durch ihr Kratzen zu Fall gebracht hatte. Sehr vorsichtig hob sie es zu sich hoch und erkannte HOFFNUNG, die höchstens noch eine Größe von drei Zentimetern hatte. „Oh Gott HOFFNUNG, bin ich froh, dich zu sehen! Wo sind die anderen? Leben sie noch?“ Sie führte ihre Hand zum Ohr, um HOFFNUNGs leise Stimme zu verstehen. „Ich weiß nicht, wer noch lebt. Sie sind in die Höhle geflüchtet. Bitte helft uns, Marie! Ihr seid unsere letzte Rettung! Wo sind Peter und Christian?“ Marie berichtete HOFFNUNG von Christians Gefangennahme und hatte dabei Mühe, nicht wieder zu weinen. HOFFNUNG hörte aufmerksam zu und ermahnte Marie schließlich eindringlich: „Es hängt nun alles davon ab, dass du nicht aufgibst! Du musst davon überzeugt sein, dass alles gut wird! Achte darauf, positiv zu denken und achte auf die Zeichen auf deinem Weg! Du wirst Hilfe bekommen, sei dir dessen bewusst und vergiss nie das Geschenk in deinen Händen!“ Marie hörte aufmerksam zu. HOFFNUNG hatte recht, sie hatte sich gehen lassen und war nahe daran aufzugeben. Nun schöpfte sie wieder Mut. Erfreut bemerkte sie, dass HOFFNUNG durch die Energie in ihren Händen etwas gewachsen war. „Was sollen wir denn jetzt tun?“, fragte Marie die wachsende HOFFNUNG. „Ich mache mich auf den Weg zur Höhle, um die anderen zu suchen. Du musst zurück nach Machtstadt. Dort wirst du wissen, was zu tun ist. Bitte vergiss nicht: Achte auf die Zeichen!“...

Tag 12

„Achte auf die Zeichen!“ Mit HOFFNUNGs letzten Worten im Ohr wachte Marie auf. Sie fühlte sich noch wie gerädert. Das war eine anstrengende Nacht. Um Kraft zu tanken, gab sie sich vor dem Aufstehen Energie. Intuitiv wechselte sie immer wieder ihre Handstellungen. Dabei fühlte sie den kraftvollen, heilenden Strom durch ihren Körper fließen. Vor ihrem geistigen Auge visualisierte sie nun Bilder von der Welt und den Menschen in Frieden, Harmonie und vor allem in Liebe. Sie stellte sich die Erde zwischen ihren Händen vor und hüllte sie ein mit Heilenergie und strahlendem Licht. Schließlich erschienen auch die Menschen, die sie liebte vor ihrem inneren Auge und strahlten Marie liebevoll und dankbar an.

„Danke lieber Gott! Danke dafür, dass du mir HOFFNUNG geschickt hast! Sie hat mich wieder auf den richtigen Weg gebracht, danke!“, flüsterte sie in die angenehme Stille. Nun war sie bereit für den neuen Tag und sprang aus dem Bett.

„Guten Morgen Mama! Ich sehe schon, du lachst. Dann hast du sicher gut geschlafen“, begrüßte sie ihre Mutter im Bad. Tanja stand vor dem Spiegel und übte, ihr Spiegelbild anzulachen. „Guten Morgen mein Schatz, wie du siehst, klappt es schon ganz gut“, lächelte sie Marie an, „Ja, ich habe nach deiner

Energiegabe gestern prima geschlafen, danke! Und wie war deine Nacht? Wart ihr erfolgreich?" „Noch nicht, aber das wird schon. Morgen kann ich dir sicher mehr berichten. Heute bist erstmal du wichtig! Bevor wir zu Margarete gehen, möchte ich dir noch einmal die Hände auflegen. Ich bin wirklich gespannt, was bei deiner Untersuchung heute Nachmittag herauskommt", antwortete sie ausweichend. Tanja kannte ihre Tochter gut genug, um zu spüren, dass Marie über die Erlebnisse der Nacht im Moment ungern sprechen wollte. So gab sie sich vorerst mit der knappen Auskunft zufrieden und meinte nur: „Ja, ich bin auch gespannt!"

Beim Frühstück fragte Tanja: „Bist du dir sicher, dass es jetzt gut ist, zu Papa zu gehen? Hast du dir überlegt, wie du dort an deinem Auftrag weiterarbeiten kannst?" „Ja, ich habe darüber nachgedacht. Ich habe tief in mich hineingehört und fühle, dass es gut ist, zu Papa zu gehen. Eine innere Stimme sagt mir, dass ich auch dort am richtigen Ort bin. Die Liebe wird überall gebraucht!" „Gut, ich weiß, wie sehr du deinen Papa liebst. Ich bin froh, dass du zu ihm gehst", antwortete Tanja erleichtert und dennoch etwas traurig. Sie würde Marie und auch die täglichen Energiespenden sehr vermissen. Marie schien ihre Gedanken zu erraten und lächelte ihr aufmunternd zu: „Hey Mama, ich bin doch nicht aus der Welt. Nach Leuthausen sind es nur 20 Kilometer. Du kannst uns doch besuchen kommen. Margarete kommt vielleicht auch mit..." „Nein, du sollst die Zeit mit deinem Papa genießen. Uns kannst du danach noch lange genug um dich haben. Zudem gehen zwei Wochen ja ganz schnell vorbei und in einer Woche habe ich Jens wieder bei mir", erklärte Tanja nun energisch.

Nach einer ausgiebigen Energiespende, machten sich die beiden auf den Weg zu Margarete. Da es wieder in Strömen regnete, benutzten sie erneut das Auto. „Hoffentlich hat sich Frau Baier schon bei Margarete gemeldet. Ich schicke Christian liebevolle, heilende Gedanken. Dabei habe ich ein ganz gutes Gefühl. Deshalb glaube ich, dass sie auf alle Fälle bei ihm ankommen. Wenn ich mich richtig intensiv darauf konzentriere, wie heute Morgen im Bett, habe ich das Gefühl direkt bei ihm zu sein", erzählte Marie während der Fahrt. „Das ist ja toll, das will ich auch unbedingt versuchen!", meinte Tanja begeistert.

„Hallo ihr Lieben", begrüßte Margarete die beiden mit einer herzlichen Umarmung. „Hallo Margarete, hat Frau Baier schon angerufen?", fiel Marie gleich mit der Tür ins Haus. „Nein, noch nicht, aber sie wird sich bestimmt bald melden", antwortete Margarete. Marie berichtete begeistert, wie sie heute Morgen Christian und all den anderen Licht, Liebe und Heilung geschickt hatte. „Ich bin stolz auf dich, Marie, du hast schnell gelernt", lobte Margarete, „Habt ihr heute schon die Zeitung gelesen?" „Nein, dazu sind wir noch nicht gekommen. Warum?", fragte Tanja neugierig. „Die Traum-Umfrage ist gedruckt worden! Schaut mal!" Margarete überreichte ihren beiden Gästen die Zeitung.

Während sie lasen, brühte Margarete eine Kanne Tee auf. „Der Artikel ist toll! Da bin ich ja gespannt, ob wir Antworten bekommen", freute sich Marie. „Ich denke, es ist nicht so wichtig, ob wir Antworten bekommen. Wichtig ist, dass die Menschen sich Gedanken über ihre Träume machen und so vielleicht einen Weg finden, ihre Träume positiv zu beeinflussen", erklärte Margarete. Das Telefon klingelte. Frau Baier rief vom Krankenhaus aus an und berichtete, dass sich Christians Zustand nicht verändert hatte. Die Ärzte waren nach wie vor ratlos. Momentan bestand für sie allerdings kein weiterer Handlungsbedarf, da die Organe alle gut funktionierten. Zur Sicherheit sollte er weiter im Krankenhaus bleiben. Frau Baier erzählte auch, dass ihr Mann sehr wütend auf Christian sei. Sie könne sich nicht erklären warum. Sie war froh, dass gestern Abend ein Fußballspiel im Fernsehen kam, das ihn ablenkte. „Gott sei Dank ist Christian gerade nicht zuhause. Mein Mann würde ihn windelweich prügeln. Ich weiß wirklich nicht, was er ausgefressen hat, dass sein Vater so wütend auf ihn ist." Frau Baier verabschiedete sich mit dem Versprechen anzurufen, sobald sich Christians Zustand ändern würde.

Marie wusste nur zu gut, warum Christians Vater diese Gefühle gegen seinen Sohn hegte und war froh, dass Christian im Krankenhaus in sicheren Händen war. „Was denkst du Margarete, warum liegt er im Koma? Hat das etwas mit seiner Gefangennahme zu tun? Wacht er wieder auf, wenn wir ihn befreit haben? Haben die Riesen ihm etwas angetan?", fragte Marie. „Das sind viele Fragen auf einmal. Ich vermute, dass Christian im Koma liegt, weil er nicht aus seiner Traumwelt zurück kann. Sein Geist ist dort gefangen und kann nicht in seinen Körper zurück", antwortete Margarete nachdenklich, „Wir schicken ihm weiterhin unsere guten Gedanken. So wie ich das sehe, ist das momentan alles, was wir tun können. Nachts bist dann du mit Peter dran. Ihr müsst ihn finden und befreien, damit er hier wieder aufwachen kann!"

Nach einem kleinen Mittagessen war es Zeit für Tanja, ihren Termin bei Frau Dr. Mosbach wahrzunehmen. Tanja war mit jeder Minute nervöser geworden. Klar, sie fühlte sich prima und hatte auch immer versucht, Margaretes Rat mit den positiven Gedanken zu befolgen. Aber was geschieht, wenn sich die Blutwerte verschlechtert hatten? Was wäre, wenn die Energieübertragungen vielleicht nur die Schmerzen und die Erschöpfung beheben würden, die Krankheit aber trotzdem ungehindert weiter wachsen würde, womöglich sogar verstärkt, weil zusätzliche Energie bereitgestellt wurde? Margarete lächelte Tanja aufmunternd zu: „Sorge dich nicht. Du wirst Frau Dr. Mosbach mögen. Egal, was bei der Untersuchung herauskommt, sie hilft dir auf alle Fälle weiter. Weißt du, die Menschen neigen dazu, sich die unangenehmen Dinge in den schrecklichsten Farben auszumalen. Erst hinterher stellen sie dann fest, dass es oft nicht einmal halb so schlimm gewesen ist, wie sie befürchtet hatten. Also haben sie sich unnötig so große Sorgen gemacht und sich damit ein Stück ihres Lebens erschwert." „Du kannst wohl Gedanken lesen!", antwortete Tanja betroffen. „Nein, aber dein Gesicht sprach schon eine ganze zeitlang Bände." „Was hältst du davon, wenn wir mitkommen, Mama? Ich möchte mir gerne die Menschen im Wartezimmer ansehen. Neulich bei Dr. Baumann war es doch ganz schön spannend!", überlegte Marie. Wie aus einem Munde riefen Tanja und Margarete: „Ja, das ist eine gute Idee!" Die drei fingen an zu lachen. So waren Tanjas Bedenken sofort verflogen. Da der Regen endlich nachgelassen hatte, machten sie sich zu Fuß auf den Weg in die Praxis.

Das Wartezimmer war voll. Die drei Neuankömmlinge mussten stehen, was ihnen aber nichts ausmachte. Wie erwartet, klagten die Patienten über Erschöpfungszustände, Rücken- und Knieschmerzen, Husten und manches mehr. Direkt neben Marie saß eine Frau, die gerade leise mit ihrer Sitznachbarin sprach: „Hast du heute auch diesen Bericht über die Träume in der Zeitung gelesen?" „Ja, erst dachte ich, was soll denn das jetzt? Solche Artikel gehören doch nicht in die Tageszeitung. So etwas steht doch sonst in irgendwelchen abgehobenen Esoterik-Blättchen. Dann habe ich es aber doch gelesen. Seitdem muss ich immer wieder darüber nachdenken. Mir ist bei dem Gedanken daran ganz komisch zumute", antwortete die Angesprochene etwas lauter, sodass es auch andere Patienten hören konnten. „Ja, so geht es mir auch", rief eine andere Frau. Ein Mann fing ganz heftig an zu lachen: „Das ist wieder typisch für euch Frauen. Ihr müsst euch ja mit solchem Schwachsinn beschäftigen. Habt ihr nichts Besseres zu tun? Es kommt noch soweit und ihr glaubt wirklich, dass die Träume für eure Krankheiten verantwortlich sind. Lächerlich, einfach lächerlich!" Kaum hatte er ausgesprochen, als er auch schon einen Hustenanfall bekam. „Dieser verdammte Husten!", rief er, als er wieder ruhig atmen konnte. „Von den Rückenschmerzen ganz zu schweigen, die dich seit Tagen plagen, mein Lieber. Also ich finde, die Geschichte mit dem Steinbruch würde deine Beschwerden noch am ehesten erklären", mischte sich jetzt auch seine Frau mit ein. „Jetzt fang du nicht auch noch damit an!" Er warf seiner Frau einen bösen Blick zu, sodass diese sogleich verstummte.

Da immer wieder ein Patient aufgerufen wurde, hatte Tanja in der Zwischenzeit einen Stuhl ergattert. Margarete und Marie blieben stehen und ließen den nach ihnen kommenden Patienten die Sitzplätze. Marie hatte damit begonnen, positive Gedanken in den Raum zu senden.

„Warum können Sie sich denn nicht vorstellen, dass das, was in dem Traumartikel steht, stimmt? Haben sie sich noch nie gefragt, was ihre Träume für eine Bedeutung haben?", fragte Margarete nun mit leicht herausforderndem Tonfall. „Träume sind Schäume, heißt es doch so schön. Warum soll ich mich mit so unrealistischen, oft verworrenen und blödsinnigen Dingen beschäftigen? Ich stehe mit beiden Beinen auf der Erde. Das wichtige im Leben sind die Dinge, die fassbar sind, wie zum Beispiel mein Auto, mein Haus, das Geld, das ich für meine Arbeit bekomme", kam die prompte Antwort. „Das allerwichtigste im Leben ist die Liebe! Niemand kann ohne Liebe leben. Jeder sehnt sich danach. Die Liebe ist das beste Geschenk, das uns der liebe Gott machen konnte!", rief nun Marie laut in die Runde und strahlte übers ganze Gesicht. Verblüffte Blicke trafen sie. In manchen Gesichtern konnte sie Zustimmung erkennen, aber auch Hoffnungslosigkeit und Verzweiflung. Der Skeptiker meinte verächtlich: „Davon kann ich mir nichts kaufen! Und überhaupt, woher hast du denn diese frommen Reden? Ist dein Vater Pfarrer?" Bevor Marie darauf antworten konnte, wurde der Mann mit seiner Frau ins Behandlungszimmer gerufen. „Na endlich!" Kopfschüttelnd verließ er den Raum, während seine Frau ihn nachdenklich begleitete. Kaum waren die beiden weg, rief plötzlich völlig unerwartet ein kleiner Junge: „Schau mal Mama, wie die leuchten. Das sind so schöne Farben! Warum hat hier sonst niemand so schöne Farben um sich herum?" Sein Finger zeigte ganz begeistert in Richtung Marie, Margarete und Tanja. Seine Mutter sah den Jungen entsetzt an und sagte mit scharfem Ton: „Leon, ich habe dir doch schon x-mal gesagt, dass du andere Leute nicht mit deinen Halluzinationen belästigen sollst!" „Aber Mama, ich sehe es doch! Warum darf ich nicht davon reden? Schau doch mal genau hin, dann siehst du es bestimmt auch! Sie leuchten rot, orange, gelb, grün, blau und lila...", verteidigte sich Leon. „Es ist höchste Zeit, dass wir jetzt endlich zur Frau Doktor kommen. Sie wird dir hoffentlich die richtige Medizin verschreiben, damit du endlich keine nicht existierenden Sachen mehr siehst." „Was für Dinge sieht Leon denn noch, außer unserer durchaus existierenden Aura?", fragte Margarete nun neugierig. Misstrauisch antwortete Leons Mutter: „Er sieht Ihre Aura? Was meinen Sie denn damit? Leon erzählt mir immer von irgendwelchen Freunden, die definitiv nicht existieren. Er tut so, als sei das völlig normal und spinnt sich die tollsten Geschichten zusammen. Er redet mit Kobolden, Elfen, Engeln und sonstigen unsichtbaren Wesen. Leon tut so, als existierten diese Wesen wirklich. Anfangs haben wir noch darüber gelacht und uns über seine übergroße Phantasie gefreut. Aber nun ist es schon lange nicht mehr lustig! Unsere Nachbarn, Verwandte und Freunde denken schon, unser Junge ist verrückt und landet früher oder später in der Klapsmühle. Frau Dr. Mosbach soll ihn sich ansehen. Hoffentlich kann sie uns helfen! Sonst ist Leon so ein lieber Junge, wenn nur das nicht wäre..."

Nun wurde Tanja ins Sprechzimmer gerufen. Marie lächelte ihrer Mama aufmunternd zu. Bei diesem spannenden Thema wäre Tanja gerne noch geblieben. Sie hatte schon fast vergessen, warum sie eigentlich hier waren. Mit leichtem Bedauern stand sie auf und verließ das Wartezimmer.

„Warum glauben Sie Leon nicht? Haben Sie so wenig Vertrauen in ihn? Leon ist nicht krank! Das wird Ihnen Frau Dr. Mosbach auch bestätigen. Das Tolle an unseren Kindern ist, dass sie Gott noch viel näher sind, als wir Erwachsenen. Sie sind noch offen für die geistige Welt. Sie können die Dinge wahrnehmen, die für die meisten von uns leider nicht sichtbar sind. Das können Sie sich vorstellen, wie beim Empfang eines Radio- oder Fernsehprogramms. Unsere Kinder empfangen noch weitere Sender auf anderen Frequenzen, die wir nicht mehr empfangen können. Wenn Leon ein bisschen älter ist, wird er diese Frequenzen wahrscheinlich auch nicht mehr empfangen können. Dann haben Sie ihn völlig ohne Medikamente so, wie sie ihn sich jetzt wünschen“, erklärte Margarete der sprachlosen Mutter. „Siehst du Mama, ich bin doch nicht krank!“, strahlte Leon, „Komm lass uns wieder heimgehen!“ Jetzt fand Leons Mutter ihre Sprache wieder: „Wir bleiben! Ich glaube erst, dass du gesund bist, wenn das auch die Frau Doktor sagt.“ Dann wandte sie sich an Margarete: „Gute Frau, das, was Sie da sagen, hört sich ja ganz nett an. Aber wenn das wirklich so wäre, müsste ich solche Dinge als Kind doch auch gesehen haben. Das war aber nicht der Fall!“ Gespannte Blicke trafen Margarete: „Als Erwachsene haben wir es meistens vergessen. Das liegt oft daran, dass die Kinder von ihren Eltern immer wieder das zu hören bekommen, was Sie Leon jetzt einreden wollen. Nämlich, dass sie sich das alles bloß einbilden und nichts davon existiert. Die Kinder werden dadurch unsicher und erzählen nichts mehr davon, weil sie keinen Ärger mit ihren Eltern wollen. Letztendlich führt es dazu, dass die Kinder ihre Erlebnisse verdrängen und schließlich vergessen.“ „Ich weiß nicht, was ich von dem, was Sie da sagen, halten soll. Einerseits klingt es logisch, aber andererseits auch etwas weltfremd. Mal sehn, was Frau Dr. Mosbach dazu zu sagen hat. Ich werde auf alle Fälle über ihre Erklärung nachdenken, schon Leon zuliebe“, sagte Leons Mutter schließlich.

Die Tür zum Wartezimmer öffnete sich und eine lächelnde Tanja rief Marie und Margarete zu: „Ich bin fertig. Wir können gehen!“ Margarete gab Leons Mutter zum Abschied ihre Telefonnummer: „Wenn Sie noch Fragen dazu haben, rufen Sie mich einfach an. Ich freue mich, von Leon zu hören“ Mit einem Gruß in die Runde verabschiedeten sich die drei: „Alles Liebe und Gute Ihnen allen!“

„Ich lade euch zu einem Eis ein! Wir haben etwas zu feiern!“, strahlte Tanja. Stürmisch umarmte Marie ihre Mutter: „Bist du wirklich gesund? Ist das ganz sicher?“ „Auf dem Ultraschall war nichts mehr zu sehen. Frau Dr. Mosbach schickt mein Blut jetzt noch ins Labor. Es dauert wieder ein paar Tage, bis das Ergebnis kommt, aber sie denkt, dass alles okay ist.“ Erleichtert und glücklich beschlossen die drei, mit dem Bus in die Stadt zu fahren. Die Haltestelle war nur eine Straße weiter.

Im Bus saßen Hilde und Egon Ebert. Freudig begrüßte Marie die beiden. „Ah Marie, gut, dass wir dich treffen. Wo ist denn dein Freund Christian?“ rief Frau Ebert mit finsterem Tonfall. Herr Ebert starrte unbeteiligt vor sich hin. „Ist etwas passiert?“, fragte Marie erschrocken. „Ob etwas passiert ist fragst du? Wo ist Christian? Wir müssen mit euch reden!“ Hilde Eberts Blick ließ nichts Gutes ahnen, so beschloss Marie, von Christians Zustand nichts zu sagen: „Christian ist im Urlaub. Aber was ist denn los?“ Nun meldete sich Egon Ebert zu Wort: „Wir kommen gerade von Dr. Baumann. Hilde hat ihm von eurer Heilenergie erzählt. Ich habe ihr ja gleich gesagt, sie soll es lassen, aber sie war so begeistert von der Heilung durch eure Hände. Dr. Baumann ist sehr wütend geworden. Für ihn seid ihr Betrüger und Scharlatane. Er ist davon überzeugt, dass ihr gefährlich für die Menschen seid. Dann wollte er unbedingt eure Namen wissen. Hilde hat ihm nur eure Vornamen verraten. Er war so aufgebracht, dass er meinte, er würde euch anzeigen, sobald er herausgefunden hätte, wie ihr mit Nachnamen heißt.“ Völlig entgeistert starrte Marie die Eberts an. „Aber das kann doch nicht sein! Wir haben doch nichts Böses getan! Wir haben doch nur unsere Hände aufgelegt!“, stammelte sie. „Marie hat recht! Überlegen Sie doch einmal, wie Sie sich nach dem Handauflegen gefühlt haben. Da ging es Ihnen doch viel besser, oder?“, fragte Tanja ruhig. Heute war sie nur noch glücklich. Da konnte sie auch dies nicht schockieren. „Ja schon, aber heute Morgen waren die Schmerzen wieder da! Außerdem muss Dr. Baumann doch wissen, was er sagt. Er ist schließlich Arzt“, verteidigte sich Hilde Ebert. „Auch Ärzte sind nur Menschen und können sich irren“, mischte sich nun Margarete ein, „Vertrauen Sie einfach ihrem Gefühl. Bei welcher Behandlung haben Sie sich besser gefühlt? Womit hat Dr. Baumann Sie behandelt?“ „Er hat mir gegen meine Rückenschmerzen eine Spritze gegeben. Für den Husten soll ich Antibiotika einnehmen. Wenn es nicht besser wird, soll ich wieder kommen“, erklärte Egon Ebert. Hilde Ebert war inzwischen sichtlich ruhiger: „Mir empfiehlt er neue Kniegelenke. Es sei heutzutage überhaupt kein Problem mehr, sich Prothesen einbauen zu lassen. Ich könnte meine Knie später wieder uneingeschränkt bewegen.“

Da der Bus bereits ihre Zielhaltestelle ansteuerte fragte Tanja: „Haben Sie Lust mit uns ein Eis oder ein Stück Kuchen zu essen? Ich lade Sie ein! Wir haben nämlich etwas zu feiern. Da können wir uns dann weiter unterhalten.“ „Oh ja, bitte kommen Sie mit. Das wäre prima!“, bettelte Marie. „Was meinst du Hilde?“, Herr Ebert sah seine Frau fragend an. „Na ja, meinetwegen! Wir haben heute sonst sowieso nichts mehr vor.“

Tanja und Marie bestellten sich einen großen Eisbecher, während die anderen drei Kaffee und Kuchen bevorzugten. Um an ihr vorheriges Gespräch anzuknüpfen, sagte Margarete: „Haben Sie sich einmal überlegt, warum Dr.

Baumann so gegen Christians und Maries Energiespende ist?" „Vielleicht hat er Angst, dass ihm die Patienten davonlaufen. Wenn das nämlich jeder machen würde, wäre seine Praxis bestimmt leer. Schließlich haben die Kinder kein Geld von uns verlangt. Sie waren mit einer Suppe als Dankeschön zufrieden. So billig kommen wir bei Dr. Baumann nicht weg...", vermutete Hilde Ebert. „Womöglich ist es wirklich das, wovor er Angst hat. Diese Angst ist aber bei guten Ärzten völlig unbegründet, denn Ärzte sind sehr wichtig für unsere Gesellschaft. Ohne die moderne Medizin wären viele Menschen dem Tod geweiht. Aber es gibt bei sehr vielen Ärzten die Möglichkeit, ihre Tätigkeit zum Wohle der Menschen zu verbessern! Denn viele Ärzte übersehen etwas sehr Wesentliches, nämlich, den Menschen in seiner Gesamtheit zu sehen. Wir haben nicht nur einen Körper! Auch unser Geist und unsere Seele gehören zu einem gesunden Menschen und hungern nach Heilung. Verschriebene Medikamente helfen meist nur dem Körper. Es gibt aber für jedes gesundheitliche Problem auch einen seelischen Grund. Die Medikamente beheben nicht die Ursache, sondern nur das Symptom. Oft geht es den Menschen dann zwar besser und sie fühlen sich sogar gesund. Wenn die Ursache aber nicht erkannt und behoben wurde, kommt das gesundheitliche Problem früher oder später wieder zurück. Manchmal kommt es auch zu neuen Symptomen. Das heißt, plötzlich erkrankt ein anderes Organ, um den Menschen daran zu erinnern, dass da etwas noch nicht in Ordnung ist." Gebannt hingen alle an Margaretes Lippen. Marie lächelte dankbar in sich hinein. Davon hatte Margarete ihr vor ein paar Tagen schon einmal berichtet. Auch, wenn ihr manches inzwischen nicht mehr neu war, sog sie die Worte in sich auf, wie ein Schwamm. Margarete war eine tolle Frau und man konnte so viel von ihr lernen!

Die fünf redeten und redeten und vergaßen dabei völlig die Zeit. Tanja berichtete Hilde und Egon Ebert schließlich auch von ihrer Erkrankung und der Heilung durch Maries und Christians Hände. Erstaunt vernahmen sie die heutige Diagnose von Frau Dr. Mosbach. „Tut mir leid, ich hätte bei Dr. Baumann meinen Mund halten sollen. Aber ich konnte ja nicht wissen, wie er reagiert. Hoffentlich bekommt ihr jetzt keinen Ärger", entschuldigte sich Hilde Ebert. „Schon okay, machen Sie sich darüber keine Gedanken. Es gibt für uns Wichtigeres zu tun", beruhigte sie Marie.

„Kann ich abkassieren? Wir schließen gleich!" Die Bedienung stand plötzlich mit Geldtasche, Block und Kugelschreiber vor ihnen. „Huch, ist es schon so spät?" Tanja schaute erstaunt auf ihre Armbanduhr. Tatsächlich, es war kurz vor 19.00 Uhr. „Ich bezahle alles zusammen", erklärte sie und holte Geld aus ihrer Handtasche. Dafür erntete sie ein herzliches Dankeschön.

„Das war ein schöner Nachmittag! Es hat sehr gut getan, sich mit euch zu unterhalten. Seit mein Mann arbeitslos ist, kommen wir kaum noch unter die

Leute. Egon denkt immer, die Leute schauen ihn so komisch an, weil er als Mann tagsüber nicht arbeitet. Dankeschön, für die Einladung!", sagte Hilde Ebert zum Abschied. Margarete hatten sie zuhause abgeliefert und waren anschließend zu viert mit Tanjas Auto heimgefahren. „Sehr gerne geschehen! Uns hat es auch gut gefallen! Schönen Abend noch und schlafen Sie gut", verabschiedeten sich Tanja und Marie.

Während Marie noch ihre Koffer für den Urlaub bei ihrem Vater packte, telefonierte Tanja mit Jens und Thomas. Thomas wollte morgen mit Jens zum Frühstück kommen. Anschließend sollte Marie zwei Wochen bei ihrem Papa in Leuthausen verbringen.

„Ich bin stolz auf dich, mein Mädchen!" Tanja saß auf Maries Bettkante, während diese sich in ihre Bettdecke kuschelte. „Mama ich bin so froh, dass du gesund bist! Wenn ich von Papa zurückkomme, möchte ich dir aber trotzdem hin und wieder die Hände auflegen. So können wir sichergehen, dass du gesund bleibst." „Danke, mein Schatz. Jetzt schlaf gut und viel Erfolg heute Nacht! Ich werde dir, Christian und Peter in Gedanken ganz viel Liebe und Licht schicken, sodass ihr schnell wieder zusammenfindet." Bei diesen Worten fiel ihr Thomas ein. Vielleicht sollte sie den Kreis aus Liebe und Licht noch erweitern, überlegte sie lächelnd, als sie Maries Zimmertüre hinter sich schloss...

An diesem Tag war so viel geschehen, dass Marie nur mit Mühe ihre Gedanken wieder auf ihren Auftrag lenken konnte. Sie legte sich die Hände auf ihr Herz und dankte Gott für den vergangenen Tag. Gleichzeitig bat sie ihn um Hilfe bei ihrer Suche nach Christian und Peter und darum, dass sie ihre Aufgabe erfolgreich abschließen konnten. So schlief sie schließlich ein...

Die Suche geht weiter

Marie war allein, als sie sich zwischen den zertrampelten Zelten wiederfand. Der Anblick des Chaos um sie herum ließ sie erneut erschaudern. Am liebsten hätte sie sich jetzt zweigeteilt. Einerseits wollte sie dringend Christian und Peter finden, andererseits drängte es sie, HOFFNUNG zu der Höhle zu folgen. Ihr fiel HOFFNUNGs letzter Satz wieder ein: „Achte auf die Zeichen!" So schloss sie kurz die Augen und bat um ein Zeichen, während ihre Hände sanft auf ihrem Herzen lagen. Fast sofort wusste sie, was zu tun war. Sie fand das Fahrrad ein Stück abseits im dürren Gras liegen. Sie stellte es auf, setzte sich darauf und radelte so schnell sie konnte in Richtung Machtstadt.

Unterwegs sandte sie wieder liebevolle Gedanken an Christian, Peter und die Bewohner von Liebeland. Dabei fiel ihr auf, dass auch sie selbst mit liebevoller Energie versorgt wurde. Sofort kam ihr das Versprechen ihrer Mutter wieder in den Sinn, die sie bei ihrem Vorhaben gedanklich unterstützen wollte. ‚Ja, Mama ist auch bei mir und hilft uns!', stellte sie glücklich fest.

Sie kam ganz gut voran. Bis Machtdorf konnte es nicht mehr weit sein. Dort wollte sie eine kleine Verschnaufpause einlegen. Sie stellte sich vor, für die Riesen unsichtbar zu sein. Ob das wirklich funktionieren würde, wusste sie nicht, aber im Grunde hatte Marie keine andere Wahl, als darauf zu vertrauen. So fuhr sie, ohne weiter darüber nachzudenken, die Hauptstraße von Machtdorf entlang. Am letzten Haus vor Dorf-Ende stoppte sie. Das Rad stellte sie sorgsam vor der Garageneinfahrt ab. Sie selbst setzte sich etwas atemlos an den Fuß eines laublosen Baumes, der neben der Garage stand und legte sich die Hände auf. Relativ schnell war sie wieder fit. Doch nun fiel ihr etwas sehr Seltsames auf. Sie spürte eine Art Sog, der von dem Baum auszugehen schien, an dem sie lehnte. Verblüfft drehte sie sich um. Was war das? Sie stand schnell auf, ging um den Baum herum und untersuchte ihn von allen Seiten. Marie konnte nichts Verdächtiges feststellen. ‚Komisch, sehr komisch', stutzte sie, ‚das muss ich gleich noch einmal ausprobieren.' Also setzte sie sich nochmals wie vorhin an den Baum, schloss die Augen und wartete einen Moment ab. Und da war es wieder. Marie fühlte es ganz deutlich. Sie hatte das Gefühl, als würde die Energie, die Gott durch ihre Hände in ihren Körper fließen ließ, geradewegs an den Baum weitergeleitet. „Das ist ja so ähnlich wie bei der Energiegabe an Mama, nur viel stärker und nicht durch meine Hände, sondern durch meinen Rücken." Schlagartig wurde ihr bewusst, dass der Baum ihre Energie anzapfte, weil er krank war und diese dringend benötigte. „Ja klar, warum bin ich denn nicht gleich darauf gekommen? Ich habe zwar nicht viel Zeit, aber ich gebe dir gerne ein bisschen Energie. Sie fließt mir schließlich in unerschöpflicher Menge zu." Nun stellte sie sich vor den Baum und legte ihm ihre Hände auf. In dem Moment, als der Sog und das Kribbeln in ihren Händen nachließ, vernahm sie innerlich ganz deutlich eine Stimme, die ‚Danke!' sagte. Marie strahlte den Baum erfreut an. „Sehr gern geschehen, lieber Baum! Jetzt muss ich mich leider wieder auf den Weg machen. Aber ich verspreche dir, alles zu tun, damit die Liebe wieder wächst. Dann wirst auch du wieder gesund werden! Mach's gut lieber Baum!" Mit diesen Worten verließ sie ihn und schwang sich wieder auf ihr rotes Fahrrad, um nach Machtstadt weiterzuradeln.

Vor ihr erschien die große Holzbrücke, die über den breiten Fluss führte. Marie war dankbar für das Fahrrad. So kam sie doch ganz gut voran. Die Brücke erwies sich allerdings als sehr holprig und gefährlich. Die Planken waren nass und rutschig. Mit dem Fahrrad musste sie noch mehr Acht geben, als zu Fuß. Sie war so auf den glitschigen Holzboden konzentriert, dass sie erst ziemlich spät bemerkte, dass sich Hector ihr näherte. ‚Oh nein, nicht schon wieder dieser Hund', dachte sie erschrocken und stieg schnell vom Rad, um sich an einen

Brückenpfeiler zu flüchten. Diesmal blieb Hector ganz ruhig. Mit der Nase schnüffelte er suchend am Boden herum. Was er fand, war Maries Fahrrad, das sie ein paar Meter weiter am Brückenrand abgestellt hatte. Dieses erregte Hectors Aufmerksamkeit so, dass er erstmal beschäftigt war. Er stupste es mit der Nase, sodass es umkippte. Erschrocken wich er kurz zurück, dann näherte er sich wieder neugierig. Von dem Ding schien keine Gefahr auszugehen. So toll wie ein leckerer Knochen war es nicht, aber zum Spielen taugte es allemal. Also schob er es mit seinen Pfoten hin und her. Auf dem nassen Boden kam das Fahrrad dann so in Fahrt, dass es schließlich mit einem Platsch von der Brücke in den Fluss fiel. Gerade noch dankbar, musste Marie nun entsetzt mitansehen, wie ihr fahrbarer Untersatz nun für sie verloren war. Hectors Spielzeug war im Wasser verschwunden. Da Hector Wasser hasste, sprang er nicht hinterher, sondern setzte sich jammernd an den Brückenrand. Sein Jammern brachte ihm das rote Ding nicht wieder zurück, also ging er dazu über, wütend zu bellen. Marie beobachtete die Szene etwas ratlos. Der Hund war so mit sich beschäftigt, dass er ihre Fährte noch nicht wahrnahm. „Hey Hector, was machst du da für ein Theater. Kann man dich eigentlich nie alleine lassen? Komm sofort her, du Mistvieh", hörte Marie plötzlich die strenge Stimme von BOSHEIT. Nun fing Hector wieder an zu jammern, als wollte er sein Herrchen auf seinen herben Verlust aufmerksam machen. Doch BOSHEIT wurde dadurch erst richtig böse und schrie: „Was soll diese verdammte Winselei. Hör sofort auf damit und komm her! Wenn STREIT dich hier jammern sehen könnte, würde er ganz schön über uns lachen." Hector zog nun seinen Schwanz ein und tappte in Richtung seines Herrchens. In dem Moment, als er nah an Marie vorbeiging, stoppte er und sah sich suchend um. Marie erschrak und versuchte sich hinter dem Pfeiler ganz klein zu machen. ‚Bitte lieber Gott, ich brauche deine Hilfe!', flehte sie gen Himmel und sah, wie Hectors Schnauze sich ihr immer mehr näherte. Nun fiel ihr wieder ein, wie Christian dem Hund neulich durch seine abwehrenden Hände Heilenergie gegeben hatte. So streckte sie, in der Hoffnung dadurch geschützt zu sein, ihre Handflächen in Richtung Hundeschnauze. Die Augen hielt sie dabei fest geschlossen. Das nasse Fell des Hundes verbreitete einen widerlichen Gestank, sodass sie auch den Atem, solange es ihr möglich war, anhielt. Ganz kurz spürte Marie die raue Zunge an ihren Handflächen, dann sprang Hector weg und rannte zu seinem Herrchen, der weiter wütend nach ihm rief.

Langsam öffnete Marie die Augen und atmete tief durch. Das war knapp! Ihr Stoßgebet zum Himmel hatte sie auch diesmal gerettet. Obwohl sie nun das Fahrrad nicht mehr hatte, war sie doch froh, dass Hector dadurch von ihr abgelenkt worden war. Mit Bedacht wählte sie nun jeden Schritt, bis sie endlich das Ende der gefährlichen Brücke erreicht hatte. Ihre Kleidung war klatschnass und sie fror inzwischen erbärmlich. Bei einem normalen, heißen Sommer, wäre das nicht weiter schlimm gewesen. Da hätte eine Abkühlung sicher gut getan, aber bei diesem trostlosen, kalten Wetter, musste sie nun erst einmal überlegen, wie sie wieder trocken werden konnte. Da sie beim Laufen ihre Hände frei hatte, legte sie diese auf ihre Brust. Sie versuchte, so schnell wie möglich voranzukommen. Durch die Bewegung wurde ihr nur wenig wärmer, da ein eisiger Wind in ihre nasse Kleidung blies. Durch die Kälte schienen auch ihre Gedanken eingefroren zu sein. Sie kam in Machtstadt an und lief ziellos umher. Wo sollte sie nach Peter und Christian suchen? Es gab hier unzählige riesige Häuser, Straßen und Verstecke. An den Hauswänden war sie etwas vom Wind geschützt, dennoch zitterte sie am ganzen Körper.

Auf den Straßen der Stadt waren einige Riesenfrauen unterwegs. Der Baulärm war wieder wahrzunehmen, sodass Marie annahm, dass die Riesenmänner mit dem Häuserbau beschäftigt waren. ‚Ich kann vor Kälte nicht mehr klar denken, bitte lieber Gott, hilf mir. Ich weiß nicht, ob ich in diesem Zustand deine Zeichen erkennen kann', bettelte sie verzweifelt…

„Hey LIEBLOSIGKEIT, beeil dich mal! Ich will heute noch mit der Wäsche fertig werden!", hörte Marie plötzlich eine bekannte Stimme hinter sich. „Ja, ja, MISSGUNST, ich komme ja schon! Drängele nicht schon wieder so! Du weißt doch, dass ich meinen Mittagsschlaf brauche", kam die prompte Antwort. Marie drehte sich um und ging in Deckung. MISSGUNST und LIEBLOSIGKEIT trugen jede einen vollen Wäschekorb die Straße entlang, wobei LIEBLOSIGKEIT ein ganzes Stück hinter ihrer Begleitung lief. Schnell waren die beiden an ihr vorbei und bogen gleich darauf rechts ab, um in einem Haus zu verschwinden. Als Marie das besagte Haus erreicht hatte, öffnete sich gerade die Tür und die beiden Riesinnen kamen mit leeren Körben wieder heraus. Das war Maries Rettung vor der eisigen Kälte. So schnell sie konnte, rannte sie durch die noch offene Tür und verbarg sich hinter einem Schränkchen, das dort am Eingang stand. Mit einem lauten Knall flog die Tür ins Schloss. Hier war es tatsächlich merklich wärmer, aber durch ihre nasse Kleidung, spürte sie noch nicht so viel davon. Vorsichtig spähte sie hinter dem Schränkchen hervor. Sie erkannte einen großen Raum, in dem viele Wäschekörbe und Waschmaschinen standen. So wie es aussah, musste es sich hier um eine Wäscherei handeln. Sie schien alleine zu sein. ‚Vielleicht gibt es hier die Möglichkeit, meine Sachen zu trocknen', hoffte sie und begann, den Raum zu erkunden. Auf dem Boden lag ein riesiger schwarzer Schal, der wohl aus einem Korb gefallen sein musste. Marie wickelte den Schal über ihre nasse Kleidung. Endlich wurde es ihr wieder wärmer und sie fühlte sich schon wohler bei ihrer weiteren Suche nach einer Möglichkeit, ihre Kleidungsstücke zu trocknen.

Plötzlich hörte Marie ein ihr wohlbekanntes, ratterndes Geräusch. ‚Nähmaschinen, das hört sich an wie Nähmaschinen', dachte sie verwundert. Aber wo kam dieses Geräusch her? Es schien doch irgendjemand hier zu sein. Vorsichtig ging sie auf die Suche. Den wärmenden Schal fest um sich gewickelt, folgte sie den Geräuschen. Das Rattern schien von oben zu kommen. Als es schon ganz nah zu hören war, rief jemand über ihr: „Hey, kommt mal alle her! Da unten ist jemand. Sieht aus wie ein Mädchen." Schlagartig verstummten die Nähmaschinengeräusche. Marie erschrak! Schnell sah sie sich nach einem geeigneten Versteck um und rannte hinter einen nahe stehenden Korb. „Wo soll ein Mädchen sein? Ich glaube du spinnst, Esther! Mach lieber, dass du wieder an die Arbeit gehst. Die beiden Riesinnen werden gleich wieder auftauchen und dann muss die Hose geflickt sein." „Nein, nein Therese, so glaub mir doch, da war ein Mädchen! Sie ist weggerannt und hat sich dort hinter dem Korb versteckt", verteidigte sich Esther. Eine andere Stimme rief: „So ein Quatsch, das war vielleicht nur eine Maus. Therese hat recht, wir müssen wieder an die Arbeit!" „Ich habe genau gesehen, dass es ein Menschenkind war. Du kannst mir ruhig glauben, dass ich Menschen von Mäusen unterscheiden kann. Außerdem war sie ganz in schwarz gekleidet. Hey Mädchen, komm doch raus und zeig dich, damit mir meine Freundinnen glauben. Wir tun dir nichts. Wir sind doch auch Menschen." Marie überlegte nicht lange und trat aus ihrer Deckung hervor. Offensichtlich war das ein Zeichen, dem sie folgen sollte.

„Tatsächlich, ein Mädchen! Wie kommst du denn hierher? Wir sind hier oben gefangen und du spazierst da unten frei herum", rief eine weibliche Stimme zu ihr hinunter. Bei dem Blick nach oben erkannte Marie einen großen Tisch. Am Tischrand standen mehrere Frauen und schauten erstaunt auf sie herab. „Hallo, ich heiße Marie. Ich bin den Riesinnen hinterhergelaufen und hier gelandet. Meine Kleidung ist ganz nass von dem Fluss und ich friere sehr. Ich muss schnellstens meine Kleider trocken. Außerdem suche ich noch sehr dringend meine Freunde Christian und Peter. Könnt ihr mir helfen?" „Dort drüben ist eine Heizung. Da kannst du deine Kleider trocken. Deine Freunde kenne ich nicht. Wie sieht's mit euch aus, Mädels? Kennt ihr Christian und Peter?", fragte eine kleine dicke Frau. „Wie sehen sie denn aus?", kam die Frage von Therese. „Also, sie sind beide zwölf Jahre alt. Christian ist etwa so groß wie ich und ein bisschen pummelig. Er hat kurze blonde Haare. Ein Riesenkind hat ihn entführt. Ich hoffe so, dass ihm nichts passiert ist und wir ihn gesund wiederfinden! Peter ist auf der Suche nach ihm und nun suche ich beide. Peter hat dunkle Haare, eine Schildmütze und ist einen Kopf größer als ich", gab Marie Auskunft, während sie sich auszog und ihre Sachen an die Heizung hängte. Dann schnappte sie sich ein kleines Handtuch aus einem Korb und hüllte sich darin ein. „Hmm, also wenn ich es mir so recht überlege, habe ich hier noch nie Menschenkinder gesehen. Allerdings haben wir gestern von einem Riesenjungen den Befehl bekommen, für einen Menschenjungen Hosen und Pullover zu nähen. Vielleicht

sind die ja für deinen entführten Freund bestimmt", überlegte Therese. Maries Gesicht hellte sich auf: „Oh, das wäre ja super! Das würde bedeuten, dass er auf alle Fälle noch lebt. Hat das Riesenkind die Sachen schon abgeholt?" „Ja, schon vor etwa einer halben Stunde. Sie waren heute zu zweit hier und haben etwas von der Einrichtung für eine Puppenstube geredet." „Puppenstube? Sie halten ihn in einer Puppenstube fest! Ein Riesenmädchen hat aus Machtdorf Einrichtungsgegenstände geholt. Sie sagte ihrer Mutter, dass sie die für ihre Puppenstube bräuchte." Marie wurde schlagartig klar, dass sie letzte Nacht schon ganz nah dran war, Christian zu finden. Sie hätte nur wieder mit GIERIG und den Möbeln zurückfahren müssen. „Wisst ihr, wo der Riesenjunge wohnt?", fragte Marie zu den Frauen hoch. „Nein, das wissen wir nicht. Tut uns sehr leid, aber wir sind hier oben auf diesem Tisch gefangen. Wir können hier nicht weg! Und jetzt müssen wir auch leider sofort wieder an die Arbeit, sonst bekommen wir großen Ärger. Viel Glück bei deiner Suche!", rief Esther zu ihr hinunter. „Danke für eure Hilfe! Sobald ich Christian und Peter gefunden habe, werden wir euch helfen, frei zu kommen", versprach Marie. Die große Heizung hatte ihre Kleidung schnell getrocknet, sodass sie sich nebenbei wieder anziehen konnte. Endlich war ihr wieder warm! Zum Abschied rief sie den Frauen noch zu: „Vielleicht hilft es euch, schon mal zu wissen, dass ihr nur träumt auf diesem Tisch gefangen zu sein. In Wirklichkeit schläft euer Körper zuhause in euren Betten und ihr träumt, hier für die Riesen zu arbeiten. Die Riesen beeinflussen eure Gedanken. Ich muss jetzt aber gehen! Alles Liebe für euch!" „Hey, Moment mal! Was meinst du damit, dass wir das hier nur träumen? Was redest du da für einen Blödsinn?", fragte Therese nun ganz aufgebracht. Bevor Marie antworten konnte, hörten sie, dass sich die Eingangstür öffnete. So schnell sie konnten, setzten sich die Frauen wieder an ihre Nähmaschinen und Marie versteckte sich rasch hinter einem Wäschekorb.

LIEBLOSIGKEIT und MISSGUNST kamen erneut mit zwei vollen Körben in die Wäscherei. „Arbeitet gefälligst ein bisschen schneller! Wenn wir nachher wiederkommen, muss die Hose fertig sein!", mahnte MISSGUNST die Näherinnen mit strenger Stimme. Dann gingen die Riesinnen daran, mehrere Waschmaschinen mit Wäsche zu füllen.

Marie beschloss in Richtung Tür zu flüchten, damit sie gleich mit den beiden ins Freie schlüpfen konnte. Unbemerkt lief sie wieder auf das Schränkchen am Eingang zu, um dort den Zeitpunkt abzuwarten, bis sich die Tür nach draußen öffnete. Glücklich hatte sie ihr Ziel erreicht. Bis es soweit war, wollte sie sich noch ein paar Minuten die Hände auflegen. Ohne Vorwarnung tippte ihr plötzlich etwas auf die Schulter. Völlig außer sich vor Schreck, wollte Marie losschreien, als ihr schnell der Mund zugehalten wurde. „Hey Marie, ich bin's, Peter! Keine Angst! Ich wollte dich nicht erschrecken!" Marie traute ihren Au-

gen nicht! Da stand tatsächlich Peter vor ihr. Langsam ließ er ihren Mund los. Nun gab es für beide kein Halten mehr. Sie fielen sich in die Arme und weinten lautlos vor Glück…

Tag 13

Mit Tränen in den Augen wachte Marie auf. „Danke, dass du Peter wieder zu mir zurück gebracht hast. Nun können wir gemeinsam nach Christian suchen und die Liebe wachsen lassen!" Vor ihrem inneren Auge erschien die strahlende Gestalt von LIEBE und lächelte sie warmherzig, mit liebevollem Blick an. Durch Maries Hände strömte dabei ein kraftvoller Energiestrom, der ihren gesamten Körper zum Vibrieren brachte. Nachdem das Bild von LIEBE sich langsam aufgelöst hatte, wurde auch der Energiestrom immer weniger. Für Marie war es nun Zeit aufzustehen. Schon in fünfzehn Minuten würde ihr Papa mit Jens zum Frühstück kommen, also musste sie sich jetzt doch ein bisschen beeilen.

Auf ihrem Weg ins Bad umspielte ein dankbares Lächeln ihre Lippen. Dieses Lächeln wurde von Tanja erwidert, als sie sich an der Badezimmertür trafen. „Guten Morgen, Schatz! Du lächelst, also ist die Nacht erfolgreich verlaufen, oder?" „Hallo Mama! Ja, ich bin so froh, ich habe Peter wiedergefunden! Deine guten Gedanken haben mir auf meinem Weg geholfen. Ich habe es richtig gespürt, dass du an mich gedacht hast. Vielen lieben Dank, das hat mir wirklich Mut und Kraft gegeben!" Marie umarmte Tanja mit den Worten: „Nun können wir gemeinsam nach Christian suchen. So wie es aussieht, wird er von den Riesenkindern in einer Art Puppenstube gefangen gehalten. Ich weiß zwar nicht, was sie mit ihm anstellen, aber es scheint so, als wäre er dort zumindest momentan nicht in Lebensgefahr. Sie haben Möbel und Kleidung für ihn besorgt, also ist er vielleicht so eine Art Spielzeug für sie. Das ist bestimmt nicht lustig für ihn! Auf alle Fälle müssen wir schauen, dass wir ihn schnell finden!" Anschließend verschwand sie im Bad.

Noch während Marie im Bad war, klingelte es an der Haustüre. Gleich darauf vernahm sie die jubelnde Plapperstimme von Jens. Erst jetzt wurde ihr so richtig bewusst, wie sehr sie doch ihren kleinen Bruder in den letzten Tagen vermisst hatte. Schnell kämmte sie sich noch ihre Haare, dann stürmte sie zu den Neuankömmlingen. Noch bevor Marie ihren Papa umarmen konnte, fiel Jens ihr begeistert um den Hals. „Hey Marie, da bin ich wieder! Du hast mich doch vermisst, oder?" „Ja klar, ich habe dich total vermisst! Ich freue mich riesig, euch zu sehen!", lachte Marie, knuddelte ihn herzlich und fiel dann ihrem strahlenden Papa in die Arme. Tanja stand daneben und beobachtete lächelnd die Szene. „Was haltet ihr denn von einem leckeren Frühstück?“, meldete sie sich schließlich zu Wort, worauf die Meute hungrig in die Küche rannte.

Am Frühstückstisch war Jens ganz in seinem Element. Vor lauter Erzählen, vergaß er fast das Essen. Schließlich unterbrach ihn Thomas lachend: „Komm Spatz, iss mal! Du kannst doch nachher noch weiter erzählen.“ „Hmm, ja, aber wenn ich nachher vergessen habe, was ich euch unbedingt noch erzählen muss? Was ist dann?“ „Dann kannst du mit vollem Bauch ausgiebig nachdenken und schwupp fällt es dir wieder ein“, grinste Marie. Alle mussten herzlich lachen und Jens machte sich schließlich über das dick beschmierte Marmeladebrötchen her. Marie beobachtete, dass ihr Papa immer wieder verstohlen zu ihrer Mama schaute. Tanja sah phantastisch aus! Nicht nur ihre Augen strahlten, sondern ihr ganzes Wesen schien von einem sanften Licht umgeben zu sein. Marie war sehr stolz auf ihre Mama. „Was hast du denn so vor, in deiner kinderfreien Woche?“, fragte Thomas und sah Tanja dabei in ihre schönen braunen Augen. „Heute werde ich mal wieder bei Sabrina vorbeischauen. Ich habe sie in den letzten Tagen immer wieder vertröstet.“ Dabei musste Tanja unwillkürlich lachen. Ihr fiel wieder ein, wie dringend ihr Sabrina geraten hatte, sich von Dr. Baumann behandeln zu lassen. Was wird sie jetzt wohl sagen, wenn sie von Tanjas neuem Befund erfuhr. Sabrina wird Augen machen! Während Marie sich gut vorstellen konnte, warum Tanja lachte, erntete sie von Thomas einen erstaunten Blick. Als Tanja diesen Blick bemerkte, erklärte sie schnell: „Ich musste gerade an etwas Lustiges denken. Aber zurück zu meinen Plänen. Gestern Abend hatte ich eine wunderbare Idee: Ich werde mir zwei bis drei Tage Wellness-Urlaub gönnen. Bevor ich zu Sabrina gehe, frage ich im Reisebüro nach. Irgendwo ist bestimmt auch kurzfristig etwas frei.“ „Prima, das ist eine tolle Idee, Mama! Da kannst du dich richtig von uns erholen!“, staunte Marie. Thomas war verblüfft, fing sich aber gleich wieder. „Ja, Tanja, mach dir ein paar entspannte Tage. Obwohl, wenn ich dich so ansehe, hast du das überhaupt nicht nötig, so blendend wie du aussiehst.“ Für dieses Kompliment schenkte Tanja ihm ein zauberhaftes Lächeln.

Kaum hatte Jens sein Brötchen verdrückt, unterhielt er wieder den Rest der Familie, bis Thomas schließlich unterbrach: „So Kinder, jetzt packt mal zusammen, was ihr mitnehmen wollt, damit wir anschließend fahren können.“

Während Marie ihren Koffer und eine Tasche aus ihrem Zimmer holte, kramte auch Jens ein paar Spielsachen zusammen, die er noch mitnehmen wollte. Thomas half Tanja das Frühstücksgeschirr abzuräumen. „Du siehst richtig glücklich aus! So habe ich dich lange nicht mehr gesehen“, stellte Thomas fest. Tanja erwiderte strahlend: „Ich bin glücklich! Mir geht es richtig gut!“ Sie hatte in den letzten Tagen richtig an sich gearbeitet. Die positiven Gedanken, die Margarete ihr nahegelegt hatte, und die gute Diagnose von Frau Dr. Mosbach waren Balsam für ihre Seele.

Das Auto war bepackt. Jens, Marie und Thomas verabschiedeten sich mit einer liebevollen Umarmung von Tanja. Dann ging es los! Bis Leuthausen hatten sie nur cirka 20 Minuten zu fahren. Während der Fahrt erzählte Jens von seinem neuen Freund Oliver, der vor kurzem mit seiner Familie neben Thomas eingezogen war. Marie hörte ihm nur mit halbem Ohr zu, denn ihr fiel der nachdenkliche Blick ihres Vaters auf. Irgendetwas arbeitete in ihm. „Papa, ist alles in Ordnung? Geht es dir gut?“, fragte sie schließlich. Thomas reagierte erst, nachdem Marie ein zweites Mal nachfragte. Langsam antwortete er: „Oh..., ja..., alles klar! Ich war in Gedanken, entschuldige bitte...!“ Er lächelte seiner Tochter kurz zu und konzentrierte sich dann gleich wieder auf den Straßenverkehr. Kurz darauf bog Thomas auch schon in die Straße ein, in der das Mehrfamilienhaus stand, in dem er mit Martina wohnte.

„Ich muss dringend noch ein paar Lebensmittel für uns einkaufen. Sobald ihr eure Sachen in eurem Zimmer verstaut habt, könnten wir doch in das neue Einkaufszentrum fahren. Dort gibt es alles, was ihr euch nur vorstellen könnt. Wir können in dem Kunden-Restaurant auch zu Mittag essen. Was haltet ihr davon?“, fragte Thomas beim Auto-ausladen. „Au fein, da gibt es bestimmt auch eine Spielzeugabteilung! Darf ich mir da etwas aussuchen?“, bettelte Jens. Marie grinste und Thomas antwortete lachend: „Mal sehn, ich würde sagen, das kommt ganz darauf an, wie sauber du dein Zimmer aufgeräumt hast.“ Jens schaute einen Moment erschrocken, meinte dann aber: „Ach, das Zimmer ist doch ganz sauber! Du kannst es nachher ansehen.“ Damit zog Jens Marie in das Kinderzimmer, das die beiden gemeinsam bewohnten, wenn sie ihren Papa besuchten. Marie blickte sich im Raum um und bemerkte: „Oh, hast du nicht gerade gesagt, das Zimmer sei ganz sauber?“ „Ja, ist es doch fast. Die paar Sachen, die hier herumliegen sind doch ganz schnell aufgeräumt! Hilfst du mir? Bitte Marie!“ Mit seinem süßen Lächeln konnte Jens seine Schwester immer um den kleinen Finger wickeln. Das wusste er genau!

Eine halbe Stunde später begutachtete Thomas das wunderbar aufgeräumte Zimmer. „Kann es vielleicht sein, dass du beim Saubermachen eine kleine Hilfe hattest?“ „Aber nur eine ganz kleine Hilfe“, bestätigte Marie lachend. „Ja, schon! Marie hat mir geholfen. Es ist ja jetzt auch ihr Zimmer...“, verteidigte sich Jens etwas kleinlaut, „Sie darf dafür auch mit meinen Spielsachen spielen!“ „Oh, das ist aber sehr großzügig von dir! Okay, dann will ich das mal durchgehen lassen! Also zieht euch an, dann fahren wir“, erklärte Thomas nun.

Das Einkaufszentrum war wirklich riesengroß. Jens kam aus dem Staunen nicht heraus. Er war von dem großen Angebot so fasziniert, dass er alles mit offenem Mund betrachtete. Immer wieder rief er: „Schaut mal da, so etwas habe ich noch nie gesehen! Wow, das ist toll! Kommt, lasst uns da rüber gehen!"

Marie wollte sich mehr auf die Menschen konzentrieren. Schnell bemerkte sie, dass die Stimmung und das Befinden der Personen so ähnlich war, wie zuhause in Traumlingen. Im Gegensatz zu dort, gab es hier aber viel mehr Menschen, weil alles größer und voller war. Wehmütig dachte sie an Christian. Jetzt könnte sie seine Hilfe sehr gut gebrauchen. So schnell es ging, wollte sie ihn im Krankenhaus besuchen. „Wo bist du denn mit deinen Gedanken?", wurde sie plötzlich von ihrem Vater unterbrochen, „Gefällt es dir hier nicht?" „Oh, doch, doch! Ich musste nur gerade an Christian denken. Er ist ein lieber Freund, der hier im Krankenhaus liegt. Ich möchte ihn sehr gerne besuchen. Er liegt im Koma und die Ärzte wissen nicht, was er hat. Kann ich später noch zu ihm?" „Hm, ja klar können wir noch bei deinem Freund vorbeischauen. Von Christian hast du mir noch gar nichts erzählt." „Das ist eine längere, etwas komplizierte Geschichte. Ich erzähle sie dir ein andermal", gab Marie zur Antwort. „Papa, Papa, da drüben sind die Spielsachen. Komm schnell!", rief Jens nun ganz aufgeregt und zog seinen Papa am Ärmel. „Alles klar, ich komm ja schon! Kommst du mit Marie?" „Ich möchte mich gerne ein bisschen alleine umsehen. Wir können uns doch so um ein Uhr im Restaurant oben zum Essen treffen. Ist das okay?", schlug Marie vor. „Ja sicher, also bis später!", antwortete Thomas und folgte dann dem drängelnden Jens.

Marie wollte sich nun wieder ganz auf ihre Eingebung verlassen. Mit der heilenden Energie und den guten Gedanken wollte sie so viele Menschen wie möglich erreichen. Während sie langsam durch die Regalreihen schlenderte, baute sie gedanklich einen großen Kreis aus Licht um sich herum auf. Sie stellte sich vor, wie ein strahlendes, heilendes und liebendes Licht ihren Körper komplett umhüllte. Das klappte ganz prima! Nun versuchte sie dieses Licht auszuweiten. Es sollte so viele Menschen wie möglich erreichen. Dabei sandte sie wieder ihre positiven Gedanken aus. Ihr Vorhaben stellte sich als eine große Herausforderung an sie dar. Durch den Lärm und das Gewimmel der Menschen, war es ganz schön schwierig, sich zu konzentrieren. Immer wieder musste sie den Lichtkreis neu aufbauen, weil sie von Leuten angerempelt wurde. Marie machte die interessante Entdeckung, dass die Menschen von dem unsichtbaren Licht angezogen wurden. Spannend war, dass die Leute unbewusst auf sie zusteuerten. Kaum hatten sie sie erreicht, blickten sie sich suchend um. Ohne wirklich zu wissen, was sie eigentlich suchen. Marie erntete viele erstaunte, aber auch misstrauische Blicke. Sobald der Lichtkreis in ihren Gedanken in sich zusammenbrach, weil Maries Konzentration nachließ, ging jeder mit einem ratlosen Blick wieder seiner Wege. Aber nicht, ohne sich noch ein paar Mal nach ihr umzusehen. Diese Erfahrung ließ Marie darauf schließen, dass sich die Seelen der Menschen unbewusst nach dem Licht und der Liebe sehnten. Ihr Bewusstsein war aber noch nicht so weit, dies richtig zu begreifen.

„Mama, schau mal, wie das Mädchen dort leuchtet! Darf ich zu ihr gehen?", hörte Marie plötzlich eine Stimme hinter sich. Als sie sich umdrehte, stand ein kleines, etwa vierjähriges Mädchen vor ihr. Ihr strahlendes Gesicht wurde von hellbraunen Locken umrahmt. „Du bist wunderschön!", erklärte die Kleine nun voller Überzeugung. Marie lächelte: „Danke, du bist aber auch ein sehr hübsches Mädchen! Wie heißt du denn? Ich bin Marie!" „Das ist meine Tochter Jessica", antwortete Jessicas Mutter verblüfft, „Normalerweise ist sie sehr schüchtern und spricht keine fremden Menschen an. Du hast sie wohl ganz schön beeindruckt!" „Darf ich dich anfassen?", fragte Jessica. Marie lächelte liebevoll: „Na klar darfst du mich anfassen. Komm lass dich mal drücken!" So, als wäre Marie ihre allerbeste Freundin, stürmte die Kleine jetzt in ihre Arme. Jessicas Mutter beobachtete die Szene mit sehr erstauntem Gesichtsausdruck. Marie fühlte intensiv, dass die Kleine ihre Energie brauchte. Sie schloss ihre Augen und ließ es einfach fließen. Dabei war ihr völlig gleichgültig, dass sich immer mehr Menschen neugierig um sie versammelten. „Oh, tut das gut! Du hast so wundervolle Hände! Da kommt ganz viel strahlende Liebe raus! Deine Hände strahlen noch mehr, als du strahlst. Ich habe das schon einmal gefühlt und gesehen, das ist aber gaaaanz lange her", erklärte Jessica, nachdem sie ein paar Minuten ruhig und entspannt in Maries Armen gelegen hatte. Inzwischen war es Jessicas Mutter sichtlich peinlich, dass ihre Tochter hier so eine Menschenmenge um sich versammelte, deshalb sagte sie nun: „Jessi, Schatz, wir müssen jetzt weiter. Die junge Dame hat bestimmt auch noch etwas anderes zu tun." Langsam löste sich Jessica von Marie. „Darf ich dich wieder sehen? Willst du meine Freundin sein?", fragte sie Marie mit flehendem Blick. Marie lächelte die Kleine liebevoll an und strich ihr über die Wange: „Ich weiß nicht, ob das geht. Ich wohne in Traumlingen und bin hier nur im Urlaub. Wenn es aber sein soll, sehen wir uns auf alle Fälle wieder. In Gedanken bin ich bei dir und sende dir ganz viel Liebe!", verabschiedete sie sich und umarmte das Mädchen noch einmal herzlich. Mit Tränen in den Augen winkte Jessica Marie zu, als sie an der Hand ihrer Mutter weiterging. Auf den Gesichtern der umstehenden Menschen erkannte Marie plötzlich eine gewisse Offenheit, so als hätte jemand einen Vorhang beiseite gezogen. Sie konnte ganz kurz, aber deutlich, die Sehnsucht in ihren Augen sehen. Schließlich löste sich die Menschenmenge langsam auf. Marie fühlte, dass hier etwas Besonderes geschehen war. Die Menschen hatten die Liebe gespürt und sind dadurch zumindest für eine kurze Zeit aus ihrer Ichbezogenheit aufgewacht.

‚Ich danke dir für dieses Erlebnis, lieber Gott! Das ist unser Ziel! Alle Menschen sollen die Liebe wieder fühlen! Bitte hilf uns weiter, dieses Ziel zu erreichen! Du weißt, wie wichtig es ist! Bitte schick mir Hilfe! Ich brauche Peter und Christian!', betete sie, während sie sich auf die Suche nach der Kundentoilette machte.

Marie war gerade beim Hände waschen, als eine laute Stimme aus einem Lautsprecher ertönte: „Achtung, hier kommt eine Suchmeldung: Thomas Weber vermisst seine elfjährige Tochter Marie. Marie, bitte melde dich an unserem Informationsschalter in der dritten Etage!" Erschrocken schaute Marie auf die Uhr. „Oh je, es ist schon fast halb zwei. Ich habe völlig vergessen, dass ich um eins im Restaurant sein sollte", erklärte sie der älteren Dame, die neben ihr stand. „Na dann, beeil dich mal!", antwortete diese mit einem freundlichen Lächeln und Marie stürmte nach draußen.

Schon von weitem konnte Marie ihren Vater mit Jens am Informationsschalter stehen sehen. Thomas Blick ging suchend von einer Seite zur anderen. Jens entdeckte Marie zuerst: „Hey Marie, da bist du ja endlich! Wir haben dich überall gesucht!" Begeistert rannte er ihr entgegen. „Tut mir leid, ich habe völlig die Zeit vergessen!", entschuldigte sie sich. „Schön, dass du wieder da bist! So ein Informationsschalter ist doch prima, um vermisste Kinder wieder einzusammeln. In so einem riesigen Kaufhaus kann man sich schließlich ganz schnell verlaufen", erklärte Thomas erleichtert. „Lasst uns jetzt endlich essen! Ich habe schon sooooo einen großen Hunger", rief Jens und streckte seinen linken Arm so weit er konnte nach oben, um die Größe seines Hungers auszudrücken. Unter dem rechten Arm trug er eine große Tüte. „Na dann los!", sagten Thomas und Marie wie aus einem Munde. Lachend steuerten sie auf die Rolltreppe zu, die sie in die fünfte Etage zum Restaurant bringen sollte. Unterwegs zeigte Jens seiner Schwester begeistert den Inhalt der Tüte. Er hatte sich in der Spielzeugabteilung ein großes Puzzle herausgesucht. „Da können wir alle zusammen puzzeln! Das macht doch immer so viel Spaß!", jubelte er.

Die nächste Stunde verbrachten die drei ganz gemütlich mit einem leckeren Mittagessen. Anschließend gönnten sie sich noch ein Eis.

„So ihr Lieben, jetzt, wo wir gut gesättigt sind, können wir noch Lebensmittel einkaufen. Das sollte man nämlich möglichst nie mit hungrigem Magen machen, weil man dann meistens vor lauter Hunger viele unnötige Sachen einkauft", erklärte Thomas, nachdem er das Essen bezahlt hatte. Dann machten sie sich auf den Weg ins Erdgeschoss, wo sich ein großer Lebensmittelmarkt befand. Jens war ganz begeistert vom Rolltreppen fahren. Am liebsten wäre er ständig nur rauf und runter gedüst. Marie beobachtete währenddessen die Kunden und versuchte wieder ihren Lichtkreis aufzubauen.

Auf einmal stutzte sie! Das konnte doch nicht wahr sein! Auf der Rolltreppe nebenan, die nach oben fuhr, stand Peter! Marie sah ihn schon von weitem und rief dem Jungen mit der blauen Schildkappe laut zu: „Peter, Peter, hallo

Peter! Da bist du ja endlich! Gott sei Dank habe ich dich gefunden!“ Sie erntete erstaunte Blicke. Auch Thomas und Jens sahen sie verwundert an. Der einzige, der sie nicht beachtete, war der angesprochene Junge. Nun fuhr er direkt an ihr vorbei. Marie war ganz aus dem Häuschen vor lauter Freude. Es gab keinen Zweifel! Das war eindeutig Peter! „Hey Peter, ich bin's doch, Marie. Was ist denn los mit dir? Erkennst du mich nicht? Das kann doch nicht sein!“ Sie konnte ihn kurz an der Schulter antippen und erntete einen sehr verwunderten Blick. „Du meinst mich? Was schreist du hier so herum? Ich kenne dich nicht!“ und schon war er an ihr vorbei. Marie war fassungslos! Das konnte, das durfte nicht sein! „Ich muss ihm nach! Bitte Papa! Ich muss zu Peter! Es ist dringend! Er muss mich erkennen! Geht ihr doch schon mal alleine einkaufen. Ich komme später nach...“, erklärte sie schnell und wechselte am Ende der Rolltreppe die Richtung. Um schneller nach oben zu kommen, überholte sie, so gut es ging, die anderen Kunden auf dem Laufband. Thomas war so platt, dass er nichts mehr sagen konnte. Irgendwie hatte sich seine Tochter verändert. Jetzt rannte sie schon völlig kopflos den Buben hinterher! Das musste wohl die Pubertät sein!

Völlig platt war auch der Junge, dem Marie hinterherlief. Als er bemerkte, dass er verfolgt wurde, lief er schneller. Was wollte dieses Mädchen bloß von ihm? Mit Mädchen hatte er eigentlich überhaupt nichts zu schaffen. Die waren doch alle doof! Und die, die ihm hinterher lief, schien besonders doof zu sein. „Bleib doch stehen, bitte Peter! Warum rennst du denn davon! Bitte, lass uns reden! Es ist wichtig!“ Das Mädchen ließ nicht locker. Alle Leute schauten ihm schon hinterher. Eigentlich wollte er nur schnell ein Geburtstagsgeschenk für seinen Vater kaufen. Und nun wurde er von einer Verrückten verfolgt! Weglaufen hatte wohl keinen Sinn. So würde er sie nicht los bekommen. Abrupt blieb er stehen. „Was willst du von mir? Warum verfolgst du mich?“, fragte er nun aufgebracht. Marie blieb atemlos vor Peter stehen. „Ich bin doch Marie! Mensch Peter, du musst mich doch kennen! Christian hat mich doch auch erkannt! Warum erkennst du mich nicht? Denk an deine Träume!“ „Wovon zum Teufel redest du? Ich kenne dich nicht! Und ich will dich auch nicht kennen! Einen Christian kenne ich auch nicht und meine Träume gehen dich überhaupt nichts an!“, stellte er erbost klar, „Lass mich jetzt in Ruhe! Ich habe Wichtigeres zu tun, als mich mit dir abzugeben!“ Damit drehte er sich um und ließ Marie total verdattert zurück. Sie war völlig fertig. Marie war sich sicher, dass dieser Junge Peter war. Aber was ist mit ihm geschehen? Er war so ganz anders!

Nur langsam kam sie wieder zur Besinnung. Intuitiv hatte sie sich die Hände aufgelegt. Das half ihr, wieder klare Gedanken zu fassen. Es gab nur eine Möglichkeit: Peter gehörte auch zu denen, die sich nicht an ihre Träume erinnern konnten. Das würde sein Verhalten erklären, schließlich kannten sie sich bislang nur aus ihren Träumen. In der kommenden Nacht musste sie unbedingt mit ihm darüber reden...

„Na Schatz, hast du den jungen Mann noch eingeholt?“, fragte Thomas, als Marie ihn und Jens am Obststand fand. „Ja, aber ich habe ihn wohl doch mit jemand anderem verwechselt. Er sieht meinem Freund Peter sehr ähnlich“, antwortete sie nur kurz.

Es war inzwischen fast vier Uhr nachmittags, als sie das Einkaufszentrum mit vollen Taschen verließen. Beim Einsteigen ins Auto fragte Thomas: „Wie sieht's aus Marie, möchtest du noch deinen Freund im Krankenhaus besuchen?“ „Ja, unbedingt, wenn es euch nichts ausmacht. Ihr könnt mich auch dort absetzen und später wieder abholen.“ „Ich will nicht ins Krankenhaus, Papa! Da sind lauter kranke Menschen. Lass uns zuhause mit dem Puzzle anfangen!“, quengelte Jens. „Hm, also gut, dann setzen wir dich dort ab. Ist es okay, wenn ich dich um sechs wieder abhole?“ „Ja, klar Papa, prima!“, freute sich Marie.

Marie erkundigte sich im Krankenhaus bei der Dame an der Anmeldung, wo Christian lag und ob sie ihn besuchen dürfte. „Christian Baier liegt auf der Gruppe F, Zimmer 6. Das ist im 3. Stock. Er liegt in einem normalen Krankenzimmer, also darf er auch Besuch bekommen“, erklärte ihr die freundliche Dame.

Christian lag alleine im Zimmer. Seine Haut war sehr blass. Ansonsten sah er aus, als schliefe er friedlich. Marie begann ganz normal mit ihm zu reden, während sie ihm die Hände auflegte. Die Energie floss nicht so intensiv, wie sie es erwartet hatte. Vielleicht lag es daran, dass Christians Körper im Grunde ja gesund war. Dennoch gab sie ihm auf alle Kopf- und Oberkörperpositionen Heilenergie. Marie erzählte Christian alles, was sich zugetragen hat, seit sie sich nicht mehr gesehen hatten. Dabei hoffte sie inständig, irgendein Lebenszeichen von ihm zu erhalten. Sie hoffte vergeblich!

Eine große Uhr an der Wand zeigte ihr schließlich, dass es gleich 18.00 Uhr war. So verabschiedete sie sich von Christian mit dem Versprechen, am nächsten Tag wieder zu kommen...

Nachdem Jens, Marie und Thomas zu Abend gegessen hatten, durfte Jens sich noch seine Lieblings-Kindersendung im Fernsehen anschauen. Marie und Thomas räumten in der Zwischenzeit noch die Küche auf. „Du bist richtig erwachsen geworden! Ich bin froh, dass ich dich jetzt ein bisschen bei mir habe! Manchmal habe ich Angst, dass ich die wichtigsten Phasen in eurem Leben versäume, weil wir uns nur alle zwei Wochen am Wochenende sehen.“ Marie lächelte ihren Papa an: „Weißt du, zur Zeit geschieht wirklich sehr viel. Daran nimmt hauptsächlich Mama teil, aber jetzt haben wir ja zwei Wochen Zeit miteinander. Darauf habe ich mich schon seit Wochen gefreut!“ Marie wusste nicht genau, wie sie bei ihrem Vater ihren Auftrag erledigen konnte, aber sie war davon überzeugt, dass es eine Möglichkeit gab.

Thomas las Jens vor dem Schlafengehen noch eine spannende Gutenachtgeschichte vor. Nachdem Jens selig eingeschlafen war, hatte Marie ihren Papa endlich noch ein bisschen für sich alleine. Wie früher kuschelte sie sich auf dem Sofa an ihren Papa. Thomas legte den Arm um seine große Tochter. So saßen sie beide eine Weile in Gedanken versunken da. Schließlich unterbrach Thomas die Stille: „Du, ich muss dich mal etwas fragen! Ist innerhalb der letzen Woche irgendetwas Besonderes mit Mama geschehen? Sie war heute so ganz anders, als in den letzten Monaten. Sie war so wie früher! Sie hatte wieder dieses Funkeln in den Augen! Hat sie jemanden kennen gelernt?“ Thomas vermied es, Marie anzusehen. Er war sich nicht ganz sicher, ob er die Antwort überhaupt wissen wollte. Okay, er hatte Martina! Er hatte nicht das Recht, Tanja eine neue Liebe zu missgönnen! Marie war für einen Moment perplex. Mit dieser Frage hatte sie nicht gerechnet. Vorsichtig antwortete sie: „Ja, sie hat jemanden kennen gelernt. Eigentlich haben wir beide jemanden kennen gelernt. Diese Freundschaft hat Mama sehr geholfen wieder glücklich zu sein.“ Irgendetwas sagte ihr, dass es in Ordnung sei, ihm momentan noch nicht zu sagen, dass es sich bei dieser Person um eine Frau handelte. Deshalb wechselte sie schnell das Thema und fragte, was sie morgen unternehmen könnten. Dabei erwähnte sie noch, dass sie gerne wieder ins Krankenhaus zu Christian ginge. „Kennst du Christian schon lange? Ich habe den Namen vorher nie von dir gehört. Und wer ist denn eigentlich dieser Peter?“ Marie erzählte ihrem Papa vorerst nur, dass sie die beiden schon länger kenne und sie immer wieder etwas miteinander unternehmen würden.

„Du Papa, lass uns morgen weiterreden. Ich bin jetzt müde. Das war ein aufregender Tag heute“, erklärte Marie schließlich und Thomas nickte: „Ja, Schatz, du hast recht. Lass uns ins Bett gehen!“ Sie gab ihm einen Gutenachtkuss auf die Wange, stand auf und ging ins Badezimmer, um sich bettfertig zu machen. Anschließend schlüpfte sie leise ins Kinderzimmer und in ihr Bett, um Jens nicht zu wecken.

Ein paar Minuten lag sie noch wach. Ihre Gedanken kreisten um den vergangenen Tag. Was würde Peter jetzt wohl gleich sagen …

… Und schon war Peter bei ihr. Sie fanden sich beide wieder hinter dem Schränkchen in der Wäscherei. „Mensch Peter, ich bin so froh, dass ich dich gefunden habe. Ich habe dich im Kaufhaus getroffen und du hast mich nicht gekannt! Peter, es war ganz schlimm für mich, weil du mich nicht erkannt hast!“ Vorwurfsvoll sah Marie ihn an. „Wovon redest du? Ich erkenne dich doch! Du bist wohl etwas durcheinander, aber dafür haben wir jetzt keine Zeit!

Wir müssen uns beeilen. Die Tür ist offen. Komm, wir müssen hier raus!", drängte Peter, nahm Maries Hand und zog sie hinter sich her. „Ich bin nicht durcheinander! Ich rede von unserem Treffen im Kaufhaus in Leuthausen...", versuchte sie es noch einmal, aber Peter ermahnte sie nur: „Pssst, sei jetzt still! Wir müssen leise sein, damit sie uns nicht entdecken!" Marie verstummte. Jetzt schien nicht der richtige Zeitpunkt zu sein, dieses Thema anzusprechen. So schnell sie konnte, rannte sie hinter Peter her, der noch immer ihre Hand hielt. Die Wäschereitüre stand sperrangelweit auf. Bevor sie hinaus ins Freie sprangen, schaute Marie nochmals kurz in den Waschraum zurück. In einiger Entfernung konnte sie rechts den Tisch erkennen, auf dem die Frauen für die Riesen nähen mussten. Auf der anderen Seite machten sich LIEBLOSIGKEIT und MISSGUNST an den Waschmaschinen zu schaffen.

Peter zog sie weiter auf den Gehweg hinaus. Zielsicher steuerte er nun nach rechts an den Hauswänden entlang. Da Peter den Weg zu kennen schien, folgte Marie ihm erst einmal wortlos. Die Straßen waren ziemlich belebt. Viele schwarz gekleidete Riesen gingen wild diskutierend alle in dieselbe Richtung. So wie es aussah, waren sie wieder auf dem Weg zum Versammlungssaal. Plötzlich näherte sich ihnen von hinten ein immer lauter werdendes, ohrenbetäubendes Motorengeräusch. Ohne Vorwarnung stoppte Peter und Marie rannte ihn fast um. Mit großen Augen sahen die beiden nun das erste riesengroße Auto in dieser Stadt an sich vorbeirasen. Peter starrte dem Wagen fasziniert hinterher. „Hey Peter, aufwachen! Das ist nur ein Auto! Zugegeben ein sehr großes, aber dennoch nur ein Auto", neckte Marie ihn. Kaum hatte sie ausgesprochen, war der Wagen auch schon außer Sichtweite. „Wow, das war ein toller Schlitten! Da würde ich zu gerne einmal mitfahren!", schwärmte Peter noch etwas gedankenverloren. „Wir haben leider etwas Wichtigeres zu tun! Weißt du, wo sie Christian festhalten? Hast du etwas herausgefunden?" „Da vorne können wir uns verstecken. Dann können wir reden!", meinte Peter nun und wies auf eine Lücke zwischen zwei Häuserblocks, wo allerlei Gerümpel herumstand.

Hinter einem Stapel Holzlatten fanden sie ein ruhiges, einigermaßen bequemes Plätzchen. Erst jetzt ließ Peter Maries Hand los...

Während sie sich beide intuitiv die Hände auflegten, begann Peter zu berichten: „Ich weiß, in welchem Haus sie Christian gefangen halten. Gestern bin ich zufällig dort vorbeigekommen, als dieser Riesenjunge, der glaube ich HÖLLCHEN heißt, das Haus verließ. Ich habe eine Weile auf seine Rückkehr gewartet. Plötzlich kam ein Riesenmädchen auf einem Fahrrad mit Anhänger. Auf dem Leiterwagen hatte sie lauter Möbel in unserer Größe. Sie wollte gerade klingeln, als HÖLLCHEN zurückkam. Er war ganz begeistert über die Möbel und gemeinsam trugen sie diese ins Haus. Ich hatte leider keine Möglichkeit mit hineinzukommen. Bevor sie im Haus verschwanden, sagte HÖLLCHEN zu dem

Mädchen, dass sie dem Menschenjungen ein ganz tolles Haus einrichten wollten und, dass sie noch nie so ein tolles Spielzeug gehabt hätten. Ich suchte dann eine Möglichkeit, die zwei Treppenstufen zur Haustüre hochzukommen. Der Fahrrad-Anhänger des Mädchens stand direkt neben der Treppe. Dort wollte ich hochklettern, um dann hinüber zu springen. Ich war zu langsam, denn das Mädchen kam aus dem Haus, schnappte ihr Fahrrad und radelte davon. Sie bemerkte nicht, dass sie einen blinden Passagier hatte. Ich hatte große Mühe mich am Leiterwagen festzuhalten. Kurz darauf hielt sie am Waschsalon. Dort traf sie das andere Riesenkind. Sein Name ist glaube ich ÄNGSTLICH. Ich wollte wissen, was die beiden planten. Also sprang ich vom Wagen und folgte ihnen in das Gebäude. Ich war nicht schnell genug, den beiden wieder nach draußen zu folgen. Die Tür fiel zu und ich war eingeschlossen. Irgendwie muss ich dann eingeschlafen sein, keine Ahnung. Zumindest habe ich nicht bemerkt, dass du auch in den Waschsalon gekommen bist. Erst, als du plötzlich hinter den Schrank gerannt kamst, war ich wieder voll da und habe dich erkannt. Du hast ja selbst mitbekommen, was im Waschsalon geschieht. Das brauche ich dir also nicht zu erzählen. Ich bin wirklich froh, dass ich dich dort wiedergefunden habe... Aber jetzt berichte du einmal! Wie ist es dir ergangen?" Marie erzählte in kurzen Sätzen, dass sie ebenfalls mit dem Fahrradanhänger unterwegs gewesen war und von ihren weiteren Erlebnissen, seit sie sich von Peter getrennt hatte. Sie wiederholte zum Schluss noch einmal den Rat „Achte auf die Zeichen", den HOFFNUNG ihr gegeben hatte. Ein paar Minuten verharrte jeder in Gedanken versunken. Sie genossen die kurze Pause, um sich bei geschlossenen Augen mit kraftvoller Energie zu versorgen...

Schließlich meinte Peter: „Es wird Zeit! Lass uns Christian befreien!" Marie öffnete langsam ihre Augen und sah sich irritiert um. Dann rieb sie ihre Augen und blinzelte anschließend schnell kurz hintereinander. „Irgendetwas stimmt nicht mit meinen Augen! Ich sehe keine Farben mehr! Es ist alles schwarz-weiß! Selbst die Holzlatten sind jetzt ganz grau!" Peter blickte sie verblüfft an: „Dann stimmt mit meinen Augen auch etwas nicht! Du hast recht, die Farben sind weg! Es wäre mir gar nicht so richtig aufgefallen, weil hier sowieso alles so trist und öde ist. Diese Stadt wird mir immer unheimlicher! Es wird Zeit, dass sich hier alles zum Guten wendet! Wer weiß, was sonst noch alles kommt..."

Vorsichtig kamen Marie und Peter aus ihrem Versteck hervor. Jetzt war die Straße fast menschenleer. Die Versammlung hatte wohl inzwischen begonnen. „Komm, da vorne steht das Haus, in dem Christian gefangen gehalten wird", erklärte Peter. Die Strecke stellte sich weiter heraus, als es aussah. Die Stadt war einfach nicht für so kleine Leute gemacht. Während sie sich dem Haus immer mehr näherten, trat dort eine Riesin zur Tür heraus. Gleich darauf öffne-

te sich die Tür des Nachbarhauses und eine zweite Riesin trat ins Freie. Die beiden begannen, sich leise zu unterhalten.

Erst, als Marie und Peter das Haus endlich erreicht hatten, verstanden sie, was die beiden miteinander flüsterten. Sie versteckten sich hinter dem Treppenabsatz am Hauseingang. Atemlos lauschten sie dem Gespräch.

„...Stell dir vor, HÖLLCHEN hat vorgestern ein Menschenkind nach Hause gebracht, einen kleinen dicken Jungen. Ich hatte vorher noch nie ein Menschenkind gesehen. HÖLLCHEN und ÄNGSTLICH wollten ihn vor uns verstecken, aber wir haben den Jungen schreien gehört. Es war furchtbar! Er schrie und weinte so schrecklich, dass er den beiden schnell zu lästig wurde. Hergeben wollten sie ihn aber auch nicht. So gaben wir ihm Beruhigungspillen. Daraufhin ist er eingeschlafen. Wir dachten schon, die Dosis wäre zu hoch gewesen und er wäre gestorben. Gestern fing er dann plötzlich im Delirium an zu reden. Ich musste mit meinem Ohr ganz nah an ihn herangehen, damit ich ihn verstehen konnte. Was er gefaselt hat, war unglaublich! Er sprach immer wieder von einer Marie und einem Peter und davon, dass sie es schaffen würden, LIEBE zu retten. Was hältst du davon?" „Wenn das stimmt, was das Kind sagt, dann müssen wir so schnell wie möglich MACHT darüber informieren. Er hat doch gesagt, wie gefährlich die Menschenkinder für unser Vorhaben sind. Stell dir vor, wie es wäre, wenn LIEBE gerettet würde. Dann müssten wir womöglich wieder in unsere kleinen Häuser nach Machtdorf zurück. Eine ganz schreckliche Vorstellung! Ich wollte heute eigentlich nicht zur Versammlung gehen, aber wir sollten es doch tun und die anderen warnen." „Ja, du hast vermutlich recht. Vielleicht sind ANGST, FURCHT und SORGE inzwischen aus Liebeland zurück und wissen mehr darüber. Komm lass uns gehen!" „Sollen wir das Menschenkind mitnehmen?" „Nein, vorerst nicht! Der Junge ist in HÖLLCHENs Puppenstube gut aufgehoben. Da kommt er nicht hinaus." Mit schnellen Schritten entfernten sich die Riesinnen in Richtung Versammlungsgebäude.

„Oje, was machen wir nun? Sie wissen jetzt von uns! Nun werden sie nach uns suchen und uns jagen." Marie sah Peter ängstlich an. Ohne Worte nahm er sie ganz fest in die Arme. Sofort begann die beruhigende und tröstende Energie zu fließen...

Kurz darauf lächelte Marie Peter dankbar an: „Danke, das hat jetzt gut getan! Manchmal überkommen mich doch Zweifel, ob wir es schaffen können, obwohl ich genau weiß, dass wir es nur schaffen, wenn wir fest daran glauben und darauf vertrauen!" „Ich denke, es ist völlig normal, dass uns manchmal Zweifel befallen. Wir sind schließlich Menschen und keine Heiligen. Aber wenn wir an uns arbeiten, werden die Zweifel immer weniger und wir können stolz auf uns sein. So, aber jetzt müssen wir schnellstens in dieses Haus kommen", erklärte Peter mit sanfter Stimme. „Ja, du hast recht! Lass uns Gott um Hilfe bitten!", schlug Marie vor. So konzentrierte sich jeder auf seine eigene Art darauf, Gott um ein Zeichen zu bitten.

„Wir müssen hinter das Haus!", riefen sie schließlich gleichzeitig und mussten lachen, weil sie beide die gleiche Eingebung hatten.

Der Weg um das Haus herum gestaltete sich als wahre Klettertour. Der Boden war mit großen Kieselsteinen aufgefüllt, die Marie und Peter wie kleine Felsbrocken vorkamen. Die Hauswand schien kein Ende zu nehmen. Dadurch benötigten die beiden einige Zeit, um die Hinterseite zu erreichen. Schließlich hatten sie es geschafft. Atemlos schauten sie sich um. Sofort wurde ihnen klar, warum sie hierher kommen sollten. Direkt an der Hauswand stand ein großer verdorrter Busch. Ein paar kahle Zweige reichten bis zu einem offen stehenden Fenster. „Hey, ein offenes Fenster! Die haben wohl keine Angst vor Einbrechern", wunderte sich Marie. „Vielleicht hat die Riesin einfach vergessen es zu schließen, weil sie so schnell weg musste. Vielleicht ist aber auch noch jemand zuhause...", mutmaßte Peter, „Egal, wir müssen auf alle Fälle da hoch! Bist du gut im Klettern?" „Na klar, ich bin früher mit meinem Papa die höchsten Bäume hochgekraxelt! Für mich ist dieser Busch kein Problem! Und wie sieht's mit dir aus?", fragte Marie herausfordernd. „Lass dich mal überraschen!", grinste Peter und begann sogleich mit dem Aufstieg in Richtung Fenster. Marie kletterte mutig hinterher. Das Hochkommen gestaltete sich nur deshalb als schwierig, weil manche Zweige so dürr waren, dass sie schon abbrachen, sobald sie ein wenig Gewicht tragen sollten. Durch eine himmlische Fügung brach der Ast aber immer erst ab, wenn der nächste ihnen schon Halt gab. Endlich hatte Peter das Fensterbrett erreicht. Als er sich nach Marie umsah, war sie schon fast bei ihm. Der Zweig, auf dem sie entlang hangelte, gab schon krachende Geräusche von sich. In dem Moment, in dem er brach, konnte Peter gerade noch Maries Hand ergreifen und sie auch aufs Fensterbrett ziehen. Geschafft! Das war gerade noch einmal gut gegangen! Für eine Atempause blieb ihnen aber keine Zeit! Vorsichtig blickten sie ins Innere des Zimmers. Mit dem, was sie sahen, hatten sie nicht gerechnet, aber der Anblick machte die beiden überglücklich. Linkerhand des Fensters stand auf einem Tisch eine Puppenstube. Sie konnten die Einrichtung teilweise erkennen. Ohne zu überlegen rief Marie: „Christian, Christian, bist du da?" Nichts rührte sich! „Komm, wir müssen rein und nachsehen!" Marie kletterte über den Fensterrahmen auf den inneren Fenstersims. Peter folgte ihr schnell. Immer wieder riefen sie nun nach Christian, bekamen aber keine Antwort. „Wenn sie ihm Beruhigungstabletten gegeben haben, schläft er vielleicht und kann uns nicht hören", erkannte Marie. Krampfhaft überlegten sie nun, wie sie wohl zu der Puppenstube gelangen konnten. Am Ende des Fensterbrettes stand eine Schachtel. Beim Hineinblicken stellten sie fest, dass dort die Kleidungsstücke lagen, die für Christian genäht worden waren. Plötzlich ver-

nahmen sie Schritte und Stimmen, die immer näher kamen. Die Schachtel war nun ihre Rettung. So schnell sie konnten, kletterten sie hinein und versteckten sich unter den Kleidern...

„Und wo ist er?", hörten sie die laute Stimme von MACHT. Die Mutter von HÖLLCHEN antwortete: „Hier, er liegt im Bett der Puppenstube. Er ist nicht ansprechbar. Ich glaube, die Kinder haben ihm eine zu hohe Dosis von den Pillen gegeben. Vermutlich wird er noch eine Weile schlafen." „Auch okay, dann macht er uns schon keine Scherereien! Wir nehmen ihn mit!", erklärte MACHT. „Nein, nein, bitte lasst ihn uns doch! Wir haben noch nie so ein tolles Spielzeug gehabt! Er gehört doch uns! Wir haben ihn gefunden!", rief nun HÖLLCHEN. Sein Tonfall ließ keinen Zweifel daran, dass er ziemlich sauer auf seine Mutter war, weil sie ihn verraten hatte. „MACHT weiß schon, was er tut! Dieses Menschenkind kann uns gefährlich werden! Da ist es doch besser, wenn es nicht hier im Haus ist!", mahnte HÖLLCHENs Mutter. „Hier in diesem Karton können wir ihn transportieren", erklang die brummige Stimme eines weiteren Riesen. Abrupt wurde die Schachtel mit Marie und Peter in die Höhe gehoben. „Meinetwegen", war MACHTs Antwort. Kurz darauf lag Christian bei Marie und Peter in der Schachtel. Da sie sich unter den Kleidungstücken versteckt hielten, fühlten sie lediglich, wie etwas Schweres auf sie gelegt wurde. Marie konnte gerade noch einen Schmerzensschrei unterdrücken. Dann hörten sie, wie ein Deckel über sie gestülpt wurde und die Reise zu einem unbekannten Ziel begann. Die Kinder gruben sich unter den Kleidern hervor und tasteten in der finsteren, sich auf und ab bewegenden Schachtel nach Christian. Ansprechen konnten sie ihn nicht, sonst hätten sie sich womöglich verraten. So blieb ihnen nur die Möglichkeit, ihm ihre Hände aufzulegen.

„Was machen wir jetzt mit ihm?", ertönte die Frage eines Riesen, woraufhin MACHT antwortete: „Das muss ich mir noch überlegen. Vielleicht können wir ihn als Köder für die beiden anderen benutzen. Wenn es stimmt, was er gesagt hat, könnte das eine Erklärung dafür sein, warum immer wieder etwas nicht nach unserem Plan verläuft. Diese Kinder könnten uns noch viel Ärger machen, also müssen wir sie unbedingt erwischen und ihnen den Garaus machen!" Marie und Peter wurde es ganz mulmig bei diesen Worten. MACHT durfte sie auf keinen Fall entdecken! Also beteten sie wieder um Schutz und Hilfe.

Mit einem Ruck wurde die Schachtel plötzlich abgesetzt. Schnell versteckten sich die Kinder wieder unter den Kleidungsstücken. Der Deckel wurde geöffnet. „Ich glaube, der lebt gar nicht mehr!" Mit einem Finger stupste MACHT Christian, der sich nicht rührte. „Die haben ihm bestimmt eine Überdosis verpasst! Na ja, auch egal! Als Köder können wir ihn trotzdem verwenden. Die anderen zwei müssen ja nicht wissen, dass ihr kleiner dicker Freund schon das Zeitliche gesegnet hat... Komm, wir gehen jetzt einen trinken. Dann überlegen wir später, was wir mit ihm machen..." Damit krachte der Deckel wieder über den Karton. Mit lautem Gegröle entfernten sich die Riesen.

Vorsichtig arbeiteten sich Marie und Peter wieder nach oben. Nun sprachen sie Christian leise an. Gleichzeitig ließen sie die Energie aus ihren Händen in seinen Körper fließen. „Du lebst Chrisian, du wachst jetzt auf und lebst!", flüsterten sie ihm immer und immer wieder ins Ohr...

Tag 14

„Du lebst! Wach bitte auf! Wir brauchen dich!" „Mensch Marie, ich bin doch schon ganz lange wach. Du bist es doch, die hier noch schläft und komische Sachen redet!" Jens rüttelte an Maries Schulter, um sie aus ihren Träumen zu reißen. Erschrocken öffnete sie die Augen und sah Jens lachendes Gesicht direkt vor sich. „Komm steh auf, bestimmt hat Papa schon das Frühstück gerichtet", drängelte er sie. „Was rede ich denn für komische Sachen?", fragte Marie ihn neugierig. „Du hast ganz leise gesprochen. Ich habe nur verstanden: Du lebst! Wach auf! Wir brauchen dich!", gab Jens zur Antwort und zog sie am Arm nach oben. „Okay, okay, ich steh ja schon auf! Geh du schon mal vor, ich komme gleich nach." Jens stürmte aus dem Zimmer. Marie legte sich noch einmal für ein paar Minuten bequem hin und gab sich Energie für den neuen Tag. Schließlich stand sie auf und begab sich ins Bad. Ihr Spiegelbild begrüßte sie mit einem Lächeln. In ihrem Inneren vernahm sie die Worte: ‚Wir sind immer bei dir, begleiten und beschützen dich auf deinem Weg!'. Sie konnte ganz klar das strahlende, liebevolle Licht erkennen, das sie umfing. Das musste das Licht gewesen sein, das Jessica gesehen hatte. Marie war so vertieft in den lichtvollen Anblick und das wohlige, geborgenen Gefühl, dass sie nicht bemerkte, wie sich die Badezimmertüre öffnete. Mit offenem Mund stand Jens da. Vor Erstaunen brachte er erst einmal kein Wort heraus. Schließlich stammelte er: „Du, du bist ein Engel! Marie, du bist ein Engel! Du bist wunderschön! Papa, Papa, komm schnell! Marie ist ein Engel!"

Marie fuhr bei Jens Worten erschreckt zusammen. Der Zauber war vorbei! Das Licht war verschwunden!

„Was ist denn los, Jens? Du sollst Marie doch nicht im Bad stören. Guten Morgen meine Große!" Thomas lächelte Marie zu, dann wandte er sich mit fragendem Gesicht an seinen Sohn. Dieser starrte noch völlig ungläubig auf Marie. „Jetzt ist es weg! Ich habe es aber ganz genau gesehen. Ganz sicher! Es war unglaublich schön! Marie hat gestrahlt wie ein Engel!", rief er. Thomas schaute neugierig zu seiner Tochter. Er konnte nichts Außergewöhnliches feststellen. „Ja, unsere Marie ist ein Engel, aber du bist es auch, mein Spatz!", erklärte Thomas nun fröhlich. Marie umarmte ihren kleinen Bruder liebevoll. Da war es wieder, dieses Strahlen! Nicht so groß wie vorhin, aber Jens sah und fühlte es sehr deutlich. „Siehst du es nicht auch, Papa? Marie leuchtet! Das fühlt sich so toll an!“ Thomas sah zwar nichts, konnte aber eine sehr angenehme, warme Atmosphäre wahrnehmen. Nun wurde ihm bewusst, dass er dieses Gefühl auch gestern Abend gespürt hatte, als sie gemeinsam auf dem Sofa saßen. Plötzlich riss ihn Jens aus seinen Gedanken. „Ich habe jetzt Hunger! Können wir jetzt endlich frühstücken?“ Jens hatte genug Energie getankt und richtete seine Aufmerksamkeit nun wieder auf handfestere Dinge. Lachend begaben sich die drei zum Frühstückstisch.

Kurz bevor ihr Morgenmahl beendet war, klingelte es an der Haustüre. Thomas öffnete und ließ den Nachbarsjungen Oliver hinein. Der rothaarige, sommersprossige Junge war in eine dicke Jacke eingepackt. „Hey Jens, du bist ja noch gar nicht fertig! Beeil dich mal! Wir wollen doch vor den anderen am Spielplatz sein und das neue Klettergerüst ausprobieren“, erinnerte er Jens an ihre Verabredung. „Hallo Oli, ist es schon so spät? Ich hatte schon ganz vergessen, dass wir zum Spielplatz wollten. Das ist meine Schwester Marie. Wir haben sie gestern von zuhause hierher in die Ferien geholt“, erklärte Jens seinem Freund. „Hallo Oliver, schön, dich kennen zu lernen“, begrüßte Marie ihn und bemerkte Olivers staunenden Blick. „Hallo Marie..., du bist wunderschön! Du strahlst so toll! Früher hat meine Mama auch so gestrahlt wie du. Das ist aber schon ganz lange her. Sie war so wunder-, wunderschön! Das Strahlen ist irgendwann immer weniger geworden, bis es nicht mehr da war. Mama ist natürlich immer noch schön, aber dieses Leuchten habe ich nie wieder bei ihr gesehen. Wo hast du es denn her? Kannst du ihr nicht zeigen, wie sie es wieder bekommen kann?“, fragte Oliver mit flehendem Blick. Marie antwortete lachend: „Danke für das Kompliment! Weiß du, ich glaube, deine Mama hat das Strahlen immer noch. Ich glaube sogar, dass jeder Mensch dieses Strahlen hat. Man muss nur ein bisschen daran arbeiten, damit man es fühlen und vielleicht sogar sehen kann. Deine Mama ist vermutlich zuviel mit anderen Dingen beschäftigt. So hat sich das Licht immer mehr zurückgezogen. In ihrem Herzen ist es aber noch da! Es braucht nur ein bisschen Zuwendung und liebevolle Gedanken, dann wird es bestimmt wieder ganz groß.“ Jetzt war es an Thomas seine Tochter verblüfft anzusehen. Wo hatte sie denn solche Weisheiten her?

Bevor er aber etwas fragen konnte, stand Jens schnell vom Tisch auf. Er hatte sein Brot gegessen und seine Milch ausgetrunken. „Komm, lass uns gehen!“, rief er Oliver zu und rannte zur Garderobe. Oliver schenkte Marie noch ein dankbares Lächeln: „Ich werde meiner Mama gleich sagen, dass sie ihr Licht so groß machen soll, damit ich es wieder sehen kann. Sie wartet draußen. Sie kommt mit zum Spielplatz.“ „Sei bitte pünktlich um ein Uhr zum Essen da. Falls es bis heute Mittag nicht regnet, könnt ihr euch ja anschließend noch einmal auf dem Spielplatz austoben“, erinnerte Thomas seinen Sohn, bevor die beiden Buben voller Tatendrang das Haus verließen.

„Was hältst du davon, wenn wir auch ein bisschen nach draußen an die frische Luft gehen?“, schlug Thomas Marie vor, nachdem sie in der Küche aufgeräumt hatten. „Ich habe in letzter Zeit morgens immer Rückenschmerzen. Wenn ich mich eine Weile bewegt habe, wird es besser. Irgendwie muss ich nachts falsch liegen. Die Matratze ist fast neu, daher können die Rückenschmerzen also nicht kommen. Na ja, womöglich sind das auch die ersten Alterserscheinungen. Ich sollte wohl mehr Sport treiben!“ So etwas hatte sich Marie schon gedacht. Sie hatte ihren Papa nämlich dabei beobachtet, wie er sich immer wieder an den Rücken fasste. Seine Miene verriet dabei allerdings keinen Schmerz. Den konnte er gut verbergen.

„Ja, lass uns rausgehen! Ein wenig Bewegung schadet nie. Gut, dass es nicht regnet! Wir müssen uns aber warm anziehen. Es ist ziemlich kalt draußen“, antwortet sie deshalb und beschloss, auch mit ihrem Papa über das Thema Träume zu sprechen.

Gut eingepackt schlenderten die beiden durch die Straßen von Leuthausen. „Kann ich heute Mittag wieder zu Christian ins Krankenhaus? Ich muss unbedingt wissen, wie es ihm geht!“, fragte Marie, „Es tut ihm bestimmt gut, wenn jemand bei ihm ist.“ „Ja klar, kannst du deinen Freund besuchen. Hoffentlich kommt er bald wieder zu sich! Ich kann heute Mittag Jens und Oliver auf den Spielplatz begleiten. Olivers Mutter arbeitet nämlich nachmittags in der Bäckerei in unserer Straße“, antwortete Thomas.

In Leuthausen war eindeutig mehr los, als in Traumlingen. Viele Menschen rannten ohne nach links oder rechts zu sehen an ihnen vorbei. In ihren Gesichtern konnte Marie Mutlosigkeit, Trauer, Wut, Angst, Hass, Ärger oder einfach nur Gleichgültigkeit erkennen. Niemand achtete auf Maries Lächeln, da jeder nur mit sich und seinen eigenen Gedanken beschäftigt war. Hier gab es viel zu tun! Jetzt könnte sie Christians und Peters Hilfe sehr gut gebrauchen. Dann hatte sie plötzlich eine Idee. „Du Papa, ist dir schon aufgefallen, wie schlechtgelaunt die Menschen hier alle sind? Ich habe neulich etwas ausprobiert, um die Menschen aufzuheitern. Es hat super funktioniert! Hast du Lust, mir zu helfen?“ Thomas schaute sein Kind neugierig an und erklärte sich spontan einverstanden. Eine kleine Aufheiterung kann schließlich nie schaden! „Es ist ganz einfach: Du lächelst jeden Menschen freundlich an und grüßt ihn. Dann achtest du mal auf die Reaktionen. Sie sind völlig unterschiedlich. Viele reagieren überhaupt nicht, manche schauen dich erstaunt an und einige lächeln tatsächlich zurück. Auf alle Fälle haben wir etwas Gutes bewirkt, auch wenn es nicht alle sofort bemerken. Lass es uns probieren!“ „Auf so eine Idee bin ich noch nie gekommen! Das hört sich aber gut an, also los!“ Während sie lächelnd und grüßend durch die Straßen gingen, stellte sich Marie wieder den großen Lichtkreis um sich herum vor. Inzwischen fiel ihr das viel leichter. Sie hatte mittlerweile Übung darin. Thomas wusste nicht wie ihm geschah. Wie gestern im Einkaufszentrum kamen die Menschen dicht an ihnen vorbei und atmeten Lichtenergie. Für diesen kurzen Moment erhellten sich die Gesichter und manche lächelten sogar zurück. „Das ist unglaublich! Jens und Oliver haben recht! Ich sehe das Leuchten zwar nicht, aber ich fühle es! Und die Menschen hier fühlen es auch. Durch deine Ausstrahlung werden sie magisch angezogen. Man erkennt deutlich, dass es ihnen in deiner Nähe besser geht“, staunte Thomas. „Das ist alles Übungssache. Du kannst das bestimmt genauso gut! Jeder, der glücklich ist, strahlt das aus und kann seinen Mitmenschen ein bisschen von der positiven Ausstrahlung abgeben, wenn er möchte. Dann kommt es nur noch darauf an, ob die Menschen auch bereit sind, es anzunehmen und es selbst zu leben.“ „Du überraschst mich total! Seit wann beschäftigst du dich mit so tiefgreifenden Dingen?“ „Noch nicht so lange, eigentlich erst seit ein paar Tagen. Aber mir scheint, es ist höchste Zeit, dass sich alle Menschen damit beschäftigen! Denn die Welt wird immer liebloser, grauer und kälter. Das muss unbedingt geändert werden. Die Liebe ist doch das Allerwichtigste, was wir haben und brauchen. Sie wird aber immer weniger beachtet und deshalb laufen die Menschen mit diesen Trauermienen durch die Gegend. Dagegen müssen wir dringend etwas unternehmen!“ „Darüber habe ich mir noch gar nicht so viele Gedanken gemacht. Aber du hast vollkommen recht! Ich möchte auch gerne versuchen, so eine tolle Ausstrahlung zu haben. Wie funktioniert das denn genau?“ fragte Thomas neugierig. Marie erklärte sehr erfreut: „Konzentriere dich auf dein Herz. Fühle ganz tief in dein Herz hinein. Vielleicht geht es anfangs einfacher, wenn du die Augen schließt. Das Leuchten findest du in deinem Herzen, zusammen mit einem warmen, liebevollen Gefühl. Wenn du das Leuchten nicht gleich wahrnimmst, stelle dir einfach vor, dass es dort ist. Sobald du es siehst, stellst du dir vor, wie es immer größer wird, bis du ganz eingehüllt bist in dieses strahlende Licht. Mit ein bisschen Übung klappt es von Mal zu Mal besser. Irgendwann ist die wohltuende Ausstrahlung dann so groß, dass du möglicherweise ganze Räume damit füllen kannst. Ich habe es mit Christian ausprobiert. Es funktioniert wirklich! Das Leuchten sehen nur wenige Menschen, aber sie fühlen sich sichtlich wohl. Also, lass es uns gemeinsam versuchen.“ Gesagt, getan! Thomas hatte erst etwas Mühe, sich das Licht im Herzen vorzustellen. Dann war es für ihn deutlich fühlbar.

Nachdem die beiden langsam weitergegangen waren und Thomas das Licht in seiner Vorstellung schon vergrößert hatte, klingelte plötzlich sein Handy. Als er sich meldete, hörte er die Stimme von Olivers Mutter: „Hallo Herr Weber, hier Wagner, wo sind Sie denn? Wir warten vor Ihrer Wohnung. Leider habe ich nicht mehr viel Zeit, weil ich um 14.00 Uhr in der Bäckerei sein muss." Erschrocken blickte Thomas auf die Uhr und entschuldigte sich: „Guten Tag Frau Wagner, oh, ich sehe gerade, dass es schon fast halb zwei ist. Tut mir leid, wir haben völlig die Zeit vergessen! Ich bin mit meiner Tochter Marie unterwegs. Wir kommen so schnell wie möglich nach Hause!"

Nun mussten sie sich beeilen. Der Vormittag war wie im Flug vergangen...

„Jetzt brauchen wir wohl nicht mehr lange anfangen zu kochen. Was hältst du davon, wenn wir zum Italiener fahren und Pizza essen?", fragte Thomas auf dem Heimweg. „Prima, ich liebe Pizza und Jens auch, aber das weißt du ja!", antwortete Marie begeistert.

Kurz darauf erreichten sie ganz außer Atem den Häuserblock, in dem Thomas wohnte. Frau Wagner übergab ihnen die beiden Buben und verabschiedete sich. Jens und Oliver hatte die Wartezeit zwar etwas genervt, aber das war sofort vergessen, als sie von der Pizzeria hörten. Die Jungs schwärmten nur noch von dem Spielplatz und erzählten, wie lustig es dort gewesen war. „Wir dürfen doch heute Mittag noch einmal hin, oder? Bitte, bitte Papa!", flehte Jens. „Ja, wir gehen nach dem Essen auf den Spielplatz. Da könnt ihr euch dann noch einmal austoben. Außerdem muss ich doch unbedingt das tolle Klettergerüst sehen! Wir fahren Marie aber vorher zu ihrem Freund Christian ins Krankenhaus."

Als Marie später das Krankenhaus betrat, war sie schon sehr gespannt auf Christian. Immerhin hatten sie ihn letzte Nacht gefunden. Die Frage war nur, ob er inzwischen aufgewacht war. Zielstrebig erreichte sie das Zimmer 6 im 3. Stock. Vorsichtig öffnete sie die Türe. Das erste, was Marie sah, war die Rückenansicht einer ziemlich korpulenten Frau. Klara Baier drehte sich zu ihr um, als sie die Türe aufgehen hörte und lächelte sie freudestrahlend an: „Hallo Marie, das ist aber schön, dass du kommst. Dann ist Christian nicht alleine. Ich muss nämlich jetzt gehen, sonst wird mein Mann wütend." „Hallo Frau Baier, wie geht es Christian?" „Stell dir vor, er war heute ganz früh am Morgen kurz wach! Die Schwester war gerade im Zimmer. Er öffnete die Augen und flüsterte etwas, das sie nicht verstand. Es dauerte leider höchstens zwei Minuten, dann fiel er wieder zurück ins Koma. Trotzdem ist es doch ein gutes Zeichen! Findest du nicht?", berichtete Christians Mutter glücklich. „Ja, das ist toll! Ich kann bis 18.00 Uhr bleiben, dann holt mich mein Papa ab. Vielleicht wacht er ja noch einmal auf!", hoffte Marie, „Wie geht es Ihrem Mann? Ist er noch immer sauer auf Christian?" „Zur Zeit plagen ihn furchtbare Rückenschmerzen und ein schlimmer Husten. Der Arzt hat ihn krankgeschrieben. Ich habe ihm den Traumartikel aus der Zeitung hingelegt, weil er mich gleich an die Symptome von Ernst erinnert hat. Er hat die Zeitung aber nur wütend vom Tisch gefegt und sich mit einem Bier vor den Fernseher gesetzt. Nach Christian hat er nicht gefragt. Ich muss jetzt aber wirklich gehen! Wir sprechen ein anderes Mal weiter. Sag Frau Glücklich bitte schöne Grüße von mir. Sie will gegen Abend vorbeischauen. Mach's gut Marie!" „Oh, toll, dass Margarete kommt! Auf Wiedersehen Frau Baier!"

Marie hatte nun erst einmal Zeit, Christian ausgiebig die Hände aufzulegen. Dabei berichtete sie ihm wieder alles, was sich in der Zwischenzeit zugetragen hatte. Diesmal floss die Energie stärker, als gestern. Marie schloss daraus, dass das Koma vielleicht nicht mehr so tief war.

Als Margarete schließlich das Zimmer betrat, war es schon 17.00 Uhr. Die beiden begrüßten sich mit einer liebevollen Umarmung. „Eigentlich wollte ich früher da sein, aber ich habe deine Mama noch zum Zug begleitet. Sie hat ein nettes, gemütliches Wellness-Hotel gefunden und wird sich fünf Tage Ruhe gönnen. Es hat einiges an Überredungskunst gebraucht, dass sie wirklich fünf Tage gebucht hat. Sie macht sich große Gedanken um dich, um euch und euren Auftrag. Ich habe ihr versprochen, dass wir sie regelmäßig informieren und dass sie sich keine Sorgen machen muss. Aber nun erzähl du mal..." Marie berichtete nun auch Margarete vom Stand der Dinge, während sie Christian erneut ihre Hände auflegte. Dabei fiel ihr wieder die Begebenheit mit dem Baum in Machtdorf ein und sie erzählte Margarete davon. „Was denkst du, hat der Baum mir meine Energie abgezogen?", fragte sie schließlich die ältere Freundin. „Ja, er hat sie wohl dringend gebraucht. Er hätte sie dir aber bestimmt nicht genommen, wenn er nicht gewusst hätte, dass du genügend davon zur Verfügung hast. Normalerweise sind Bäume sehr gute Energiespender. Wenn du sie darum bittest, schenken sie dir kraftvolle Energie. Schön ist es dann natürlich, wenn du ihnen zum Ausgleich auch etwas schenkst, zum Beispiel ein Dankeschön und deine liebevolle Zuwendung. Der Baum, von dem du sprichst, konnte dir im Moment ‚nur' ein ‚Dankeschön' zurückgeben, weil er einfach zu geschwächt war." „Das ‚Dankeschön' war für mich schon Geschenk genug! Ich gebe gerne, wenn ich damit helfen kann! Für mich war es eine völlig neue Erfahrung. Bisher ist die Energie aus meinen Handflächen geflossen. Diesmal war es anders! Die Energie floss an meinem Rücken hinaus." Margarete lächelte und erklärte weiter: „Alle Lebewesen sind mit Energiebahnen durchzogen. Nur wenige Menschen können diese Energiebahnen sehen. Entlang dieser Energiebahnen verlaufen Energiewirbel, man nennt sie auch Chakren. Wir haben unzählige kleine und sieben große Energiewirbel. Die Energie aus deinen Händen fließt durch die kleinen Chakren an deinen Handflächen. Entlang unserer Wirbelsäule vom Po bis zu unserem Scheitel hinauf, sind die sieben großen Energiewirbel verteilt. Diese nennt man auch Hauptchakren. Du kannst sie dir trichterförmig vorstellen. Sie sammeln die

Lebensenergie aus unserem Umfeld ein und führen sie unserem Körper zu. Wenn jedes Energiezentrum gleich gut arbeitet, ist unser Körper gesund und ausgeglichen. Sobald eines weniger Energie einsammelt, als ein anderes, entsteht ein Ungleichgewicht im Körper. Die Organe an dieser Stelle können dann krank werden. Wenn diese Chakren Energie einsaugen können, können sie selbstverständlich auch Energie abgeben. Dein Baum hat sich durch deine Hauptenergiezentren Lebensenergie geholt." „Das ist ja spannend!", staunte Marie, „Ich bin so froh, dass ich dich kennen gelernt habe. Du weißt auf alle meine Fragen immer eine Antwort!" „Oh, danke, ich freue mich auch sehr, dass wir uns gefunden haben. Du weißt ja inzwischen, es gibt im Leben keine Zufälle! Es hat so sein sollen! Übrigens kann ich sicher nicht alle Fragen beantworten. Genau wie du, lerne ich jeden Tag dazu. Das Leben ist so spannend und wir haben auf dieser Erde wahrscheinlich niemals ausgelernt!"

„Mensch Christian, du bist wach!" rief Marie plötzlich begeistert. Tatsächlich, Christians Augen blickten Marie fragend an. Als Margarete ihn sanft mit einem „Hallo Christian, wie geht es dir?" begrüßte, wendete er seinen Blick zu seiner ehemaligen Lehrerin. Ein leichtes Lächeln huschte über seine Mundwinkel und er flüsterte: „Ihr seid da! Gut, dass ihr das seid! Es war so lange dunkel! Jetzt ist es hell geworden! Gut, dass ihr da seid! Aber ich bin so müde!" Mit diesen Worten schloss er die Augen und schlief gleich wieder ein. „Christian, bleib wach, bitte Christian. Du musst wach bleiben!" Marie rüttelte verzweifelt an seinen Schultern. Ohne Erfolg! „Er muss wieder aufwachen! Wenn er jetzt träumt, findet er sich alleine in einer dunklen Schachtel. Dort wird er große Angst haben. Bis Peter und ich bei ihm sind, dauert es noch ein paar Stunden." „Ich denke, du hast ihm jetzt soviel Energie gegeben, dass er die Zeit, bis ihr zu ihm kommt gut durchstehen kann. Aber apropos Zeit, hast du nicht gesagt, dass dein Papa dich um 18.00 Uhr abholt? Es ist schon zehn nach sechs!", erinnerte Margarete sie. „Oje, dann muss ich mich beeilen! Aber ich kann doch jetzt nicht einfach so gehen...", rief Marie erschrocken. „Doch, du kannst unbesorgt heimgehen. Ich werde noch eine Weile bei ihm bleiben. Christian ist also nicht alleine, falls er nochmals aufwacht", erwiderte Margarete mit beruhigender Stimme, „Ich denke heute Nacht ganz fest an euch. Ihr werdet gemeinsam mit Christian einen Weg finden! Ganz bestimmt!" Marie wollte ihren Vater nicht noch länger warten lassen, also verabschiedete sie sich schweren Herzens von den beiden.

„Entschuldige Papa, ich hatte die Zeit ganz vergessen. Stell dir vor, Christian war vorhin kurz wach! Er war aber so müde, dass er gleich wieder eingeschlafen ist. Margarete ist jetzt noch bei ihm...", erzählte Marie aufgeregt. „Das ist doch ein gutes Zeichen, dass er aus dem Koma aufgewacht ist. Dann ist er bestimmt bald wieder gesund! Wer ist denn Margarete? Ist das auch eine neue

Freundin, von der ich noch nichts weiß?", fragte Thomas neugierig. „Ja, Margarete habe ich vor ein paar Tagen kennen gelernt. Sie war Christians Lehrerin und ist eine ganz liebe Frau. Kann ich morgen wieder zu Christian?" Bevor Thomas antworten konnte rief Jens vom Rücksitz nach vorne: „Hey Marie, wir gehen morgen in den Tierpark! Da gibt es ganz viele tolle Tiere, die es bei uns im Zoo nicht gibt. Oliver hat von den Affen erzählt. Die kommen ganz nah her und machen ganz lustige Grimassen. Das wird total super! Du musst unbedingt auch mitkommen. Du warst doch heute lange genug im Krankenhaus! Bitte komm mit!" „Wir können doch gleich nach dem Frühstück in den Tierpark gehen. Mittags machen wir uns wieder auf den Heimweg und Marie kann dann noch zu Christian ins Krankenhaus. Was hältst du davon Schatz?", schlug Thomas vor. „Ja, gute Idee! Ich möchte auch sehr gerne in den Tierpark gehen. Das haben wir früher so oft gemacht und es war immer so schön bei den Tieren!", schwärmte Marie.

Später, als Jens bereits selig schlief, saßen Marie und Thomas wieder gemütlich beisammen und tauschten ihre Gedanken aus. „Das war ein spannender Vormittag mit dir! Jetzt, so im Nachhinein, kommt es mir fast ein bisschen unwirklich vor. Aber zur Zeit geschehen lauter seltsame Dinge, die ich nicht richtig einordnen kann. Einiges davon macht mir sogar Angst, weil ich das Gefühl habe, es nicht kontrollieren zu können." Thomas redete mit seiner Tochter wie mit einer Erwachsenen. „Was genau sind das denn für Dinge, die dir Angst machen?" „Ich weiß nicht so richtig, wie ich es sagen soll, aber ich versuche es mal! In letzter Zeit habe ich immer öfter das Gefühl, dass ich kontrolliert werde. Es hört sich wahrscheinlich total verrückt an. Ich habe plötzlich, ohne Vorwarnung, Gedanken und Bilder im Kopf, die eindeutig nicht von mir sind. Es sind Eingebungen, die mich beunruhigen. Es kommen zum Beispiel die Bilder, wie Jens heimlich alle Schränke durchwühlt und sich Sachen nimmt, die ihm nicht gehören, auch Geld aus meinem Geldbeutel. Dazu kommt ständig der Gedanke: Deine Kinder bestehlen und belügen dich. Deine Kinder müssen bestraft werden! Sie haben Prügel verdient! Seit Tagen kämpfe ich gegen diese Eingebungen an. Es ist total schwierig! Das einzige, was hilft, ist die Gewissheit, dass ihr nie etwas Unrechtes anstellen würdet. Und doch kommen dann immer wieder Zweifel. Heute Morgen war ich wie befreit, als wir uns gedanklich in das Licht gehüllt hatten. Da war ein Gefühl, beschützt zu sein. Das hat mir unheimlich geholfen! Du hast mir gezeigt, wie ich von diesen negativen Gedanken und Bildern, die nicht meine sind, wegkomme, wie sie mich nicht erreichen können. Heute Mittag auf dem Spielplatz, als ich den Kindern beim Spielen zugesehen habe, hat es wieder angefangen. Dann habe ich bewusst versucht, diese Gedanken zu verdrängen und mir vorgestellt, dass ich in Licht eingehüllt bin. Ohne deine Unterstützung war es ganz schön schwierig. Es hat nach einiger Zeit ganz gut geklappt. Sofort war ich wieder ganz in meiner Mitte und habe mich richtig wohl gefühlt. Es gehört vermutlich viel Übung dazu, aber ich werde versuchen, mir dieses Licht so oft wie möglich vorzustellen." „Ja, das ist eine prima Idee!", freute sich Marie. Das Licht ist der richtige Schutz gegen die Beeinflussung der Riesen. Dieses Licht müssten so viele Menschen wie möglich in sich finden und vergrößern. Marie überlegte kurz, ob sie ihrem Vater nun doch alles erzählen sollte. Der Gedanke an Christian, so alleine in der dunklen Schachtel, hielt sie aber davon ab.

„Du Papa, ich bin sehr müde. Lass uns morgen weiterreden!", sagte sie nun und Thomas nickte. Sie drückte ihm einen Gutenachtkuss auf die Wange und erhob sich. Dann fiel ihr noch der Traumartikel ein und sie fragte: „Hast du vorgestern den Artikel über die Träume in der Zeitung gelesen?" „Nein, ich bin schon seit Tagen nicht mehr zum Zeitung lesen gekommen. Während ihr da seid, will ich damit nicht die Zeit verplempern." „Lies den Artikel bitte! Christian und ich haben ihn geschrieben. Margarete hat ihn für uns zur Redaktion gebracht. Ich bin gespannt, was du davon hältst. Schlaf gut Papa!", sagte sie noch und verließ mit einem Lächeln das Wohnzimmer, um sich für die Nacht vorzubereiten.

Leise schlüpfte sie anschließend in ihr Bett. Krampfhaft versuchte sie schnell einzuschlafen, aber es wollte ihr einfach nicht gelingen. Zu viele Gedanken schwirrten ihr durch den Kopf. Erst allmählich half ihr die Energie aus ihren Händen, ruhig zu werden und in den Schlaf zu gleiten...

Alles war stockdunkel. Marie hatte Mühe sich zu bewegen und bekam kaum Luft. Etwas Schweres lag quer über ihrem Körper. Als sie mit großer Kraftanstrengung versuchte, sich zu befreien, schrie Christian entsetzt auf. „Beruhige dich Christian, ich bin's Marie. Wir müssen leise sein! Ich kriege kaum Luft, weil du auf mir liegst. Bitte geh von mir runter!", flüsterte Marie eindringlich. „Marie, Gott sein Dank bist du da! Wo sind wir hier nur? Und wo ist Peter? Ist er auch hier?", fragte Christian erleichtert. „Ich hoffe, dass Peter gleich kommt. Wir sind in einer Schachtel mit Kleidungsstücken bei den Riesen. Sie denken, dass nur du in der Schachtel bist und sie halten dich für tot. Peter und ich sind heimlich hineingehüpft, als wir dich endlich wiedergefunden hatten", erklärte ihm Marie. „Aber was ist denn passiert? Ich kann mich gar nicht mehr daran erinnern. Mein Körper fühlt sich so schwer an und ich kann nicht richtig denken. Das letzte, was ich gesehen habe, war Margaretes Gesicht. Deines war auch einmal da. Ich fühle mich wie erschlagen, unendlich schlapp!" „Ja, die Riesenkinder, die dich entführt haben, gaben dir irgendwelche Pillen, um dich ruhig zu stellen. Komm, ich lege dir die Hände auf. Solange wir auf Peter warten, gebe ich dir Energie. Du musst unbedingt wieder fit werden, damit wir aus diesem Gefängnis flüchten können."

So verging einige Zeit, in der Christian intensiv mit Heilenergie versorgt wurde und Marie ihn darüber informierte, was inzwischen geschehen war. „Alles, was du erzählst, kommt mir so bekannt vor, als hätte ich es schon einmal von dir gehört", unterbrach er sie. „Ja, das stimmt! Ich habe dir das alles bereits im Krankenhaus erzählt. Das bedeutet, dass du mich gehört hast, obwohl du im Koma lagst. Das ist ja toll!" Plötzlich kam Bewegung in die Schachtel. Gleich darauf hörten sie Peters leise Stimme, der sich nun endlich ins Reich der Träume begeben hatte: „Hi, wie geht es Christian? Ist er wieder unter den Lebenden?" „Hallo Peter, schön, dass du da bist", freute sich Marie und Christian antwortete: „Ja, ich bin dank euch und Gottes Hilfe wieder wach! Vielen herzlichen Dank!" „Gern geschehen, aber freue dich nicht zu früh. Wir müssen jetzt erst einmal schauen, dass wir hier wegkommen. Wenn uns die Riesen erwischen, sind wir geliefert. Leider suchen sie schon nach uns!", erinnerte sie Peter, „Ich habe eine Idee, wie wir hier herauskommen! Wir müssen ein Loch in die Schachtel bekommen. Es muss so groß sein, dass wir durchschlüpfen können." „Hört sich gut an, aber dieser Karton ist ziemlich fest und wir haben vermutlich wenig Zeit", gab Marie zu bedenken. „Ein Karton wird weich, wenn er nass wird. Wir nässen ihn mit unserem Speichel. Das ist momentan unsere einzige Chance", antwortete Peter. „Gute Idee, also los!", drängelte nun Christian, „Wir graben uns also nach unten durch und fangen an zu spucken." „Sobald du Schritte hörst, musst du schnell nach oben Christian", ermahnte ihn Peter, „Sie müssen dich auf alle Fälle sehen, wenn sie den Deckel öffnen."

Die drei begannen also an einer Seitenfläche unten, den Karton aufzuweichen. Das klappte besser, als sie gedacht hatten. Bereits nach kurzer Zeit schimmerte Licht durch eine kleine Öffnung. Das Licht motivierte sie so, dass das Loch schnell wuchs, bis es groß genug für sie war. So konnte einer nach dem anderen hinausschlüpfen. „Ich sehe nicht mehr richtig! Ich glaube ich bin farbenblind geworden!", rief Christian erschrocken. „Sei bitte nicht so laut, Christian! Wir sehen seit gestern auch alles nur noch in schwarz-weiß. Deine Augen sind völlig in Ordnung! Es hat vermutlich etwas mit den Riesen zu tun. Sobald LIEBE wieder groß ist, wird alles in den schillerndsten Farben leuchten!" „Hey, trödelt hier nicht so lange rum! Wir haben keine Zeit!", ermahnte Peter die beiden.

Vorsichtig erkundeten sie nun ihre Umgebung. Die Schachtel stand auf einem großen Schreibtisch, auf dem allerlei Unrat verteilt war. „Und wie sollen wir hier herunter kommen?", fragte Christian ratlos. „Hmm, ich glaube, ich habe eine Idee. Wir holen ein paar Kleidungsstücke aus der Schachtel, binden sie fest zusammen und seilen uns ab", schlug Marie vor. „Die Idee hätte von mir sein können", grinste Peter. So machten sie sich ans Werk und begannen die Hosen und Pullover aneinanderzuknoten. Zum Schluss befestigten sie ein Ende an einem Schubladengriff, den Peter mit einiger Mühe an der Vorderseite des Schreibtisches erreichen konnte.

„Na hoffentlich hält das Teil unser Gewicht aus! Im Klettern war ich außerdem noch nie besonders..." Christian beäugte das Kleiderseil etwas ängstlich. „Ab sofort bist du ein Klettermeister! Sei unbesorgt, die Knoten sind fest! Ich klettere vor und ihr kommt nach, sobald ich unten bin", erklärte Peter mit fester Stimme. Christian traute sich nicht zu widersprechen. Es war klar, dass er keine andere Wahl hatte...

Peter erreichte recht schnell den Boden. Von oben sah es ganz einfach aus. Marie lächelte Christian noch aufmunternd zu und so kletterte er mutig über den Schreibtischrand. Krampfhaft klammerte er sich an die erste Hose und arbeitete sich Stück für Stück nach unten. Beim letzten Meter verlor er fast den Halt, aber Peter konnte ihm schon helfend die Hände entgegenstrecken. Marie folgte den beiden schnell. „Was machen wir, wenn sie unser Fluchtseil entdecken?" Ratlos blickte sie am Seil nach oben. „Darüber können wir uns jetzt keine Gedanken machen. Wir müssen hier weg!", antwortete Peter und sah sich suchend um.

„Achtung! Ruhe mal! Ich höre etwas! Ich glaube die Riesen sind im Anmarsch!", rief Marie plötzlich erschrocken. Ja wirklich, es näherten sich klar vernehmlich laute Schritte und Stimmen. So schnell sie konnten, verkrochen sich die drei unter einem Schrank, der neben dem Schreibtisch stand.

„Jetzt, wo wir das Mädchen zusammen mit ihrem Vater beobachten konnten, wissen wir wenigstens, wie das zweite Kind aussieht. Wir müssen diese Kinder unbedingt schnappen! Sonst verderben sie uns noch unseren Plan. Es darf nicht sein, dass noch mehr Menschen dieses Licht-und-Liebe-Geschwafel hören und vor allen Dingen spüren. Dadurch würden sie wieder anfangen, selbstständig zu denken und wir würden die Gewalt über sie verlieren. Und wisst ihr, was dann passiert? Na, was denkt ihr wohl?", schrie MACHT ganz aufgebracht. Niemand traute sich zu antworten, also gab er selbst die Antwort: „Wir bekommen ihre Energie nicht mehr. Ihr könntet euch eure großen Häuser also ein- für allemal abschreiben. In kürzester Zeit müssten wir von Machtstadt wieder nach Machtdorf zurück ziehen, weil wir nämlich wieder schrumpfen würden, einer nach dem anderen. Und, wollt ihr das wirklich?" „Nein, natürlich nicht, aber was können wir denn dagegen tun?", kam nun eine zaghafte Stimme. „WUT und HASS, ihr geht zum Steinbruch! Ihr habt den Vater des Mädchens auf dem Beobachtungs-Bildschirm gesehen. Sucht ihn und gebt ihm eine Arbeit, die er in seinem Leben nicht wieder vergisst. Wenn ihr ihn richtig herannehmt, wird er

nie wieder auf den bescheuerten Gedanken kommen, mit seiner Tochter durch die Straßen zu laufen, um Licht und Liebe zu verbreiten!"

Bei diesen Worten erschrak Marie und bekam furchtbare Angst um ihren Vater. Sie hatte nicht mehr daran gedacht, dass die Riesen die Menschen im Freien beobachten konnten. Nun tat es ihr leid, dass sie ihrem Papa nicht doch alles erzählt hatte, dann wäre er für diesen Angriff besser gerüstet gewesen. Mit einem Stoßgebet zum Himmel bat sie eindringlich um Hilfe und Schutz, für ihren Papa und für all die anderen, einschließlich sich selbst. Sie spürte ihren wilden Herzschlag unter den aufgelegten Händen.

„Es wird Zeit, dass ANGST, FURCHT und SORGE endlich zurückkehren und von ihrer erfolgreichen Mission berichten. Dann haben wir endlich etwas, um auch Kinder für unsere Zwecke zu nutzen", erklärte MACHT. „Aber was ist, wenn es überhaupt kein Geheimnis gibt? Womöglich hat es etwas mit dem Alter der Kinder zu tun. Es liegt vielleicht in der Natur der Menschenkinder, dass sie so resistent gegen uns sind", mutmaßte eine weibliche Stimme. „Ach Papperlapapp GEIZIG! Du redest mal wieder einen absoluten Schwachsinn! Letztendlich wird niemand resistent gegen uns sein! Im Moment haben wir nur noch nicht das richtige Mittel gefunden. Wir sind aber nahe dran! Ich weiß es! Jetzt müssen wir erst einmal diese verdammten Kinder finden. So wie ich es sehe, sind die beiden momentan unser Hauptproblem!"

Peter stupste Marie und Christian an und zeigte mit dem Finger in eine Richtung. „Die Tür steht offen! Kommt, wir verschwinden!", flüsterte er den beiden zu. Ohne lange zu überlegen, stürmten die drei nun aus dem Zimmer. Hinter sich vernahmen sie weiter die Stimmen der Riesen. „Was machen wir nun mit dem Jungen in der Schachtel?", fragte GEIZIG. „Wir müssen den beiden anderen die Möglichkeit geben, ihn zu finden. Sonst kriegen wir sie nie!", erklärte MACHT, „Also bringen wir ihn an einen Ort, wo er gut zu sehen ist." „Es wäre aber wesentlich einfacher, wenn er noch leben würde. So fängt er wahrscheinlich demnächst an zu stinken", gab GEIZIG zu bedenken. „Dann packen wir ihn luftdicht ein! Also los WUT und HASS, beeilt euch, dass ihr endlich zum Steinbruch kommt!", befahl MACHT, „Ihr könnt den Laster vor dem Haus nehmen. Er ist zwar inzwischen viel zu klein für euch, aber ich habe das Dach abnehmen lassen. So könnt ihr noch einigermaßen damit fahren."

Die Kinder hatten in der Zwischenzeit die nahe liegende Haustüre erreicht. Direkt neben der Tür stand ein einsamer Wäschekorb. „Wir müssen in den Korb, schnell!", rief Marie spontan. Die Jungen folgten ihr ohne Widerspruch. Durch die seitlichen Löcher war es kein Problem, den Korb zu erklimmen. Mit einem Plumps ließen sie sich auf die innen liegende Wäsche fallen und verbargen sich schnellstmöglich darunter.

Schon näherten sich die polternden Schritten von WUT und HASS. Die Haustüre öffnete sich. Da vernahmen sie nochmals die Stimme von GEIZIG: „Hey WUT, nimm HOCHMUT den Wäschekorb mit, der am Eingang steht. MISSGUNST hat ihn vorhin aus der Wäscherei mitgebracht. Sie dachte, es wäre unsere Wäsche, aber sie gehört euch." „Ich habe wirklich Wichtigeres zu tun, als für euch Weiber die Wäsche zu transportieren", rief der Angesprochene wütend. „Nimm sie gefälligst mit oder glaubst du, dass ich den Korb hier ewig herumstehen haben möchte?", ertönte nun die erboste Stimme von MACHT. Widerwillig schnappte WUT den Korb und lud ihn, laut vor sich hin maulend, auf die offene Ladefläche des Lasters, während sein Begleiter nur gehässig lachte.

ANGST, FURCHT und SORGE

Kurz darauf setzte sich der Laster zügig in Bewegung. Da der Korb nicht befestigt war, rutschte er ständig von einer Seite zur anderen. Sie waren bereits eine ganze Weile unterwegs, als Marie schließlich stöhnte: „Oje, das halte ich nicht mehr lange aus! Mir ist jetzt schon ganz übel." Christian stimmte ihr sogleich zu. Ohne weiter darauf einzugehen, überlegte Peter laut: „Die beiden fahren doch zum Steinbruch. Ich denke nicht, dass wir bis dorthin mitfahren sollten. Deinem Vater werden wir momentan leider nicht helfen können, Marie. Wir müssen hier bei den Riesen bleiben und auf Zeichen warten, die uns unser nächstes Vorgehen weisen." Kaum hatte er diese Worte ausgesprochen, machte der Korb einen Satz und fiel von der offenen Ladefläche auf die Straße. Dank der Kleidungsstücke landeten die drei weich. „Na wenn das kein Zeichen war!", rief Peter erfreut. „Mir ist so schlecht!", war Christians Antwort. „Kommt mit! Hinter dem Erdhügel dort drüben können wir uns ein bisschen ausruhen. Da sind wir in Deckung", schlug Peter vor und die beiden anderen folgten ihm mit kreidebleichen Gesichtern. Hinter dem Hügel fühlten sie sich erst einmal sicher und legten sich für einige Zeit die Hände auf.

„Das ist sooo ein wunderbares Geschenk! Ich bin so froh und dankbar, dass ich diese Energie in meinen Händen habe! Meine Übelkeit ist verschwunden und ich fühle mich wieder richtig gut!", freute sich Christian. Marie und Peter stimmten ihm lächelnd zu.

Plötzlich vernahmen sie sich nähernde Stimmen und Schritte. Vorsichtig lugten sie hinter ihrem Versteck hervor. Nicht weit von ihnen entfernt beobachteten sie drei Riesen, die am Wegrand stehen geblieben waren. Marie ahnte sofort, dass es sich dabei um ANGST, FURCHT und SORGE handeln musste. Von ihrem Versteck aus konnten die Kinder die Riesen belauschen und so vielleicht erfahren, ob sie mit ihrem Auftrag, den sie von MACHT bekommen hatten, Erfolg gehabt hatten. Erfolgreich hatten sie auf alle Fälle das Zuhause der Liebestädter zerstört. Soviel wusste Marie ja schon. ANGST, FURCHT und SORGE rasteten so nah bei ihnen, dass sie gut verstehen konnten, was die drei miteinander besprachen.

„Ihr wisst genau, dass ich einige Freunde unter den Leuten von Liebeland hatte. Wenn ich gewusst hätte, auf was wir uns da einlassen, hätte ich mich geweigert." „Und wie hättest du deine Weigerung begründet, ANGST? MACHT und all die anderen hätten sich nicht nur über uns lustig gemacht, sie wären über uns hergefallen. Womöglich wären wir als Verräter eingesperrt worden. Es blieb uns nichts anderes übrig, wir mussten gehen!" „SORGE hat leider recht! Bei einer Weigerung wäre es uns ziemlich schlecht ergangen. So war dies noch das kleinere Übel." „Aber habt ihr gesehen, wie klein ihre Behausungen inzwischen sind? Ich wollte nicht alles kaputtmachen! Wir waren richtige Trampel mit unseren großen Füßen. Womöglich haben wir die Liebestädter zertreten, ohne es zu merken!", jammerte ANGST. „Es bringt nichts, dir jetzt noch viele Gedanken darüber zu machen. Wir haben die Zelte nicht absichtlich zertreten. Sie waren einfach zu klein", gab FURCHT zur Antwort. „Wir hätten besser auf unseren Weg achten müssen", wendete ANGST ein. „Seit ich so groß bin, kann ich die kleinen Dinge einfach nicht mehr richtig erkennen. Ich brauche dringend eine Brille!", erklärte SORGE, „Darum hätte ich mich schon längst kümmern sollen. Dann hätten wir bestimmt nicht soviel zerstört.„Das Jammern nützt uns jetzt nichts mehr. Lasst uns lieber überlegen, was wir den anderen sagen, wenn wir zurück sind", meinte FURCHT. „Wir sagen, dass sie alle tot sind, dass alles zerstört ist. Damit müsste das Problem mit den Kindern doch auch aus der Welt geschafft sein", schlug SORGE vor. Eine zeitlang war nun Stille.

Atemlos warteten die Kinder hinter dem Erdhügel ab. Was würde jetzt geschehen? Wie sollten sie weiter vorgehen. Die Gedanken kreisten in Maries Kopf, während ihre Hände auf ihrem Bauch ruhten. Plötzlich fiel ihr wieder ein, woran sie Peter unbedingt erinnern musste. Leise flüsterte sie ihm zu: „Peter, du musst dich unbedingt an deine Träume erinnern! Es ist wichtig! Wir brauchen dich auch tagsüber!" Fragend blickte Peter sie an. Er wollte gerade etwas antworten, als eine laute Stimme über ihnen plötzlich rief: „Ja wen haben wir dann da? ANGST, FURCHT, kommt schnell her! Hier sind doch tatsächlich drei Menschenkinder..."

Starr vor Schreck erkannten die Kinder direkt über sich das große Gesicht eines Riesen. Wie auf Kommando fingen die drei nun laut an zu schreien...

Tag 15

„Marie, Marie, was ist passiert? Hast du schlecht geträumt? Bitte schrei doch nicht so!" Jens hatte seine liebe Mühe, Marie richtig wach zu bekommen. Mit panischem Blick sah sie sich um. Der Riese war weg! Nur noch ein ängstlich blickender Jens stand vor ihrem Bett. Schwer atmend beruhigte sie ihren Bruder: „Es ist alles okay! Mach dir keine Sorgen! Ich habe schlecht geträumt!" „Du bist ganz weiß im Gesicht. Soll ich Papa holen? Vielleicht bist du krank!" „Nein, nein, lass mich nur noch ein paar Minuten ruhig liegen. Ich bin gleich wieder in Ordnung!" Jens begann zu lächeln und stürmte mit dem Satz: „Okay, dann sehe ich mal nach, ob Papa schon wach ist", aus dem Zimmer.

Siedendheiß fiel Marie nun ihr Papa ein. Mit einem Ruck erhob sie sich und rannte Jens hinterher ins Schlafzimmer ihres Vaters.

„Oh, jetzt bist du aber schnell aufgestanden! Sind die paar Minuten schon rum?", fragte Jens staunend, „Schau Marie, Papa träumt auch schlecht! Sollen wir ihn aufwecken?" Unruhig, mit schmerzverzerrtem Gesicht wälzte sich Thomas hin und her. „Geh du doch schon einmal ins Bad, wasch dich und zieh dich an. Ich wecke Papa inzwischen", antwortete Marie ihrem Bruder. „Okay, ich freue mich schon so auf den Tierpark! Also beeil dich mit dem Wecken!", rief er und verließ das Zimmer. Marie setzte sich an den Bettrand und rüttelte Thomas leicht an der Schulter. „Hey Papa, bitte wach auf! Es ist nur ein Traum! Wach bitte auf!" Mit einem schmerzvollen Stöhnen kam Thomas nach und nach zu sich. Maries Hände lagen nun ruhig auf den Schultern ihres Vaters. Sofort begann die Heilenergie sehr intensiv zu fließen.

„Die Riesen ... wo, wo sind sie? Sind sie weg?", fragte er mit krächzender Stimme. „Ja, sie sind weg! Es war nur ein Traum, Papa, es war nur ein Traum!", beruhigte sie ihn. Thomas sah sie fragend an. Sein Blick war nun ganz klar. In seinem Kopf arbeitete es wie wild. „Aber ich habe das geträumt, was in dem Zeitungsartikel stand. Nur war es viel, viel schlimmer...!" In dem Moment, als er sich aufsetzen wollte, überfiel ihn ein Hustenanfall. Nachdem dieser vorbei war, fiel er erschöpft und schwer atmend auf sein Kissen zurück. Automatisch wechselte Marie die Position ihrer Hände und legte sie nun auf die Lungen ihres Papas. Erst jetzt bemerkte dieser, das wohltuende, kraftvolle Strömen aus Maries Handflächen. „Was ist das? Was hast du da in deinen Händen? Das, das fühlt sich ja unbeschreiblich gut an!" Sein Atem ging schon viel ruhiger. Marie lächelte ihn liebevoll an: „Das ist ein Geschenk Gottes. Christian, Peter und ich haben es von ihm bekommen. Inzwischen weiß ich, dass es auch andere Menschen in ihren Händen haben. Es ist Lebensenergie, die heilen kann!" Thomas sah sie verwundert an: „Was ist nur mit dir geschehen? Du hast dich ganz schön verändert! Ich möchte gerne alles verstehen, wovon du sprichst und was du machst. Es hört sich an, wie aus einem Phantasieroman. Und doch spüre ich, dass etwas Wahres dran ist. Ich habe es gestern Morgen und auch jetzt am eigenen Leib erfahren. Aber ich begreife es noch nicht! Es ist alles so neu und anders…"

Nun öffnete sich mit einem Ruck die Schlafzimmertüre und ein ungeduldiger kleiner Junge drängelte: „Könnt ihr jetzt bitte kommen? Ich habe Hunger und außerdem wollen wir doch in den Tierpark!"

„Ja Jens, wir kommen schon!", antwortete Thomas, „Fang bitte schon mal an, den Tisch zu decken. Wir sind gleich bei dir." Langsam richtete er sich auf. Dabei konnte er ein schmerzverzerrtes Gesicht nicht vermeiden. „Mein Rücken tut ganz furchtbar weh! Sie haben mit einer Peitsche auf mich eingeschlagen, damit ich schneller arbeite. Aber noch schneller ging es nicht! Die Steine waren einfach zu schwer! Warum nehme ich die Schmerzen aus meinem Traum mit? Kannst du mir das sagen, Marie?" „So genau weiß ich es auch nicht, aber vermutlich ist es ganz normal. Wenn ich etwas Schönes träume, wache ich doch auch mit einem glücklichen Gefühl auf. Die Träume sind ein Teil von uns! Sie gehören zu uns!", antwortete sie ihm, während sie ihre Hände auf Thomas' Rücken legte.

„Wir sollten Jens nicht länger warten lassen. Meinem Rücken geht es schon viel besser. Danke für die Wohltat deiner Hände! Sie haben Wunder bewirkt!", erklärte Thomas nach ein paar Minuten begeistert.

„Kann ich noch schnell bei Margarete anrufen, bevor wir aus dem Haus gehen? Ich möchte unbedingt wissen, wie es Christian geht", bat Marie nach dem Frühstück. „Ja, klar! Ich glaube das Telefon liegt noch im Wohnzimmer. In der Zwischenzeit mache ich uns noch ein paar Brote zurecht, die wir mittags essen können", erklärte Thomas. Maries Herzschlag wurde schneller. Sie war neugierig, ob Christian nun richtig wach war. Inständig hoffte sie, dass sein Geist nicht bei den drei Riesen geblieben war. Etwas angespannt wählte sie Margaretes Nummer. „Margarete Glücklich", meldete sich eine fröhliche Stimme am anderen Ende der Leitung. „Guten Morgen Margarete, hier ist Marie. Ich kann nicht bis heute Mittag warten! Weißt du, wie es Christian geht? Hat sich Frau Baier schon gemeldet?", sprudelte es aus ihr heraus. „Guten Morgen Marie, toll, dass du anrufst! So kann ich dir gleich die freudige Nachricht mitteilen. Christian ist wach! Er hat schon ganz aufgeregt nach dir gefragt. Die Ärzte wollen ihn noch einmal eingehend untersuchen, weil sie sich das Koma nicht erklären können. Sie behalten ihn auf alle Fälle noch bis morgen im Krankenhaus. Frau Baier hat ihm gesagt, dass du ihn heute Nachmittag wieder besuchen wirst." „Da bin ich aber froh! Ich hatte schon befürchtet, dass er noch bei den Riesen ist", erklärte Marie erleichtert. Mit kurzen Sätzen erzählte sie von den Ereignissen der letzten Nacht, samt dem unangenehmen Ende. „Momentan sieht es nicht gut aus für uns!“, schloss sie ihren Bericht. „Vergiss nicht, ihr dürft das Vertrauen nicht verlieren! Oft scheint eine Situation auswegloser, als sie bei genauerer Betrachtung ist“, erinnerte Margarete Marie. „Ja, danke, du hast recht! Sehen wir uns heute im Krankenhaus? Ich komme wahrscheinlich erst am Spätnachmittag, weil ich jetzt mit Jens und Papa in den Tierpark gehe.“ „Nein, heute ist es nicht möglich! Mein Sohn Anton hat Geburtstag. Ich verbringe den Tag heute bei ihm und seiner Familie. Wir sehen uns vielleicht morgen. Ich denke an euch! Und viel Spaß im Tierpark!“, verabschiedete sie sich.

Guter Dinge konnte es nun in den Tierpark gehen. In dicke Jacken gepackt verließen Jens, Marie und Thomas das Haus, um sich auf den Weg zu machen. Da das Wetter seit Tagen grau, kalt und düster war, fiel Thomas und Marie erst beim Anblick des eigentlich blauen Autos auf, dass die Farbe nicht mehr blau, sondern grau war. Marie erschrak! Sie hatte nicht damit gerechnet, dass dieses Phänomen auch ihr Tagesbewusstsein einholen würde. „Hey, das ist doch unser Auto, oder? Warum ist es plötzlich grau, statt blau? Hier stimmt etwas nicht!“ Suchend blickte Thomas um sich. „Es ist alles schwarz/weiß! Wo sind die Farben hin?“, fragte er erschrocken. „Die Farben verschwinden, weil mit der Liebe alles Schöne auf der Welt Stück für Stück verschwindet! Deshalb ist es jetzt so wichtig, dass die Menschen die Liebe wieder in ihr Leben lassen! Nur dann kann sie wieder groß und stark werden! Erst dann werden auch die Farben wieder sichtbar für uns“, erklärte Marie. Jens schien das alles nicht zu kümmern. Er wollte nur schnell zu den Tieren. So stiegen die drei ins Auto und fuhren los. Der Park lag etwas außerhalb der Stadt. Thomas schüttelte immer wieder den Kopf. Er konnte noch immer nicht begreifen, was er sah bzw. nicht mehr sah. Nach fünfzehn Minuten hatten sie ihr Ziel erreicht und Thomas beschloss, seine unruhigen Gedanken beiseite zu schieben. Er wollte die Zeit mit seinen Kindern genießen...

Die Frau an der Tierpark-Kasse empfing sie mit mürrischem Gesicht. Wie aus einem Munde riefen Thomas, Jens und Marie: „Guten Morgen!“ und lächelten die Kassiererin freundlich an. „Ich wüsste nicht, was an diesem Morgen gut sein soll. Er ist genauso schlecht, wie jeder andere: grau, trist und farblos!“, gab sie übellaunig zur Antwort. „Der Morgen ist wunder-, wunderschön, weil wir jetzt zu den Tieren gehen“, erklärte Jens voller Überzeugung. In Gedanken sendete Marie der Frau Licht, Liebe und Frieden. Darin war sie inzwischen geübt. Nachdem Thomas den Eintritt bezahlt hatte, riet Marie ihr noch: „Ihre Tage werden gut sein, wenn Sie abends vor dem Einschlafen, morgens nach dem Aufwachen und immer wieder zwischendurch einfach ‚DANKE‘ sagen. Versuchen Sie es! Sie werden sich nach einer Weile viel besser fühlen!“ „So einen blödsinnigen Rat hat mir ja noch niemand gegeben. Ich wüsste nicht, wofür ich mich bedanken soll.“ „Da gibt es doch so vieles, zum Beispiel, dass Sie morgens aufwachen und aufstehen können, dass Sie Arbeit, Essen, Wasser, Strom, eine Wohnung und Möbel haben. Wenn Sie ein bisschen darüber nachdenken, fallen Ihnen bestimmt noch ganz viele tolle Sachen ein. Für all das können Sie sich bedanken. Denken Sie einmal darüber nach! Bis später…“ Mit einem sehr skeptischen Blick sah die Kassiererin ihnen hinterher.

Im Tierpark waren nur sehr wenige Besucher. Die drei verbrachten dort ein paar sehr schöne Stunden. Jens und Thomas staunten, als sogar die scheuesten Tiere sich ihnen furchtlos näherten. Zielstrebig versammelten sie sich bei Marie, die ihnen ihre Hände auflegte, so gut es durch die Gitterstäbe und über die Holzzäune möglich war. Da Marie ja nur zwei Hände hatte, nahmen die Tiere nach kurzer Zeit auch gerne die Hände von Jens und Thomas in Anspruch.

Die Zeit im Tierpark war für Marie ein Geschenk, eine wunderbare Erholung nach den letzten Tagen und Nächten, wofür sie sehr dankbar war! Die Tiere gaben ihnen soviel Liebe und Zuneigung zurück, dass es den dreien schwer fiel sich gegen 15.30 Uhr zu verabschieden.

Interessanterweise erwiderte die Frau an der Kasse mit einem Lächeln ihren Abschiedsgruß.

„Sollen wir dich um 18.00 Uhr wieder hier abholen?“, fragte Thomas, bevor Marie am Krankenhausparkplatz aus dem Auto stieg. „Die Besuchszeit geht bis 19.00 Uhr. Kann ich bis dahin bei Christian bleiben? Margarete kommt heute nicht und er braucht doch ein bisschen Unterhaltung.“ „Okay, dann holen wir dich um sieben Uhr. Bis dann…“

Marie freute sich so darauf, Christian zu sehen, dass sie die Treppe in den 3. Stock hinauf rannte. Als sich schon einige Menschen missbilligend nach ihr umsahen, verlangsamte sie ihren Schritt. Ganz aufgeregt klopfte sie an die Zimmertür mit der Nummer 6. „Ja, herein“, hörte sie von drinnen rufen.

Die Begrüßung fiel sehr stürmisch aus. „Ich bin so froh, dass du wieder wach bist!“, freute sich Marie. „Ja, ich bin auch froh. Wenn ich jetzt schlafen würde, wäre ich ja wohl vom Regen in die Traufe gekommen“, lachte Christian und machte gleich darauf ein ernstes Gesicht. „Mach dir jetzt noch keinen Kopf! Wir können erst heute Nacht wissen, wie es weitergeht mit ANGST, FURCHT und SORGE“, beruhigte ihn Marie.

Nun tauschten sie sich noch einmal über die Ereignisse der letzten Tage aus, damit Christian auf dem Laufenden war. Es stellte sich heraus, dass er sich im Tagesbewusstsein nicht an alles erinnern konnte, was ihm Marie im Koma erzählt hatte. „Ich finde es sehr beunruhigend, dass die Farben weg sind. Es ist so komisch, alles nur in schwarz-weiß zu sehen. Wie reagieren denn die Menschen darauf?“, fragte Christian. Marie überlegte: „Das Seltsame ist, dass die Menschen, denen ich heute begegnet bin, wenig darauf reagiert haben. Meinem Papa ist es aufgefallen, aber er ist auch nicht so mies gelaunt wie die meisten anderen Leute. Irgendwie kommt es mir so vor, als erwarten die Menschen überhaupt nichts anderes. Die farblose Welt passt zu ihrem Gemütszustand. Es wird allerhöchste Zeit, dass sich das ändert!"

„Komm, lass uns in der Cafeteria ein Eis essen. Ich möchte endlich einmal aus diesem Zimmer heraus", schlug Christian nun vor. Das ließ sich Marie nicht zweimal sagen und so machten sie sich auf den Weg ins Erdgeschoss.

Nachdem sie sich ein Eis und etwas zu trinken bestellt hatten, blickten sie sich in Ruhe um. Während sie ihr Eis genossen, vernahmen sie aus allen Richtungen Krankengeschichten. Wie es schien, hatte jeder Patient eine noch schlimmere Krankheit, als der andere. Von diesem Phänomen hatten sie ja schon gehört. „Komm wir füllen diesen Raum gedanklich mit Heilenergie. Mal sehen, ob die Kranken etwas davon bemerken!", schlug Marie vor, nachdem ihr Eis vertilgt war. Christian stimmte sofort begeistert zu.

Die beiden schoben ihre Stühle so nah es ging an den Tisch heran. Anschließend legten sie ihre Hände mit den Handflächen nach oben auf ihre Oberschenkel, die sich unter dem Tisch befanden. Nun konzentrierten sie sich intensiv auf die Heilenergie, die sich aus ihren Händen im ganzen Raum verteilen sollte. Es dauerte eine ganze Weile, bis eine Wirkung erkennbar wurde. Nach und nach verstummten die jammernden Stimmen, bis eine fast schon gespenstische Stille einkehrte. Die beiden waren sehr überrascht, als sie nun auch wieder die Farben im Raum wahrnehmen konnten. Die Gesichter der Patienten zeigten einen entspannten, gelösten Ausdruck. Schließlich begannen die Menschen wieder, miteinander zu sprechen. Die Stimmen klangen nun angenehm und mitfühlend. Immer öfter war auch ein befreites Lachen zu vernehmen. Plötzlich erzählte ein Mann am Nachbartisch seiner Begleiterin von einer Schlagzeile in der heutigen Tageszeitung. „Hast du heute schon die Zeitung gelesen?" Die Angesprochene schüttelte bedauernd den Kopf. „Stell dir vor, da sucht eine Frau ein etwa elfjähriges Mädchen, das vorgestern im Supermarkt ihrer kleinen Tochter durch Handauflegen Heilenergie gegeben hat. Die Kleine ist wohl krank, deshalb sucht sie das Mädchen. Sie soll ihr noch einmal die Hände auflegen, weil es ihrem Kind danach wesentlich besser ging. Hast du so etwas Verrücktes schon einmal gehört?" „Ja! In dem Dorf, in dem ich aufgewachsen bin, gab es eine Frau, die auch mit den Händen geheilt hat. Meine Mutter und meine Oma schworen auf ihre magischen Hände. Irgendwann bekam sie dann Ärger mit den Behörden. Ihr wurde verboten, ihre Begabung auszuüben. Die Meinungen über die Heilerin gingen weit auseinander. Öffentlich bekannte sich kaum jemand zu ihr. Es gab auch einige, die Angst vor ihrer Kunst hatten. Sie war als Hexe verschrien. Mich hat das damals alles sehr fasziniert. Leider habe ich die Frau nie persönlich kennen gelernt", bekam der Mann zur Antwort. „Hmm, also ich weiß nicht recht, was ich davon halten soll. Na ja, egal! Komm lass uns gehen, bezahlt haben wir ja schon!“ So erhoben sich die beiden. Die Frau stutzte kurz, als sie Maries erschreckten Gesichtsausdruck registrierte, dann waren sie weg…

„Das ist ein Scherz, oder?“, fragte Christian, „Du wirst in der Zeitung gesucht?“ „Oje, damit habe ich nicht gerechnet! Jessica ist ein ganz liebes kleines Mädchen. Ich habe sofort gespürt, dass sie sehr viel Heilenergie braucht. Komm lass uns vorn am Kiosk nach der Zeitung sehen“, antwortete Marie noch etwas ratlos.

Die Zeitung war leider ausverkauft. „Was sollen wir jetzt machen?“, fragte Christian. „Ich lese den Artikel nachher bei meinem Papa. Dann sehen wir weiter. Hoffentlich haben den Artikel nicht zu viele Menschen gelesen. Ich habe dir doch vorhin von Dr. Baumanns Reaktion erzählt, als die Eberts ihm von unseren heilenden Händen erzählt haben. Er könnte uns Ärger machen“, meinte Marie schließlich. Mitten in ihre Überlegungen platzte plötzlich eine freudige Bubenstimme: „Hey Marie, da bist du ja! Schau Papa, wir haben sie schon gefunden!“ Verblüfft drehte Marie sich zu der Stimme um und fragte die Ankömmlinge: „Hallo Jens, hallo Papa, bin ich etwa schon wieder zu spät? Ist es schon sieben?“ „Es ist kurz vor sieben! Wir sind gekommen, weil ich deinen Freund Christian kennen lernen wollte. Ihr seid ja leicht zu finden! Man muss nur nach einem Ort Ausschau halten, wo alles hell und farbig ist. Schön, dass das sogar in einem Krankenhaus möglich ist“, antwortete Thomas und lächelte dem Jungen neben Marie freundlich zu. „Ja, und bald ist es wieder überall auf der Welt so! Wir sind übrigens bestimmt nicht die einzigen, die Licht verbreiten. Marie hat erzählt, dass Sie auch schon ganz gut darin sind“, lächelte Christian und erhob sich, um Thomas zur Begrüßung die Hand zu reichen, „Hallo Herr Weber, ich bin Christian. Schön, Sie kennen zu lernen!“ „Hallo Christian, ich freue mich auch!“, begrüßte ihn Thomas und stutzte dann, nachdem er Christian in die Augen gesehen hatte: „Kennen wir uns nicht? Es kommt mir so vor, als kennte ich dich schon.“ Einen kurzen Moment irritierte Christian diese Frage. Er war sich hundertprozentig sicher, dass er Maries Vater nicht kennen konnte und dennoch kam er ihm tatsächlich auch bekannt vor. „Mir kommt es auch so vor, als würden wir uns kennen, aber ich wüsste nicht woher. Es kann nicht sein! Und dennoch hatte ich dasselbe vertraute Gefühl bei Maries Mutter Tanja. Es kam mir gleich beim ersten Ansehen so vor, als würden wir uns schon lange kennen. Erklären kann ich es mir nicht. Vielleicht weiß Margarete eine Antwort darauf. Ich werde sie fragen!“, erklärte Christian dem verblüfften Thomas. Auch Marie staunte: „Margarete kann uns darauf bestimmt eine Antwort geben. Sie weiß so viele wundersame Dinge. Wir haben in den letzten zwei Wochen schon so viel von ihr gelernt!“

„Hey Christian, hier bist du! Wir haben dich schon gesucht. Oben steht seit über einer Stunde dein Abendessen! Außerdem ist die Besuchszeit jetzt zu Ende“, wurde ihr Gespräch plötzlich von einer kleinen, stämmigen Frau mit kurzen, dunklen Haaren unterbrochen. „Schwester Renate! Oh, tut mir leid! Ich hätte mich abmelden sollen! Ich mache mich sofort wieder auf den Weg in mein Zimmer“, entschuldigte sich Christian. Schwester Renate wollte etwas sagen, sah sich dann aber etwas irritiert um. Hier war irgendetwas anders. Sie konnte aber nicht sagen, was das war. Es fühlte sich sehr gut an! Am liebsten hätte sie sich ein bisschen hingesetzt und die angenehme Atmosphäre genossen. „Renate, komm schon, wir müssen gehen!“, rief eine Frau vom Eingang herüber. Schwester Renate blickte bedauernd zurück, atmete noch einmal tief ein, verabschiedete sich und lief zu ihrer Kollegin.

„Du wirst doch morgen entlassen. Meinst du, dass dir deine Mama erlaubt, morgen Nachmittag mit uns ins Hallenbad zu gehen? Wir können dich dann abends wieder nach Hause bringen. Ginge das Papa?“ Marie blickte abwechselnd von Christian zu Thomas. Jens meldetet sich zuerst: „Oh ja, komm mit! Dort gibt es eine Riesenrutsche! Ich freu mich schon sehr darauf!“ Christian zuckte bei dem Wort ‚Riesenrutsche' leicht zusammen. Von riesigen Dingen hatte er so langsam die Nase voll. „Ich denke nicht, dass meine Mama etwas dagegen hat…“ Dann stockte er. Seine Gedanken gingen zu seinem Vater und er bekam plötzlich wieder Angst. Marie kannte ihn inzwischen gut genug. Sie hatte Christian bislang noch nicht auf seinen Vater angesprochen und darauf, wie enttäuscht sie war, weil er ihr nichts davon erzählt hatte. Jetzt war aber auch nicht der richtige Zeitpunkt, deshalb meinte sie nur: „Ich würde ja viel lieber im Freien schwimmen, aber bei diesem Wetter ist das Freibad leider geschlossen.“ „Du kannst sehr gerne mit uns kommen! Wir fahren nach dem Mittagessen. Ich schreibe dir meine Telefon- und Handy-Nummer auf, dann kannst du dich melden, wenn deine Eltern einverstanden sind“, sagte Thomas, schrieb die Nummern auf einen Notizzettel und gab ihn Christian. „Okay, danke! Ich muss jetzt hoch, sonst räumen sie mein Abendessen weg! Ich melde mich! Also bis dann, wir sehen uns…“ „Bis dann, mach's gut!“, verabschiedete sich Marie und Thomas meinte noch: „Schlaf gut, in deiner letzten Nacht im Krankenhaus!“

Zuhause angekommen fragte Marie gleich nach der Zeitung. Dort konnte sie groß die Überschrift „Marie, das Mädchen mit den heilenden Händen gesucht!“ lesen. Im Artikel stand das, was Marie bereits von dem Mann im Krankenhaus gehört hatte. Jessicas Mutter bat darum, dass Marie sich bei ihr melden solle, weil sie sich durch ihre heilenden Hände Heilung für ihre Tochter versprach. Was sollte sie nun machen? War es richtig, sich zu melden? Was wäre, wenn Dr. Baumann das erfuhr? Womöglich würde die Zeitung an der Sache dranbleiben und weiter darüber berichten wollen. Dann könnte es mit Dr. Baumann Ärger geben. Marie grübelte hin und her und kam zu keinem Ergebnis.

„Was liest du denn da", unterbrach Thomas ihre Gedanken. Wortlos schob sie ihm die Zeitung hin. „Sie sucht dich, nicht wahr? Du hast mir gar nichts von deinem Abenteuer im Supermarkt erzählt", staunte er, nachdem er den Bericht gelesen hatte, „Sollen wir gleich anrufen?" „Nein, heute lieber noch nicht! Ich muss dir, sobald Jens im Bett ist, erst einmal dringend ein paar wichtige Dinge erzählen. Es ist zwar etwas kompliziert und hört sich für dich wahrscheinlich wie ein Märchen an, aber du kannst mir glauben, alles ist wahr!"

Thomas hörte Marie sehr aufmerksam zu. Inzwischen war es schon nach halb neun, also musste Marie ihrem Papa eine möglichst kurze Zusammenfassung der Ereignisse der letzten Tage geben. Nachdem Marie geendet hatte, war erst einmal Stille. Schließlich sagte Thomas: „Ich weiß gar nicht, was ich sagen soll! Das hört sich alles total unglaublich und verrückt an! Wenn nicht du es wärst, die mir das alles erzählt, würde ich es sicher nicht glauben. Nach den letzten zwei Tagen, die ich mit dir erlebt habe, bin ich aber bereit, dir alles zu glauben. Ich habe es schließlich selbst geträumt und die Schmerzen gespürt, die du mit deinen Händen weggezaubert hast. Aber deine Geschichte macht mir auch Angst, Angst um dich, um euch, um uns alle. Gibt es eine Möglichkeit, wie ich euch helfen kann?" Marie atmete erleichtert auf. Sie war so froh, dass ihr Papa jetzt alles wusste. Geheimniskrämerei war nicht ihr Ding. „Du hilfst mir doch schon, Papa! Ich bin so froh, dass du mir glaubst! Du musst keine Angst um uns haben! Es wird alles gut gehen, auch wenn es nicht immer so scheint! Wir werden es schaffen, wenn wir ganz fest daran glauben! So, jetzt muss ich aber wirklich ins Bett! Christian und Peter warten sicher schon auf mich." Marie drückte ihrem Papa einen Kuss auf die Wange und stand auf. „Viel Erfolg, mein Schatz! Denkst du, ich muss heute Nacht wieder im Steinbruch schuften?", fragte Thomas unsicher, als Marie schon an der Türe stand. „Ich weiß es nicht, aber versuche an etwas sehr Schönes zu denken, bevor du einschläfst. Margarete hat uns beigebracht, allen Menschen in Gedanken Liebe und Frieden zu schicken. Vielleicht kannst du dich im Traum daran erinnern und es bei den Riesen ausprobieren. Schlaf gut, Papa", antwortete sie und verschwand ins Bad, um sich fürs Bett zu richten. Sie ließ einen sehr nachdenklichen Thomas zurück.

Marie öffnete leise die Tür zu ihrem Zimmer, um Jens nicht zu wecken. Ohne Licht zu machen, steuerte sie auf ihr Bett zu und zog dann die Decke ganz fest um ihren Körper. Der Tag war ziemlich lang gewesen und sie war inzwischen ganz schön müde. Dennoch schaffte sie es zu beten und sich für diesen Tag zu bedanken. Mit Hilfe der in ihren Körper einströmenden, beruhigenden Energie glitt sie sanft in ihren Traum hinein...

Gefangen

Marie nahm nur Dunkelheit um sich wahr. Sie fühlte aber, dass sie nicht alleine war. Bevor sie etwas sagen konnte, flüsterte eine Stimme in die Finsternis: „Marie, bist du das? Bist du da?“ „Ja, Christian ich bin's! Ist Peter auch da? Wo sind wir denn?“, fragte sie leise. „Ja, ich bin auch da! Diesmal bist du spät daran! Die Riesen sind ein Stück weiter weg gegangen. Sie wollten sich im Wald etwas zu essen suchen. Sie denken, wir sind verschwunden. Keine Ahnung, was sie machen, wenn sie uns wieder entdecken. Sie kommen bestimmt zurück, also müssen wir leise sein!“, antwortete Peter im Flüsterton, „Wir haben das Ding, worunter wir sind, von innen erkundet und vermuten, dass es sich um einen Hut handelt, den ein Riese hier abgelegt hat. Er ist ziemlich schwer. Wir haben es noch nicht geschafft, ihn hochzuheben. Nun sind wir ja zu dritt, vielleicht schaffen wir es jetzt! Kommt lasst es uns noch einmal probieren!“

Mit vereinten Kräften versuchten die drei nun den Hut am unteren Rand zu fassen und hochzustemmen. Doch egal, wie sehr sie sich auch anstrengten, das Teil bewegte sich nicht. „Wir sind einfach zu schwach!“, keuchte Christian, „Vielleicht schaffen wir es, wenn wir uns zur Stärkung ein paar Minuten die Hände auflegen.“ „Prima Idee, Energie kann ich nach dieser Anstrengung sehr gut gebrauchen“, stimmte Marie zu. So wurde es still und jeder genoss die Energie in seinen Händen...

„Ich bin wieder fit. Seid ihr bereit für den nächsten Anlauf?“, fragte Peter in die Runde. Zustimmendes Gemurmel war die Antwort. So machten sie sich wieder gemeinsam ans Werk. Doch auch dieser Versuch scheiterte kläglich. „Was ist das nur für ein blödes Ding. So ein Hut kann doch nicht so schwer sein“, ärgerte sich Peter. „So wie es aussieht, sind wir hier gefangen, bis die Riesen zurückkommen“, meinte Marie. „Wenn sie zurückkommen! Was ist, wenn sie nicht zurückkommen?“, fragte Christian ängstlich. „Keine Sorge, die kommen schon wieder“, beruhigte ihn Peter, „Die Frage ist, was besser für uns ist...“ „Kommt, lasst uns das Beste aus unserer Situation machen. Wir sollten überlegen, wie wir weiter vorgehen, sobald wir hier herauskommen!“, schlug Marie vor, „Peter, für uns ist es sehr wichtig, dass du dich nach dem Aufwachen an deine Träume erinnerst! Wir brauchen dich tagsüber!“ „Warum fragst du ständig nach meinen Träumen? Und was meinst du damit: Wir brauchen dich tagsüber? Ihr habt mich doch tagsüber! Oder was denkst du, was wir hier jetzt zusammen machen?“, wunderte sich Peter. „Aber Peter, wir sind jetzt in unserem Traum! Du denkst doch nicht wirklich, dass dies hier unser Tageserlebnis auf der Erde ist?“, fragte Christian fassungslos. Marie war sprachlos. Damit hatte sie überhaupt nicht gerechnet. Als sie sich wieder einigermaßen gefangen

hatte, fragte sie: „Wo bist du, wenn du nicht hier bei uns bist?" „Keine Ahnung! Ich kann mich an meine Träume selten erinnern. Ich weiß, dass ich mir früher öfter Gedanken darüber gemacht habe. Aber das ist schon lange her. Ich denke, meine Träume sind einfach zu langweilig", erklärte Peter. „Deine Träume sind zu langweilig! Aha! Also findest du das hier, die Riesen, Machtstadt und Liebeland zu langweilig?", rief Christian ungläubig.

Peter war sich sicher, hier in dieser Welt sein richtiges, reales Leben zu führen. Nur in seinen Träumen lebte er auf der Erde. Nun war Überzeugungsarbeit angesagt und das war gar nicht so einfach.

Nachdem Marie und Christian eine Weile auf ihn eingeredet hatten, meinte er: „Im Moment weiß ich nicht, was ich glauben soll. Es klingt für mich ziemlich seltsam, aber ihr seid ja vollkommen davon überzeugt. Also angenommen, ihr habt recht, was soll ich dann jetzt machen?" Marie holte erleichtert Luft: „Wir müssen endlich zusammenfinden, damit wir den Menschen gemeinsam helfen können! Ich habe dich vor zwei Tagen im Supermarkt von Leuthausen getroffen. Ich war so unglaublich glücklich darüber! Und dann die Enttäuschung: Du hast mich nicht erkannt! Wir kennen uns jetzt schon so lange und du hast mich im Einkaufsmarkt einfach nicht erkannt! Ehrlich gesagt war ich sehr traurig und verwirrt darüber. Ich konnte es nicht glauben! Christian hat mich doch auch sofort erkannt!" „Tut mir leid, aber ich kann mich leider nicht daran erinnern. Ich habe dich bestimmt nicht absichtlich nicht erkannt. So wie es aussieht, habe ich wohl noch ziemlichen Nachholbedarf. Da wir hier momentan sowieso nichts anderes zu tun haben, könnt ihr mir doch von den letzten Tagen auf der Erde erzählen. Vielleicht kann ich mich dann besser erinnern..."

Die nächsten Stunden schienen im Flug zu vergehen. Marie und Christian erzählten Peter alles, was sich zugetragen hatte und was ihnen wichtig erschien. Schließlich meinte Marie: „Wir gehen morgen Nachmittag ins Hallenbad zum Schwimmen. Bitte versuche, dich nach dem Aufwachen daran zu erinnern! Komm mittags ins Schwimmbad, dann sehen wir weiter!"

„Pst, ich höre etwas. Ich glaube die Riesen kommen wieder zurück! Seid leise, sie könnten uns hören", warnte Christian. Gleich darauf vernahmen sie sich nähernde Schritte und Stimmen, die immer lauter wurden.

„Wie oft soll ich es euch noch sagen: Ich habe nicht geträumt! Da waren drei Menschenkinder! Ihr habt die Schreie doch gehört. Sie haben geschrieen und sind dann plötzlich wie vom Erdboden verschwunden", verteidigte sich SORGE. „Ist schon okay, SORGE, diese Geschichte erzählst du uns schon seit Stunden! Es ist genug jetzt! Wir sollten uns nun lieber auf den Weg machen. Schließlich können wir uns hier nicht ewig verstecken!", erklärte FURCHT. ANGST stimmte zu: „Ja, lasst uns gehen! Sonst suchen sie womöglich noch nach uns."

Die Kinder wurden nun unruhig. Es war sehr unwahrscheinlich, dass die Riesen den Hut vergessen würden. Somit war ein Stoßgebet gen Himmel angesagt: „Bitte lieber Gott, lass uns unsichtbar werden, damit wir nicht entdeckt werden…!" „Vergiss deine Tasche nicht SORGE. Die liegt hier schon seit Stunden im Dreck", mahnte FURCHT. „Ja, ich vergesse sie schon nicht!", erklärte SORGE, „Oh, und mein Hut liegt ja auch noch darunter."

Mit diesem Satz wurde es für die Kinder taghell. Der Hut, es handelte sich wirklich um einen Hut, erhob sich in die Luft und die Kinder standen eng aneinandergedrängt im Freien. Im ersten Moment wurden sie nicht beachtet und Marie hoffte schon, sie seien für die Riesen tatsächlich unsichtbar. Aber dann konnte Christian, beim Anblick der großen Geschöpfe, einen Angstschrei nicht unterdrücken. Verwundert schauten die Riesen zum Boden und sahen die drei ängstlichen Menschenkinder. Triumphierend rief SORGE: „Hey da seid ihr ja wieder! Seht ihr, ich habe nicht geträumt!" Schneller, als die Kinder reagieren konnten, stülpte er den Hut wieder über seinen Fund. „So, jetzt entkommt ihr mir nicht mehr!" „Wo sind die denn plötzlich hergekommen?", fragte FURCHT erstaunt. „Hmm, keine Ahnung! Womöglich waren sie die ganze Zeit schon da. Wir konnten sie nur nicht sehen, weil sie sich unter dem Hut verkrochen hatten", vermutete SORGE. „Und was machen wir jetzt mit ihnen?", fragte ANGST. „Vielleicht sollten wir mit ihnen reden! Es sind doch Menschenkinder. Womöglich können sie uns das Geheimnis verraten. Dann kämen wir doch nicht mit leeren Händen nach Machtstadt zurück", schlug SORGE vor, „Meint ihr, sie sprechen unsere Sprache?" „Das kann uns doch egal sein! MACHT soll mit ihnen reden! Die Menschenkinder sind unsere Rettung! Wir nehmen sie mit!", triumphierte FURCHT.

„Es gibt für uns im Moment nur eine Rettung. Wir müssen jetzt sofort aufwachen! Es ist Zeit! Dann können die drei schauen, wie sie ohne uns nach Machtstadt gehen", erklärte Marie mit fester Stimme. „Okay, ich wollte sowieso gerade gehen. Die Krankenschwester kommt gleich zum Fiebermessen. Wir sehen uns später", verkündete Christian. „Peter, wach bitte auch auf! Und vergiss nicht, wir treffen uns im Hallenbad!", mahnte Marie bevor sie unter dem Hut verschwand…

Tag 16

Langsam öffnete Marie die Augen. Ihre Hände verströmten sanfte Energie in ihren Oberbauch. Im Zimmer war es still. Sollte es möglich sein, dass Jens noch schlief? Das konnte sie sich überhaupt nicht vorstellen. Sie setzte sich auf und schaute auf die Uhr: 8.23 Uhr. Sehr unwahrscheinlich, dass Jens um diese Zeit noch nicht wach war. Die Jalousien ließen nur wenig Tageslicht ins Zimmer. So konnte sie nicht erkennen, ob ihr Bruder noch im Bett lag. Marie stand also auf und zog die Jalousien nach oben. Jens' Bett war leer! Unwillkürlich lächelte sie, dankbar darüber, dass er sie nicht aus ihrem Traum gerissen hatte. Der Blick aus dem Fenster zeigte ihr, dass ihnen wieder ein trüber, kalter und nasser Tag bevorstand. Es regnete schon wieder in Strömen. Abrupt wandte sie sich vom Fenster ab, verließ das Zimmer und suchte ihren Bruder. Sie fand ihn im Wohnzimmer, wo er ganz konzentriert am Puzzeln war. „Hey Marie, schau mal wie weit ich schon bin!", rief er erfreut, als er seine Schwester bemerkte. „Guten Morgen mein Süßer! Danke, dass du mich nicht geweckt hast!" Marie schaute interessiert auf das Puzzle. Ja, er war tatsächlich schon ziemlich weit. „Du bist ganz schön gut im Puzzeln. Mir wäre das zu schwierig. Die Teile sehen sich alle so ähnlich." Jens erwiderte erstaunt: „Nein, es ist doch ganz einfach. Papa hat mir gezeigt, wie ich es machen muss. Zuerst habe ich alle Teile nach gleichen oder ähnlichen Farben sortiert. Hier sind die Blauen. Die sind für den Himmel. Da liegen die Grünen. Die sind für das Gras und die Blätter der Bäume. Bei den Teilen, die gleich aussehen, muss ich eben nach der Form schauen... Aber gut, dass du endlich wach bist, ich habe schon einen riesigen Hunger. Können wir jetzt frühstücken?" Marie lächelte erleichtert! Jens konnte also die Farben sehen. Das war ein gutes Zeichen, weil es bedeutete, dass die Farben nicht wirklich verschwunden waren, sondern, dass nur die Wahrnehmung der erwachsenen Menschen sich geändert hatte. „Ich merke schon, du bist einfach ein Puzzle-Genie! Du kannst ja noch ein paar Minuten hier weitermachen. Ich beeile mich im Bad, dann schaue ich nach, ob Papa schon wach ist."

Vorsichtig klopfte Marie ein paar Minuten später an Thomas Schlafzimmertür. Nichts rührte sich, also klopfte sie noch einmal, diesmal etwas lauter. Endlich vernahm sie eine müde Stimme: „Ja, ich bin wach! Du kannst reinkommen."

Thomas empfing sie mit einem besorgten Gesicht: „Hallo mein Schatz, geht's dir gut?" „Guten Morgen Papa, ja, mir geht's prima! Aber du siehst nicht so toll aus. Ist alles in Ordnung?" „Na ja, ich habe sehr wenig geschlafen. Deine Geschichte ist mir die ganze Nacht im Kopf herumgesaust. Ich bin mehrmals aufgestanden, um nach dir zu sehen. Ich dachte, ich wecke dich, sobald es Anzeichen gäbe, dass du in Gefahr bist. Du hast aber immer ganz friedlich im Bett gelegen. Ich war sehr nervös! Ab und zu bin ich doch weggenickt. Dann fand ich mich wieder im Steinbruch und musste für die Riesen schuften. Kurz darauf lag ich wieder wach in meinem Bett." Marie setzte sich zu ihm ans Bett und umarmte ihn. „Bitte Papa, hab keine Angst! Du darfst mich nicht wecken! Wenn du mich weckst, sind Christian und Peter alleine und müssen warten, bis ich wieder zurückkomme, damit wir uns nicht verlieren. Komm, lass uns frühstücken, dann geht es dir bestimmt gleich besser!"

Kurz nach dem Frühstück klingelte das Telefon. Christian war am Apparat: „Hallo Marie, ich bin noch im Krankenhaus. Stell dir vor, mein Vater hatte heute Morgen einen Herzanfall. Meine Mutter erzählte, dass er im Schlaf immer wieder gerufen hat: ‚Nein, nein, lasst mich in Ruhe! Ich kann nicht mehr! Ich bekomme keine Luft mehr!'. Er schlug wild um sich. Bestimmt war es im Steinbruch zu anstrengend für ihn! Er röchelte schließlich nur noch und fasste sich ans Herz, bevor er keinen Mucks mehr von sich gab. Mama rief sofort den Notarzt an. Er liegt jetzt hier auf der Intensivstation. Es steht nicht gut um ihn! Mama ist gerade bei ihm." „Das tut mir sehr leid Christian! Wie geht es dir damit?", fragte Marie mitfühlend. „Ich weiß nicht so genau, was ich fühlen und denken soll. Normalerweise sollte ich traurig sein und Angst haben, dass er stirbt. Ich habe ein schlechtes Gewissen, weil ich nur Gleichgültigkeit empfinde. Es ist ganz furchtbar, aber ich fühle sogar fast so etwas wie Erleichterung! Was meinst du, bin ich jetzt ein schlechter Mensch?", fragte er verzweifelt. „Nein, keine Sorge, du bist deswegen kein schlechter Mensch! Deine Mutter hat uns erzählt, wie dein Vater dich und sie behandelt hat. Deshalb kann ich deine Gefühle gut verstehen", beruhigte ihn Marie. „Sie hat es euch erzählt? Aber warum? Sie hat es noch nie jemandem erzählt! Es war ihr immer so peinlich und mir auch! Niemand sollte es wissen!", platzte es aus Christian heraus. „Es war gut, dass sie sich Margarete, meiner Mama und mir anvertraut hat. Deiner Mutter hat unser Gespräch sehr geholfen. Ihr ging es anschließend wesentlich besser", erklärte Marie. Einen kurzen Moment war jeder mit seinen Gedanken beschäftigt. Dann fing Christian plötzlich an zu schluchzen: „Es tut mir leid! Du bist bestimmt enttäuscht von mir, weil ich es dir nicht gesagt habe. Ich habe dir sogar eine falsche Telefonnummer und Adresse gegeben, nur damit du nicht herausfindest, wie und wo ich lebe." „Du hast recht, ich war sehr enttäuscht, verletzt und auch wütend. Ich konnte nicht glauben, dass du so wenig Vertrauen in unsere Freundschaft hattest. Ich halte nicht viel von Geheimniskrämerei und wenn ich belogen werde, noch dazu von einer mir nahestehenden Person, tut es einfach nur weh!" „Bitte Marie, vergib mir! Ich werde nicht mehr lügen, ganz bestimmt nicht! Ich habe in den letzen Tagen viel gelernt. Es ist wichtig zu sich selbst und zu seinem Leben zu stehen. Ich habe mir früher keine Gedanken darüber gemacht, aber nun sehe ich alles in einem anderen Licht. Sei mir bitte, bitte nicht böse! Ich wollte dich nie verletzen! Du bist so wichtig für mich...!", bettelte Christian. „Ich habe dir doch schon lange vergeben! Das war auch gar nicht so schwer. Bei Menschen, die man lieb hat, ist es viel einfacher zu vergeben, als bei Menschen, die man nicht mag. Vielleicht kannst du versuchen, deinem Vater zu vergeben? Es gibt für sein Verhalten sicher keine Entschuldigung, aber es gibt bestimmt einen Grund, warum er sich so verhält. Ich kann mir nicht vorstellen, dass er euch schlägt, weil es ihm Freude bereitet. Es gehört mit zu unserem Auftrag, auch in solche Situationen Liebe, Licht und Heilung zu geben. Denke einmal darüber nach!" Marie hörte, wie Christian tief durchatmete, bevor er antworten konnte: „Du hast leicht reden! Du hast ihn doch im Steinbruch gesehen. Dort weinte und jammerte er herum wie ein kleines Kind. Zuhause ist er genau das Gegenteil. Was soll ich denn davon halten? Vor den Stärkeren macht er den Bückling und die Schwächeren bekommen seine Wutanfälle und Fäuste zu spüren. Soll ich so einen Menschen lieben und respektieren? Ich weiß nicht, wie ich das anstellen soll! Meine Mama schafft es offensichtlich, obwohl sie viel mehr unter ihm zu leiden hat als ich. Jetzt sitzt sie an seinem Bett und weint sich die Augen aus. Wer soll da denn noch durchblicken?" „Du hast deinen Vater im Steinbruch gesehen? Aber warum hast du uns das nicht gesagt?" „Weil ich mich für ihn geschämt habe! Wer will denn so jemanden zum Vater haben?", antwortete er wütend. „Bitte Christian, beruhige dich! Jeder Mensch hat Fehler, keiner ist perfekt, auch du und ich nicht! Genau das ist es doch, was wir lernen sollen. Sobald wir die Menschen akzeptieren, wie sie sind und ihnen Liebe und Mitgefühl entgegenbringen, können wir in Frieden miteinander leben. Margarete hat uns doch schon soviel darüber berichtet. Wir wollen doch die Liebe retten! Wir können es nur schaffen, wenn wir das nicht vergessen und es an viele Menschen weitergeben!" „Ich weiß, du hast recht, aber es ist ganz schön schwierig!" „Niemand hat behauptet, dass es einfach ist, mein Lieber! Was möchtest du heute noch unternehmen? Gehst du zu deinem Vater oder kommst du mit ins Hallenbad?", fragte Marie schließlich. „Ich darf nicht zu ihm auf die Intensivstation, weil die Ärzte sich mein Koma noch nicht erklären können. Sie finden zwar nichts, wollen aber das Risiko einer Ansteckung vermeiden. Mama hat mir erlaubt, mit euch ins Hallenbad zu gehen. Ich habe sie gestern Abend noch gefragt. Sie hat meine Badesachen von zuhause mitgebracht. Ihr müsstet mich allerdings im Krankenhaus abholen. Ich kann hier noch zu Mittag essen und ab 12.30 Uhr gehen." „Prima, dann sehen wir uns ja nachher. Mein Papa holt dich bestimmt gerne ab. Du hast ja jetzt noch ein bisschen Zeit. Bitte lege dir die Hände auf und versuche, deinem Papa liebevolle Gedanken zu schicken. Das hilft ihm bestimmt – in jeder Hinsicht – und dir hilft es auch! Also bis später..."

Kaum hatte Marie den Hörer aufgelegt, klingelte es erneut. Diesmal war Tanja am Telefon. Nach einer herzlichen Begrüßung meinte Tanja: „Ich bin so froh, deine Stimme zu hören! Ich muss dir etwas Spannendes erzählen. Als ich hier ankam, war alles ein bisschen trost- und farblos. Viele Menschen hier im Hotel sind krank und meist schlecht gelaunt. Ich habe nun angefangen, ihnen liebevolle Gedanken zu schicken. Und stell dir vor, es funktioniert! Ich musste ein bisschen üben, aber hier habe ich ja Zeit dafür. Es klappt immer besser und ich fühle mich wunderbar dabei! Ich bin so glücklich, wenn ich es geschafft habe, den Menschen ein Lächeln aufs Gesicht zu zaubern. Gestern war ich ziemlich schockiert darüber, als zum trüben Wetter plötzlich auch noch die Farben verschwanden. Jetzt habe ich aber festgestellt, dass sie wieder da sind, sobald genügend glückliche Menschen zusammenfinden." „Das ist ja wirklich spannend! Da unterstützt du uns ja prima bei unserem Auftrag. So wie es aussieht, können wir auch jede Hilfe gebrauchen!", freute sich Marie und berichtete ihrer Mutter dann kurz von den letzten Ereignissen.

„Hey Marie, du hast jetzt lange genug mit Mama telefoniert! Jetzt bin ich dran!", unterbrach Jens plötzlich ihr Gespräch. Marie hatte überhaupt nicht bemerkt, dass er ins Zimmer gekommen war. „Okay, Mama, wir telefonieren wieder. Bitte erhole dich gut und viel Erfolg weiterhin! Tschüss!", verabschiedete sie sich und übergab Jens den Hörer. Dieser plapperte gleich darauf los und erzählte Tanja von den Erlebnissen seit ihrem letzten Gespräch.

„Du hast ganz schön lange telefoniert!", meinte Thomas, als Marie ins Wohnzimmer kam. „Ja, es war wichtig. Ich musste mit Christian ein paar Dinge bereden, die wir im Hallenbad nicht besprechen können." Sie erzählte ihrem Papa von ihren beiden Telefonaten. Als Marie vom Gespräch mit ihrer Mutter berichtete, schweiften Thomas' Gedanken zu Tanja. Seit ein paar Tagen kam sie ihm ständig in den Sinn. So richtig erklären konnte er sich das nicht. Schließlich war er doch jetzt mit Martina zusammen. Stimmt, er war mit Martina zusammen, aber ihm fiel auf, dass er in den letzten Tagen überhaupt nicht an sie gedacht hatte. Irgendwie schien gerade alles im Wandel und Thomas wusste noch nicht, ob er das gut oder schlecht finden sollte.

„Hey Papa, wo bist du denn gerade? Ich habe gefragt, ob wir Christian nachher vom Krankenhaus abholen können?", unterbrach Marie seine Gedanken. „Entschuldige bitte, was hast du gerade gesagt?" Marie wiederholte ihre Frage. „Ja klar, kein Problem. Wir sollten jetzt sowieso unsere Badesachen zusammenpacken, damit wir nach dem Essen gleich fahren können."

„Übermorgen kommt Mama aus ihrem Urlaub zurück. Ich freue mich schon, sie endlich wiederzuhaben! Sie sagt, ich soll dir liebe Grüße ausrichten, Papa!", rief Jens begeistert, als er sein Telefonat beendet hatte, „Gehen wir jetzt ins Schwimmbad? Soll ich Oliver Bescheid geben, dass wir jetzt fahren? Die Riesenrutsche wird total super!" „Nein Jens, wir fahren doch erst nach dem Essen. Wir holen um 12.30 Uhr noch Josef aus dem Krankenhaus ab. Er kommt auch mit uns ins Schwimmbad", erklärte Thomas. „Josef? Wie kommst du auf den Namen Josef? Er heißt doch Christian!" Marie schaute ihren Papa verwundert an. Dieser blickte irritiert zurück. „Josef..., habe ich Josef gesagt? Keine Ahnung dieser Name kam mir einfach so in den Sinn. Natürlich meine ich Christian...

Seltsam! Was haltet ihr davon, wenn wir Spagetti mit Tomatensoße machen?" „Au ja, super!", riefen Jens und Marie wie aus einem Munde.

Thomas freute sich sehr darauf, heute mit vier Kindern den Nachmittag zu verbringen. Im Gegensatz zu seiner Freundin Martina liebte er Kinder über alles. Es fiel ihm immer furchtbar schwer, seine beiden nach den gemeinsamen Wochenenden wieder bei Tanja abzuliefern.

Im Hallenbad war die Stimmung der Besucher zweigeteilt. Die Kinder tobten ausgiebig und begeistert im Wasser herum, während die meisten Erwachsenen schlecht gelaunt oder teilnahmslos auf den Liegestühlen saßen. Immer wieder standen Eltern auf, um ihren Nachwuchs im Wasser lautstark zurechtzuweisen. Die Freude der Kinder sprang nicht auf ihre Eltern über. Im Gegenteil, diese ärgerten sich sogar darüber, weil sie nicht auch so ausgelassen und glücklich sein konnten. Marie und Christian erkannten, dass die Riesen hier erfolgreich die Eltern gegen ihre Kinder aufbrachten.

„Hast du Peter schon gesehen?", fragte Christian. „Nein, aber ich hoffe sehr, dass er kommt", gab Marie zurück, „Komm, lass uns dieses Bad in Licht einhüllen. Mein Papa kann uns helfen! Das Gute ist, dass uns die Riesen hier nicht beobachten können, weil wir nicht im Freien sind. Ich schlage vor, wir bilden ein großes Dreieck im Schwimmbad und verteilen unser Licht so überall gleichmäßig." Auch Thomas fand diese Idee gut und so machten sie sich ans Werk. Oliver und Jens vergnügten sich alleine im Wasser. Die Kleinen waren so beschäftigt, dass sie Marie, Christian und Thomas nicht beachteten. Die drei verteilten sich in der Halle. Jeder ergatterte einen Liegestuhl. Wie gestern im Krankenhaus, legte Marie ihre Hände mit den Handflächen nach oben auf ihre Oberschenkel. Diesmal war es ihr egal, was die Leute von ihr dachten. Sie schloss die Augen und begann sich darauf zu konzentrieren, ihr Licht zu vergrößern. Der Geräuschpegel war ziemlich hoch, deshalb stellte es sich als schwierig heraus, die Konzentration ständig aufrecht zu erhalten. Thomas hatte große Probleme damit, aber sein Wille war so stark, dass er nicht aufgab. Wie Marie es ihm beigebracht hatte, sendete er in Gedanken die Worte: ‚Friede sei mit euch' und ‚Liebe, Licht, Heil, Vergebung!'.

Nach einiger Zeit spürten sie deutlich die positive Veränderung im Raum. Die Kinder hatten weiterhin ihren Spaß, aber die Erwachsenen wurden ruhiger und entspannter. Manche schliefen auf ihren Liegen ein, andere lachten, winkten ihren Kindern im Wasser zu oder unterhielten sich friedlich mit ihren Nachbarn.

Endlich konnten sie auch wieder die Farben wahrnehmen. Es war eine wahre Freude, die vielen bunten Handtücher, Badehosen und -anzüge, Wasserbälle und das blau schimmernde Wasser zu sehen.

„Komm doch auch ins Wasser, Marie! Du musst unbedingt mit auf die Rutsche kommen. Das ist so super! Außerdem will ich sehen, ob du im Wasser auch so schön leuchtest. Papa soll auch kommen und dein Freund Christian! Christian leuchtet übrigens auch so wie du und jetzt sogar auch Papa! Das ist echt toll! Sind die beiden auch Engel?", holte Jens seine Schwester schließlich ins Hier und Jetzt zurück. Marie lachte bei seinen Worten: „Weißt du mein Süßer, ich glaube wir sind alle Engel, tief in uns drinnen. Wenn wir glücklich sind und uns wohl fühlen, strahlen alle Menschen ein schönes Licht aus. Das Licht ist unterschiedlich groß und es kann nur von manchen Menschen gesehen werden. Man nennt es auch Aura. Oft können es nur kleine Kinder sehen. Das hat mir meine Freundin Margarete erklärt." „Ich bin aber kein kleines Kind mehr!", protestierte Jens. „Nein, du bist natürlich kein kleines Kind mehr! Du bist schon ein kleiner Mann!", grinste sie, „Und jetzt komm, lass uns ins Wasser gehen."

Die fünf vergnügten sich nun ausgelassen im Schwimmbad. Es machte auch einen Riesenspaß, die Rutsche herunterzurutschen. Nach einer Weile toben, gönnten sich Marie und Christian am Beckenrand eine kleine Verschnaufpause. Plötzlich fühlte Marie, wie es in ihren Händen zu pulsieren begann. Erstaunt blickte sie Christian an, der ganz offensichtlich das gleiche fühlte. „Die Energie fließt, ohne, dass ich mich darauf konzentriere. Sie fließt einfach so...", staunte Christian. „Ja, sie verteilt sich über unsere Hände im Wasser. Was meinst du, bedeutet das, wir sollen dem Wasser Heilenergie geben und es so an die Badenden weitergeben?", fragte Marie. „Lass es uns einfach versuchen. Diejenigen, die es nicht wollen oder nicht bekommen sollen, werden das Wasser automatisch verlassen", mutmaßte Christian.

Marie schwamm nun auf die andere Seite des Beckens. Dann begannen sie, jeder auf einer Beckenseite, dem Wasser die Energie aus ihren Händen zu übertragen. Immer mit dem Gedanken, dass sie nur die Menschen erreichen sollte, die sie haben möchten. Das Gefühl war überwältigend! Marie spürte, wie das Vibrieren ihrer Hände sich auf das ganze Wasser ausdehnte. Es dauerte nicht lange, dann waren sämtliche Badegäste im Wasser. Das Becken war so voll, dass es kaum möglich war zu schwimmen. Es schien aber niemandem etwas auszumachen. Selbst die Kinder verhielten sich ruhig und genossen die Nähe ihrer Eltern. Die Bademeister setzten sich an den Beckenrand und ließen die Füße ins Wasser baumeln. Man konnte ihnen ansehen, dass sie am liebsten ganz ins Wasser gehüpft wären, aber schließlich hatten sie hier einen Job zu erledigen.

Plötzlich schwamm ein kleines Mädchen direkt in Maries Arme. „Da bist du ja, Marie. Wir haben dich schon überall gesucht!", rief es. Es dauerte einen Moment, bis Marie Jessica erkannte: „Hallo Jessica, schön dich zu sehen! Geht es dir gut?“ „Hier in diesem Wasser fühle ich mich wunderbar! Am liebsten möchte ich nie wieder heraus!“, erklärte sie strahlend. „Ich bin froh, dass wir dich gefunden haben Marie! Hast du die Zeitung nicht gelesen? Ich hatte gehofft, dich über die Zeitung zu finden!“, erklang nun die Stimme von Jessicas Mutter, die neben ihrer Tochter auftauchte. Während die Heilenergie weiter ungehindert aus Maries Handflächen strömte, erklärte sie Jessicas Mutter: „Ja, ich habe die Zeitung gelesen, wusste aber nicht, ob ich mich wirklich melden soll. Ich möchte nicht, dass zu viele Menschen davon erfahren. Es gibt in Traumlingen einen Doktor, der Christian und mich schon sucht. Bislang kennt er nur unsere Vornamen. Er hat meinen Vornamen in der Zeitung sicher erkannt. Er will uns verbieten, die Hände aufzulegen. Er hält uns für Betrüger. Wenn die Zeitung jetzt noch mehr darüber schreibt, könnten wir ganz schönen Ärger bekommen.“ Nun wurde die Energie in Maries Händen deutlich weniger. Sie war mit ihren Gedanken nicht mehr bei der Sache. Dennoch fühlte sie, dass von Christian noch genügend Energie durch das Wasser zu ihnen herüberkam. „Oh, tut mir leid! An so etwas habe ich überhaupt nicht gedacht. Zuerst wollte ich auch nur eine kleine Anzeige in der Zeitung veröffentlichen. Der Redakteur überredete mich aber zu dem Artikel auf der Titelseite. Er fand die Geschichte sehr interessant und meinte, dass ich dich so bestimmt schneller finden würde. Weiß du, Jessica geht es soviel besser, seit sie dich getroffen hat. Sie hat ein furchtbares Erlebnis hinter sich. Sie musste mit ansehen, wie ihr Papa bei einem Autounfall ums Leben kam. Sie selbst überlebte damals schwer verletzt. Seit dem Unfall sind zwei Jahre vergangen. In diesen zwei Jahren hat sie nur wenig gesprochen. Sie hat sich ziemlich zurückgezogen und wollte mit anderen Menschen nichts zu tun haben, bis zu dem Tag, als sie dich im Einkaufzentrum sah. Du kannst dir nicht vorstellen, wie glücklich ich seitdem bin. Du hast meine Kleine wieder ins Leben zurückgeholt. Ich bin dir so dankbar! Aber es quälen sie noch immer schlimme Alpträume, aus denen sie oft schreiend erwacht. Deshalb habe ich dich gesucht! Ich möchte auf keinen Fall, dass du Schwierigkeiten bekommst!“, erklärte Jessicas Mutter schuldbewusst. „Das ist schon in Ordnung! Es freut mich, dass es dir wieder besser geht, Jessica! Ich helfe gerne, wenn es mir möglich ist.“ Marie freute sich sehr, dass das kleine Mädchen durch die Energie aus ihren Händen so viel Kraft schöpfen konnte. Sie nahm Jessica ganz fest in die Arme und drückte sie zärtlich.

„Sehr verehrte Badegäste, unsere Öffnungszeit neigt sich dem Ende zu. Wir schließen in einer halben Stunde. Bitte begeben Sie sich zu den Duschen und Umkleidekabinen!“, ertönte plötzlich eine Stimme aus dem Lautsprecher. „Jetzt schon? Ich dachte das Hallenbad hat bis 19.30 Uhr auf!“, rief Marie erschrocken. „Hat es auch, aber es ist tatsächlich schon sieben, schade! Manchmal möchte man die Zeit anhalten, weil es gerade so schön ist, aber leider oder Gott sei Dank steht die Zeit nie still! Es geht immer weiter!", lächelte Jessicas Mutter. „Darf ich dich wieder sehen, Marie?", bettelte Jessica. Marie schenkte der Kleinen ein liebevolles Lächeln: „Lass dich einfach überraschen! Alles Liebe für dich und deine Mama!" „Das wünschen wir dir auch von ganzem Herzen!", antwortete Jessicas Mutter zum Abschied.

Nun begaben sich alle Badbesucher gleichzeitig zu den Duschen und Umkleideräumen. Verblüffenderweise ging es dabei ruhig und entspannt zu. Die Menschen strahlten und fühlten sich sichtlich wohl.

„Habt ihr ihre Gesichter gesehen? Sie sind alle gut gelaunt und glücklich!", freute sich Marie, als die fünf wieder auf dem Weg ins Krankenhaus waren, um Christian dort abzuliefern. Frau Baier wollte solange bei ihrem Mann bleiben, bis Christian vom Baden zurückkäme. „Ja, es ist fantastisch! Und die Farben waren alle wieder da! Wir müssen so viele Menschen wie möglich damit erreichen, dann wird bestimmt alles gut! Glücklich sein ist ansteckend! Ich bin so dankbar für dieses wundervolle Geschenk!", strahlte Christian.

„Sollen wir mit reinkommen?", fragte Thomas, als er das Auto vor dem Krankenhaus geparkt hatte. Das riesige Gebäude ragte trostlos, grau in grau in den weinenden Himmel. „Nein danke, ich schaffe das alleine! Wenn es nicht schon so spät wäre, könnten wir hier wie gestern ein bisschen Licht und Farbe hineinschicken. Ich schätze, in einem Krankenhaus ist wesentlich mehr Heilenergie nötig, als im Hallenbad, um die Menschen gesund und glücklich zu machen!", meinte Christian und stieg aus dem Wagen. „Ja, es gibt noch viel zu tun! Aber morgen ist auch noch ein Tag und wir müssen das Übel auch noch an einer anderen Wurzel packen. Alles Gute für deinen Papa und liebe Grüße an deine Mama! Mach's gut, bis später!", rief Marie ihm nach.

Nachdem sie Oliver bei seiner Mutter abgeliefert hatten, aßen die drei noch eine Kleinigkeit. Jens fielen beim Essen schon fast die Augen zu. So wurde er schnell ins Bett verfrachtet. Auch Thomas und Marie waren müde. „Ich hätte nicht gedacht, dass ich den Tag nach dieser kurzen Nacht so gut überstehe. Dieses Erlebnis im Hallenbad war etwas ganz Besonderes! Ich bin dankbar, dass Gott mir so eine wunderbare Tochter geschenkt hat!" Thomas nahm Marie fest in die Arme und Marie genoss die väterliche Umarmung in vollen Zügen.

Kurze Zeit danach, gaben auch sie ihrer Müdigkeit nach und schlüpften in ihre Betten. Bevor Marie einschlief, fiel ihr noch ein, dass sie Peter nicht im Hallenbad getroffen hatten. Er konnte sich also noch immer nicht erinnern...

Verbündete

Wieder war es dunkel, als Marie in ihrer Traumwelt landete. „Hallo? Christian, Peter, seid ihr da?", flüsterte sie. „Ich bin da!", vernahm sie Christians Stimme, „Peter noch nicht!" „Sind wir etwa noch immer unter diesem Hut?" „Es scheint so! Ich habe die Riesen aber noch nicht gehört. Vielleicht sind sie wieder beim Nahrung suchen." „Wie geht es deinem Vater?", fragte Marie. „Nicht gut! Er liegt weiter auf der Intensivstation. Mama hat gestern Abend noch viel geweint. Die Ärzte haben Papa in ein künstliches Koma versetzt, damit er keine Schmerzen hat und sein Herz heilen kann. Sie können erst in zwei bis drei Tagen sagen, ob er es schafft." Marie hörte, dass Christian kurz davor war loszuheulen. Schnell kroch sie zu ihm hinüber und nahm ihn tröstend in die Arme. Das tat gut! Plötzlich fühlten die beiden direkt neben sich einen Ruck und Peter erschien in ihrer Runde. „Du warst nicht im Schwimmbad!" begrüßte ihn Christian, der sich wieder gefangen hatte, mit vorwurfsvollem Ton. „Wo kommst du denn jetzt her?", fragte ihn Marie leise. „Hmm, lass mich überlegen…! Ich kann mich an etwas davon erinnern. Es stimmt, ich hatte die ganze Zeit das Schwimmbad im Kopf, wusste aber nicht warum. Meine Eltern haben mich mittags überredet, mit ins Museum zu gehen. Dort war es total langweilig! Dann haben aber plötzlich – einfach so – meine Hände angefangen zu pulsieren und vibrieren. Darüber bin ich ganz schön erschrocken. Aber sofort darauf hatte ich mit einem Mal eure Gesichter vor Augen und mir fiel wieder ein, warum ich ins Schwimmbad kommen sollte. Trotzdem kam mir alles so unwahrscheinlich und seltsam vor und ich habe versucht den Gedanken daran als Hirngespinst zu verdrängen. Meine Hände hörten aber nicht auf zu glühen. Ich wunderte mich, dass auf einmal ganz viele Menschen um mich herum standen. Sie sahen mich so sonderbar an, so, als wäre ich eine Geistererscheinung. Das hat mir Angst gemacht. Meine Hände hörten auf zu strahlen und die Menschen beachteten mich nicht mehr. Das war's, an mehr kann ich mich nicht erinnern." „Na, aber das ist doch immerhin schon etwas", freute sich Marie. Nun erzählten sie Peter von ihrem gestrigen Tag, der doch ganz erfolgreich verlaufen war. „Wenn ich das richtig verstehe, hätte ich nun einfach meine Hände weiter Energie verteilen lassen sollen. Meint ihr wirklich, dass wir damit das Leben der Menschen dauerhaft zum Positiven hin verändern?", zweifelte Peter. „Darum habe ich mir auch schon Gedanken gemacht", gab Christian zu, „Glaubst du, dass das geht, Marie?" „Ja, ich glaube fest daran! Und ich sage euch auch warum: Sobald die Menschen die Liebe und das Glück wieder spüren, werden sie wissen, dass sie beides vermisst haben. Dann fangen sie an, es festzuhalten, weil es so schön ist. Ich bin davon überzeugt, dass es nach und nach allen Menschen gelingt!" „Dein

Wort in Gottes Ohr! Aber jetzt etwas anderes: Wie es aussieht, sind wir noch immer unter diesem blöden Hut! Sind die Riesen in der Nähe?", erkundigte sich Peter. „Wir haben sie noch nicht gehört. Ich schlage vor, wir versuchen noch einmal den Hut hochzuheben. Vielleicht liegt ja jetzt keine Tasche darüber", schlug Marie vor. „Gute Idee, also los, aber vorsichtig!", stimmte Peter zu.

Diesmal war es tatsächlich relativ einfach. Marie und Christian stemmten den Hutrand nach oben, während Peter durch den Spalt nach draußen linste. „Was siehst du?", fragte Christian leise. „Von hier aus ist die Luft rein. Ich werde nach draußen gehen! Wartet solange hier!", erklärte Peter. Bevor die beiden anderen protestieren konnten, war er unter dem Hut ins Freie geschlüpft. Es vergingen bange Minuten. Schließlich hörten sie Peters Stimme: „Ihr könnt auch herauskommen, aber leise!" Dabei hob er den Hutrand nach oben, sodass Marie und Christian darunter hervor krabbeln konnten. Die ungewohnte Helligkeit blendete im ersten Moment. Dennoch war die Umgebung weiterhin grau in grau. Kein grünes Gras, kein blauer Himmel wollte sich ihnen zeigen. „Die Riesen liegen da drüben hinter dem Hügel und schlafen", erklärte Peter nun. „Dann müssen wir schauen, dass wir jetzt schnellstens verschwinden!", mahnte Christian. „Nicht unbedingt! Vielleicht war es kein Zufall, dass wir die drei hier getroffen haben. Sie könnten uns womöglich helfen!", meinte Peter. Marie nickte: „Du hast recht! Darüber hatte ich nämlich auch schon nachgedacht. Wir haben sie doch reden gehört. Sie sind nicht so böse und gemein, wie die anderen. Sie haben sogar Angst vor ihnen, sonst wären sie schon lange zurück nach Machtstadt gegangen. Was haltet ihr davon, wenn wir sie mit unseren Händen beglücken? Jeder legt einem von ihnen die Hände auf. Wir müssen nur aufpassen, dass sie nicht aufwachen. Mit Gottes Hilfe bewirkt die Energie bei ihnen etwas Gutes." „Ich weiß nicht! Und was machen wir, wenn sie aufwachen? Wo sollen wir uns verstecken?" Christian blickte ängstlich zu den Riesen hinüber. „Darüber machen wir uns überhaupt keine Gedanken. Los, sei kein Angsthase! Wir können nur gewinnen, nicht verlieren!", machte ihm Peter Mut. Christian war nicht hundertprozentig überzeugt, aber er hatte wohl keine andere Wahl. Auf dem Weg zu den Riesen lagen seine Hände auf seinem Oberbauch. Das half ihm schnell, ruhiger zu werden.

ANGST, FURCHT und SORGE schliefen hinter dem Hügel, sodass sie nicht befürchten mussten, von der Straße aus gesehen zu werden. Leise schlichen sich die Kinder an. Jeder suchte sich eine passende Stelle bei einem der Riesen aus und legte vorsichtig seine Hände darauf. Dann begannen sie, die Energie fließen zu lassen. Gleichzeitig übermittelten sie ihnen liebevolle Gedanken. Intuitiv wechselten sie immer wieder die Position, ständig darauf bedacht die drei nicht zu wecken. Das Glück war den Kindern hold. Die Riesen schliefen tief und fest. Scheinbar fühlten sie sich hier in völliger Sicherheit.

So verging einige Zeit, die Marie, Christian und Peter mit Handauflegen verbrachten.

Ein plötzlicher Impuls sagte schließlich allen gleichzeitig, dass es genug war und sie sich nun zurückziehen sollten. Sie beendeten ihre Energieübertragung und versteckten sich hinter einem dürren Busch, der in Sichtweite stand.

Wie von einer Tarantel gestochen, schnellte ANGST plötzlich nach oben und rief: „Hey FURCHT, SORGE, wacht auf ihr Schlafmützen! Wir müssen sofort zurück! Wir müssen sie suchen und ihnen helfen!" „Was..., was ist los? Was meinst du? Wen müssen wir suchen?", fragte FURCHT. SORGE gab die Antwort: „Er meint die Menschenkinder! Aber wie sollen wir ihnen helfen? Immer, wenn wir sie haben, verschwinden sie gleich wieder! Ich denke nicht, dass sie unsere Hilfe brauchen!" „Nein du Blödmann, ich meine nicht die Menschenkinder! Ich meine die Leute aus Liebeland. Wenn sie noch leben, müssen wir ihnen helfen! Wir können nicht zulassen, dass LIEBE und all die anderen sterben. Wir brauchen sie! Sie sind doch so wichtig für uns alle! MACHT und die anderen haben das nur noch nicht kapiert. Ihnen geht es nur um die Lebensenergie der Menschen und dass sie immer größer, reicher und mächtiger werden. Aber darum geht es nicht im Leben! Das ist nicht richtig! Ich habe von LIEBE geträumt. Sie war so wunderschön, zart und lieblich. Ihr leuchtender Blick, ihre strahlende, lichtvolle Gestalt haben in mir ein unglaubliches Glücksgefühl entstehen lassen. Ich habe in dem Gefühl der Liebe und des Glücks gebadet. Dann sah ich plötzlich den verzweifelten Ausdruck in LIEBEs Augen, während sie immer kleiner und kleiner wurde." „Du hast recht! Ich habe das gleiche geträumt. Die traurigen Augen von LIEBE sehe ich noch immer vor mir", gab FURCHT nun zu. „Komisch, jetzt wo ihr es sagt, fällt es mir auch wieder ein. Aber wie kommt es, dass wir alle das gleiche träumen?", fragte SORGE verblüfft.

„Weil es schon fast zu spät ist und wir nicht mehr viel Zeit haben, LIEBE zu retten!", unterbrach sie plötzlich eine leise Pipsstimme. Verblüfft erkannten die Riesen das Menschenmädchen. Die Kleine stand direkt vor ihnen im verdorrten, schmutzigen Gras.

Marie hielt beide Hände wie einen Trichter an ihren Mund und schrie so laut sie konnte: „Bitte helft uns! Wir brauchen euch!" Peter und Christian kamen hinter dem Busch hervor und stellten sich schützend vor Marie.

„Da seid ihr ja wieder!", freute sich ANGST. Einen kurzen Moment waren die Kinder unsicher, ob sie richtig gehandelt hatten. Konnten sie diesen riesigen Geschöpfen trauen? Dann beruhigte sie SORGE: „Ihr braucht keine Angst mehr vor uns haben! Wir gehen nicht nach Machtstadt zurück!" „Ja, wir helfen euch! Wenn wir LIEBE nicht retten können, dann will ich lieber sterben, als nach Machtstadt zurückzukehren", erklärte ANGST. FURCHT sah ihn erst überrascht an, dann meinte er: „Du hast recht, das Leben in Machtstadt fand ich eigentlich

immer ganz furchtbar." Vorsichtig streckte ANGST seine Hand zu den Kindern aus, sodass sie auf seine Handfläche klettern konnten. Nun brauchten sie nicht mehr so laut zu schreien, um sich verständlich zu machen. Die Riesen besahen sich die Kleinen von allen Seiten. „Ihr seid ja ganz schön niedlich. Ich glaube, ich hätte es nicht übers Herz gebracht, euch an MACHT zu übergeben", sagte ANGST nachdenklich.

Marie fühlte plötzlich eine Erschütterung. Jemand rüttelte an ihrer Schulter...

„Bitte Marie, darf ich in dein Bett kommen? Ich habe etwas ganz Schreckliches geträumt", bettelte Jens mit Tränen in den Augen. Nur langsam begriff Marie, dass Jens sie geweckt hatte. Am liebsten hätte sie ihn sofort zurück in sein Bett geschickt, damit sie schnell in ihren Traum zurück konnte, aber dem flehenden Blick ihres kleinen Bruders konnte sie nichts anderes entgegenbringen, als zur Seite zu rutschen, um ihn in ihr Bett schlüpfen zu lassen. Zärtlich nahm sie ihn in die Arme und streichelte über seinen Kopf. „Du brauchst dich nicht zu fürchten, mein Süßer! Es ist alles in Ordnung. Ich bin bei dir!" Die Worte und Maries Berührung ließen Jens schnell in ihren Armen einschlafen. Auch Marie begab sich erneut ins Reich der Träume...

„Gut, dass du wieder da bist! Wir dachten schon, du hättest keine Lust uns zu begleiten", grinste Peter. „Was ist eigentlich los mit euch Menschen? Einmal seid ihr da, dann weg, dann wieder da. Was hat das zu bedeuten?", fragte FURCHT neugierig. Marie staunte: „Ich dachte, das wüsstet ihr, schließlich beobachtet MACHT uns Menschen doch auf der Erde. Wir haben es doch bei euren Versammlungen auf der großen Leinwand gesehen. MACHT beobachtet uns, um uns zu kontrollieren." FURCHT, ANGST und SORGE schauten Marie unsicher an. „Wir erfahren von MACHT nur das Allernötigste. Er behält die wichtigen Dinge für sich, sonst könnte er womöglich ein Stück seiner Macht verlieren. Vieles, was bei den Versammlungen gezeigt wird, haben wir nicht so richtig verstanden. Nur seine engsten Vertrauten, wie zum Beispiel WUT und HASS, weiht er in seine Pläne ein", gab ANGST kleinlaut zu. Das war für die Kinder eine sehr interessante Information.

„Okay, also, wie soll ich euch das am besten erklären? Ich versuche es einmal so einfach wie möglich. Wir leben in zwei Welten. Einmal tagsüber in unserem bewussten Leben auf der Erde und zum anderen nachts, wenn wir schlafen, hier in unserem Traumleben. Sobald wir aufwachen, sind wir nicht mehr hier, sondern in unserem Tagbewusstsein auf der Erde. Vorhin hat mich mein kleiner Bruder geweckt, weil er schlecht geträumt hatte, deshalb war ich kurz weg." „Danke, dass du uns das erklärt hast. Jetzt wird mir einiges klarer!", freute sich ANGST.

„So, wir haben jetzt schon genug Zeit hier verloren. Wir sollten uns schleunigst auf den Weg zurück nach Liebeland machen! Wenn wir Glück haben, können wir LIEBE und all die anderen noch retten!“, drängelte SORGE nun.

Für einen Augenblick schloss Marie die Augen. Ganz deutlich, aber dennoch winzig klein, erschien das liebliche Gesicht von LIEBE vor ihrem inneren Auge. Gleich darauf vernahm sie ihre sanfte, kaum mehr vernehmbare Stimme: „Um uns zu retten, müsst ihr den Menschen helfen! Geht als erstes zum Steinbruch, um die Männer dort von ihrer Qual zu erlösen. Sobald ihr dort angekommen seid, müsst ihr noch einen Tag abwarten. Geht an diesem Tag zu Margarete! Wir haben ihr etwas Wichtiges für euch übermittelt. Ich muss den Kontakt jetzt abbrechen! Meine Kraft schwindet! Aber denkt immer daran: Vertraut auf euer Gefühl und ihr werdet wissen, was zu tun ist!“ „LIEBE, wo bist du und die anderen? Seid ihr in Sicherheit?“, rief Marie der Erscheinung zu. Die Antwort blieb LIEBE ihr schuldig. So schnell das Bild erschienen war, verblasste es auch wieder. Für ihren Ausruf erntete sie fragende Blicke. Zur Erklärung sagte sie: „Nicht Liebeland, sondern der Steinbruch ist unser Ziel!“

Nachdem Marie LIEBEs Worte wiederholt hatte, sah sie Peter eindringlich an: „Wir treffen uns morgen bei Margarete! Bitte Peter, versuche irgendwie nach Traumlingen zu kommen! Margarete wohnt in der Kapellenstraße 9.“ „Okay, ich werde kommen!“, versprach der Angesprochene und erntete dafür ein dankbares Lächeln. Anschließend beschlossen die sechs, sich auf den Weg zum Steinbruch zu begeben. Jeder der Riesen trug sanft und vorsichtig eines der Kinder in seinen großen Händen. Marie hatte ANGST, FURCHT und SORGE darauf vorbereitet, dass sie wieder für einen Tag von hier verschwinden würden. So wunderten sich die drei Riesen nicht, als sie plötzlich mit leeren Händen unterwegs waren…

Tag 17

Etwas kitzelte Marie an der Nase. Verwirrt öffnete sie die Augen und schüttelte ihren Kopf. Direkt vor sich sah sie Jens’ grinsendes Gesicht. Er hielt eine ihrer Haarsträhnen in der Hand und strich damit über ihre Wange. „Oh toll, du bist wach! Guten Morgen!“, rief er begeistert. „Guten Morgen Jens, du hast mich geweckt!“ „Nicht ich, das waren deine eigenen Haare“, verteidigte er sich. Marie lachte und kitzelte Jens zur Strafe richtig durch. Schließlich konnte er sich nicht mehr halten vor Lachen und bettelte um Gnade. In dem Augenblick öffnete sich die Türe und Thomas schaute neugierig herein. „Guten Morgen ihr zwei! Ihr seid ja schon richtig gut gelaunt. Wie sieht’s aus, wollt ihr frühstücken?“, fragte er fröhlich. „Au fein“, riefen die Kinder wie aus einem Munde und sprangen aus dem Bett. Beide drückten Thomas einen Kuss auf die Wange und stürmten aus dem Zimmer.

Beim Frühstück meinte Marie: „Du siehst heute so glücklich aus Papa! Hast du etwas Schönes geträumt? Wie geht es deinem Rücken?“ Thomas sah sie strahlend an: „Ja mein Schatz, ich habe etwas Schönes geträumt! Meinem Rücken geht es prima! Ich habe wunderbar geschlafen, keine Spur von Riesen und Steinbruch in meinen Träumen!“ „Mensch, das ist klasse Papa! Ich freue mich so für dich!“ „In meinem Traum war aber ein Riese. Der war total groß und schrecklich. Ich habe Angst bekommen und durfte zu Marie ins Bett. Dann war er weg und ist nicht mehr zurückgekommen“, teilte Jens den beiden mit. Marie sah ihren Bruder liebevoll an und versprach ihm, dass er immer in ihr Bett kommen könnte, wenn wieder ein Riese in seinen Träumen auftauchen sollte. „Und wie war dein Traum? Ist alles erfolgreich verlaufen?“, fragte Thomas gespannt. „Ja, wir sind auf einem guten Weg. Ich erzähl dir später davon“, verkündete Marie, um Jens nicht unnötig zu beunruhigen.

„Wir haben noch gar nicht überlegt, was wir heute unternehmen sollen“, grübelte Thomas. „Ich würde euch so gerne Margarete vorstellen. Sie hat uns etwas Wichtiges mitzuteilen! Was haltet ihr davon, Margarete in Traumlingen zu besuchen. Ihr werdet sie sofort ins Herz schließen!“, schlug Marie vor. „Du hast sie schon so oft erwähnt, dass ich ehrlich gesagt schon sehr neugierig bin, sie endlich zu treffen“, stimmte Thomas zu. „Prima, dann ruf ich sie gleich an und frage, ob sie Zeit für uns hat.“

Margarete hatte Zeit! Sie freute sich sehr darauf, den Rest von Maries Familie kennen zu lernen. „Was haltet ihr davon, wenn ich euch zum Essen einlade. Mit Christian habe ich schon gesprochen. Er kommt auch vorbei. Ich habe euch nämlich etwas Wichtiges zu sagen!“ „Super, dann brauche ich Christian ja nicht mehr anzurufen. Hat er erzählt, wie es seinem Vater geht?“, fragte Marie. „So wie gestern. Leider noch keine Änderung! Also, wir sehen uns nachher, ich freue mich auf euch!“, beendete Margarete das Gespräch.

Als Margarete ihren Besuchern die Türe öffnete, wusste Thomas erst einmal nicht, was er sagen sollte. Er sah dieser älteren Frau in die Augen und hatte das Gefühl, eine sehr lange vermisste Person vor sich zu haben. Am liebsten wollte er seinem drängenden Bedürfnis nachgeben und sich von dieser, ihm doch eigentlich fremden Frau, in den Arm nehmen lassen. Margarete erkannte ihn sofort. Seine Augen strahlten die gleiche Sanftheit und Güte aus, wie damals, als sein Name noch Rudolph war. In einem vergangenen Leben war er ihr Schwiegersohn, aber sie liebte ihn, wie ihr eigenes Kind. Automatisch nahm sie Thomas in ihre Arme und drückte ihn liebevoll, nachdem die Kinder schon an ihr vorbei in die Wohnung gelaufen waren. Thomas stiegen sofort Tränen in die Augen, die er krampfhaft zu verbergen suchte. Auch Margarete bekam feuchte

Augen vor Glück. Schließlich kam Thomas etwas verwirrt wieder in die Wirklichkeit zurück. „Entschuldigung, ich weiß auch nicht, was auf einmal mit mir los ist! Sie erinnern mich an jemanden, den ich schon sehr lange vermisse..." „Schon gut mein Junge! Mir geht es auch so, aber komm erstmal rein. Und übrigens, ich heiße Margarete, wir sollten ‚Du' sagen."

Für Thomas war es ein Gefühl von Nachhausekommen. Dieses wundervolle Gefühl kannte er noch von früher. Tanja hatte ihm dieses Gefühl gegeben, bevor sie sich auseinander gelebt hatten. Tanja! Für einen kurzen Moment hatte er Tanjas strahlendes Gesicht mit den funkelnden braunen Augen vor sich. Sie war es, von der er letzte Nacht geträumt hatte...

Im Wohnzimmer saß Christian und wartete schon ungeduldig auf Marie. Freudig begrüßten sich alle. „Oh, eine Miezekatze! Schau mal Marie! Die ist süß! Darf ich sie streicheln?", rief Jens und stürmte im Wohnzimmer auf die kleine Katze zu, die in einer Ecke des Sofas friedlich schlief. „Ja, aber sei vorsichtig mit ihr, nicht dass sie Angst bekommt! Sie saß gestern total ausgehungert vor meiner Türe und schrie bitterlich. So wie es aussieht, wurde sie ausgesetzt. Eigentlich wollte ich keine Haustiere, aber die Kleine ließ sich nicht mehr abwimmeln. Na ja, jetzt werde ich sie erst einmal ein bisschen aufpäppeln, dann sehen wir weiter." Jens liebte Tiere über alles. Bislang hatte er es nur noch nicht geschafft, seine Mama zu überreden, ihm ein Haustier zu schenken. Voller Begeisterung setzte er sich zu der Katze und begann sie vorsichtig zu streicheln. Wie auf Kommando kam ein dankbares Schnurren zurück. „Wie heißt sie denn?", fragte er neugierig. „Ich weiß es noch nicht. Vielleicht fällt dir ein passender Name für sie ein", gab Margarete lächelnd zurück. So war Jens beschäftigt und kümmerte sich nicht mehr um die Gespräche der Älteren.

„Wie geht es deinem Papa, Josef?", fragte Thomas und sah zu Christian hinüber. „Es geht ihm noch nicht besser. Mama ist wieder bei ihm im Krankenhaus. Er ist nicht bei Bewusstsein", antwortete der Angesprochene, ohne auf den falschen Namen zu achten. Marie sah ihren Papa, dann Christian erstaunt an: „Mein Papa nennt dich Josef! Er hat sich gestern auch schon versprochen. Hast du das nicht gemerkt Christian?" Nun erntete sie von Christian einen irritierten Blick: „Ja, stimmt, er hat Josef zu mir gesagt! Komisch! Der Name Josef klingt irgendwie vertraut, so als wäre er auch richtig..." „Oh, tut mir leid, ich weiß auch nicht, wie ich auf Josef komme. Selbstverständlich wollte ich Christian sagen", entschuldigte sich Thomas schnell. Es war ihm sichtlich peinlich.

„Du kennst jetzt meine ganze Familie Margarete. Ich würde sehr gerne auch einmal deine Familie kennen lernen. Du hast noch gar nicht viel von ihr erzählt", meinte Marie, als sie alle gemütlich im Wohnzimmer saßen. Margaretes

Blick wurde etwas traurig, als sie Marie antwortete: „Da gibt es im Moment nicht so viel zu erzählen. Mein Sohn Anton wohnt mit meiner Schwiegertochter Elvira und meinem Enkelsohn Hans in Leuthausen. Anton und Elvira sind beide Lehrer. Sie sind leider ziemliche Verstandsmenschen. Für sie gibt es nur Dinge, die sie auch sehen und anfassen können. Zu meinem großen Bedauern entwickelt sich Hans in die gleiche Richtung. Früher, als mein Mann Arthur noch lebte, verbrachte er viel Zeit bei uns. Er ist ein lieber Junge und ich vermisse ihn oft. Aber jetzt, wo er langsam erwachsen wird, interessiert er sich nicht mehr so sehr für seine Oma. Na ja, leider halten mich mein Sohn und seine Familie für etwas abgehoben und verrückt. Sie können mit meiner Art zu denken und zu leben nicht viel anfangen. Deshalb sehen wir uns auch nicht so häufig, oft nur an Geburtstagen und an Feiertagen. Dort auf dem Wohnzimmerschrank steht ein Foto.“ Damit stand sie auf und holte das Bild, um es ihren Gästen zu zeigen. Kaum hatte Marie einen Blick auf das Foto geworfen, schnappte sie nach Luft. „Das glaube ich jetzt nicht! Das kann doch nicht sein! Da ist Peter! Christian, schau dir das an! Auf dem Foto ist Peter!“, rief sie erregt. Christian rutschte schnell zu ihr herüber und starrte auf den Jungen, der dort eingerahmt von seinen Eltern stand. „Das gibt's doch nicht! Peter ist dein Enkel und wir haben es nicht gewusst! Warum hast du uns das nicht gesagt?“, rief er fassungslos. Margarete schaute die beiden erstaunt an: „Mein Hans ist euer Peter? Das kann ich fast nicht glauben! Seid ihr sicher?“ „Ja, hundertprozentig! Er ist es!“, bestätigte Marie. „Hans heißt eigentlich Hans-Peter, aber alle nennen ihn nur Hans. Das scheint bei euch ja nicht so zu sein! Ich wäre nie darauf gekommen, dass er euer Peter ist. Er ist so ganz anders als ihr! Um es ehrlich zu sagen, er ist ein richtiger kleiner Streber. Als Lehrersohn ist er ein super Schüler, der meistens über seinen Büchern hängt und lernt.“ Kaum hatte Margarete diesen Satz ausgesprochen, als es an der Haustüre klingelte. Überrascht blickten sie auf. Maries Gesicht erhellte sich. „Schnell mach auf! Das ist er! Er hat versprochen, heute hierher zu kommen!“, rief sie begeistert und folgte ihr mit Christian zur Tür...

„Hallo Oma, du hast bei Papas Geburtstag vorgestern gesagt, ich soll dich mal wieder besuchen kommen. Deshalb bin ich in den Bus gestiegen und schon bin ich da!“, begrüßte Hans-Peter seine Oma. „Hallo mein Schatz, das freut mich aber! Komm rein, ich habe gerade Besuch, der sich auch sehr freut, dich zu sehen.“ Nun bemerkte Margaretes Enkel die beiden strahlenden Kinder, die hinter seiner Oma standen. Er stutzte und meinte: „Hallo, müsste ich euch kennen? Hmm, irgendwie kommt ihr mir bekannt vor... Moment, bist du nicht das lästige Mädchen aus dem Supermarkt? Was machst du hier?“ „Hallo Peter, ich bin Marie und das ist Christian. Wir waren heute hier mit dir verabredet. Erinnerst du dich nicht mehr? Du hast uns versprochen zu kommen!“, freute sich Marie. „Was meinst du damit, wir waren hier verabredet? Und überhaupt, warum nennst du mich Peter. Niemand sagt Peter zu mir! Ich verstehe das alles nicht! Was machen die beiden bei dir Oma?“ „Komm erst einmal mit ins Wohnzimmer“, bat Margarete, „dann erklären wir es dir.“

Marie stellte Hans-Peter ihrem Papa und ihrem Bruder vor. Verwirrt blickte er nun von einem zum anderen. „Irgendetwas ist komisch hier. Und jetzt fangen auch meine Hände wieder an zu vibrieren. Was hat das zu bedeuten?“ „Ich glaube, ich weiß, wie du dich an uns erinnern kannst“, erklärte Christian und legte, ohne auf Hans-Peters Protest zu achten, seine Hände an dessen Schläfen. Sofort strömte Energie aus Christians Handflächen. „Hey, was machst du da?“, rief er erschrocken, um gleich darauf zu verstummen. Marie tat es Christian gleich und legte ihre Hände auf Hans-Peters Schultern.

„Ihr seid ja gerade beschäftigt, dann werde ich mich jetzt ums Essen kümmern“, informierte Margarete ihre Gäste und verschwand in die Küche. Während Thomas fasziniert die Szene beobachtete, spielte Jens völlig unbeeindruckt mit der Katze.

Hans-Peter saß mit geschlossenen Augen auf einem Stuhl, während aus vier Händen eine unglaublich kraftvolle Energie auf ihn einströmte. Die gleiche Energie fühlte er seit ein paar Tagen immer wieder in seinen Händen. Obwohl sie sich gut anfühlte, war sie ihm auch ein wenig unheimlich. Da seine Großmutter sich mit so seltsamen Sachen auskannte, wollte er sie heute danach fragen. Aber es war noch etwas anderes, was ihn heute hierher gelockt hatte. Ganz gegen seine sonstige Art, war er diesem Impuls gefolgt. Und nun erlebte er das hier! In seinem Kopf schwirrten die Gedanken hin und her. Was machten die beiden da mit ihm. Unfähig, sich dagegen zu wehren, ließ er sie gewähren. Ihm wurde schwindelig, alles drehte sich im Kreis. Schließlich sah er einen lilafarbenen Lichtstrahl, der ihn vollständig einhüllte. Zeitgleich hüllte dieses lilafarbene Licht auch Marie und Christian in ein leuchtendes Kleid. Das Gefühl war für alle drei überwältigend! Dann, es schienen inzwischen Stunden vergangen zu sein, sah Hans-Peter plötzlich alles vor sich. Ein Film lief vor seinem inneren Auge ab. Er sah alles: Marie und Christian, die Wiese am Waldrand, wo sie ihren Auftrag erhielten, den Weg durch den dunklen Wald, die Stadt der Riesen, die Riesen, HOFFNUNG, LIEBE, die Versammlung, ... Jede Einzelheit aus seinen Träumen sah er in aller Deutlichkeit vor sich. Und jetzt endlich erinnerte er sich an alles! Abrupt öffnete er die Augen und rief: „Danke, ihr könnt aufhören! Ich erinnere mich jetzt an alles! Wie konnte ich das nur vergessen!“ Glücklich fielen sich die Kinder in die Arme. Margarete erschien im Türrahmen und lächelte selig. „Kommt lasst uns essen, danach muss ich euch etwas Wichtiges mitteilen!“

„Sollen wir jetzt Hans zu dir sagen?“, fragte Christian beim Essen. „Nein auf keinen Fall. Es wäre komisch für mich, wenn ihr mich plötzlich nicht mehr Peter nennen würdet. Ich kann immer noch kaum glauben, dass ich euch hier bei meiner Oma getroffen habe“, wunderte er sich. Dann fing er plötzlich an zu lachen: „Mir fällt gerade die Situation im Supermarkt ein. Ich habe wirklich geglaubt, von einer Verrückten verfolgt zu werden!“ Thomas grinste: „Ich habe mich auch sehr über meine Tochter gewundert. Dass sie jetzt anfängt jungen Männern hinterherzulaufen, hat mich doch etwas beunruhigt.“ Nun stimmten alle am Tisch in das Lachen ein, bis Jens schließlich rief: „Ich bin fertig mit Essen, darf ich jetzt wieder zu Tinka?“ „Oh, du hast ja einen schönen Namen für die Kleine gefunden“, freute sich Margarete. „Ich habe ihn nicht gefunden. Sie heißt so! Tinka hat mir ihren Namen selbst gesagt“, erklärte Jens mit ernster Miene und sprang vom Tisch auf, um zu Tinka zu laufen.

Während sie dann gemeinsam die Küche aufräumten, berichteten die Kinder den beiden Erwachsenen von der vergangenen Nacht.

„Also ihr Lieben, letzte Nacht hatte ich einen wichtigen Traum. LIEBE übermittelte mir drei Symbole, mit denen ihr die Energie in euren Händen noch besser nutzen könnt. Das erste Symbol dient der Energieverstärkung. Mit dem zweiten Symbol könnt ihr die Energie zum Unterbewusstsein eines Menschen leiten, um zum Beispiel verdrängte Verletzungen zu heilen. Das dritte Symbol dient der Fernheilung. Ihr könnt mit diesem Symbol die Energie über weite Entfernungen senden. Wenn ihr euch sehr stark konzentriert, könnt ihr dies auch ohne die drei Symbole, nur mithilfe eurer Gedankenkraft. Das habt ihr ja in den letzten Tagen auch schon ganz gut geschafft. Mit den drei Symbolen funktioniert es aber wesentlich einfacher und sicherer“, berichtete Margarete den gespannt lauschenden Kindern. Margarete zeichnete jedes der Symbole auf ein großes weißes Blatt Papier und legte diese vor die auf dem Sofa nebeneinander sitzenden Kinder auf den Tisch. Ehrfürchtig fuhren die drei mit ihren Fingern die einzelnen Linien der drei Symbole nach.

„Gerade vorhin, als ihr Hans oder besser Peter die Hände aufgelegt habt, wurde euch von Gott eine so genannte Einweihung geschenkt. Diese Einweihung bekam ich letzte Nacht. Erst nach dieser Einweihung ist es uns möglich, mit den Symbolen zu arbeiten“, erklärte sie ihren verblüfften Zuhörern. „Und du glaubst, dass das wirklich funktioniert?“, fragte Peter ungläubig. „Ja, ich denke schon, aber das werden wir jetzt gleich mal ausprobieren. Wir haben keine Zeit zu verlieren! Mit den Symbolen können wir in kürzerer Zeit viel mehr Lichtenergie verbreiten, sodass die Riesen es immer schwerer haben werden, die Menschen mit ihren negativen Gedanken zu kontrollieren.“ „Was ist, wenn die Riesen auch solche Symbole haben?“, wandte Marie ein. Margarete überlegte: „In ihrem Buch stand nichts davon. Allerdings ist es auch nicht auszuschließen. Möglicherweise gibt es ja noch einen zweiten Band, in dem davon berichtet wird. Falls sie tatsächlich auch über solche Mittel verfügen, bin ich aber fest davon überzeugt, dass es sich nicht um unsere heiligen Symbole handelt, da die Riesen sie ja verwenden, um anderen zu schaden. Mit unseren Symbolen kann kein Schaden angerichtet werden! Sie dienen nur zum Wohle ihrer Empfänger. Also wie sieht es aus? Seid ihr bereit, der Erde Licht zu schicken?" Wie aus einem Munde riefen alle „Ja, klar!" „Ich schlage vor, wir fangen erst einmal klein an. Was haltet ihr davon, wenn wir die Lichtenergie zuerst dem Krankenhaus in Leuthausen senden. Vielleicht helfen wir damit ja auch deinem Vater, Christian." Die Kinder nickten zustimmend, wobei Margarete durchaus auffiel, dass Christian bei der Erwähnung seines Vaters leicht zusammenzuckte. „Kann ich auch mitmachen?", fragte Thomas, nachdem Margarete kurz den Ablauf erklärt hatte. „Warum nicht? Versuch es einfach! Jeder Helfer ist uns herzlich willkommen!"

Margarete zündete eine Kerze an. Dann ging sie zum CD-Player und ließ leise meditative Musik erklingen. Jens kuschelte sich mit Tinka in die Ecke des Sofas und schlief selig ein. Nun setzten sich die anderen fünf bequem hin und atmeten ein paar Mal ruhig tief ein und aus. Sie baten um Hilfe und Schutz für ihr Vorhaben und dankten dafür. Jetzt stellte sich jeder zwischen seinen Händen das Krankenhaus von Leuthausen in Kleinformat vor. Sie verwendeten die Symbole, so, wie Margarete es ihnen erklärt hatte und konzentrierten sich darauf, strahlendes, heilendes Licht zum vorgestellten Krankenhaus zwischen ihren Handflächen fließen zu lassen. Dabei wiederholten sie in Gedanken immer wieder den Satz: ‚Diese Energie dient zum allerhöchsten Wohl. Licht, Liebe und Heilung dürfen überall fließen, wo sie willkommen sind'.

Das Erlebnis war phänomenal. Marie spürte ein enormes, kraftvolles Strömen in ihren Handflächen. Raum und Zeit schienen nicht mehr zu existieren. Das strahlende Licht zwischen ihren Händen hüllte das Krankenhaus komplett ein. Sie hatte zeitweise das Gefühl, ihre Hände würden jeden Moment vor Hitze verglühen. Wie bei der Berührung von Reizstrom, kribbelte es in ihren Handflächen und kroch an ihren Unterarmen nach oben. Nie hätte sie sich so einen starken, intensiven Heilstrom aus ihren Händen vorstellen können. Marie wusste instinktiv, dass Gott und die Empfänger dieser Energie genau das geschehen lassen würden, was für jeden in diesem Moment, gut und richtig war.

Dann wurde der Energiefluss plötzlich immer weniger und es schien, als leuchtete das Krankenhaus dankbar zwischen ihren Händen, bevor die Vision verschwand. Zum Abschluss der Sitzung rieben und schüttelten sie ihre Hände, um sich von der Energie zu lösen und dankten sehr für dieses wundervolle Erlebnis.

Versonnen hing anschließend jeder seinen Gedanken nach und badete in dem angenehmen Gefühl, das noch in ihnen nachklang.

Erst als Tinka sich aus Jens' Umarmung löste und einem nach dem anderen auf den Schoß hüpfte, war der Zauber endgültig vorbei. Margarete schaute glücklich in die Runde und goss jedem noch eine Tasse Tee nach. Nun berichtete jeder begeistert von seinen Erfahrungen. Interessanterweise ähnelten sich ihre Erlebnisse. Sogar Thomas konnte mit leuchtenden Augen von seinen pulsierenden Händen berichten.

Der Nachmittag neigte sich schnell dem Ende zu. Margarete bereitete gemeinsam mit Marie noch ein paar Brote zu, die sie in harmonischer Runde aßen. Schließlich war es Zeit für den Heimweg. Nach einer herzlichen Verabschiedung verfrachtete Thomas die Kinder in sein Auto. Zuerst setzten sie Christian ein paar Straßen weiter vor seinem Wohnblock ab, dann fuhren sie nach Leuthausen, um Peter daheim abzuliefern. Endlich wussten sie, wo Peter zuhause war. Mit dem Auto waren es nur fünf Minuten von Thomas' Wohnung entfernt.

Zuhause angekommen, meinte Thomas plötzlich: „Margarete ist die Person, die ihr kennen gelernt habt, stimmt's? Durch Margarete ist Mama wieder glücklich geworden!" Marie lächelte ihren Papa zur Antwort nur mit strahlenden Augen an.

Später lag Marie glücklich im Bett und ließ den Tag Revue passieren. ‚Das war ein Supertag', stellte sie dankbar fest. Durch ihre Hände strömte sanfte Energie zu ihrem Herzen, die sie schließlich einschlafen ließ...

Der Steinbruch im Licht

ANGST, FURCHT und SORGE saßen jeder auf einem großen Baumstumpf im Wald nahe des Steinbruchs. Schon eine ganze Weile lagen ihre Hände mit den Handflächen nach oben auf ihren mächtigen Oberschenkeln. Mit gebannten Blicken starrten sie ungeduldig auf ihre Hände. Nun, wo sie schon fast nicht mehr an die Rückkehr der Kinder geglaubt hatten, kitzelte es plötzlich auf den Handflächen und die Menschenkinder wurden eins nach dem anderen sichtbar. „Das hat jetzt aber lange gedauert! Wir hatten schon Angst, ihr kommt gar nicht mehr zurück", wurden Marie, Christian und Peter von ANGST begrüßt. Wie verabredet, erschienen die drei Kinder zur gleichen Zeit auf den Handflächen der Riesen. Im ersten Moment erschraken die Kinder jedoch beim Anblick der riesigen Gesichter, die direkt vor ihnen erschienen. Der Steinbruch konnte auch nicht weit sein, der Lärm war deutlich zu vernehmen.

Marie fing sich als erste: „Hallo zusammen!", rief sie in die Runde und nickte auch Christian und Peter lächelnd zu, „Seid ihr weiterhin bereit, uns zu helfen?" FURCHT machte ein bedenkliches Gesicht und erklärte: „Wir waren knapp davor entdeckt zu werden. WUT und HASS suchen einen Mann. Wenn wir ihre Flucherei richtig verstanden haben, handelt es sich um einen eurer Väter. Er ist wohl seit vorgestern nicht mehr im Steinbruch aufgetaucht. Die beiden sind so wütend und aufgebracht, dass uns ganz mulmig wurde." „Gott sei Dank konnten wir uns gerade noch rechtzeitig verstecken. Ich glaube, vor lauter Angst hätte ich womöglich die Wahrheit gebeichtet", gab ANGST kleinlaut zu. „Zumindest hättest du dir vor lauter Angst erst einmal in die Hose gemacht", grinste SORGE, der sichtlich froh war, die Menschenkinder zu sehen. „Du brauchst gar nicht so zu grinsen. Wer hat denn die ganze Zeit gejammert und hatte Panik, was zu tun sei, wenn die drei Kleinen nicht zurückkommen?", fragte nun FURCHT.

„Ich schlage vor, ihr hört jetzt sofort auf zu streiten! Für so etwas Unnötiges haben wir überhaupt keine Zeit", unterbrach Peter streng die Diskussion. „Wisst ihr, wo WUT und HASS jetzt sind? Sind sie noch in der Nähe?", fragte Christian nun. „Sie sind wutentbrannt zum Steinbruch zurück gelaufen und suchen dort noch einmal alles ab. Sie hoffen, dass sie den Menschenmann durch den vielen Steinstaub übersehen haben und ihn jetzt doch noch finden. Die arbeitenden Menschen werden ihre Wut und ihren Hass zu spüren bekommen. Bis hierher haben wir schon die Schreie gehört." ANGST hatte Mühe ein Zittern zu unterdrücken. „Okay, dann ist es höchste Zeit anzufangen! Christian und Peter, ihr wisst, was zu tun ist! Wir gehen genauso vor, wie beim Krankenhaus, nur, dass diesmal der gesamte Steinbruch mit Licht geflutet wird", erklärte Marie eindringlich. „Was meinst du damit, dass der Steinbruch mit Licht geflutet wird?" fragte SORGE neugierig. FURCHT runzelte die Stirn: „Wie wollt ihr das denn anstellen?" „Wir senden in Gedanken Licht, Liebe und Heilung zum Steinbruch. Ich weiß nicht genau, was dann geschehen wird. Lassen wir uns einfach überraschen! Es kann für alle dort nur besser werden", versicherte Marie. „Das hört sich ein bisschen seltsam an, aber wenn ihr meint, dass das hilft..." FURCHT blickte ziemlich skeptisch drein. „Und was machen wir solange? Können wir euch irgendwie dabei helfen?", fragte SORGE nun. „Ja, da das Ganze einige Zeit dauern kann, müsst ihr darauf achten, dass wir nicht gestört werden. Sobald sich jemand nähert, müsst ihr mit uns verschwinden! Wir müssen uns auf euch verlassen können! Mehr müsst ihr vorerst nicht tun! Seid ihr bereit? Können wir auf euch zählen?" Mit festem Blick schaute Marie von einem Riesen zum anderen. „Ich denke, das bekommen wir hin", erklärte SORGE, „oder was meint ihr?" ANGST und FURCHT nickten zustimmend.

Jetzt konnte es losgehen! Nun wiederholten sie ihre Vorgehensweise vom vergangenen Nachmittag, so, wie es ihnen Margarete gezeigt hatte. Statt dem

Krankenhaus stellten sie sich nun den Steinbruch zwischen ihren Handflächen vor.

ANGST, FURCHT und SORGE schauten sich die Szene etwas skeptisch, aber doch neugierig an. Erst konnten sie keinerlei Veränderung an den Kindern feststellen. Dann aber, nach ein paar Minuten, stellte sich ein zartes Leuchten zwischen den Handflächen von Marie, Christian und Peter ein. Dieses Leuchten wurde immer intensiver und strahlender, bis ihre ganzen Hände bis zu den Ellenbogen hinauf in eine Lichtkugel eingehüllt waren. Die Riesen, die anfangs noch etwas nervös waren, beobachteten fasziniert, was da vor sich ging. Schließlich entspannten sie sich mehr und mehr. Nur am Rande nahmen sie mit inzwischen geschlossenen Augen wahr, dass der Lärm vom Steinbruch langsam weniger wurde. Die Maschinengeräusche erstarben nach und nach. Das Hämmern und Steine klopfen hörte mit einem Mal auf.

Ganz langsam kamen die Kinder aus ihrer Versenkung zurück. Auf ihren Gesichtern lag ein verklärtes Lächeln. Erst, als sie sich wieder mit ihren ganzen Sinnen bei den Riesen im Wald wahrnahmen, blickten sie erstaunt zu ANGST, FURCHT und SORGE. Ihre friedlichen Gesichter und die gesenkten Lider, vermittelten den Eindruck, als schliefen sie.

„Hey, nennt ihr das etwa aufpassen?", rief Christian entrüstet und konnte sich dabei ein Grinsen nicht verkneifen. Marie wurde in diesem Moment so richtig bewusst, wie sich der ängstliche Christian in den letzten Tagen zu einem selbstbewussten und mutigen Jungen gewandelt hatte. Schuldbewusst rissen ANGST, FURCHT und SORGE die Augen auf. Ihre verdatterten Gesichter lösten bei Marie, Christian und Peter einen herzlichen Lachanfall aus. Erleichtert fielen die Riesen mit ein.

Als sie sich wieder etwas gefangen hatten, erklärte ANGST: „Es war einfach unglaublich. Das Licht in euren Händen strahlte so eine wonnige Wärme und Liebe aus. Ich habe mich seit langem nicht mehr so wohl und sicher gefühlt." „Mir geht es genauso", stimmte FURCHT zu. SORGE nickte glücklich lachend.

„Was haltet ihr davon, wenn wir uns jetzt den Steinbruch ansehen? So wie es sich anhört, haben alle ihre Arbeit niedergelegt", schlug Marie vor. „Gute Idee! Wir sollten aber trotzdem vorsichtig sein!", riet Peter. Also nahmen die Riesen die Kinder wieder in ihre Hände und machten sich daran, den Wald Richtung Steinbruch zu verlassen. Kaum hatten sie den Waldrand erreicht, drang plötzlich das Geschrei von WUT und HASS an ihre Ohren. Schnell setzten sie zum Rückzug an und verbargen sich so gut es ging hinter den Bäumen. Von hier aus konnten sie WUT und HASS gut verstehen.

„Verdammt noch mal, wo sind sie hin? Sie waren doch gerade noch da!", brüllte WUT erbost. „Vielleicht ist bei den Menschen die Nacht schon vorbei und sie sind alle aufgewacht", vermutete HASS. „Blödsinn! Sie waren doch noch gar

nicht lange hier! Eine Nacht geht nicht so schnell vorbei! Schau dir das nur an! Sie haben alles stehen und liegen gelassen und sind verschwunden! Wir hätten sie nicht aus den Augen lassen dürfen! Nur weil du unbedingt noch einmal nach dem Vater des Mädchens suchen musstest...", schrie WUT seinen Kollegen an. „Du hast doch selbst gesagt, dass es sehr wichtig ist, ihn zu finden! Schließlich sind wir beide seit gestern um fünf Zentimeter geschrumpft! MACHT hat doch gesagt, dass wir über den Menschenmann gegen das Menschenmädchen vorgehen können." „MACHT hat doch auch noch den Menschenjungen, den HÖLLCHEN gefangen hat. Mit ihm will er die Menschenkinder ködern", meinte WUT nun. „Weiß du, was ich glaube? Hier geht irgendetwas ganz Seltsames vor sich. Es läuft nicht so, wie wir es uns vorgestellt haben", mutmaßte HASS, „Wir sollten so schnell wie möglich nach Machtstadt zurückfahren. Hier können wir im Moment sowieso nichts mehr ausrichten." WUT antwortete mit zorniger Stimme: „Verflucht, vor ein paar Tagen ist doch alles noch so gut gelaufen! Hoffentlich weiß MACHT, was jetzt zu tun ist. Lass uns fahren!"

Nachdem das Motorengeräusch des LKWs sich entfernt hatte, warteten Marie, Christian, Peter, ANGST, FURCHT und SORGE noch eine Weile ab, bevor sie sich dem Steinbruch näherten. Friedlich lag er nun vor ihnen. „Unglaublich, wenn man bedenkt, wie laut es vorhin noch war!", freute sich Peter, „Meint ihr, sie sind alle aufgewacht?" „Vielleicht sind sie aufgewacht, aber vielleicht träumen sie jetzt einfach etwas anderes", hoffte Marie. „Ja, etwas Schöneres!", ergänzte Christian. „Und wie soll es jetzt weitergehen?", fragte nun SORGE in die Runde. Im selben Augenblick hörten sie Geräusche, die vom Steinbruch zu kommen schienen. Suchend blickten sie sich um. „Da ist doch noch jemand!", rief Marie erstaunt. Zielstrebig stapfte ein kleiner dicker Mann auf die sechs zu. Erschrocken erkannte Christian seinen Vater. Instinktiv versteckte er sich hinter ANGSTs Hosenbein.

„Bitte Christian, hab keine Angst! Ich werde dich nie wieder schlagen!", rief der Mann schon von weitem zu ihnen herüber. Schnaufend erreichte Ernst Baier schließlich die Gruppe. „Bitte Christian", japste er atemlos, „hör mich an!" Neugierig besahen sich alle den Ankömmling, während Christian zögernd hinter dem Hosenbein hervorkam. Herr Baier schaute seinen Sohn flehend an: „Mir bleibt nicht mehr viel Zeit! Ich sehe jetzt plötzlich alles ganz klar. Ich habe ein großes Unrecht an dir und deiner Mutter begangen, dabei seid ihr doch die einzigen Menschen im Leben, die mir noch etwas bedeuten. Ich war so blind und haben meine Unzufriedenheit und Wut an den Menschen ausgelassen, die mir am nächsten stehen. Es tut mir so leid und ich bereue aufrichtig, was ich euch angetan habe! Ich weiß, mein Vergehen ist nicht zu entschuldigen. Auch wenn ich keine Zeit mehr habe, es wieder gut zu machen, bitte ich dich doch von ganzem Herzen, mir zu vergeben. Bitte lass mich nicht von dieser Welt

gehen, mit dem Gefühl, von meinem Sohn gehasst zu werden." Christian schluckte! Damit hatte er nun wirklich nicht gerechnet. „Ich hasse dich nicht!", brachte er schließlich hervor, „...nicht mehr..." Dann stürzte er seinem Papa in die Arme und die beiden weinten bitterliche Tränen. Nach fast endlosen Minuten fragte Christian ängstlich: „Musst du jetzt sterben, jetzt, wo endlich alles gut werden könnte?" „Ich weiß es nicht mein Junge. Aber wenn es so sein muss, denke bitte nicht schlecht von mir! Und bitte pass auf Mama auf! Sie weint so viel an meinem Bett im Krankenhaus. Sie liebt mich, obwohl ich ihr so ein schlechter Ehemann war", bat Christians Vater traurig, „Ich muss jetzt gehen! Denke bitte daran: Ich liebe dich und deine Mama über alles! Mach's gut!" Mit diesen Worten löste er sich in Christians Umarmung in Luft auf. „Ich liebe dich auch!", rief er ihm noch hinterher...

Die sechs hatten sich kaum von diesem Ereignis erholt, als sie plötzlich eine strahlend, helle Lichtkugel über sich wahrnahmen. Aus diesem überirdischen Licht vernahmen sie eine wohlbekannte tiefe, liebevolle Stimme: „Ihr Lieben, ich komme nun zu euch, weil ihr einen bedeutenden Schritt vorangekommen seid. Ihr habt Großes geleistet und ich bin stolz auf euch! Nun können wir zum nächsten Schritt übergehen. Euer Handeln der letzten Tage sowie die Heilenergie haben unzählige Menschen auf der ganzen Welt erreicht und in die gleiche oder ähnliche Schwingung versetzt. All diese Menschen bekommen von mir heute Nacht das Geschenk der heilenden Hände. Seit Tausenden von Jahren gab es immer wieder Menschen, die dieses Geschenk von mir erhielten. Nun ist die Zeit gekommen, diese kraftvolle, hohe Energie so vielen Menschen wie möglich zugänglich zu machen. Hüllt nun drei Tage hintereinander die Erde in heilende Energie. Füllt sie mit Licht und Liebe auf. Am vierten Tag, welcher dann insgesamt der 21. Tag eures Auftrags sein wird, sollte es vollbracht sein!" Ehrfürchtig und dankbar blickten sie dem Licht entgegen. Die Stimme fuhr mit ernstem Ton fort: „Auch ihr, ANGST, FURCHT und SORGE werdet das Geschenk der heilenden Hände jetzt von mir erhalten. Sobald Marie, Chrisian und Peter erwacht sind, macht ihr euch auf den Weg nach Machtstadt. Dort werdet ihr intuitiv wissen, was zu tun ist." Die Stimme verstummte. Unsicher sahen sich die drei Riesen an. War es richtig den Menschenkindern zu vertrauen? Was stand ihnen jetzt bevor?

Das große Licht sendete nun einen leuchtenden lilafarbenen Strahl nach unten und hüllte damit die Riesen vollständig ein. Ihre bangen Gedanken wurden im Keim erstickt und in strahlendes, liebendes Licht gewandelt.

Staunend sahen die Kinder dem Ereignis zu. Es dauerte nur ein paar Minuten, bis sich der lila Lichtstrahl wieder in die Lichtkugel zurückzog. ANGST, FURCHT und SORGE lächelten selig und fühlten nun zum ersten Mal einen kraftvollen Energiefluss in ihren Händen. Nun erklang noch einmal die Stimme aus dem

Licht: „Ab sofort werdet ihr nicht mehr ANGST, FURCHT und SORGE heißen. Eure Namen sind nun MUT, TAPFER und VERTRAUEN. Nun macht euch ans Werk!"...

Tag 18

Mit klopfendem Herzen schlug Marie die Augen auf. Durch die Spalten der Jalousie drang Licht ins Zimmer. Langsam setzte sie sich auf und blickte zu Jens' Bett hinüber. Er musste gefühlt haben, dass sie ihn anschaute, denn in dem Moment öffnete er seine Augen. „Ich habe von Tinka geträumt", rief er freudig, „Meinst du, wir können heute gleich wieder zu Margarete fahren? Tinka will mich ganz dringend sehen und von mir gestreichelt werden." Marie grinste: „Na, wenn Tinka das so dringend möchte, sollten wir doch gleich einmal Papa fragen, was er davon hält." Mit einem Satz war Jens aus dem Bett und stürmte zum Zimmer hinaus. Lächelnd sah Marie ihm hinterher. Dann stand sie auf und zog die Jalousie nach oben. Draußen in der Welt war alles noch farblos. Wenigstens war das inzwischen hier, in ihrer Wohnung nicht mehr der Fall. Während sie zum grauen Himmel blickte und ihre Hände dabei ein angenehmes Pulsieren in ihr Herz verströmten, schweiften ihre Gedanken zur vergangenen Nacht. Die Stimme aus dem Licht ist zurückgekommen. War das die Stimme Gottes? Oder war es ein Engel, der zu ihnen sprach? Sie schloss die Augen und sah das Licht wieder vor sich. Es kam näher und hüllte sie schließlich ganz ein. Nun vernahm sie deutlich eine Stimme: „Wir sind alles eins! Gott ist in allem enthalten!" So schnell es erschienen war, verschwand das Licht dann wieder.

„Hey Marie, beeil dich mal! Das Bad ist frei. Papa deckt gerade den Tisch. Er sagt, wenn Margarete einverstanden ist, darf ich Tinka heute sehen", rief Jens von der Türe aus. Das holte Marie endgültig in den Tag zurück.

„Guten Morgen meine Große, du siehst gut aus! Wie war deine Nacht?", begrüßte sie Thomas, als sie am Frühstückstisch erschien. Marie erzählte kurz von letzter Nacht, woraufhin Thomas erstaunt erklärte: „Ich hatte auch so ein Lichterlebnis. Ich sah mich gemeinsam mit eurer Mama auf einem hohen Berg stehen. Das Licht war so fantastisch warm, weich und doch so kraftvoll. Ich hatte das Gefühl, dass es jede einzelne Zelle meines Körpers durchdringt. Beim Aufwachen glühten meine Handflächen und Fußsohlen." „Und Mama? Wo ist Mama hin?", fragte Jens, „Ist sie im Licht geblieben?" Thomas lächelte seinen Sohn liebevoll an: „Weiß du mein Spatz, es war ein Traum. Ein wunderschöner Traum. Die Mama ist doch noch im Urlaub. Aber heute Abend kommt sie wieder nach Hause. Wir rufen sie einfach an und fragen sie nach dem Licht."

„Prima, das machen wir!", jubelte Jens, „Können wir jetzt Margarete anrufen und ihr sagen, dass Tinka mich sehen will?" Marie und Thomas lachten herzlich über den kleinen Mann, den sie so liebten. „Was haltet ihr davon, wenn wir Margarete zu uns einladen? Deine beiden Freunde können doch auch hierher kommen." „Und was ist mit Tinka?", rief Jens empört. „Margarete kann Tinka einfach mitbringen. Einverstanden?", fragte Marie. „Au ja, klasse!" Vor Begeisterung hüpfte Jens auf und ab und klatschte dabei vor Freude in die Hände.

„Das ist eine gute Idee!", erklärte Margarete Marie anschließend am Telefon, „Ich fahre nachher sowieso mit Christian und Frau Baier nach Leuthausen ins Krankenhaus. Ich bin sehr gespannt, was unsere Energiearbeit dort bewirkt hat. Stell dir vor, Christian möchte jetzt doch seinen Vater besuchen. Das ist doch toll, oder?" „Hat er dir auch erzählt warum? Hat dir Christian von letzter Nacht berichtet?", fragte Marie zurück. „Ja, das hat er! Und deshalb freue ich mich auch, dass wir uns nachher sehen und gemeinsam unserer Erde Heilung schicken werden. Du kannst Jens sagen, dass ich Tinka mitbringe. Ich leihe mir von meiner Nachbarin einen Katzenkorb, um sie im Auto zu transportieren. Auf dem Weg zu euch holen wir auch noch Hans-Peter zuhause ab. Ich bin schon sehr neugierig auf die Gesichter von Anton und Elvira, wenn ich schon wieder bei ihnen auftauche. Also bis nachher!" Margarete hatte sich entschieden, ihren Enkel nun mit seinem vollen Namen anzusprechen. Nur „Hans" passte irgendwie nicht mehr und nur „Peter" schien ihr noch zu ungewohnt.

Als es eine halbe Stunde später an der Tür klingelte, sprang Jens jubelnd zur Türe. Etwas enttäuscht begrüßte er Oliver, der ihn zum Spielen abholen wollte. „Ach du bist es! Komm rein! Ich warte ganz dringend auf meine kleine Katze." Begeistert berichtete Jens dem verblüfften Oliver von seiner neuen Freundin. Oliver liebte Tiere auch sehr, deshalb ließ er sich schnell von Jens Vorfreude anstecken. Ungeduldig versuchten die beiden die Zeit mit Puzzeln zu überbrücken.

Es sollte noch zirka eineinhalb Stunden dauern, bis Margarete mit Christian, Peter und Tinka vorfuhr. Jubelnd nahmen Jens und Oliver die Katze in Empfang, die sie mit einem zärtlichen „Miau" begrüßte. Die drei verschwanden glücklich in Jens und Maries Zimmer und ließen sich nicht mehr blicken.

Nachdem die anderen fünf gemütlich im Wohnzimmer bei Tee und Apfelschorle saßen, berichteten Margarete und Christian von ihrem Besuch im Krankenhaus. „Stellt euch vor, mein Papa ist über den Berg! Er wird wieder ganz gesund! Die Ärzte können sich die rasche Erholung nicht erklären, aber das ist wohl nicht das einzige, was sie sich nicht erklären können", grinste Christian, „Papa hat sich nun auch bei Mama entschuldigt. Er hat sich total verändert! Er hat geschworen, dass er keinen Tropfen Alkohol mehr anrührt und dass er uns nie wieder schlagen wird. In seinem Blick konnte ich sehen, dass er es ernst meint. Mama hat nun nicht mehr aus Verzweiflung, sondern vor Glück geweint. Wir haben alle drei vor Glück geweint! Ich freue mich schon darauf, wenn er wieder nach Hause darf." Margarete ergänzte lächelnd: „Über Nacht sind viele Menschen im Krankenhaus gesund geworden. Selbst bei ganz hoffnungslosen Fällen ist eine Besserung eingetreten. Die Ärzte sind völlig ratlos und können es nicht fassen." „Aber sie freuen sich doch bestimmt darüber, oder?", fragte Marie. „Momentan sind sie wohl eher skeptisch, weil sie so eine schnelle Genesung nicht gewohnt sind. Das macht ihnen vielleicht auch ein bisschen Angst. Schließlich brauchen sie die Kranken, um ihre Arbeit ausüben zu können", gab Margarete zu Bedenken. „Ich kann mir kaum vorstellen, dass sie arbeitslos werden. Es wird immer kranke Menschen geben, die die Schulmedizin benötigen, auch wenn viele durch Handauflegen ihre Selbstheilungskräfte stärken können. Stellt euch doch mal vor, wie angenehm es wäre, wenn die Krankenhäuser und Arztpraxen nicht mehr so überfüllt wären und die Ärzte dann endlich mehr Zeit für ihre Patienten hätten. Die Ärzte könnten anfangen die Kranken als Menschen mit Geist und Seele zu sehen und nicht mehr nur als funktionierende Maschinen, die nur Operationen, Tabletten oder Spritzen brauchen, um wieder reibungslos zu arbeiten", erklärte Thomas mit schwärmendem Blick. „Das hört sich gut an! Wir haben nun die Möglichkeit, diese Vision Wirklichkeit werden zu lassen. Lasst uns unserer Erde jetzt Heilenergie schicken!" Margarete blickte aufmunternd in die Runde. „Ich habe eine Idee! In meinem Büro habe ich einen großen Globus. Wir könnten ihn in unsere Mitte stellen und unsere Hände während der Heilsitzung darauf richten", schlug Thomas vor. „Super! So haben wir die Erde direkt vor uns, wenn wir ihr Heilung schicken", rief Marie freudig. Die anderen nickten zustimmend.

Thomas erhob sich, schaltete die Türklingel und das Telefon ab und kam anschließend mit seinem Globus, den er in ihre Mitte stellte, wieder ins Wohnzimmer zurück. Dann legte er die Meditations-Musik ein, die Margarete von zuhause mitgebracht hatte. Nun konnten sie loslegen.

Nach einer kurzen Einstimmung verbanden sie sich mithilfe der drei Symbole mit dem gesamten Erdball und ließen ihre heilende Energie fließen. In ihren Gedanken stellten sie sich vor, wie die Menschen überall auf der Welt glücklich, gesund und friedlich miteinander lebten, wie sie fröhlich lachten und sich freudig in die Arme nahmen. Sie sahen die blühenden, gesunden Wiesen, Wälder, Berge, Flüsse und Meere vor ihren inneren Augen. Nun fühlten sie auch ganz deutlich, dass sie nicht alleine waren. Dankbar nahmen sie wahr, dass von vielen anderen Orten auf der ganzen Welt ebenfalls intensive, heilende Lichtstrahlen die Erde umhüllten.

Als sie schließlich in die Wirklichkeit zurückkehrten, stellten sie erstaunt fest, dass ihre Sitzung über zwei Stunden gedauert hatte. Solange war es ihnen nicht vorgekommen. „Ich dachte, es sei höchstens eine viertel Stunde vergangen“, wunderte sich Christian. „Tja, so ist das mit den Trancezuständen. Man hat das Gefühl, jenseits von Raum und Zeit zu sein“, lächelte Margarete. „Ich habe einen Bärenhunger. Können wir jetzt etwas essen?“, fragte Marie. „Ja, mir knurrt auch der Magen. Es ist ja auch gleich zwei Uhr. Seltsam, dass die Buben sich noch nicht gemeldet haben. Die müssten doch auch schon lange hungrig sein“, staunte Thomas. Wie auf Kommando öffnete sich die Türe und Jens kam mit einem angebissenen Apfel und Thomas’ Handy in der Hand ins Zimmer gestürmt. „Papa, dein Handy hat geklingelt. Weil du nicht gekommen bist, habe ich abgenommen. Da ist eine schlecht gelaunte Frau dran. Sie hat ihren Namen nicht genannt. Ich habe ihr gesagt, dass du gerade mit Margarete und den anderen im Wohnzimmer sitzt und nicht gestört werden willst. Da ist sie wütend geworden...“ Mit diesen Worten streckte Jens Thomas das Handy entgegen. „Ist schon okay, Spatz, danke! Hallo, hier Thomas Weber“, meldete er sich, „Oh, Martina, schön dich zu hören. Geht’s dir gut?“ Thomas hörte, was Martina sagte, dann antwortete er: „Margarete ist eine Freundin von uns, von Tanja, den Kindern und mir.“ - „Nein, Tanja ist nicht hier! Martina bitte beruhige dich doch! Was ist eigentlich los? Du wolltest doch nicht anrufen. Aus dem Ausland sei es zu teuer, hast du gesagt. Ist etwas passiert?“ - „Ich habe das Telefon abgestellt. Aber du hast mich ja jetzt auch so erreicht. Es ist zu kompliziert, dir das am Handy zu erklären.“ - „Oh, das tut mir leid. Wann kommst du an?“ - „Okay, dann bin ich um vier Uhr am Bahnhof. Bis dann...“, sagte er zum Abschied und schaute dann etwas verdattert in die Runde. „Martina kommt heute schon zurück! Sie ist beim Wandern gestolpert und hat sich den Fuß gebrochen. Jetzt hat sie keine Lust mehr auf Abenteuerurlaub. Ich muss sie nachher vom Bahnhof abholen.“ „Oh, schade! Es war doch so schön ohne Martina“, jammerte Jens.

„Hey Leute, mein Hunger ist noch immer da! Können wir bitte etwas essen?“, unterbrach Christian die ratlose Gruppe. „Das würde ich auch vorschlagen“, meinte Margarete und lächelte, „Da ich nicht weiß, was ihr so im Haus habt, habe ich unterwegs noch Gemüse und Fisch gekauft. Wir können es gemeinsam zubereiten und in einer halben Stunde essen.“

Beim Essen meinte Margarete: „Am besten treffen wir uns morgen wieder bei mir. So stören wir deine Freundin nicht, Thomas. Sie war wohl nicht so begeistert, von uns zu hören. Ich habe auch einen Globus daheim. Er ist zwar nicht ganz so groß, aber für unsere Zwecke prima geeignet. Morgen ist Tanja auch wieder zurück, dann kann sie uns ebenfalls unterstützen.“ Thomas nickte abwesend. Seine Gedanken schweiften zu Martina. Normalerweise sollte er sich freuen, dass sie zurückkommt. Sie war doch die Frau, die er liebte! Er liebte sie doch, oder? Seine Gefühle waren aber im Moment so widersprüchlich, dass er überhaupt nicht wusste, was er denken und fühlen sollte. Margarete sah ihn nachdenklich an. Als Thomas ihren Blick bemerkte, fühlte er sich ertappt und lächelte schuldbewusst. Margarete sagte nichts...

„Ich möchte gerne meinem Papa die Hände auflegen, wenn er damit einverstanden ist. Nimmst du mich bitte wieder mit ins Krankenhaus?“, fragte Christian an Margarete gewandt. „Ja, selbstverständlich!“, antwortete diese, „Soll ich dich auch mit nach Hause nehmen Hans-Peter?“ „Nein, wenn es okay ist, bleibe ich noch ein bisschen bei Marie. Wir haben uns in diesem Leben doch gerade erst gefunden, da können wir uns doch nicht schon wieder trennen“, antwortete Peter und grinste Marie an. Marie grinste zurück: „Ja, lass uns in die Stadt gehen. Du kennst dich ja hier aus. Was hältst du von Eisessen? Ich liebe Eis!“

Sie vereinbarten, sich am nächsten Nachmittag bei Margarete zu treffen. Dann löste sich die Gruppe auf. Jens und Oliver begleiteten Thomas zum Bahnhof, nachdem sie sich sehr ungern von Tinka verabschiedet hatten. Marie zog mit Peter in die Stadt los.

„Dein Vater scheint nicht so begeistert zu sein, dass seine Freundin zurückkommt“, stellte Peter fest. Das Wetter hatte sich ein klein bisschen gebessert, sodass sie zu Fuß unterwegs sein konnten. Sogar ein paar blasse Farben waren erkennbar. „Hmm, er freut sich bestimmt, sie zu sehen. Papa hatte sich aber auf drei Wochen mit Jens und mir gefreut. Ich glaube, Martina mag keine Kinder. Sie versucht Papa zuliebe, nett zu uns zu sein, aber sie kann es nicht richtig verbergen, dass wir ihr auf die Nerven gehen. Am liebsten will sie Papa immer für sich alleine haben.“ In Gedanken versunken gingen sie weiter.

„Denkst du, dass es wirklich reicht, wenn wir der Erde nur dreimal Heilenergie senden, um die Liebe zu retten?“, wechselte Peter nun das Thema. „Ich habe es so verstanden, dass die heilende Energie immer mehr Menschen hilft, die Liebe in ihren Herzen wachsen zu lassen. Sobald sie diese intensiv spüren, können sie die Liebe auch an andere Menschen weitergeben. Dadurch wächst die Liebe immer mehr und alles kann sich zum Guten wandeln. Ich denke, dreimal ist ein wichtiger Anfang, damit die Menschen die Liebe wieder fühlen können. Sobald sie die Liebe wieder als das wichtigste Gut anerkennen, werden sie sich auch darum bemühen, sie nicht mehr zu verlieren. Sie merken einfach, um wie viel besser es ihnen auf einmal geht.“

Marie und Peter grüßen automatisch jeden Passanten, der ihnen entgegen kam freundlich lächelnd. Freudig bemerkte Marie eine Veränderung zu den letzten Tagen. Die Mehrzahl der Gegrüßten, gaben den Gruß lächelnd zurück.

Inzwischen hatten die beiden das Eiscafe erreicht und sich einen großen Eisbecher bestellt. Erfreut stellten sie fest, dass es sehr viele Themen gab, über die sie sich austauschen konnten. Bis zum frühen Abend verbrachten Marie und Peter die Zeit mit Eis, Bananenmilch, noch einmal Eis und viel Lachen im Eiscafe. Interessanterweise bemerkten sie, dass ihre Fröhlichkeit ansteckend war. Anfangs ernteten sie noch missbilligende Blicke, dann nach und nach, trauten sich auch andere Gäste ihrer Sehnsucht nach Spaß und Freude nachzugeben. So wurde es ein sehr vergnüglicher Restnachmittag.

„Wir können dich ja morgen Nachmittag abholen. Dann fahren wir gemeinsam zu Margarete, ich meine zu deiner Oma", erklärte Marie, als sie vor der Wohnung ihres Vaters standen. „Ja, prima! Danke für den Nachmittag! Ich kann mich nicht erinnern, wann ich das letzte Mal soviel Spaß hatte." „Es war ein toller Nachmittag mit dir! Danke auch!" Marie umarmte den verblüfften Peter spontan. Er kannte das zwar aus seinen Träumen, an die er sich nun endlich erinnern konnte, aber so in der Wirklichkeit, war es doch ungewohnt..., allerdings auch nicht unangenehm.

„Hallo Martina, schön, dich zu sehen", begrüßte Marie Thomas' Freundin gut gelaunt. Ein mürrisches „Hallo" war die Antwort. „Was macht dein Bein? Tut es sehr weh?" Martina saß auf einem Küchenstuhl und hatte ihr eingegipstes Bein auf dem Stuhl gegenüber liegen. Ihre blonden langen Haare, umrahmten ihr ovales Gesicht. Martina war eine schöne Frau, zumindest, wenn sie gut gelaunt war. Das war aber offensichtlich momentan nicht der Fall. Sie antwortete Marie nur wortkarg: „Geht so..." „Wo sind Papa und Jens?" „Die telefonieren im Wohnzimmer mit deiner Mutter." Martinas wütender Blick bei dieser Aussage sprach Bände. Marie ging es aber so gut, dass Martinas Stimmung ihrer Laune keinen Abbruch tat. „Au super, Mama ist ja wieder zuhause", freute sie sich und stürmte ins Wohnzimmer.

Beim Abendessen beteiligte sich Martina kaum an den Gesprächen. Ihr war es viel zu laut hier. Und überhaupt, sie hatte einen kranken Fuß und niemand schien Rücksicht auf sie zu nehmen. Irgendwann wurde es ihr zu bunt und sie rief in die Runde: „Ihr scheint euch ja prächtig amüsiert zu haben, als ich weg war. Sogar eine fremde Frau ladet ihr hierher in die Wohnung ein. Was hat das zu bedeuten? Willst du mich loswerden Thomas?" Erstaunte Blicke trafen sie. Nun musste Thomas lachen: „Du bist doch nicht etwa eifersüchtig, oder? Natürlich habe ich mit meinen Kindern Spaß. Ich liebe sie und freue mich, wenn ich sie um mich habe. Und Margarete ist eine liebe Freundin von uns. Was ist dabei, wenn wir sie hier in die Wohnung einladen? Komm sei kein Spielverderber und freue dich mit uns über diesen schönen Tag." Nun war es an Martina, Thomas erstaunt anzusehen: „Irgendetwas ist mit dir geschehen! Ich war nur zwei Wochen weg. Nun komme ich zurück und du bist so anders. Was ist los mit dir? Stehst du unter Drogen?" „Wie kommst du denn auf so eine blöde Idee? Warum sollte ich unter Drogen stehen?", fragte Thomas fassungslos. „Du bist doch sonst nicht so gut gelaunt. Schau einmal nach draußen! Das Wetter ist ganz furchtbar und du redest von einem schönen Tag. Außerdem hast du normalerweise Mitleid mit mir, umsorgst und bedauerst mich, wenn ich krank bin. Obwohl ich zwei Wochen weg war, interessiert dich mein gebrochenes Bein überhaupt nicht. Das einzige, was dich interessiert, sind deine Kinder, deine Tanja und diese Margarete", gab Martina beleidigt zurück. „Darf ich dich daran erinnern, dass du alleine in den Urlaub fahren wolltest, weil du den Gedanken nicht ertragen konntest, drei Wochen meine Kinder um dich zu haben? Ich habe das akzeptiert. Nun kommst du vorzeitig, mit einem gebrochenen Bein zurück. Okay! Aber es ist nur ein gebrochenes Bein, mehr nicht! Das sollte dich nicht davon abhalten, mit uns lustig zu sein. Du sitzt hier mit uns am Tisch und hast die freie Wahl, dich entweder an unseren Gesprächen zu beteiligen oder dich beleidigt auszuschließen. Es ist deine eigene Entscheidung!", erklärte Thomas nun mit festem Ton. Martina zog es erst einmal vor, beleidigt zu schweigen.

Marie spürte, dass Martina eifersüchtig war und sich ausgeschlossen fühlte. Vielleicht würde sich das ändern, wenn sie alle zusammen gedanklich in einen großen Lichtkreis hüllte. Thomas schien Maries Gedanken zu erraten und lächelte ihr aufmunternd zu. Jens schaute seine Schwester fasziniert an, als er wieder das Strahlen um sie herum wahrnahm, welches immer größer wurde. „Das Leuchten ist wieder da! Schau mal Papa! Es ist so schön!" Jens konnte seinen Blick nicht von Marie nehmen. Martina fühlte, dass sich die Atmosphäre verändert hatte. Sie konnte sich aber keinen Reim darauf machen. Schließlich wurde es ihr zu bunt: „Ich glaube, ihr habt einen Knall! Wenn ich nicht wüsste, dass hier auch keine Sonne war, würde ich wetten, dass ihr zulange in der Sonne gelegen habt! Ich geh jetzt ins Bett. Viel Spaß noch zusammen!" Mit diesen Worten erhob sie sich und humpelte auf ihren Krücken aus der Küche.

„Irgendwie kommt mir Martina auf einmal so fremd vor. Vielleicht hat sie recht und ich habe mich tatsächlich verändert. Ich habe ihr gegenüber überhaupt kein schlechtes Gewissen. So gut, wie in den letzten zwei Tagen ging es mir schon lange nicht mehr! Es ist so ein gutes Gefühl, dass ich es auf jeden Fall bewahren möchte", erklärte Thomas seiner Tochter, als Jens bereits im Bett lag, „Es fühlt sich fast so an wie damals, als ich noch ganz frisch in deine Mutter verliebt war." „Vielleicht ist es das, was wir erreichen sollten, so ein Gefühl von frisch verliebt sein. Jeden Tag frisch verliebt in das Leben und in uns selbst. Margarete sagt, erst, wenn wir uns selbst uneingeschränkt lieben, sind wir auch in der Lage andere zu lieben und von anderen Liebe zu empfangen und anzunehmen." „Mit diesem weisen Spruch, sollten wir uns jetzt auch ins Bett begeben", lächelte Thomas und drückte seiner Tochter einen Gutenachtkuss auf die Stirn.

Im Bett beschloss Marie, am nächsten Tag gemeinsam mit Jens zu ihrer Mama zurückzukehren. Ihr Papa musste das, was anstand, alleine mit sich und Martina ausmachen. Aber nun war sie erst einmal gespannt, wie es in ihrem Traum weitergeht. ANGST, FURCHT und SORGE, die jetzt MUT, TAPFER und VERTRAUEN hießen, waren in Machtstadt. Was konnten sie dort mit dem Geschenk in ihren Händen bewirken? Plötzlich sah sie Peters Gesicht vor sich...

Die Menschen-Container

„Ist alles klar, Marie", fragte Peter, als sie die Augen öffnete. Sie lag im vom Steinstaub verschmutzten Gras. Peters Gesicht war direkt über ihr und sah sie prüfend an. „Ja, alles klar! Danke!", gab sie zurück, als Peter ihr half aufzustehen. Christian stand lächelnd daneben. „Und wie war's mit dieser Martina?", fragten beide Jungen gleichzeitig. „Na ja, etwas komisch! Sie war eigentlich wie immer, nur schien es Papa diesmal mehr zu stören als sonst. Aber lassen wir das jetzt! Wie sieht's aus, sollen wir uns den Steinbruch einmal näher ansehen?" „Ich war vor euch da und bin schon durchgelaufen. Es gibt keine Anzeichen von Menschen mehr", erklärte Christian. „Schön, das ist doch ein gutes Zeichen! LIEBE hat gesagt, wir sollen uns um die Menschen kümmern, um ihr zu helfen. Also schlage ich vor, wir gehen noch einmal nach Machtstadt. Dort lassen die Riesen ja noch viel mehr Menschen für sich arbeiten. Esther, Therese und den anderen Frauen in der Wäscherei habe ich versprochen zu helfen. Und dort sind auch die Böden schrubbenden Frauen, die wir retten müssen. Bestimmt gibt es in Machtstadt noch viel mehr Menschen, die wie Sklaven behandelt werden", vermutete Marie. „Schade, dass unsere drei Riesen schon dort sind. Wir könnten sie jetzt gut als Taxi gebrauchen", bedauerte Peter.

Sie wollten sich gerade auf den Weg machen, als das Motorengeräusch eines sich nähernden Fahrzeuges sie veranlasste, schnell hinter einem Steinhaufen in Deckung zu gehen.

Das Fahrzeug hielt an und das Schlagen der Tür ließ darauf schließen, dass eine Person ausgestiegen war. Die Kinder rückten ganz eng aneinander, um nicht gesehen zu werden. Plötzlich rief eine Stimme, die sie kannten: „Hey Leute, wo seid ihr? Es kann doch nicht sein, dass ihr alle weg seid! Kommt doch bitte zurück und nehmt mich auch mit!" „Das ist Otto! Na also, da haben wir ja unser Taxi", freute sich Peter und kam aus seinem Versteck hervor. „Hallo Otto, schön, Sie zu sehen!", rief er ihm entgegen. Otto erschrak! Mit allem hatte er gerechnet, aber nicht mit dem Anblick dieses Jungen und damit nicht genug, die anderen beiden gesellten sich nun auch dazu. „Was macht ihr denn hier? Ich dachte, ihr wärt schon lange tot! Zumindest hat MACHT das behauptet. Ach jetzt verstehe ich, ihr habt meine Freunde hier verschwinden lassen. Ist das die Hilfe, die ihr uns versprochen habt?" Marie ergriff das Wort: „Ja, wir haben den Menschen hier geholfen, aus ihrem schlimmen Traum zu erwachen. Die Riesen haben jetzt zumindest nachts keine Kontrolle mehr über sie. Aber das ist erst ein Teilerfolg. Die Riesen lassen ja noch mehr Menschen für sich schuften. Denen wollen wir auch helfen. Deshalb bitten wir Sie, uns nach Machtstadt zu fahren." „Ihr seid wohl von allen guten Geistern verlassen. Euer Leben ist dort in großer Gefahr! In Machtstadt herrscht absolute Alarmbereitschaft. Ich habe die Riesen vor dem Versammlungssaal belauschen können, weil ich dort Steine abzuliefern hatte. MACHTs Geschrei war bis auf die Straße zu verstehen. Er hat befohlen, alle Menschen gefangen zu halten. Sie sollen so unter Drogen gesetzt werden, dass sie nicht mehr bei Sinnen sind. Keiner soll je wieder entkommen können! Nachdem ich das gehört hatte, bin ich sofort losgefahren, um mich in Sicherheit zu bringen. Und jetzt kommt ihr daher und wollt, dass ich dahin zurückfahre. Auf gar keinen Fall!" Die Kinder erschraken bei seinen Ausführungen. „Und was ist mit ANGST, FURCHT und SORGE? Sie müssten zurückgekommen sein. Haben Sie von ihnen etwas gehört?", fragte Christian beunruhigt. „Nein, aber darum habe ich mich auch nicht gekümmert. Ich musste schauen, dass ich so schnell wie möglich wegkomme." „Wir müssen auf alle Fälle nach Machtstadt, um den Menschen dort zu helfen. Zu Fuß sind wir ewig unterwegs. Bitte überlegen Sie es sich doch noch einmal! Wir helfen Ihnen dann auch, ganz bestimmt!", bettelte Marie eindringlich. „Kommt nicht in Frage!", erklärte Otto bestimmt. Nun versuchte es Peter: „Aber die Menschen in Machtstadt brauchen unsere Hilfe. Finden Sie es nicht ziemlich egoistisch, sich einfach so aus dem Staub zu machen, obwohl sie dort so vielen Menschen helfen könnten." „Ich kenne dort doch niemanden. Meine Freunde waren alle hier!" „Aber hier ist jetzt niemand mehr! Wollen Sie alleine hier bleiben?", fragte Christian. „Ihr könnt sagen, was ihr wollt. Ich fahre jedenfalls nicht noch einmal nach Machtstadt zurück", erklärte Otto stur.

„Okay Leute, es hat keinen Sinn, hier noch mehr Zeit zu verschwenden. Wir gehen!", bestimmte Peter, „Alles Gute für Sie, Otto!" Marie und Christian nickten ihm zum Abschied zu und die drei begaben sich auf den Weg nach Machtstadt.

Sie waren schon einige Zeit unterwegs, als sich von hinten plötzlich Ottos Transporter näherte. Bevor sie ihn erkannten, hatten sie sich schnell in einem Graben am Straßenrand in Deckung gebracht. Nun krochen sie hervor und winkten ihm zu. Scharf bremste er neben ihnen und öffnete die Beifahrertür. „Also steigt schon ein, bevor ich es mir noch einmal anders überlege", grummelte er. „Warum haben Sie es sich anders überlegt?", fragte Marie neugierig, als Otto den Wagen wieder gestartet hatte und losfuhr. „Was blieb mir anderes übrig? Ihr habt mir ein schlechtes Gewissen gemacht! Das war ziemlich unfair!", maulte er. Peter grinste: „Ich habe gewusst, dass Sie uns nicht im Stich lassen!" „Sie werden es nicht bereuen!", versicherte Christian. Mit skeptischem Gesichtsausdruck fuhr er nun schweigend nach Machtstadt.

Erst kurz vor der Brücke meldete sich Otto wieder zu Wort: „Ich halte gleich nach der Brücke. Von dort gehen wir zu Fuß weiter. Der Transporter ist zu auffällig. Da schnappen sie uns gleich. Wisst ihr schon, wohin wir in Machtstadt gehen sollen? Wie sollen wir die gefangenen Menschen befreien?" „Einen richtigen Plan haben wir noch nicht, aber wir werden wissen, was zu tun ist, wenn wir dort sind", meinte Marie zuversichtlich. „Dein Wort in Gottes Ohr!", gab Otto zurück.

Nachdem die Brücke überwunden war, lenkte Otto den Wagen auf einen schmalen Seitenweg, wo allerlei Gerümpel herumstand. Dort fiel der Transporter kaum auf. Sie stiegen aus und sahen sich um. Ungewohnterweise vernahmen sie keinen Baulärm. Stattdessen drang lautes Gegröle an ihre Ohren. „Sie betrinken sich und schreien herum", erkannte Christian sofort. „Wahrscheinlich ist es diesmal Frusttrinken", vermutete Marie. „Dadurch werden sie aber noch unberechenbarer!", gab Otto zu bedenken und erschauderte.

„Hey, schaut mal wer da kommt!", rief Peter plötzlich und zeigte in Richtung Stadteingang. Sehr erleichtert erkannten sie ihre Freunde MUT, TAPFER und VERTRAUEN, die sich suchend umsahen. Marie bemerkte Ottos panischen Blick. Deshalb erklärte sie ihm schnell, dass es sich hier um Verbündete handelte. Inzwischen hatten die drei Riesen die Menschen entdeckt und begrüßten sie erfreut. Ottos Misstrauen verflog schnell. Nun erfuhren sie aus erster Hand, was in Machtstadt geschehen war.

„Wir sind zur Versammlung gegangen. Eigentlich wussten wir nicht, was wir dort hätten sagen sollen, aber irgendetwas hat uns dorthin geleitet. Es war so ein Gefühl wie gerade eben, als uns eine plötzliche Eingebung aus der Stadt dirigiert hat. Das Unglaubliche war, dass uns niemand erkannt hat. Wir saßen im Saal und niemand nahm Notiz von uns. Wir waren froh, konnten es uns aber nicht erklären", berichtete MUT. Marie lächelte: „Ich denke, ich weiß warum. Durch das Geschenk der heilenden Hände und eure Namensänderung habt ihr eine komplett andere Ausstrahlung. Ihr seid nicht mehr ANGST, FURCHT und SORGE, sondern MUT, TAPFER und VERTRAUEN. Euer Wesen hat sich geändert, deshalb haben sie euch nicht erkannt." „Klingt nachvollziehbar, zumal ich mich tatsächlich anders fühle. Früher war ich oft vor Furcht wie gelähmt. Jetzt, wo ich TAPFER heiße, spüre ich keinerlei Furcht mehr in mir. Das ist ganz toll!" „So geht es mir auch", bestätigte VERTRAUEN und MUT nickte zustimmend: „Es sieht so aus, als hätte ich mit meinem Namen sämtliche Ängste in Mut umgewandelt." Christian stellte plötzlich eine unerwartete Frage: „Wenn ANGST,

FURCHT und SORGE jetzt MUT, TAPFER und VERTRAUEN heißen, bedeutet das, dass es nun keine Angst, keine Furcht und keine Sorgen mehr gibt?" „Nein Christian, das bedeutet es keineswegs", beantwortete MUT seine durchaus berechtigte Frage, „Wie bei euch Menschen, gibt es auch in Machtstadt viele, die gleiche oder ähnliche Namen tragen. So gibt es selbstverständlich auch in Liebeland weitere Wesen mit den Namen MUT, TAPFER und VERTRAUEN."

„Gut, dass wir euch jetzt wiedergefunden haben", wurde MUT von TAPFER unterbrochen, "Es ist höchste Zeit, etwas zu unternehmen. MACHT ließ alle Menschen in mehrere große Rollcontainer sperren. Wir hätten uns nie träumen lassen, dass so viele Menschen für uns Riesen arbeiten mussten. Es sind bestimmt mehrere Tausende. Da waren die paar Hundert am Steinbruch noch wenig. Um die Menschen ruhigzustellen, haben sie ihnen Drogen ins Essen gemischt. MACHT will sie alle umbringen lassen, wenn LIEBE nicht endlich ihr Geheimnis preisgibt. Er ist fest davon überzeugt, dass es dieses Geheimnis geben muss und, dass er die absolute Macht doch noch erlangen kann, sobald er es weiß. MACHT war sehr wütend, als er feststellte, dass Christian aus der Kleiderschachtel verschwunden war. Er war mit seiner Gefangennahme schon so siegessicher. Da ANGST, FURCHT und SORGE nicht von ihrer Expedition zurückgekehrt waren und WUT und HASS am Steinbruch versagt hatten, traute er diese Aufgabe auch niemand anderem mehr zu. Deshalb wollte er nun selbst nach Liebeland aufbrechen und LIEBE ein Ultimatum stellen. Er ist fest davon überzeugt, dass sie es nicht zulässt, dass Tausende Menschen sterben, nur weil sie ihm das Geheimnis nicht verraten will.". Erschrocken sahen sich Marie, Christian, Peter und Otto an. „Ist MACHT schon unterwegs?", fragte Peter. „Noch nicht, er bereitet sich gerade vor. Er möchte sämtliche Container nach Liebeland mitnehmen, damit LIEBE nicht denkt, er würde sie anlügen."

„Ich habe eine Idee! Es gibt doch zwei Wege nach Liebeland. Wir beobachten, welchen Weg MACHT nimmt, dann benutzen wir den anderen. Wir gehen schnellstmöglich zu der Höhle. Dort halten sich die Liebeländer vermutlich noch versteckt. Keine Ahnung, was uns dort erwartet, aber das ist unsere einzige Chance, den Menschen und LIEBE zu helfen", schlug Marie vor. „Ja, lasst es uns so machen! Das hört sich gut an!", überlegte Peter und Christian meinte: „Wir sollten den Menschen in den Containern Heilung senden. Die Heilenergie soll sie während der ganzen Fahrt begleiten und ihnen helfen am Leben zu bleiben."

Plötzlich hörten sie, dass sich MACHT mit den Rollcontainern in Bewegung gesetzt hatte. Die Container machten einen unheimlichen Krach, als sie einer nach dem anderen an ihnen vorbei über die Brücke ratterten. MACHT hatte sie alle hintereinander an seinen Sportwagen gehängt. Schnell konnte er mit dem angehängten Gewicht nicht fahren, aber Hauptsache, er musste sie nicht selbst ziehen. Staunend schüttelte Peter den Kopf: „Unglaublich, was muss dieser

Schlitten für einen Motor haben, dass er so viele Container hinter sich herziehen kann!"

„Im Transporter hinten habe ich eine große Box entdeckt. Ihr könnt uns darin einfacher transportieren, als in euren Händen", schlug Marie vor. Die drei Riesen waren sofort einverstanden. Bevor die vier Menschen es sich in der Box bequem machten, entfernte MUT den Schmutz darin so gut wie möglich.

Inzwischen erkannten sie, dass MACHT nicht den Weg über den Steinbruch nahm und so schlugen MUT, TAPFER und VERTRAUEN mit vier Menschen im Gepäck diese Richtung nach Liebeland ein. Während sie getragen wurden, hüllten die Kinder sämtliche Container gedanklich in Licht ein und sendeten mit Hilfe ihrer Symbole intensiv Heilenergie. Dabei stellten sie sich gesunde, glückliche und vor allem freie Menschen vor. Erstaunt stellten sie fest, dass Otto plötzlich verschwunden war. „Er ist aufgewacht! Prima! Bin mal gespannt, ob er nächste Nacht wieder zurückkommt", überlegte Christian. „Für uns wird es auch Zeit, den nächsten Tag zu begehen", erklärte Marie schließlich. Deshalb programmierten sie die Energie so, dass sie solange fließen sollte, wie die Menschen in den Containern diese benötigten.

Dann erklärte Marie ihren drei großen Freunden noch den Weg zur Höhle, bevor sie bereit war aufzuwachen...

Tag 19

„Ich freue mich so auf Mama!", jubelte Jens, als er sah, dass Marie sich im Bett bewegte, „Jetzt, wo Martina hier ist, gefällt es mir bei Papa nicht mehr so gut! Zuhause kann ich bestimmt jeden Tag Tinka besuchen gehen!" Marie blinzelte und rieb sich die Augen: „Guten Morgen, Jens! Ich freue mich auch auf Mama! Ich denke, ich werde auch mit nach Hause kommen. So kann Papa noch eine Woche alleine mit Martina verbringen, bevor er wieder arbeiten muss." „Er verbringt die Zeit doch immer mit Martina, wenn wir nicht da sind", maulte Jens mit düsterem Gesichtsausdruck. „Ja, aber nicht so häufig tagsüber, weil beide sonst bei der Arbeit sind. Vielleicht ist es gut, wenn sie jetzt mehr Zeit für sich haben, dann können sie sich noch besser kennen lernen", erklärte Marie. Das war Jens zu kompliziert: „Sie kennen sich doch schon. Außerdem will ich viel lieber, dass er bei Mama und uns ist." „Komm du Quälgeist, wir sehen mal nach, ob wir das Frühstück herrichten können", schlug Marie nun vor.

„Darf ich zuerst ins Bad? Ich muss dringend aufs Klo", bettelte Jens. „Ja klar, dann gehe ich schon in die Küche."

„Guten Morgen, Papa", rief Marie, als sie Thomas entdeckte, der am bereits gedeckten Frühstückstisch saß und Zeitung las. „Guten Morgen, meine Große!

Schau mal, was da steht!“ Wortlos schob er seiner Tochter die Zeitung hin. Schon die Überschrift ließ sie zusammenfahren. Dort stand in großen Lettern: „Vorsicht! Gefährlich! Vor dubioser Heilersekte wird gewarnt!“ Weiter unten im Text war zu lesen: „Dr. Baumann, ein Arzt aus Traumlingen, warnt eindringlich vor zwei Jugendlichen, die widerrechtlich einer heilerischen Tätigkeit nachgehen. In Dr. Baumanns Praxis sind in den letzten Tagen mehrfach Patienten aufgetaucht, die nach jahrelanger Krankheit plötzlich gesund zu sein scheinen. Sie berichten von heilenden Lichtstrahlen, die aus den Händen der Täter kommen und sie ganz ohne medizinische Behandlung geheilt hätten. Laut Dr. Baumann handelt es sich dabei um einen Trick, da Erfolge derartiger Heilmethoden wissenschaftlich nicht nachgewiesen sind. Die Jugendlichen, sie heißen Marie und Christian, sind Betrüger und Scharlatane und sehr gefährlich! Den Patienten geht es nur deswegen besser, weil sie im Moment an die Methode und deren Erfolg glauben, ein klassischer Placebo-Effekt. Sobald die Wirkung nachlässt, werden die Menschen kränker, als jemals zuvor sein. Bislang traten Fälle in Traumlingen und Leuthausen auf. Es ist jedoch nicht auszuschließen, dass die beiden Jugendlichen an weiteren Tatorten auftreten werden. Wir bitten die Bevölkerung dringend um Mithilfe! Wenden Sie sich für Hinweise an ihre örtliche Polizeidienststelle.“

Entsetzt blickte Marie von der Zeitung auf. Thomas, der sich schon etwas gefangen hatte, schüttelte nur ratlos mit dem Kopf. „Und was sollen wir jetzt machen? Das ist doch totaler Blödsinn, was da steht!“ Marie war ziemlich durcheinander. Fragend sah sie ihren Papa an: „Wir machen doch nichts Schlimmes! Die Menschen sind immer freiwillig zu uns gekommen, weil sie die heilende Energie bei uns gespürt haben. Wir haben niemanden dazu gezwungen. Wir haben auch bei der Fern-Energiegabe immer darum gebeten, dass die Energie nur diejenigen erreichen soll, die sie haben möchten. Es ging den Empfängern danach entweder besser, oder aber zumindest nicht schlechter als vorher. Ist es verboten den Menschen Heilung zu bringen?“ „Ich denke, es liegt daran, dass Ärzte ziemlich lange studieren und lernen, um dann die Erlaubnis zu erhalten, Menschen zu heilen. Wenn jetzt jemand kommt, der dafür nicht ausgebildet wurde und womöglich mehr Heilungserfolge erzielt, fühlen sich die Ärzte ins Handwerk gepfuscht. Sie haben so lange gelernt, kennen die Vorgänge im menschlichen Körper in- und auswendig und dann kommt jemand daher, der, ohne diese Ausbildung und ohne genaues Wissen über die Funktionen der Körperorgane, heilt. Du musst zugeben, dass es verständlich ist, wenn Dr. Baumann euch als Bedrohung sieht. Ihr untergrabt seine Kompetenz mit dem, was ihr tut“, erklärte Thomas. „So etwas Ähnliches hat Margarete neulich auch schon gesagt. Wir und inzwischen viele andere, haben das Geschenk der heilenden Hände bekommen, um die Liebe in unseren Herzen zu spüren und den

Menschen zu helfen, sie ebenfalls zu spüren. Ich fühle mich so gut damit und möchte mich nicht verstecken müssen! Lass uns heute Nachmittag mit Margarete und den anderen beraten, was zu tun ist."

„Das Bad ist jetzt frei Marie! Hallo Papa!" Jens setzte sich mit freudigem Gesicht an den Frühstückstisch. „Schläft Martina noch?", fragte Marie. „Ja, sie schläft so fest, dass ich sie nicht wecken wollte. Ich denke, sie hat nichts dagegen, wenn wir alleine frühstücken."

Im Badezimmerspiegel blickte Marie ihr Gegenüber prüfend an. ‚Kannst du mir sagen, was wir jetzt machen sollen', fragte sie ihr Spiegelbild. Die Antwort kam sofort und lautete lediglich: ‚Alles ist gut!'

Beim Frühstück erklärte Marie, dass sie sich entschlossen hatte, auch nach Hause zu Mama zu gehen. Thomas erwiderte mit trauriger Stimme: „Schade! Ich habe mir schon gedacht, dass du dich so entscheidest. Vielleicht ist es auch besser so, weil ihr in Traumlingen euren Auftrag besser zu Ende bringen könnt. Martina hätte sicher kein Verständnis dafür, wenn wir hier im Wohnzimmer Energiesitzungen abhalten." Marie musste lachen, als sie sich Martinas entsetztes Gesicht vorstellte. „Ja, da hast du wohl leider recht!", grinste sie. „Wenn ihr gepackt habt, fahren wir zu Mama. Anschließend nehmen wir sie mit zu Margarete. Ich möchte unbedingt bei der Heilsitzung für die Erde dabei sein. Martina wird sich schon zu unterhalten wissen, bis ich wieder nach Hause komme", erklärte Thomas. „Bist du sicher? Sie schien gestern schon ziemlich eifersüchtig zu sein. Bestimmt wird sie wütend, wenn du zu lange weg bleibst." „Damit muss sie leben! Sie sieht mich ja heute Abend wieder, dann wird sie sich wieder beruhigen. Mir ist es wichtig bei euch zu sein. Ich fühle, wie gut mir das alles tut! Vielleicht erzähle ich Martina heute Abend davon. Wenn sie es versteht und sich dafür interessiert, kann ich sie morgen ja eventuell mitbringen, damit sie auch diese unglaubliche Energie spürt", überlegte er.

„Kann ich das Puzzle mitnehmen, Papa?", fragte Jens, als sie fertig gepackt hatten. „Ja selbstverständlich, es ist schließlich dein Puzzle! Wie sollen wir es denn transportieren?" „Ich habe es schon wieder in die Schachtel gepackt. Martina ist gestern fast darüber gestolpert. Sie hat mich danach so böse angeschaut, dass ich keine Lust mehr hatte, weiter zu puzzeln. Daheim baue ich es neu auf. Mama freut sich bestimmt. Sie puzzelt auch sehr gerne!", gab Jens zur Antwort.

„So, dann können wir jetzt fahren", erklärte Thomas, nachdem das Gepäck im Auto verstaut war. „Martina habe ich einen Zettel hingelegt, damit sie weiß, wo ich bin. Ich habe sie einfach nicht wach bekommen. Vermutlich ist sie von der Rückreise noch zu erschöpft." Marie hatte plötzlich aber einen anderen Verdacht, den wollte sie aber lieber noch nicht äußern.

Bevor es nun zu Tanja zum Mittagessen ging, holten sie Peter noch von zuhause ab. Er stand schon startklar am Straßenrand und rutschte lächelnd zu Jens auf den Rücksitz. „Ist es okay für deine Eltern, dass du bei uns isst?“, fragte Thomas den Jungen. „Ja, doch, es ist okay! Sie wundern sich nur, warum ich plötzlich wieder meine Oma besuche und warum mir meine Freunde auf einmal wichtiger sind als meine Bücher. Ich werde es ihnen wohl demnächst genauer erklären müssen“, grinste Peter.

Die Begrüßung bei Tanja fiel so überschwänglich und herzlich aus, als hätten sie sich ewige Zeiten nicht mehr gesehen. Thomas hielt sich im Hintergrund, während Jens und Marie in Tanjas Armen lagen. „Das ist Peter. Wir haben ihn dir als Überraschung mitgebracht“, stellte Marie ihn vor. Tanjas Herz fing an schneller zu schlagen, als sie in Peters Gesicht sah. Sie konnte nicht sagen warum. Es verwirrte sie total. Peter ging es ähnlich, als er Tanja gegenüber stand. Das einzige, was Tanja hervorbrachte war: „Komm lass dich auch mal drücken!“ Peter stürzte in ihre Arme und hatte große Mühe seine Freudentränen zurückzuhalten. Bei dieser Umarmung fühlte er sich zuhause. „Und was ist mit mir?“, kam schließlich Thomas’ Stimme an Tanjas Ohr. Langsam löste sie die Umarmung und ließ Peter frei. Nun stand Thomas vor ihr. Ihr Herz machte Freudensprünge, dennoch versuchte sie sich dagegen zu wehren. Sie hatte kein Recht mehr auf diesen Mann. Thomas scherte sich im Moment wenig um solche Gedanken und zog Tanja zärtlich an sich. Dann erschien aber plötzlich Martinas Gesicht vor seinen Augen und er ließ Tanja abrupt los. Mit schuldbewusstem Ton meinte er: „Ich fühlte mich gerade kurz um Jahre zurück versetzt, in unsere kleine glückliche Familie.“ Tanja schluckte: „Ja, ich auch! Kommt rein, schön, dass ihr da seid! Das Essen ist auch gleich fertig!“

Beim Essen brachte Jens alle auf andere Gedanken, indem er in höchsten Tönen von Tinka schwärmte und, dass er sich schon so freue, sie nachher wiederzusehen. Tanja lächelte ihren Sohn liebevoll an. So wie es aussah, würde sie wohl nicht darum herum kommen, ihm ein Haustier zu erlauben. „Am liebsten würde ich Tobi mit zu Margarete nehmen. Kann er mitkommen, Mama?“ „Nein Schatz, heute nicht! Wir haben doch gar keinen Platz mehr im Auto, außerdem sind wir sowieso schon ganz schön viele Leute in Margaretes kleiner Wohnung. Ein anderes Mal kann er aber bestimmt mitkommen. Du kannst Margarete ja nachher danach fragen“, gab Tanja zur Antwort.

Nach dem Essen half Peter Tanja beim Abspülen und Abtrocknen, während die anderen ihr Gepäck aus dem Auto räumten und versorgten. Dann waren alle startklar, um zu Margarete zu fahren.

Christian war schon da, als die fünf bei Margarete ankamen. Jens stürzte sofort zu Tinka und vergaß alles andere um sich herum. Jetzt, wo alle beisammen waren, berichteten die Kinder von der letzten Nacht. Nun wurde Thomas schlagartig bewusst, warum Martina nicht aufzuwecken war und er erschrak zutiefst. „Mach dir keine Sorgen Papa, wir befreien die Menschen aus den Containern. Es ist wie neulich bei Christian. Sein Geist wurde durch die Drogen, die ihm die Riesen verabreicht hatten, festgehalten. Martina geschieht nichts. Sie kommt wieder zu sich, sobald die Wirkung der Drogen nachlassen. Im Moment könntest du bei ihr zuhause nichts ausrichten. Du würdest sie nicht wach bekommen", beruhigte ihn Marie. „Und was ist, wenn dieser MACHT seine Drohung wahr macht und alle umbringt?", kam die beunruhigte Frage. „Er wird sie nicht umbringen, weil er dann nichts mehr in der Hand hat, um LIEBE unter Druck zu setzen. Außerdem sind wir und unsere Freunde auch noch da, um es zu verhindern!", erklärte Peter mit festem Ton.

Anschließend berieten sie sich wegen des Artikels in der Zeitung. Tanja und Margarete hatten ihn noch nicht gelesen, so war es gut, dass Thomas die Zeitung vorsorglich eingesteckt hatte. Christian erklärte schließlich: „Ich bin dafür, dass wir uns bei der Polizei melden. Wir haben nichts zu befürchten, da wir niemandem geschadet haben." „Christian hat recht, ich bin auch dafür! Es nützt nichts, wenn wir uns verstecken. Früher oder später würden sie uns doch entdecken", meinte Marie, obwohl ihr bei dem Gedanken an die Polizei nicht ganz wohl war. „Ich komme auch mit! Schließlich gehöre ich auch zu euch Übeltätern", grinste Peter. „Okay, lasst uns erst unsere Heilsitzung für die Erde abhalten, dann gehen wir zur Polizei", entschied Thomas.

Margarete hatte ihren Globus, die Kerze und die Musik schon vorbereitet. Sie erklärten Tanja kurz ihr Vorgehen und dann konnten sie loslegen. Auch diesmal war der Energiebedarf der Erde sehr intensiv. Wieder dauerte ihre Heilsitzung fast zwei Stunden.

„Es war unglaublich schön!", berichtete Tanja danach, „Ich habe Menschen gesehen, die sich alle an den Hände hielten und eine große Kette um den ganzen Erdball bildeten. Dabei strahlten sie so viel Frieden, Freude und Liebe aus! Es war fantastisch!" „Ich hatte das gleiche Bild vor Augen. Alle zusammen bildeten eine Einheit. Jeder einzelne Mensch war ein wichtiges Glied in der Kette", strahlte Marie. „So ist es auch tatsächlich", erklärte Margarete den staunenden Zuhörern, „Jedes einzelne Wesen ist ein wichtiges Teil auf unserer Erde. Jedes Lebewesen hat seine Aufgabe und trägt den göttlichen Funken in sich. Das heißt, wir sind alle ein Teil Gottes, ein Teil des göttlichen Ganzen. Wir gehören alle zusammen und bilden eine Einheit. In dieser Einheit gibt es natürlich manchmal auch Streit und Unstimmigkeiten. Aber wie ihr wisst, kommt das in den besten Familien vor." Dabei lächelte sie Tanja und Thomas liebevoll zu und sprach weiter: „Jeder trägt seinen eigenen Teil zu dieser Einheit bei. Ein Müllmann ist beispielsweise genauso wichtig, wie ein Arzt, Lehrer oder Bauarbeiter. Es gibt für Niemanden einen Grund, sich unnütz zu fühlen, weil auch er ein Glied dieser Kette ist. Und ihr könnt euch ja sicher vorstellen, was geschieht, wenn ein einzelnes Glied einer Perlenkette ausbricht." „Die Kette ist kaputt!", flüsterte Christian. Nachdenkliches Nicken verbreitete sich in der Runde.

Margarete war durch und durch Lehrerin. Sie wusste auf fast alle Fragen eine Antwort. So neigte sich auch dieser Nachmittag schließlich seinem Ende zu. Bevor sie sich allerdings für heute verabschiedeten, fuhren Tanja und Thomas mit Marie, Christian und Peter zur Polizeidienststelle, während Jens noch bei Margarete und Tinka blieb.

„Wir möchten uns stellen!", erklärte Marie mit fester Stimme und schob dem Polizisten am Empfang die aufgeschlagene Zeitung entgegen. Erstaunt schaute dieser erst auf die Zeitung, dann auf das junge Fräulein, die zwei Jungen und die beiden Erwachsenen. „Ah, ihr seid das! Also ehrlich gesagt haben wir überhaupt nichts gegen euch in der Hand! Dr. Baumann ist zwar sehr aufgeregt und wütend, aber wir konnten nichts Gefährliches feststellen. Wir haben mit allen Patienten gesprochen, die Dr. Baumann als Zeugen genannt hat. Kein Einziger hat etwas Negatives über euch berichtet. Ihr habt niemandem geschadet, im Gegenteil. Alle berichteten nur Gutes über euch. So wie es aussieht, steht Dr. Baumann im Moment mit seinen Beschuldigungen alleine da." Erleichterung machte sich bei allen breit. „Schön, dass ihr euch gemeldet habt. Ihr wisst ja sicher, dass wir einer Anzeige nachgehen müssen. Ich schreibe mir eure Namen und Adressen auf, dann melde ich mich, wenn noch etwas sein sollte", ergänzte er. „Danke! Da sind wir aber froh, denn wir haben nicht vor, jemals irgendjemandem zu schaden!", meldete sich nun Christian. „So seht ihr auch wirklich nicht aus!", lächelte der Polizeibeamte dann und notierte sich ihre Daten. Zum Abschied reichte er allen fünfen die Hand und fühlte am eigenen Leib, den wohltuenden Energiestrahl, der von ihren Händen ausging. Nachdenklich sah er ihnen nach, als die Gruppe das Polizeirevier verließ.

Nun war es Zeit zum Aufbruch. Sie verabredeten sich für den nächsten Nachmittag zur dritten Energiesitzung bei Tanja, Marie und Jens. Margarete musste Jens fest versprechen, dass sie Tinka mitbringen würde. Thomas war inzwischen ziemlich unruhig, weil er nicht wusste, wie es Martina ging. Er nahm Peter mit nach Leuthausen, nachdem er Christian, Tanja, Jens und Marie zuhause abgeliefert hatte.

Tanja und Marie erzählten sich noch ein bisschen von den letzten Tagen, bevor auch sie Jens ins Reich der Träume folgten...

Die Rettung

Da die Transportbox ein paar Löcher hatte, durch die Licht eindrang, erkannte Marie, dass Christian und Peter schon da waren. Sie standen jeweils vor einem Ausguck und blickten angestrengt nach draußen. Ihre Unterkunft stand offensichtlich auf dem Boden, deshalb fragte sie: „Hallo ihr beiden, sind wir schon angekommen?" Erst jetzt bemerkte sie die angespannten Körperhaltungen ihrer Freunde. „Was ist los? Stimmt etwas nicht?" Peter drehte sich kurz zu ihr um, hielt den Zeigefinger vor seinen Mund und flüsterte: „Psst! Wir sind verfolgt worden!" Marie erschrak! Im gleich darauf folgenden Moment hörte sie WUTs laute Stimme: „Jetzt habe ich so langsam die Schnauze voll! Ihr habt genug Zeit gehabt zu antworten! Raus mit der Sprache! Wer seid ihr und was habt ihr hier verloren?" „Und wir haben es dir doch schon gesagt: Unsere Namen sind MUT, TAPFER und VERTRAUEN. Wir machen hier einen Spaziergang. Es ist doch wohl nicht verboten hier spazieren zugehen, oder?", stellte MUT klar. „Mit euch stimmt etwas nicht! Das erkenne ich schon auf hundert Meter Entfernung", mischte sich nun HASS ein. „Und was genau soll mit uns nicht stimmen?", fragte nun TAPFER. „Bei uns in Machtstadt gibt es niemanden, der so heißt wie ihr. Und wenn ihr nicht aus Machtstadt seid, dann müsst ihr von Liebeland kommen. Dafür seid ihr aber viel zu groß!", erklärte WUT mit festem Ton. „Das verstehe ich nicht, warum sind wir für Liebeland zu groß?", stellte VERTRAUEN sich dumm. „Das ist unmöglich! Schluss jetzt!", schrie WUT erbost. „Warum ist das unmöglich?", fragte MUT scheinheilig. Nun meinte HASS genervt: „Ich sehe schon, so kommen wir nicht weiter! Ihr wollt uns wohl nicht verstehen. Also fangen wir andersherum an: Wir sind auf der Suche nach drei Kollegen von uns. Sie sind vor ein paar Tagen nach Liebestadt aufgebrochen, um mit LIEBE zu sprechen. Ihre Namen sind ANGST, FURCHT und SORGE. Habt ihr sie gesehen?" „Denkt wirklich gut nach, bevor ihr antwortet! Wir können nämlich auch noch anders, wenn wir richtig wütend sind!", warnte WUT. Verblüfft hörten sie sich VERTRAUENs Antwort an: „Die drei kennen wir! Sie waren in Liebestadt und haben dort nur Zerstörung und Chaos hinterlassen. Kein Teil blieb auf dem anderen. Wir haben die Vernichtung gesehen. Es war grauenvoll!" Die Mienen von WUT und HASS hellten sich auf. Endlich eine gute Nachricht! „Und was ist mit LIEBE und den anderen Bewohnern von Liebeland?", fragte HASS. Nun antwortete TAPFER: „Als wir dort ankamen, gab es keinerlei Lebenszeichen mehr. Womöglich sind sie alle tot!" „Wenn LIEBE tot ist, fährt MACHT völlig umsonst nach Liebestadt!", grübelte WUT und konnte sich ein schadenfrohes Grinsen nicht verkneifen. „LIEBE kann nicht tot sein! Sonst wären doch die Männer im Steinbruch nicht verschwunden!", warf HASS ein. „Du hast die Menschenkinder vergessen! Auch wenn LIEBE tot ist, haben die Kinder vermutlich noch eine gewisse Macht. Du hast doch gehört, für wie gefährlich MACHT die Kinder der Menschen hält."

Bei diesen Worten zuckten Marie, Christian und Peter leicht zusammen. Bisher konnten sie nur bewegungs- und atemlos zuhören, was draußen vor sich ging. Nun war es allerhöchste Zeit, tätig zu werden. Sie hüllten den ganzen Ort, an dem sie sich hier mit den Riesen befanden, in strahlend weißes Licht und sendeten mithilfe der Symbole beruhigende, heilende Energie.

„Vielleicht war es einfach nur Zufall und hat nichts mit irgendwelchen Menschenkindern zu tun, dass die Arbeiter im Steinbruch verschwunden sind. Womöglich sind sie heute wieder da! Habt ihr daran schon gedacht? Wart ihr schon dort, um nachzusehen?", wandte VERTRAUEN schließlich ein. „Vorhin sind wir daran vorbeigefahren. Da haben wir niemanden gesehen", erklärte HASS. „Vorhin ist schon eine Weile her. Ihr solltet jetzt noch einmal nachschauen! Vielleicht sind sie jetzt zurück! Wahrscheinlich haben sie einfach einmal Urlaub gebraucht. Das wäre doch ganz verständlich, bei dieser schweren Arbeit", gab MUT zu bedenken. „Bei den Menschen gibt es außerdem die Wochenenden, an denen sie nicht arbeiten. Vielleicht war einfach nur gerade Sonntag. Dann ist heute Montag und sie arbeiten wieder", meinte TAPFER und lächelte WUT und HASS freundlich entgegen. „Hmm, na ich weiß nicht...!", murmelte WUT, während HASS ergänzte: „Von Wochenenden habe ich schon einmal etwas gehört. Zumindest wäre das eine Erklärung. Komisch ist nur, dass MACHT da nicht selbst drauf gekommen ist!" VERTRAUEN lieferte die Erklärung: „MACHT muss sich einfach um wichtigere Dinge kümmern. Aber er hat ja schließlich tüchtige Mitarbeiter, die ihn tatkräftig unterstützen. Bestimmt bekommt ihr eine große Belohnung, wenn ihr MACHT von der Rückkehr der Menschen im Steinbruch berichtet." Nun leuchteten die Augen der beiden Riesen vor Gier auf: „Da könntest du recht haben! Außerdem müsste MACHT sich darüber freuen, dass LIEBE tot ist. So steht unserem Wachstum nichts mehr im Wege. Komm HASS, lass uns zum Steinbruch zurückfahren. Wir haben hier genug Zeit verschwendet." „Was macht ihr jetzt? Wollt ihr uns nicht begleiten?", fragte HASS. „Nein, danke! Wir sehen uns hier noch die Wälder an. Hier gibt es sicher gutes Holz zum Hausbau. Außerdem ist euer Laster ja doch etwas klein für fünf Riesen", erwiderte TAPFER. „Wie ihr meint!", war die Antwort.

Kurze Zeit darauf hörten Marie, Christian und Peter Türenschlagen und das Motorengeheul des LKWs, der sich schnell entfernte. Dann erhob sich ihre Box ganz vorsichtig vom Boden und der Deckel öffnete sich. „Ich habe gefühlt, dass ihr da seid! Hallo ihr drei!", lächelte MUT. Einer nach dem anderen beugte sich über die Öffnung und begrüßte die Kinder. „Wo ist denn Otto?", fragte VERTRAUEN erstaunt. Peter grinste: „Tja, ich vermute mal ganz stark, dass er ins

Wochenende gegangen ist. Womöglich hat er aber auch seit heute Urlaub." Erleichtertes Gelächter machte sich breit. „Wir sollten jetzt schnell weiter! Wer weiß, ob MACHT nicht schon bei LIEBE angekommen ist", befürchtete Marie schließlich. „Außerdem müssen wir aufpassen, dass WUT und HASS nicht zurückkommen, wenn sie merken, dass der Steinbruch weiterhin verwaist ist. Noch einmal kommen wir nicht so glimpflich davon", ergänzte TAPFER.

Auf der weiteren Reise sendeten die Kinder erneut Heilenergie zu den Menschen in den Rollcontainern, während MUT, TAPFER und VERTRAUEN so schnell wie möglich Richtung Höhle liefen.

„Hier ist der Boden so feucht, dass sie unseren Fußspuren gut folgen könnten!" „Hey, soweit ich weiß, ist dein Name nicht mehr SORGE, sondern VERTRAUEN! Also mach dir nicht über Dinge Gedanken, die wir momentan sowieso nicht ändern können!", erinnerte MUT. „Ich glaube, wir sind gleich da! Da vorne sieht es so aus, wie Marie es uns beschrieben hat", rief TAPFER erfreut. Vorsichtig und schuldbewusst näherten sie sich dem Platz vor der Höhle. Sie wollten vermeiden, wieder wie die Elefanten im Porzellanladen aufzutreten.

MUT stellte die Transportbox auf den Boden und öffnete den Deckel, um die Kinder ins Freie zu lassen. MUT, TAPFER und VERTRAUEN hielten sich nun etwas im Hintergrund, während Marie, Christian und Peter vorsichtig auf den Höhleneingang zusteuerten. Dabei riefen sie immer wieder: „Hallo, seid ihr da? Wir sind es, Marie, Christian und Peter und wir haben noch drei Freunde mitgebracht, MUT, TAPFER und VERTRAUEN! Seid ihr da? Hallo LIEBE, HOFFNUNG, DANKBARKEIT, FREUDE, ZUVERSICHT, HILFE, GLÜCK ...wo seid ihr?" Dann spitzten sie ihre Ohren und lauschten angestrengt.

Ein leises Rascheln erregte plötzlich Christians Aufmerksamkeit. Er ging in die Hocke und suchte den Boden ab. Dann bewegten sich ein paar große belaubte Zweige des Busches direkt neben ihm und DANKBARKEIT erschien vor den Kindern. Der zarte junge Mann lächelte sanft: „Hallo, endlich seid ihr da! Ich habe auf euch gewartet! Die anderen sind schon losgelaufen. Wir sollten uns beeilen, damit wir nicht zu spät kommen!" DANKBARKEIT war wunderbarerweise seit dem letzten Zusammentreffen ein bisschen gewachsen. „Hallo DANKBARKEIT, schön dich zu sehen!", freuten sich die Kinder und winkten MUT, TAPFER und VERTRAUEN zu sich heran. „Hallo!", sagten die Riesen etwas schüchtern. DANKBARKEIT nickte ihnen freundlich zu: „Ich freue mich, dass ihr uns helft! Wir sind dankbar für jede Hilfe!" „Es tut uns sehr leid, wir wollten euer Zeltdorf nicht zerstören. Wir sind einfach ungeschickte Trampel gewesen. Tollpatschig und blind haben wir nicht gesehen, wohin wir mit unseren Füßen getreten sind. Hoffentlich konntet ihr euch rechtzeitig in Sicherheit bringen. Selbstverständlich helfen wir euch beim Wiederaufbau!", platzte es aus MUT heraus. TAPFER und VERTRAUEN nickten schuldbewusst. „Es ist alles in Ordnung und gut so! Wir wissen, dass ihr nicht absichtlich alles kaputt gemacht habt. Ihr wart schließlich immer unsere Freunde. Euch wurde auch die Segnung der heilenden Hände und eine Namensänderung zuteil. Nur wer reinen Herzens ist, erhält dieses göttliche Geschenk. Ihr werdet nachher bemerken, warum unser Zeltdorf zerstört werden musste. Es geschieht nichts zufällig und ohne Grund!", beruhigte DANKBARKEIT die Riesen, „Jetzt müssen wir aber los! LIEBE und die anderen haben sich auf den Weg nach Liebestadt gemacht, um MACHT zu empfangen. Sie sind dort bestimmt schon eingetroffen!"

So durfte sich nun auch DANKBARKEIT mit in das Box-Taxi setzen und es ging auf nach Liebestadt. Er hatte den drei Riesen vorab den Weg erklärt. Sie planten sich aus einer anderen Richtung dem zerstörten Zeltdorf zu nähern. Dort gab es in Sichtweite der Zelte eine dichte Baumgruppe, wo sie sich verbergen konnten.

Je näher MUT, TAPFER und VERTRAUEN der besagten Baumgruppe kamen, umso mehr Farben nahmen sie wahr. Wo ihnen ihre bisherige Umgebung meist grau in grau erschienen war, lag das kleine Wäldchen in satten Braun- und Grüntönen vor ihnen. Es schien auch ein zartes Leuchten von ihm auszugehen.

Dort angekommen wurden sie sehr herzlich von LIEBE und all den anderen wundervollen Wesen begrüßt. Sie hatten alle an Größe zugenommen. Die meisten reichten ihnen inzwischen bis zur Mitte ihrer Brust. Nur LIEBE, die so unglaublich schön und zart war, reichte den Kindern höchstens bis zur Hüfte. LIEBE lächelte sanft: „Dass es uns allen inzwischen wieder viel besser geht, haben wir hauptsächlich euch zu verdanken. Jetzt kommen wir zum entscheidenden Schlussakt. Dieser Part fällt hauptsächlich mir zu, da MACHT sich von mir das Geheimnis erhofft." „Wirst du es ihm mitteilen? Gibt es dieses Geheimnis wirklich?", fragte Marie etwas unsicher. „Selbstverständlich gibt es dieses Geheimnis und er wird es auch von mir erfahren!", kam die Antwort und LIEBEs Augen leuchteten zuversichtlich. Fragende Blicke sahen das strahlende Wesen an. Bevor LIEBE weitere Erklärungen abgeben konnte, wurden sie plötzlich von sich näherndem Lärm unterbrochen. Vorsichtig spickten sie aus ihrem Versteck zu dem zerstörten Zeltdorf hinüber. Die lange Container-Kolonne mit MACHTs schwarzem Sportschlitten an der Spitze hielt mitten im Chaos. MACHT stieg aus und konnte kaum glauben, was er da sah. „Das gibt's doch nicht! Alles ist kaputt und zertrampelt!", sagte er laut zu sich selbst. Dann ging er in die Hocke und besah sich den Schaden aus der Nähe. „Fußspuren! Die können nur von ANGST, FURCHT und SORGE stammen. So haben die drei also doch nicht versagt!" Ein siegessicheres Grinsen umspielte seine Mundpartie. Gleich darauf verfinsterte sich allerdings sein Gesichtsausdruck und er setzte sein Selbstgespräch fort: „Sie können nicht alle tot sein! LIEBE muss noch leben, sonst hätte sich die Welt in den letzten Tagen nicht zu unserem Nachteil verändert. Es sind wesentlich weniger Menschen, von denen wir Energie abzapfen können. Wir sind nicht mehr gewachsen! Manche sind sogar kleiner geworden!" Grübelnd setzte er sich in seinen Wagen. Gespannt wurde er vom Wäldchen aus beobachtet. Dann hatte MACHT offensichtlich eine Idee. Mit einem Satz sprang er aus dem Fahrzeug und begann laut zu rufen: „LIEBE! LIEBE! Wo bist du? Ich weiß, dass du hier irgendwo bist! Wenn du dich nicht sofort zeigst, werde ich die Menschen, die ich in den Containern hierher mitgebracht habe, einen nach dem anderen zerquetschen. Du weißt, wie einfach ich das machen kann! Ich habe die Macht dazu! Und ich weiß, dass du es dir nie verzeihen würdest, wenn Menschen durch deine Schuld sterben müssten. Also zeige dich endlich! Ich gebe dir zwei Minuten Zeit, dann öffne ich den ersten Container und deine ach so geliebten Menschen sind dem Tode geweiht!"

„Okay, jetzt ist es soweit!", erklärte LIEBE mit fester Stimme, „Ihr bleibt alle hier! Ich gehe alleine! Er braucht vorerst nicht wissen, dass alle überlebt haben." Besorgte Blicke trafen LIEBE, aber es widersprach niemand. Während LIEBE aus der Deckung auf das Zeltdorf zusteuerte, begannen die Zurückgebliebenen damit, heilende Lichtenergie auf die Situation vor ihnen zu senden.

LIEBE musste ziemlich nah an MACHT herankommen, um sich ihm verständlich zu machen. „Hier bin ich!", rief sie so laut sie konnte. MACHT vernahm erst einmal nur ein leises Knistern, als LIEBE über eine Zeltplane kletterte. Daraufhin ging er erneut in die Hocke. Zuerst erkannte er nur so etwas wie einen zarten Lichtschein. Vermutlich spiegelte sich die Sonne in der Zeltplane. Ein Blick zum grauen Himmel zeigte ihm aber, dass die Sonne nicht für das Licht verantwortlich war. Er rieb sich die Augen und schaute genauer auf die Stelle. Schließlich sah er LIEBE! Eine kleine, lächerliche Gestalt, die ihm höchstens zum Fußknöchel reichte. Er beugte seinen Kopf nach unten, um das Wesen besser betrachten zu können. „Bist du LIEBE?", fragte er. LIEBE hielt sich dabei die Ohren zu. Die Worte waren so laut, dass ihr ganzer Körper bebte. „Ja, ich bin LIEBE! Erkennst du mich nicht mehr? Ich bin ein bisschen kleiner als früher, aber sonst habe ich mich nicht verändert, im Gegensatz zu dir. Was kann ich für dich tun MACHT?", fragte sie mit lauter Stimme. „Ja, ich sehe, du bist tatsächlich LIEBE!", sagte er mit verächtlichem Ton, „Ich denke, du weißt genau, was ich von dir möchte! Das Letzte, was mir noch fehlt, um die endgültige Macht zu erlangen, wirst du mir jetzt sagen! Wenn nicht, sterben all diese unschuldigen Menschen. Und sie sterben deinetwegen! Du bist schuld! Du kannst es nur verhindern, wenn du mir das Geheimnis deiner Macht verrätst. Wie schaffst du es, dass die meisten Menschenkinder immun gegen uns sind? Du sagst mir, wie du das machst und ich lasse die Menschen in den Containern frei. Das ist der Deal!" LIEBE lächelte MACHT liebevoll an, was diesen leicht irritierte. Ganz kurz dachte er an eine Falle, dann aber musste er über diesen lächerlichen Gedanken lachen. LIEBEs

Dorf war zerstört! Diese Zwergin hatte keine andere Wahl. Sie wusste, dass er sie mit einem Patsch zerquetschen konnte. „Ich schenke dir das Geheimnis! Ich möchte aber nicht so schreien, damit du es verstehst. Nimm mich nach oben und halte mich auf deiner Hand an dein Ohr. So ist es für uns beide einfacher", schrie sie MACHT entgegen.

Die nahen Beobachter hielten den Atem an. Hoffentlich wusste LIEBE, was sie da tat. MACHT bräuchte seine Hand nur zur Faust ballen und LIEBE wäre für immer verloren.

Siegessicher tat MACHT, wie LIEBE es ihn geheißen hatte. Er führte seine rechte Hand zum Boden und LIEBE kletterte darauf. Sofort wurde ihm etwas sonderbar. Aber egal! Als LIEBE seinem Ohr ganz nah war, wurde ihm leicht schwindelig. „Hey, was machst du da? Mir ist so komisch!", brachte er verwirrt hervor. „Ich mache das, was ich immer mache! Schließe die Augen! Dann verrate ich dir mein Geheimnis!" MACHTs Herz begann schneller zu schlagen. Das beunruhigte ihn zuerst, dann fühlte er aber, dass das Gefühl sehr angenehm war. Automatisch schloss er die Augen. „Mein Geheimnis kannst du nur fühlen! Man kann es nicht wirklich in Worten ausdrücken. Also fühle es! Erst dann wirst du es kennen und weitergeben können!", fanden LIEBEs eindringliche Worte sein Gehör. Minuten vergingen...

Fasziniert beobachteten die Versteckten, wie MACHTs strenges Gesicht plötzlich einen sanften, ruhigen Ausdruck bekam. „Fühlst du es?", fragte LIEBE. Ganz langsam öffnete er die Augen. Der stechende Blick war verschwunden. „Ja, ich fühle es!" Ohne weitere Erklärung verkündete er dann: „Danke! Ich lasse die Menschen jetzt frei!" „Du brauchst sie nicht mehr freizulassen! Sie sind nicht mehr da! Sie sind schon vor Stunden, ohne dass du es bemerkt hast, aus ihrem Alptraum erwacht." Ungläubig schaute er LIEBE an: „Aber das kann doch nicht sein! Woher willst du das wissen?" „Schau selbst nach, dann wirst du es sehen!" MACHT setzte LIEBE auf den Boden, erhob sich und lief zum ersten Container. Fassungslos erkannte er, dass dieser leer war. Einen nach dem anderen öffnete er nun und stellte fest, dass LIEBE recht hatte.

„Du hast es gewusst und hast dich mir trotzdem gezeigt! Das war ganz schön mutig von dir! Und ich muss sagen, dass dieses Gefühl irgendwie immer noch in mir nachwirkt. Es tut mir leid, dass hier alles zerstört ist und du dein Volk verloren hast! Wenn du möchtest, nehme ich dich nach Machtstadt mit. Dort stehst du unter meinem persönlichen Schutz. Bestimmt wirst du dort auch schnell neue Freunde finden, wenn sie das erst einmal spüren, was ich spüren durfte." „Danke für dein Angebot, aber wir brauchen die Zelte nun nicht mehr. Meine Leute sind alle noch da! Wir können in unsere Häuser zurück ziehen, denn wir werden schnell wieder wachsen. Ihr könnt uns jederzeit hier besuchen kommen! Wir werden sehr glücklich sein!", antwortete LIEBE. Verblüfft sah MACHT nun,

wie unzählige kleine Wesen aus der Baumgruppe hervortraten. Sogar drei Riesen folgten ihnen.

Marie sah nur kurz MACHTs erstauntes, aber freundliches Gesicht, bevor sie erwachte...

Tag 20

Marie ließ mit geschlossenen Augen die Nacht Revue passieren. Ihre Hände verströmten seit nun fast drei Wochen diese wohltuende, angenehme Energie. Etwas Unglaubliches war geschehen! MACHT hatte die Liebe gefühlt und war plötzlich wie umgewandelt. Voller Ehrfurcht dankte sie Gott für die Liebe, die so bedingungslos, ohne Forderungen, jedem, der dafür offen war, zur Verfügung stand, so grenzenlos, wie auch die pulsierende Energie in ihren Händen.

Marie war nun bereit voller Elan aus dem Bett zu hüpfen. Es war jetzt 8.04 Uhr und in der Wohnung noch vollkommene Stille. Sogar Jens schien noch zu schlafen. Um niemanden zu wecken, verschob sie es auf später, die Jalousie in ihrem Zimmer nach oben zu ziehen. Leise begab sie sich ins Badezimmer.

Nachdem sie sich gewaschen hatte, lächelte sie ihrem Spiegelbild entgegen. „Du hast recht gehabt, als du sagtest: Alles ist gut! Ich danke dir!“ Nun war es wieder da, dieses wundervolle warme Leuchten. Diesmal schien es das ganze Badezimmer auszufüllen. Marie war so in Gedanken, dass sie die nahenden Schritte nicht bemerkte. Die Tür öffnete sich und Tanja blickte erstaunt auf diese Fülle von Licht. Auch als Marie ihre Mutter bemerkte verflüchtigte es sich nicht. Marie streckte lächelnd ihre Hand nach Tanja aus und zog sie zu sich heran. So standen beide für endlose Minuten fest umschlungen im gleißenden Licht und genossen ihre Nähe.

„Hey, darf ich auch mitkuscheln?“, unterbrach Jens ihre Zweisamkeit. Liebevoll schlossen sie den kleinen Mann in ihren Kreis mit ein.

Während Tanja und Jens sich noch im Bad aufhielten, zog Marie überall in der Wohnung die Jalousien nach oben. Automatisch blickte sie nach draußen und stellte voller Freude fest, dass heute endlich wieder alles farbig war. Der Himmel zeigte sich zwar noch wolkenverhangen, aber einen Hauch von Sonnenlicht konnte man bereits erahnen.

Das Frühstück und auch der Vormittag verliefen sehr lustig und unterhaltsam. Schließlich hatten sich die drei eine ganze Weile nicht gesehen und es gab viel zu erzählen. Tanja war so froh, ihre Lieben wieder bei sich zu haben. ‚Nur einer fehlt noch zu unserem Glück!‘, dachte sie wehmütig...

Jens packte sein Puzzle wieder aus und sie puzzelten um die Wette. Jeder führte eine Strichliste und sie zählten anschließend, wer die meisten Teile gefunden hat. Jens, der in den letzten Tagen ja schon viel geübt hatte, wurde an diesem Vormittag zum strahlenden Sieger gekürt.

Um 12.30 Uhr richtete Tanja dann eine Kleinigkeit zum Mittagessen. Ab 14.00 Uhr wollten die Gäste eintreffen.

Mit einem großen Hallo trudelte schließlich einer nach dem anderen ein. Thomas hatte, wie gestern vereinbart, seinen Globus mitgebracht und stellte ihn gleich ins Wohnzimmer. Erfreut betrachtete er das begonnene Puzzle. Es lag auf einer großen Spanplatte auf dem Fußboden. ‚Jens hat recht, Puzzles passen überhaupt nicht zu Martina!', überlegte er nachdenklich.

Jens stürzte sich erfreut auf Tinka. Margarete hatte ihm erlaubt, Tinka mit zu seinem Freund Tobias zu nehmen. Jens strahlte vor Glück und verabschiedete sich schnell mit seiner kleinen vierbeinigen Freundin.

Nachdem es sich schließlich alle, ausreichend mit Tee, Säften und Gebäck versorgt, im Wohnzimmer bequem gemacht hatten, erzählten Marie, Christian und Peter von ihrer letzten Nacht. Erleichterung machte sich breit. Selbstverständlich war auch allen sofort aufgefallen, dass die Welt sich plötzlich wieder in ihrer ganzen Farbenpracht zeigte.

„Wie geht es Martina? Sie ist doch auch wieder aufgewacht, oder? War sie einverstanden, dass du heute hierher kommst?", fragte Marie ihren Papa neugierig. Thomas machte ein nachdenkliches Gesicht: „Ja, Martina ist Gott sei Dank aufgewacht! Sie wunderte sich sehr darüber, dass sie einen Tag verschlafen hatte. Ich muss zugeben, dass sie sich freut, dass du und Jens jetzt wieder bei eurer Mutter seid. Begeistert war sie allerdings überhaupt nicht davon, als ich ihr mitteilte, dass ich den ganzen Nachmittag hier verbringen werde. Ich versprach ihr dafür als kleine Entschädigung, heute Abend mit ihr Essen zu gehen."

„Ich würde vorschlagen, dass wir jetzt zuerst unsere Heilsitzung für die Erde machen. Dann haben wir später noch Zeit für anderes", schlug Margarete nun vor. Inzwischen waren sie ein eingespieltes Team. Die leise Meditationsmusik versetzte sie erneut in einen angenehmen Trancezustand. Nun durfte wieder kraftvolle Heilenergie über den gesamten Erdball fließen. Heute nahmen sie besondern intensiv wahr, dass sie nicht die einzigen Menschen waren, die der Erde Licht, Liebe und Heilung schickten. Inzwischen wurden sie von vielen tausend Menschen auf der ganzen Welt unterstützt. Wieder war es ein phänomenales Erlebnis und wieder waren fast zwei Stunden vergangen, als sie die Sitzung schließlich glücklich beendeten.

Dankbar genossen sie es anschließend, sich gegenseitig die Hände aufzulegen, erst Peter bei Marie, Thomas bei Tanja und Christian bei Margarete. Nach zirka einer halben Stunde tauschten sie die Rollen. Marie strahlte vor Energie: „Danke Peter, ich glaube, wenn du noch weiter gemacht hättest, wäre ich abgehoben vor Glück!" Margarete ergänzte lächelnd: „Ja, ich bin auch kurz an der Decke geschwebt!" Tanja versuchte Thomas nicht in die Augen zu sehen. Er sollte nicht mitbekommen, wie sie sich fühlte. Seine Berührungen lösten in ihr eine unglaubliche Sehnsucht aus. Alle Erinnerungen waren sofort wieder da! Sie hoffte inständig, dass er nichts davon bemerkte. Gleich darauf lagen Tanjas Hände auf Thomas und sie hatte keine Ahnung, dass er genau wie sie empfand. Thomas war sehr gut darin, seine Gefühle zu verbergen. Als sie ihre gegenseitigen Energiespenden beendet hatten, streifte sein Blick nur für Sekunden den ihren und in diesem kurzen Augenblick wussten sie es beide. Zaghaft lächelten sie sich an.

Margarete und auch Marie bemerkten die veränderte Stimmung sofort. Sie tauschten bedeutungsvolle Blicke. Die Situation entspannte sich aber schnell wieder. Vor allem auch deshalb, weil Peter plötzlich das Wort ergriff: „Ich weiß auch nicht warum, aber ihr seid mir alle so vertraut, als würden wir uns schon seit vielen, vielen Jahren kennen. Ich habe das Gefühl, wir wären eine große glückliche Familie. Nicht, dass ihr mich falsch versteht, ich liebe meine Eltern sehr. Aber hier mit euch ist es irgendwie anders. Ich fühle mich unglaublich wohl in eurer Nähe und das vom ersten Augenblick an!" Damit hatte Peter den Nagel auf den Kopf getroffen, denn so ging es im Grunde jedem in dieser Runde.

„Ich werde euch erklären, warum das so ist. Neulich habe ich euch, Tanja, Marie und Christian und früher auch dir Hans-Peter schon davon berichtet, dass unsere Seelen unsterblich sind. Unsere Seele lebt viele verschiedene Leben in immer anderen menschlichen Körpern, um Erfahrungen zu sammeln." Thomas staunte: „Vor ein paar Wochen habe ich ein Buch über dieses Thema gelesen. Das hat mich total fasziniert und es klang alles so einfach und logisch. Ich wollte wissen, was Martina davon hält, aber sie hat mich nur für verrückt erklärt. Auch Arbeitskollegen haben nur den Kopf geschüttelt. Dennoch blieb bei mir ein Gefühl von: ‚Doch, so muss es sein!'. Ich hatte jetzt längere Zeit nicht mehr daran gedacht und jetzt treffe ich auf euch! Das ist verblüffend!" Margarete lächelte ihn liebevoll an und sprach weiter: „Ja, wir treffen immer mit Menschen zusammen, die mit uns in Resonanz sind, das heißt, die gleiche oder ähnliche Schwingungen haben. Bei diesen Menschen fühlen wir uns am wohlsten. Dazu ein einfaches Beispiel: Eine Mutter trifft auf dem Spielplatz eine andere Mutter. Da für beide das Thema ‚Kinder' momentan vorherrscht, kommen sie ins Gespräch, unterhalten sich prima und werden beste Freundinnen. Jahre später hat die eine Mutter noch zwei weitere Kinder bekommen. Das Thema ‚Kinder' herrscht also weiterhin bei ihr vor. Die andere Mutter dagegen freut sich, dass ihr Kind inzwischen so selbstständig ist und sie sich auch wieder um andere Dinge kümmern kann. So passiert es, dass die vormals besten

Freundinnen sich nach und nach in zwei verschiedene Richtungen entwickeln. Sie sehen sich immer weniger, weil sie sich nicht mehr für die Themen der Freundin interessieren. Der gemeinsame Weg wird so plötzlich auf nur noch seltene oder keine Treffen reduziert. So geht das auch in anderen menschlichen Beziehungen, in Ehen zum Beispiel. Irgendwann hat man sich nichts mehr zu sagen, weil sich jeder in eine andere Richtung entwickelt hat. Die gleiche oder ähnliche Schwingung ist nicht mehr vorhanden. Nun liegt es an den Partnern, wie wichtig ihnen die Beziehung ist, denn es gibt auch die Möglichkeit sich wieder zusammenzuraufen und nach gemeinsamen Themen zu suchen. Viele Paare bleiben auch deshalb zusammen, weil sie noch etwas mit der Seele des Anderen zu klären haben, was in einem früheren Leben entstanden ist. Wir treffen in unserem Leben auf Menschen, mit denen wir uns vor unserer Geburt verabredet haben, weil wir beispielsweise in Liebe mit diesen Seelen verbunden sind, um ungeklärte Dinge zu lösen oder um voneinander zu lernen. Das Allerwichtigste, was unsere Seelen lernen sollen und lernen möchten, ist die bedingungslose Liebe zu leben. Echte Liebe ist bedingungslos! Sobald ihr von einem Menschen Liebe erwartet, weil ihr ihn schließlich auch liebt bzw. meint ihn zu lieben, ist es keine bedingungslose Liebe. Die Liebe gedeiht und überlebt allerdings nur im gegenseitigen Austausch von Geben und Nehmen."

Margarete nahm einen großen Schluck Tee bevor sie weitersprach: „Um aber nun auf unser Ausgangsthema zurückzukommen, warum wir uns alle so vertraut sind. Wir alle, die wir hier sitzen, beschäftigen uns sehr intensiv mit spirituellen Themen. Dadurch sind wir auch sehr sensibel und offen gegenüber den geistigen Dingen geworden. Wir fühlen die Energien und Schwingungen. Da kein Mensch wie der andere ist, gibt es auch im spirituellen Bereich verschiedene Talente. Die einen Menschen können mehr fühlen, die anderen mehr sehen und wieder andere mehr hören. Bei mir ist es so, dass ich, seit ich denken kann, immer wieder Visionen habe. Wenn ich jemanden treffe, sehe ich manchmal Bilder aus meinen früheren Leben. Ich kann erkennen, wie meine Seele mit dieser Person in Verbindung steht. So habe ich bei euch allen sofort unser gemeinsames früheres Leben gesehen. Marie durfte ich in diesem Leben zuerst wiedertreffen." Margarete lächelte Marie zu und erklärte: „Kannst du dich daran erinnern, dass du mich anfangs ganz in Gedanken ‚Großmutter' genannt hast?" Marie nickte: „Ja, das stimmt und mir war es richtig peinlich." „Ich war tatsächlich deine Großmutter in einem früheren Leben, irgendwann im 17. Jahrhundert. Mein Name war Hedwig. Marie hieß damals Anne. Dann lernte ich Tanja kennen. Sofort erkannte ich meine damalige Tochter Marianne in ihr. Christian und Hans-Peter waren damals Annes Geschwister Josef und Hans." Thomas staunte: „Ich hatte anfangs immer den Namen Josef im Kopf, wenn ich an Christian dachte. Jetzt ist mir klar warum!"

„Sicher kannst du dich an unser erstes Zusammentreffen vor zwei Tagen erinnern, Thomas“ „Ja, das war unglaublich! Wir mussten sogar weinen! Du warst meine Mutter, stimmt's?“, platzte es nun aus Thomas heraus. „Stimmt fast! Du hast es ebenso gefühlt, wie ich. Du warst damals mein Schwiegersohn, Mariannes Mann, den ich aber wie meinen eigenen Sohn geliebt habe. Dein Name war Rudolph. Wir alle, die wir hier sitzen, waren damals eine Familie! Im heutigen Leben haben wir die Rollen anders verteilt. Nur Hans-Peter ist noch mein Enkelkind. Wir haben uns alle wiedergetroffen, weil wir in Liebe miteinander verbunden sind und, um uns gegenseitig zu unterstützen.“

Das Gehörte mussten sie jetzt erst einmal verdauen. Schweigend hing jeder seinen Gedanken nach, bis Tanja plötzlich rief: „Und was ist mit Jens? Gehörte er damals auch zur Familie? Und was weißt du sonst noch über dieses damalige Leben?“ „Nein, Jens gehörte damals nicht zu unserer Familie. Ich kann nicht sagen, welche Rolle seine Seele damals spielte und ob wir im damaligen Leben überhaupt mit ihm zu tun hatten. Das ist vermutlich auch nicht so wichtig zu wissen. Schön ist es, dass er jetzt dazu gehört! Vom damaligen Leben kann ich euch momentan nur soviel berichten: Wir hatten ein sehr schweres Leben, aber auch viele schöne Momente. Leider ist meine Tochter Marianne bei der Geburt ihres dritten Kindes im Kindbett gestorben. Rudolph arbeitete sehr hart, um seine große Familie durchzubringen. Hans und Josef halfen ihm schon im Kindesalter auf den Feldern. Ich übernahm den Haushalt und brachte Anne all das bei, was eine Hausfrau damals können musste. Das jüngste Kind war Josef. Er machte sich insgeheim sein Leben lang Vorwürfe, weil er sich unnötigerweise schuldig für den Tod seiner Mutter fühlte. Dieser Gedanke beherrschte ihn so, dass er später die Familie verließ, um Medizin zu studieren. Er ist ein berühmter Arzt geworden.“ Nun unterbrach Christian Margarete plötzlich ganz aufgeregt: „Als ich bei Tanja die Hände aufgelegt habe, war mein Gedanke ständig, dass ich das schon ganz oft getan hatte. Immer wieder kam mir der Satz in den Sinn: ‚Diesmal wirst du leben!‘. Das war der Grund, stimmt's? Mein unbewusstes schlechtes Gewissen meiner damaligen Mutter gegenüber. Ich wollte, dass sie diesmal überlebt!“ „Ja, richtig! Du hattest dir damals geschworen, dass du künftig alles daran setzt, dass sie lebt! Und das habt ihr ja auch alle zusammen, mit Gottes Hilfe geschafft! Du hast übrigens schon viele Leben als Heiler verbracht, Christian. Deine Seele ist sozusagen eine Heilerseele.“ Christian lächelte sprachlos.

Nun wurde Thomas hellhörig: „Moment mal! Wovon redet ihr? Was meint ihr damit, dass Tanja überlebt hat?“ Fragende Blicke trafen Tanja. Am liebsten wäre sie in den Boden versunken. Aber okay, nun war wohl die Zeit gekommen, Thomas von ihrer überstandenen Krankheit zu berichten. Marie war froh, dass sie nicht länger zum Schweigen verdammt war. Tanja erzählte Thomas also alles, was wichtig war und versuchte dabei, ihm möglichst nicht in die Augen zu sehen. Sie endete mit dem Satz: „Es ist jetzt alles in Ordnung. Frau Dr. Moosbach hat keinen Hinweis auf Krebszellen in meinem Körper entdeckt. Die Blutergebnisse sind hervorragend. Tut mir leid, dass ich es dir nicht erzählt habe." Thomas hörte sich den Bericht fassungslos bis zum Schluss an. „Puh, das muss ich erst einmal verdauen und darüber schlafen! Das ist ganz schön schlimm, was du mir da erzählt hast." Der Gedanke, dass er Tanja fast verloren hätte, war für ihn unerträglich. Margarete erahnte seine Gedanken und beruhigte ihn: „Für dich ist das Ganze sehr erschreckend, weil du sie schon einmal durch Krankheit verloren hast. Da kommt eine bekannte Angst in dir hoch. Diese Angst kannst du aber jetzt verabschieden, weil die Situation diesmal anders verlaufen ist. Diesmal hat Tanja die Krankheit überwunden!" „Ja, gottlob hast du die Krankheit überwunden! Ich mache mir aber Vorwürfe, dass ich dir in deiner Not nicht beigestanden habe." Thomas sah Tanja mit reumütigem Blick an. Tanja lächelte ihm aufmunternd zu: „Du brauchst dir keinerlei Vorwürfe machen, denn es war nicht deine Aufgabe, mir bei dieser Krankheit beizustehen! Wenn es sein soll, werden andere Situationen kommen, wo wir uns beistehen können." „Vielleicht war es ja gar kein Krebs", gab Marie zu bedenken. „Ja, vielleicht! Egal was es war, es hat sich Gott sei Dank verabschiedet", erklärte Tanja erfreut. Nachdenkliche Stille folgte.

Schließlich ergriff Peter mit einem Blick auf die Uhr das Wort: „Es ist schon fast 20.00 Uhr. Ich sollte jetzt nach Hause." „Oh, natürlich! Der Nachmittag war wieder so spannend, dass ich überhaupt nicht auf die Uhrzeit geachtet habe. Martina wartet sicher auch schon ungeduldig." Thomas erhob sich schnell, blickte Tanja an und meinte: „Können wir uns morgen sehen? Ich muss jetzt über alles schlafen! Bitte lass uns morgen noch einmal über alles reden." Tanja lächelte sanft: „Ja, klar! Ich freue mich! Kommt gut heim ihr beiden." „Christian und ich machen uns auch auf den Weg. Wir telefonieren, okay?", erklärte Margarete.

„Ist Jens immer noch bei Tobias? Du willst doch sicher Tinka mit nach Hause nehmen", meinte Tanja. „Wenn es dir nichts ausmacht, kann sie gerne über Nacht bei euch bleiben", gab Margarete zur Antwort.

Als sich einer nach dem anderen verabschiedet hatte, kam Jens mit Tinka auf dem Arm um die Ecke. „Oh, sind sie schon alle weg?", fragte er unschuldig. Tanja legte den Arm um ihn: „Ja, mein Schatz, für heute sind sie alle weg. Außer Tinka, die ist noch hier!" Jens strahlte: „Klasse, Margarete hat Tinka vergessen! Juhu!"

Als Marie später im Bett lag, schwirrten ihr tausend Gedanken im Kopf herum. Sie konnte sich überhaupt nicht vorstellen, dass es Menschen gab, die ihr Leben langweilig fanden. Wenn man bewusst und offen für all diese Wunder durchs Leben ging, zeigte es sich einem von seiner spannenden und interessanten Seite. Diesmal dauerte es einige Zeit, bis sie Stimmen hörte, die sie in ihre Träume lockten...

LIEBE ist gewachsen

„Hey Marie, schön, dass du da bist! Wir rufen dich schon eine ganze Weile!", wurde sie von LIEBEs sanfter Stimme begrüßt. Marie blickte sich um und erkannte alle Freunde aus Liebeland und natürlich Peter und Christian. Die Liebeländer sind seit der letzten Nacht gewachsen. Sie haben alle ungefähr die Größe eines erwachsenen Menschen erreicht. HOFFNUNG, DANKBARKEIT, MUT, TAPFER, VERTRAUEN, EHRLICHKEIT, GLÜCK, ZUVERSICHT, NÄCHSTENLIEBE, FREUDE und all die anderen nahmen sie liebevoll in die Arme und alle jubelten glücklich. Die wunderschönen Wesen mit ihren zarten Gewändern tanzten, sangen und lachten fröhlich und ausgelassen. Die Landschaft erstrahlte in satten Farben, die Blumen leuchteten in ihren prächtigsten Kleidern, Tiere hüpften zutraulich um sie herum und vom Himmel lachte endlich wieder die Sonne. Es war eine wahre Freude, dies zu sehen, zu fühlen und mit ihnen allen zu feiern!

Später fragte Marie LIEBE: „So wie es aussieht, ist unser Auftrag hiermit beendet! Was wird nun aus den Bewohnern von Machtstadt? Werden sie bestraft für das, was sie getan haben?" LIEBE sah die drei Kinder liebevoll an: „Bestraft ist das falsche Wort. Es ist so, dass jeder für seine Taten verantwortlich ist, egal, ob es gute oder schlechte Taten sind. Das ist das karmische Gesetz. Karma ist das Gesetz von Ursache und Wirkung. Wenn jemand Gutes tut, kommt Gutes zu ihm zurück. Wenn jemand Schlechtes tut, kommt Schlechtes zu ihm zurück. Die Wirkung einer Ursache kommt nicht immer sofort zurück, sondern manchmal erst Jahre später oder auch erst im nächsten Leben. Aber nun zu deiner Frage, was mit dem Volk von Machtstadt geschieht. Was mit ihnen geschieht, entscheidet jeder einzelne Mensch für sich selbst. Wir hier in Liebeland und die Bewohner von Machtstadt bilden alle die Gefühle der Menschen. Jeder Mensch entscheidet für sich, wie groß zum Beispiel die Liebe, die Freude, die Hoffnung, die Dankbarkeit, die Wut, der Neid, die Eifersucht und anderes in ihm sein dürfen. Euer Verdienst ist es, dass die Menschen die Liebe nun wieder bewusst fühlen. Sie erkennen dadurch, wie schön das Leben ist, wenn sie ihr Herz für die Liebe öffnen. Denn erst mit dem Gefühl der Liebe im Herzen, werden Gefühle von Wut, Hass, Neid, Lieblosigkeit, Missgunst, Undank, Habgier und andere negative Dinge keine Nahrung mehr erhalten. Habt ihr das verstanden?" Marie, Christian und Peter nickten dankbar. „Wir durften sehr viel lernen in den letzten drei Wochen", sagte Marie lächelnd. „Das Lernen geht nie zu Ende! Ihr werdet immer auf Menschen treffen, die euch im Leben weiterhelfen oder denen ihr weiterhelfen könnt", erklärte LIEBE, „So, jetzt seid ihr bereit auf eure Traumwiese zurückzukehren." „Aber wie sollen wir denn da hingelangen? Gibt es noch einen anderen Weg, als durch Machtstadt und die große Holzbrücke am Turm?", fragte Christian. „Ja sicher gibt es einen anderen Weg! Einen viel einfacheren! Und dieser Weg stand euch immerzu offen. Ihr hättet jederzeit, von einer Sekunde auf die andere aussteigen können. Gut, dass ihr es nicht getan habt!", lächelte LIEBE nun und erklärte den verständnislos blickenden Kindern weiter, „Habt ihr etwa die Kraft eurer Gedanken vergessen? Hier in eurem Traum seid ihr frei. Euer Geist kann in Sekundenschnelle von einem Ort zum anderen reisen. Lasst es uns zusammen versuchen! Stellt euch intensiv vor, ihr steht wieder oben am Waldrand vor dem Abgrund, direkt vor der großen Holzbrücke, die zum Turm von Machtstadt führt." Marie, Christian und Peter konzentrierten sich auf die besagte Stelle. Dort kamen sie zum ersten Mal mit den Riesen in Kontakt...

Und tatsächlich, einer nach dem anderen standen sie gleich darauf auf dem Platz, den sie sich eben gedanklich vorgestellt hatten.

Brandgeruch lag in der Luft. Erschrocken blickten sie gemeinsam mit LIEBE auf die brennende Stadt der Riesen. LIEBE beruhigte die drei: „Es ist gut so! Dieses Feuer dient der Reinigung. Es brennt solange es nötig ist, um danach alles wieder neu entstehen zu lassen. Denkt daran, alles ist Energie und Energie ist unzerstörbar. Energie kann nur umgewandelt werden. Und das geschieht auch bei diesem Feuer. Es wird nichts zerstört, nur umgewandelt. Alle schmerzenden, belastenden Gefühle werden verbrannt, weil sie nicht mehr nötig sind. Die Menschen können neu beginnen, mit dem Gefühl der Liebe als Startkapital." „Werden wir uns wiedersehen?", fragte Christian vorsichtig. „Ja sicher! Mit der Kraft eurer Gedanken könnt ihr Liebeland jederzeit in euren Träumen besuchen. Als Gefühl sind wir außerdem immer bei euch!" LIEBE umarmte jeden von ihnen zärtlich und schenkte ihnen ihr liebliches Lächeln, bevor sie verschwand.

Marie, Christian und Peter blieben glücklich zurück. Durch einen sanften Regen erlosch das Feuer. Am Himmel erschien ein riesengroßer Regenbogen, der in den schillerndsten Farben leuchtete. Fasziniert sogen sie die strahlenden Farben in sich ein. Dann besahen sie sich den Wald, der ihnen anfangs so dunkel, bedrohlich und ohne Leben erschienen war. Er hatte sich in einen wundervollen, hellen Wald mit vielen Tieren verwandelt. Vögel zwitscherten, Kaninchen hoppelten fröhlich umher und ein Reh traute sich ganz nah an sie heran, um sie zu beschnuppern. „Lasst es uns noch einmal probieren. Wir beamen uns mit unserer Gedankenkraft auf unsere Wiese zurück", schlug Peter schließlich vor. Das ließen sich Marie und Christian nicht zweimal sagen...

Überglücklich fielen sich die drei auf ihrer traumhaft duftenden Sommerwiese in die Arme und genossen lange das Gefühl von Liebe und Vertrautheit. Ein strahlendes, warmes Licht, das von oben kam, hüllte sie ein. Dann vernahmen sie erneut die tiefe, liebevolle Stimme:

„Euer Werk ist vollbracht! Ihr habt den Glauben und das Vertrauen nicht verloren und dadurch die Liebe wieder in die Herzen der Menschen zurückgebracht! Sie haben jetzt die Chance, wieder von vorne anzufangen. Da die Menschen von mir den freien Willen bekommen haben, werden sie aber immer wieder in Versuchung geraten, die Liebe zu vergessen. Deshalb ist es wichtig, sie ihnen zu gegebener Zeit immer wieder in Erinnerung zu bringen. Dafür habt ihr und unzählige andere Menschen das Geschenk der heilenden Hände bekommen. Die Energie in euren Händen wird euch immer an die Liebe erinnern, denn diese Energie ist reine Liebe! Es steht jedem frei, Zugang zu dieser Energie zu bekommen."

Die Stimme verstummte und das strahlende Licht zog sich langsam zurück. Nur die warmen Sonnenstrahlen umhüllten noch ihre umschlungenen Körper, bevor der neue Tag lockte...

Tag 21

„Hey du Schlafkappe, es ist Zeit aufzustehen! Die Sonne lacht schon ganz toll und endlich ist es sommerlich warm!", strahlte Tanja ihre Tochter an, um gleich darauf schwungvoll die Jalousien hochzuziehen und das Fenster zu öffnen. Marie blinzelte: „Och, wir haben doch gerade so schön gekuschelt!" „Mit wem hast du denn gekuschelt, mein Schatz?", frage Tanja neugierig. „Eigentlich mit allen, aber ganz zum Schluss mit Peter und Christian. Und es war so schön...!" „So, so, du kuschelst also mit zwei Männern gleichzeitig. Meinst du, das ist okay?" „Ja klar ist das okay, im Traum ist alles erlaubt!", grinste Marie und Tanja lachte. „Okay, wenn du meinst, dann steh ich halt auf!" Marie erhob sich und gesellte sich zu ihrer Mutter ans Fenster. „Oh, schau mal, da sind die E-berts und die Weißbrots. Sie unterhalten sich ohne Geschrei! Das ist ja toll!", freute sich Marie. In dem Moment hörten sie, wie Frau Weißbrot zu ihren Nachbarn sagte: „Entschuldigt bitte, dass wir in letzter Zeit nicht so gut miteinander ausgekommen sind. Wir haben euch Worte an den Kopf geschmissen, die uns aufrichtig leid tun. Bitte lasst uns das vergessen! Wir waren doch früher beste Freunde. Das vermissen wir sehr! Lasst uns doch bei einem gemeinsamen Mittagessen darüber sprechen." Hilde und Egon Ebert lächelten glücklich und nahmen die Einladung dankend an. Bevor die beiden wieder in ihr Haus zurückkehrten, blickten sie zu Marie und Tanja nach oben und winkten ihnen augenzwinkernd zu.

Marie verschwand ins Badezimmer, Jens spielte mit Tinka und Tanja begann das Frühstück vorzubereiten, als es unerwartet an der Haustüre Sturm klingelte. Tanja öffnete und sah völlig verblüfft Thomas vor sich stehen. „Ich habe Brötchen mitgebracht! Darf ich mit euch frühstücken?“, fragte er schnell. Tanja errötete leicht, als sie genauso schnell antwortete: „Warum nicht? Du kannst jederzeit mit uns frühstücken...!“ „Auch mittag- und abendessen?“ „Klar, jederzeit! Komm rein!“

Die ganze Familie war am Tisch versammelt. Jens Augen strahlten, weil er seinen geliebten Papa hier am heimischen Frühstückstisch sitzen hatte. Thomas begann etwas verlegen mit seiner Erklärung: „Also es ist so, ...! Wie fange ich am besten an? Eigentlich ist es ganz einfach! Tanja, ich liebe dich! Ich habe nie aufgehört, dich zu lieben! Mir ist das in den letzten Tagen immer mehr bewusst geworden. Erst wollte ich es verdrängen, aber dann entdeckte ich, dass ich nichts mehr verdrängen will. Ich möchte so gerne wieder bei euch, bei meiner Familie sein! Nichts wünsche ich mir sehnlicher! Tanja, ich bitte dich, lass mich wieder zu dir und unseren Kindern zurückkommen.“ Jens jubelte begeistert. Marie lächelte mit leuchtenden Augen still vor sich hin. Tanja holte noch einmal tief Luft, bevor sie zaghaft antwortete: „Du weißt, dass ich dich auch liebe, Thomas, und ich wünsche mir auch nichts sehnlicher, ebenso wie die Kinder. Aber was ist mit Martina? Hast du mit ihr gesprochen?“ „Wir haben die halbe Nacht geredet. Sie meinte, sie hätte immer gewusst, dass ich eines Tages zu meiner Familie zurückkehre. Sie hatte immer gespürt, dass du, Marie und Jens meinem Herzen näher seid als sie. Martina und ich haben uns in Freundschaft getrennt. Es wäre früher oder später sowieso zur Trennung gekommen, weil sie mir nie dieses warme Gefühl geben konnte, das ich bei dir immer gespürt und so geliebt habe, bevor wir uns ständig stritten. Lass uns bitte nie wieder wegen Kleinigkeiten streiten, Tanja. Unsere Liebe ist viel zu wertvoll, um sie noch einmal aufs Spiel zu setzen!“ Nun konnte Tanja ihre Freudentränen nicht mehr zurückhalten. Und dann lagen sich Tanja und Thomas in den Armen und weinten beide Tränen vor Glück. Schließlich drängelten sich auch Marie und Jens in die Arme ihrer Eltern und die Liebe konnte wieder ungehindert fließen...

Etwas später klingelte es erneut. Margarete, Christian und Peter standen vor der Tür. Nach der stürmischen Begrüßung zeigte Margarete auf ein großes Bündel Briefe, die sie im Gepäck hatte. „Heute habe ich Post von der Zeitung bekommen. Sie haben all die Briefe geschickt, die uns die Menschen auf unsere Traumumfrage geschrieben haben. Es sind wunderschöne, spannende Antworten gekommen. Ihr könntet also tatsächlich ein wunderbares Referat für die

Schule schreiben. Ich habe alle Briefe dabei, damit ihr sie lesen könnt. Die Zeitung hat mir außerdem ein wundervolles Angebot gemacht. Sie fragen, ob ich mir vorstellen könnte, für sie zu schreiben. Sie haben bemerkt, dass immer mehr Menschen Interesse an spirituellen Themen haben. Da die Redaktion immer die Wünsche ihrer Leser erfüllen will, bitten sie mich um Mithilfe. Ist das nicht toll?", strahlte sie. Alle stimmten ihr begeistert zu und freuten sich mit ihr.

Dann bückte sich Margarete zu Jens hinunter und flüsterte ihm etwas ins Ohr. Sein Gesicht erhellte sich noch mehr und er begann jubelnd im Zimmer herumzuhüpfen: „Ich darf Tinka behalten! Tinka ist jetzt meine Katze! Danke Margarete! Danke Mama und Papa, dass ihr einverstanden seid!"

So fühlten sie alle, wie die Liebe wieder in allen Bereichen ihres Lebens Einzug hielt. Sie nahmen sich vor, diese Liebe für immer festzuhalten, sie zu fühlen und zu nähren, in ihren Händen, in ihren Herzen, in Körper, Geist und Seele!

Ende

Danksagung

Von ganzem Herzen danke ich dem Geschenk der heilenden Hände. Ohne diese wundervolle Energie wäre dieses Buch und vieles mehr in meinem Leben nie zustande gekommen.

Ich danke zudem den lieben Menschen, die mich beim Zustandekommen dieses Buches tatkräftig unterstützt haben, allen voran meinen Eltern, Anni und Gerd-Jürgen Weidner, die meine Gedanken und Ideen mit mir teilten und mir immer beratend zur Seite standen.

Des Weiteren danke ich denen, die sich bereit erklärt haben, den Roman Probe zu lesen: meine Eltern Anni und Gerd-Jürgen Weidner, meine Schwester Nicole Hausch, meine Nichte Nadine Weidner, Doris Futterer, Evelyn Kieltyka-Herr, Jürgen Zauner, Katrin Hässig, Marianne Frick, Regina Zipfl, Isabell Hinder, Karin Richter-Hinder, Brunhilde Putz, Helga Boban, Anette Hähnel und Bettina Braun.

Mein herzlicher Dank geht auch an meine Verlegerin Bettina Steinle-Vossbeck, die mir ihr Vertrauen geschenkt hat und damit der Geschichte über die magischen Hände half, an die Öffentlichkeit zu gelangen.

Die Autorin

Michaela Weidner ist gelernte Buchhändlerin. Seit 1989 arbeitet sie im Sigmaringer Hohenzollern-Schloss. Seit 1998 ist sie als Reiki-Meisterin/Lehrerin tätig. Nach ihrer Heilpraktiker-Ausbildung erwarb sie umfangreiche Kenntnisse in Hypnosetherapie, Rückführungstherapie, Dorn & Breuß und Energetische Wirbelsäulenaufrichtung. In ihrer energetischen Heilpraxis arbeitet die Autorin nebenberuflich mit Reiki sowie den oben genannten Methoden und bildet Menschen in Reiki und der Energetischen Wirbelsäulenaufrichtung aus.

Ihr erstes Reiki-Buch für Kinder ist 2003 erschienen. Seit 2001 schreibt sie die Kinderseite im Reiki Magazin. Ihre beliebten Reiki-Kindergeschichten sind 2010 als Buch erschienen.

Michaela Weidner:

Reiki-Kindergeschichten

Mit einem Vorwort von Oliver Klatt

Gebunden, 124 Seiten (14,8 x 21 cm) m. zahlr. Fotos

ISBN 978-3-938813-30-0

Die Reiki-Kindergeschichten von Michaela Weidner enthalten eine Sammlung von 21 Geschichten, die seit 2001 im Reiki Magazin auf den Kinderseiten erschienen sind. Michaela Weidner versteht es, Reiki einer breiten Öffentlichkeit unterhaltsam, humorvoll und spannend zugänglich zu machen.
Die Autorin erzählt in ihrer natürlichen Art die Erlebnisse der Geschwister Nadine und Fabian mit Reiki; eine Methode, bei der es um Energieübertragung durch die Hände, also um Handauflegen geht. Was den beiden Geschwistern so alles einfällt, gibt großen und kleinen Lesern einen Einblick, wie vielseitig Reiki im alltäglichen Leben einsetzbar ist – und dabei geht es spannend, lustig und mit vielen Überraschungen zu. Die Geschichten und Fotos sind aus dem Leben gegriffen und aus der Situation heraus so getroffen, wie Kinder es sehen und erleben. Kinder und Erwachsene haben Spaß am Lesen und Zuhören.

Kornelia Becker-Oberender u. Erwin Oberender:

SPIRIT OF ENERGY

Schatzsuche statt Fehlerfahndung

Potenziale entfalten mit 62 Karten und Begleitbuch zur Klopfakupressur

Kartenset mit 62 Karten (18 x 18 cm) und Begleitbuch
Pb., 92 Seiten, in Stülpbox (19,6 x 19,4 x 4,4 cm)

ISBN 978-3-938813-10-2

Das Spirit of Energy-Kartenset mit Begleitbuch ist ein einzigartiges Werk, das die Energy Psychology® unter anderem mit der Chinesischen Energielehre und dem Neurolinguistischen Programmieren (NLP) verbindet. Die Karten sind vielseitig verwendbar und einsetzbar, z.B. in der Energy Psychology®, Emotional Freedom Techniques (EFT), EMDR, in Selbstmanagement, Beratung und Coaching.
Das Begleitbuch enthält ausführliche Anleitungen mit Anwendungsbeispielen. Jede Karte enthält detaillierte Informationen zu dem Klopfpunkt. Die ungewöhnlichen und wundervollen Naturaufnahmen wirken ausgleichend auf Ihr Energiesystem und bewirken, dass Sie Ihren Blick für neue Ziele öffnen. Die beiden Autoren verstehen es, Ihnen Türen zu öffnen zu persönlicher Höchstleistung, innerer Ausgeglichenheit und privatem sowie beruflichem Erfolg durch Ausrichtung auf positive Ziele. Die Spirit of Energy-Karten sind der Schlüssel zu Ihren Potenzialen und Kraftquellen. So finden Sie Anregungen und Hilfe für Ihren persönlichen, kontinuierlichen Erfolgskurs, ein kreatives Selbstmanagement, einen optimierten Schaffensprozess und das Kreieren attraktiver Wahlmöglichkeiten.

Kornelia Becker-Oberender u. Erwin Oberender:

SPIRIT OF ENERGY POCKETAUSGABE

Schatzsuche statt Fehlerfahndung

Potenziale entfalten mit 67 Karten zur Klopfakupressur für unterwegs

Kartenset mit 67 Karten (7 x 8,5 cm) in Stülpbox (8 x 9,5 x 4 cm)

ISBN 978-3-938813-13-3

Sie möchten Ihre Spirit of Energy-Karten immer und jederzeit einsetzen können? – Zu Hause, in der Praxis oder unterwegs? Mit der Pocketausgabe ist das bequem möglich. Jetzt haben Sie immer die richtige Karte zur Hand. Auf der Vorderseite ist der Fotoausschnitt enthalten und auf der Rückseite eine Abbildung des Klopfpunktes, die zugehörige Energieformel und das ausgewählte Zitat.

Kornelia Becker-Oberender u. Erwin Oberender:

SPIRIT OF ENERGY THERAPEUTENSET

Schatzsuche statt Fehlerfahndung

67 Karten in dreifacher Ausführung für Ihre Klienten zur Klopfakupressur

Kartenset mit 201 Karten (67 in 3facher Ausf.; 7 x 8,5 cm)
in Schiebebox (24 x 10 x 4,5 cm)

ISBN 978-3-938813-14-0

Geben Sie Ihrer Klientin bzw. Ihrem Klienten ihren/seinen Punkt bzw. ihre/ seine Punkte mit nach Hause. Mit dem Therapeutenset ist das bequem möglich. Jetzt haben Sie immer die richtige Karte zur Hand und können diese Ihren Klienten mit auf den Weg geben. Auf der Vorderseite ist der Fotoausschnitt enthalten und auf der Rückseite eine Abbildung des Klopfpunktes, die zugehörige Energieformel und das ausgewählte Zitat.

Christina Kohout:

Reiter und Pferde im Trainingsprozess kinesiologisch begleiten

Pb., 72 S. (21 x 14,8 cm)

ISBN 978-3-938813-50-8

Reiter und Pferde im Trainingsprozess kinesiologisch begleiten beschreibt eine neue Möglichkeit, die begleitende Kinesiologie im Reitsport einzusetzen. Die Autorin vertritt die These, dass Probleme im Reit-Training gelöst werden können, wenn primär der Reiter im Fokus kinesiologischer Begleitung steht. Christina Kohout beschreibt anhand von Fallbeispielen ihr Vorgehen und gibt Erklärungen über angewandte kinesiologische Methoden und Werkzeuge. Es werden sowohl die eingesetzten Balancetechniken als auch die aktuelle weiterführende Literatur angegeben. Die strukturierten Erklärungen ihrer Methode sind hilfreich für Neueinsteiger und für Kinesiologen, die bisher noch nicht mit Reitern und Pferden gearbeitet haben, aber auch für Reitsportler, die für sich und ihr Pferd neue Wege im Training gehen wollen.

Herausgegeben von Bettina Steinle-Vossbeck
16 Beiträge von verschiedenen Autoren:
Yoga und... Freie Themen rund um Yoga

Mit einem Vorwort von Birgit Hampe

Pb., 108 Seiten (21 x 29,8 cm)
2. Auflage 2011
ISBN 978-3-938813-21-8

Yoga und... enthält 16 Beiträge zu verschiedenen Themen rund um Yoga, die von Yogalehrerinnen und Yogalehrern auf ihre persönliche Art und Weise dargestellt werden. Die Autorinnen und Autoren haben jeweils ein Thema unter die Lupe genommen, analysiert, über einen längeren Zeitraum beobachtet, oder auch eigene Erfahrungen dargestellt. Es sind freie Themen und Meinungen, die ein breites Spektrum bieten und von Yoga und Wirkungen im Einzelunterricht über Yoga als Suchtbehandlungsmethode (Nikotinentwöhnung) bis hin zu Yoga und Reiten reichen.
Die Beiträge wurden verfasst von den Teilnehmenden der ersten Ausbildungsgruppe an der Yoga-Ayurveda-Akademie (YAA), Krefeld, während der Ausbildung zur Yogalehrerin BDY/EYU bzw. zum Yogalehrer BDY/EYU: Martina Becker, Birgit Dannath, Elfriede Frisch, Eva Grandao, Frank Hampe, Isabell Haubner, Iris Hess, Susanne Höltgen, Andrea Kalk, Annette Kuhlmann, Maike Magnussen, Annika Meiring, Dagmar Ohlwein, Christiane Reuters, Bettina Steinle-Vossbeck, Daniela Unger. Mit einem Vorwort von Birgit Hampe.

Bettina Steinle-Vossbeck:
Yoga Memo

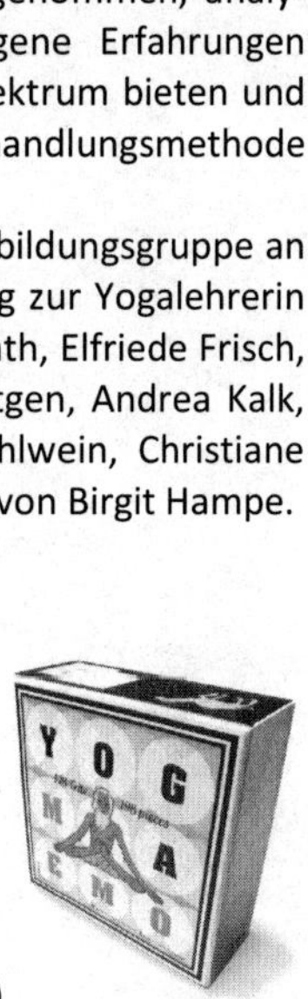

Illustriert von Sahba Yadegar

198 Teile, Kartenset mit 99 Kartenpaaren und Anleitung, Deutsch/Englisch

99 Kartenpaare (7 x 7 cm) u. Anleitung, in Stülpbox (ca. 16 x 16 x 6 cm)
ISBN 978-3-938813-20-1

Yoga Memo lässt sich im Yogaunterricht für Kinder und Jugendliche einsetzen, benennt fachliche Bezeichnungen der verschiedenen Yoga-Haltungen und führt bildlich zum Verständnis der einzelnen Körperhaltungen. Aus der Fülle der bekannten Yoga-Haltungen wählte die Autorin 99 Haltungen aus, die in einer übersichtlichen „Strichmännchen-Weise" dargestellt sind. Der Designer Sahba Yadegar-Yousefi ergänzte die graphischen Darstellungen um anschauliche und gut nachvollziehbare Bilder. Die Paare, Grafik und Bild, sind nach Schwierigkeitsgraden gekennzeichnet. Die beigefügte Anleitung enthält Anregungen zum Einsatz der Karten im Yoga-Unterricht für Kinder und Erwachsene und zur Gestaltung individueller Übungsabläufe. Yoga Memo regt zu spielerischem Lernen an und vertieft bereits vorhandenes Wissen.

edition-empirica
www.edition-empirica.de